# FREIRAUM- UND LEBENSQUALITÄT
## IN URBANEN STADTQUARTIEREN

Autorenschaft

**Weeber+Partner, Institut für Stadtplanung und Sozialforschung**
Dr.-Ing. Lisa Küchel, Stadtplanerin
Dipl.-Ing. (FH) Simone Bosch-Lewandowski, Architektin
Alexandra Ulrich, M. Sc., Stadtplanerin
Prof. Dr. Rotraut Weeber, Soziologin
Dr.-Ing. Hannes Weeber, Architekt und Stadtplaner
Johanna Rapp, B. A. Architektur

**PLR, Planungsgruppe Landschaft und Raum**
Prof. Dipl.-Ing. Cornelia Bott, Landschaftsplanerin
Le Trang Nguyen, M. Eng. Landschaftsarchitektur

Prof. Dr.-Ing. Robin Ganser, Stadtplaner

WÜSTENROT STIFTUNG

# Inhalt

**Vorwort** 4

**1 Einführung** 7
   1.1  Wie gelingt die doppelte Innenentwicklung? 8
   1.2  Fragen und Methoden 9

**2 Fallstudien**
   **Neue große Stadtquartiere – vielfältige Freiräume mit Park** 17
   2.1  Le Trapèze 19
   2.2  Erlenmatt-Areal 33
   2.3  Tarpenbeker Ufer 51
   2.4  Agfa-Areal und Weißenseepark 67

   **Neubau und ergänzender Neubau –**
   **ambitioniert gestaltete Außenanlagen auf Blockebene** 85
   2.5  Neckarbogen 87
   2.6  Elephant Park und South Gardens 105
   2.7  Stadtquartier Friesenstraße 121
   2.8  Triemli-Siedlung 137

   **Bestehende Quartiere – Quartiersaufwertung durch**
   **Freiräume und Grünvernetzung** 153
   2.9  Tåsinge Plads 155
   2.10 Travertinpark 169

**3 Themen im Querschnitt** 185
   3.1  Lebensqualität 186
   3.2  Freiraumqualität 198
   3.3  Prozesse 211

**4 Anhang** 221
   4.1  Literatur- und Quellenverzeichnis 222
   4.2  Abbildungsverzeichnis 227
   4.3  Dank 230
         Impressum 232

Kapitel 1, die Resümees der Fallstudien sowie die Fazite der Themen im Querschnitt sind ins Englische übersetzt.
Chapter 1 and the summaries of both the case studies and the cross-sectional topics have been translated into English.

# Vorwort

**Freiraum- und Lebensqualität in urbanen Stadtquartieren**

Freiräume und Lebensqualität – spätestens mit dem sogenannten Lockdown im Jahr 2020 wurde deutlich, wie eng diese beiden Begriffe miteinander verknüpft sind. Die Coronapandemie hat uns vor Augen geführt, wie wichtig und bereichernd Grünräume in unseren Städten sind. Sie sind Orte der Erholung, Kommunikation und Freizeitgestaltung, und sie nehmen zugleich bedeutsame ökologische und klimatische Funktionen wahr. Mit der Pandemie wurden diese Qualitäten vielen überhaupt erst bewusst; Wissenschaft, Politik und Medien richteten nunmehr den Scheinwerfer auf die wertvollen und zu dieser Zeit ungewöhnlich intensiv nachgefragten Freiräume. Diese wurden zum zentralen Ort, an dem Begegnung mit anderen Menschen noch möglich war, an dem man sich jenseits der geschlossenen Sportstudios körperlich betätigen konnte und an dem man auch mentalen Ausgleich finden konnte. Die positive Wahrnehmung des Grüns hat sich in dieser Zeit in der Bevölkerung deutlich verstärkt. Gleichzeitig sind aber auch die Ansprüche daran gewachsen. Grün soll gut erreichbar, zugänglich und vor allem auch qualitätvoll gestaltet sein – idealerweise im unmittelbaren Wohnumfeld.

Diese (neue) Wertschätzung trifft jedoch in der Realität auf einen bereits lange vor der Pandemie bekannten Missstand: In großen Städten und Ballungsräumen wächst der Nutzungsdruck auf urbane Frei- und Grünflächen enorm. Das Bevölkerungswachstum in den attraktiven Metropolen und die beständig steigende Nachfrage nach Wohnraum führen zu Zielkonflikten im Umgang mit den Potenzialen vorhandener Freiräume. Dies gilt ebenso für Nachverdichtungen im Bestand wie für kompakten Wohnungsbau mit hoher Dichte in neuen urbanen Quartieren.

Gleichzeitig steigen die Anforderungen an Grün- und Freiräume. Sie werden intensiv genutzt – als Wegenetze, für sportliche Aktivitäten und als soziale Treffpunkte, zum Ausgleich für beengte Wohnverhältnisse sowie für vielfältige Bedürfnisse unterschiedlicher Bevölkerungsgruppen. Für die Akzeptanz verdichteter Neubauquartiere, die Nachverdichtung im Bestand oder die Aufwertung von (benachteiligten) Stadtquartieren sind qualitätvolle Freiräume eine ganz wesentliche Voraussetzung und ein starker Impuls. Die Auswirkungen des Klimawandels und des anhaltenden Artensterbens erfordern zusätzlich die Sicherung des Beitrags von Grün- und Freiflächen für Stadtklima, Biodiversität und Artenvielfalt.

Diese Aspekte zusammen genommen führen zu den Leitfragen dieser Studie der Wüstenrot Stiftung: Wie können Städte baulich verdichtet und zugleich mit Blick auf ihre Grünflächen weiterentwickelt und qualifiziert werden? Und wie können Verdichtung und qualitätvolles Grün als Einheit konzeptionell zusammengeführt werden? Übergeordnet geht es um die Frage, wie das Leitbild der doppelten Innenentwicklung idealerweise umgesetzt werden kann. Ihr Ziel ist der Schutz von Landschaftsräumen vor weiterer Flächeninanspruchnahme und zusätzlichen baulichen Eingriffen. Gleichzeitig geht es um die Bewahrung ökologischer Funktionen des Grüns sowie die Qualifizierung des Stadtraums durch Maßnahmen der Freiraumentwicklung – so grün wie möglich, so dicht wie nötig.

Diesem Spannungsfeld zwischen baulicher Verdichtung einerseits und Erhalt und Entwicklung von städtischem Grün mit seinen vielfältigen Funktionen andererseits widmet sich diese Studie. Untersucht werden insgesamt zehn Grün- und Freiräume in urbanen Stadtteilen und Quartieren in Deutschland, in der Schweiz, Frankreich, Großbritannien und Dänemark, die in den letzten 15 Jahren entstanden oder neu in Wert gesetzt worden sind. Anhand dieser Beispiele wird erörtert, wie es gelingen kann, eine hohe Lebensqualität für die Menschen und zugleich hohe Freiraumqualitäten für das Stadtquartier zu erreichen.

Ziel des Forschungsprojekts ist eine praxisorientierte Darstellung, die Empfehlungen für die Sicherung und Aufwertung von Grün- und Freiräumen in verdichteten urbanen Quartieren ermöglicht. Die Analyse der Planungskonzepte, -instrumente und Lösungen in den Fallbeispielen liefert Erkenntnisse darüber, wie es gelingen kann, Standortnachteile zu kompensieren und hohe Bebauungsdichten mit hohen städtebaulichen und freiraumorientierten Ansprüchen zu verbinden. Zugleich soll das Projekt dazu dienen, die fachliche und kommunalpolitische Wahrnehmung zu schärfen – für das Thema und für die spezifischen Chancen und Perspektiven, die sich daraus für die Lebens- und Wohnumfeldqualität in Städten und Metropolen ergeben.

Den Autorinnen und Autoren ist es gelungen, wichtige und analytisch fundierte Erkenntnisse zu gewinnen, die weit über eine deskriptive Beschreibung guter Fallbeispiele hinausgehen. Sie liefern bedeutsame Impulse und Antworten für die vielfältigen Anforderungen und Herausforderungen der doppelten Innenentwicklung – sowohl aus der Perspektive von Expertinnen und Experten als auch aus der Perspektive von Bewohnerinnen und Bewohnern.

Die Wüstenrot Stiftung dankt den Autorinnen und Autoren der Studie und insbesondere dem engeren Projektteam mit Dr. Lisa Küchel, Simone Bosch-Lewandowski, Alexandra Ulrich, Prof. Cornelia Bott und Prof. Dr. Robin Ganser herzlich für die engagierte und kompetente Forschung. Ein Dankeschön gilt auch allen Expertinnen und Experten sowie den Beteiligten aus den Kommunen, Ämtern, Planungsbüros, Projekten und Initiativen für ihre Bereitschaft, diese Untersuchung zu unterstützen und ihre Erfahrungen und Erkenntnisse zu teilen.

Mit der vorliegenden Veröffentlichung stellt die Wüstenrot Stiftung die Ergebnisse aus dem Forschungsprojekt der Öffentlichkeit zur Verfügung. Damit verbindet sich zugleich die Hoffnung, dass daraus viele neue Impulse für eine gelungene doppelte Innenentwicklung entstehen mögen, die unsere Innenstädte grün, lebens- und wohnenswert machen.

**PD Dr. Anja Reichert-Schick**, Wüstenrot Stiftung

# 1 EINFÜHRUNG

# 1 EINFÜHRUNG

# 1.1 Wie gelingt die doppelte Innenentwicklung?

Freiräume im städtischen Umfeld brauchen die gleiche Aufmerksamkeit und Zuwendung wie das Gebaute selbst – Freiräume sind mit gleich hohem Anspruch Gegenstand der Planung und Entwicklung sowohl, wenn es um Neubau von Stadtquartieren geht, als auch bei der Weiterentwicklung bestehender Stadtteile. In der Regel wird in diesen Projekten aber auch eine sehr hohe Dichte der Bebauung angestrebt – das Postulat heißt „doppelte Innenentwicklung". Der Begriff meint, die Entwicklung der Städte in ihrem Bestand nicht nur im Sinne einer baulichen Verdichtung zu betreiben, sondern den Blick „in doppelter Hinsicht" zugleich auf die Erhaltung, Weiterentwicklung und Qualifizierung des urbanen Grüns zu richten.

Die Freiräume, besonders alle grünen Bereiche, sind hier ein zentrales Thema. Sie werden quantitativ und qualitativ neu bemessen und bewertet, sie erhalten dabei den Rang städtischer Grundausstattung als „grüne Infrastruktur", so wie gleichzeitig der Einsatz von Wasser und ein Wassermanagement als „blaue Infrastruktur" in Wert gesetzt werden. Dabei geht es auch um die Qualifizierung der Freiräume in Bezug auf ihre Ökosystemleistungen – also auf die Dienstleistungen der Natur für den Menschen, die er durch die Lebensräume und Lebewesen wie Tiere und Pflanzen bezieht.

Es ist eine wesentliche Aufgabe der heutigen Stadtplanung, beim Bau oder Umbau von dichten Stadtquartieren die Grün- sowie Freiflächen mit besonderen und auch neuen Qualitäten zu versehen. Dabei geht es insbesondere um vielfältige Erholungs-, Bewegungs- und Begegnungsmöglichkeiten für Menschen, um Stadtgestaltung und Gestaltung des nahen Wohnumfelds. Neue oder verstärkte Akzente ergeben sich aus dem Willen, größere sowie nachhaltige urbane Ökosysteme zu schaffen, diese auch zu vernetzen und dabei mehr Biodiversität zu erreichen.

Weitere große Herausforderungen sind aus der Notwendigkeit entstanden, den zunehmend risikoreichen Klima- und Wettersituationen zu begegnen. Auch hier sind die urbanen Freiräume – und zwar die öffentlichen gemeinsam mit den privaten – Gegenstand der Planung sowie Ort des Geschehens. Und in diesem Zusammenhang wird vollends deutlich, wie vielerlei Ziele und Zwecke sich mittlerweile in der Planung der Freiräume häufen können. Landschaftsarchitektinnen und -architekten haben dafür den Begriff „Multicodierung" adoptiert und adaptiert – er steht für das Bestreben, alle Planungsschritte und die geplanten Maßnahmen so anzulegen, dass sie zur Erfüllung möglichst vieler Aufgaben oder Erwartungen, auch hinsichtlich der Gestaltung, beitragen.

Für die Planungsprozesse mündet dies in eine sehr breite Kooperation, die viele Fachrichtungen – mit den Ressorts der Kommunalverwaltungen und Fachbehörden – einschließen muss. Ein intensiver Austausch von Wissen, ein Abgleich von Zielen und Erwartungen, eine Verständigung über Vorrangiges und Nachrangiges sowie die Wahl geeigneter Planungsinstrumente stehen auf dem Programm. Insbesondere dort, wo private Freiflächen und etwa auch Gebäude einbezogen werden sollen, sind eventuell Rechtsgrundlagen zu schaffen und private gegen öffentliche Belange abzuwägen. Begleitet und ergänzt wird der Planungsprozess durch Beteiligung der Bürgerinnen und Bürger, die bei solchen Projekten, die viele Themen umfassen, verschiedene Formen annehmen kann.

Diese Studie zeigt anhand von Beispielen auf, wie es gelingen kann, in Form einer Synthese aus dichter Bebauung und qualitätvollen Konzepten für den Freiraum die wichtigsten Ziele der städtebaulichen Innenentwicklung zu erreichen:
- hohe Lebensqualität für die Menschen und
- hohe Freiraumqualitäten für das Stadtquartier.

Mit geeigneten Beispielen grüner Freiräume in urbanen Quartieren, die in den letzten 10 bis 15 Jahren in Verbindung mit dichtem Wohnen entstanden oder neu in Wert gesetzt worden sind, wurden die Rahmenbedingungen, Konzepte und erzielten Qualitäten in Bezug auf Lebens- und Freiraumqualitäten erkundet. Dazu wurden Beispiele aus Deutschland und aus europäischen Ländern aus Groß- und Mittelstädten mit Wachstumsdruck als Fallstudien gesucht.

Die zehn analysierten Beispiele weisen unterschiedliche Schwerpunkte auf, die sich teils aus den Standorten und spezifischen städtebaulichen Zielen ergeben, teils aber auch aus aktuellen Problemen oder besonderen Interessenlagen. Jedem Beispiel ist ein eigenes Kapitel gewidmet. Zudem werden übergreifende Fragestellungen und Themen in Querschnittskapiteln behandelt:
- Lebensqualität
- Freiraumqualität
- Prozesse.

Viele wichtige Planungsansätze in den untersuchten Projekten scheinen sich zu bewähren und für die Zukunft noch an Bedeutung zu gewinnen. Wohnanlagen und Wohnungen gewinnen durch intensive Begrünung sehr viel an Wertschätzung. Öffentlicher Stadtraum in Form der Straßen und Plätze erfüllt in der Verbindung mit Grün immer mehr Aufgaben und Wünsche – gestalterisch, sozial sowie funktional für neu strukturierte Mobilität und erweiterte technische Belange. Parks und Grünzüge bewähren sich als besonderer Beitrag zur Lebensqualität in einem Stadtteil. Geräumig und vernetzt, mit differenzierten Zonen versehen, dienen sie Freizeit, Sport und Spiel, bieten Ruhe und Naturerfahrung und bilden wichtige Potenziale, um Wetter- und Klimaproblemen zu begegnen.

Nicht zuletzt wollen alle Formen von Stadtgrün zusammen als Ökosystem verstanden und gestaltet werden. Projekte im Maßstab unserer Beispiele auf Stadtteil- bzw. Quartiersebene können das noch nicht umfassend verwirklichen, aber sie sind Bausteine und liefern wertvolle Erfahrungen für die weitere Umsetzung des Zieles, zusammen mit hoher Verdichtung auch hohe Lebensqualität für die Menschen und hohe Umweltqualitäten für die Stadt zu realisieren.

## 1.2 Fragen und Methoden

In Städten, vor allem in den Ballungsräumen, wachsen durch Bevölkerungszuzug und Nachverdichtung der Nutzungsdruck auf urbane Freiräume sowie die Zielkonflikte. Grün- und Freiflächen beim Bau von neuen urbanen Stadtquartieren mit besonderen Qualitäten zu versehen oder im Zuge von Modernisierung bestehender Wohnsiedlungen in Wert zu setzen, spielt eine wesentliche Rolle für die Lebens- und Umweltqualität einer Stadt. Dabei geht es um Erholungsmöglichkeiten und soziale Interaktion für Menschen sowie um die Bedeutung von Grünflächen für Stadtklima und Biodiversität.

### Die Leitfragen waren:

- Wie kann dichter Wohnungsbau mit Qualitäten für urbane Freiräume einhergehen? Wie können soziale, funktionale und ökologische Anforderungen an Freiräume gleichzeitig erfüllt werden? Wie gelingt damit die doppelte Innenentwicklung?
- Wie können Ziele wie Umweltgerechtigkeit, Klima-, Ressourcen- und Artenschutz sowie Lebens- und Nutzungsqualitäten für die Bewohnerinnen und Bewohner zusammengebracht werden? Welche Konflikte gibt es? Wie lassen sie sich überwinden?

### Methodisch gab es sechs Arbeitsschritte:

1. Literaturrecherche, Erstellung des Forschungsdesigns.
2. 1. Expertenworkshop, bei dem einerseits Qualitätskriterien für urbane Freiräume und andererseits gelungene Beispiele und geeignete Fallstudien diskutiert wurden und mögliche Fallstudien gesammelt wurden.
3. Auswahl von zehn Fallstudien: fünf Fallstudien aus Deutschland und fünf Fallstudien aus der Schweiz, aus Frankreich, Großbritannien und Dänemark.
4. Analyse der Fallstudien mit Auswertung von (Planungs-)Dokumenten und Literatur, soweit trotz der Coronapandemie möglich: Bereisung und Besichtigung der Projekte, Fokusgruppengespräche mit Projektbeteiligten und Spaziergänge mit Bewohnerinnen und Bewohnern, um Ausgangs- und Rahmenbedingungen, Planungsprozesse sowie Akteurs- und Nutzerperspektiven kennenzulernen. Erarbeitung übergreifender Erkenntnisse nach Querschnittsthemen.
5. 2. Expertenworkshop, bei dem Ergebnisse überprüft und diskutiert wurden.
6. Publikation.

Die Arbeitsschritte im Überblick, eigene Darstellung

# 1 EINFÜHRUNG

Die Vorgehensweise wird in den folgenden Abschnitten genauer erläutert.

*Literaturrecherche, Forschungsdesign, Sammlung möglicher Fallstudien*

Der erste Arbeitsschritt bestand darin, relevante Literatur zu recherchieren und auszuwerten und das Forschungsdesign zu erstellen. Parallel wurden geeignete Quartiere gesucht und in die Fallstudiensammlung aufgenommen.

**Für die Fallstudien sollte gelten:**
- wachsende Groß- oder Mittelstadt in Deutschland oder Europa
- konzeptionelle Verknüpfung freiraumplanerischer mit städtebaulichen Maßnahmen – insbesondere mit verdichtetem Wohnungsbau
- in der Größenordnung eines Stadtteils, Quartiers oder Wohnblocks
- Projekt aus den letzten zehn bis 15 Jahren

*sowie besondere innovative Qualitäten bei den Freibereichen:*
- vielfältige Nutzung
- Ökologie und Biodiversität
- Grün und Wasser als (Teil der) Infrastruktur
- Bewirtschaftung und Pflege
- Verfahren bzw. Akteurinnen und Akteure bei Entwicklung und Betrieb.

*1. Expertenworkshop*

Expertinnen und Experten aus den Bereichen Landschaftsplanung, kommunale Planung, Stadtplanung und aus der Wohnungswirtschaft im In- und Ausland wurden zur Teilnahme an einem Expertenworkshop am 26. November 2019 in Stuttgart eingeladen.

Sie wurden im ersten Workshop nach ihren Einschätzungen zu den Qualitätskriterien gelungener Freiräume befragt. Wir stellten ihnen das Forschungsdesign und eine erste Auswahl an möglichen Fallbeispielen vor, die anhand einer Matrix diskutiert wurden. Ferner wurden Überlegungen zu weiteren geeigneten Quartieren eingebracht und besprochen.

*Auswahl der Fallstudien*

Im nächsten Schritt wurden fünf Fallstudien aus Deutschland und fünf Fallstudien aus der Schweiz, aus Frankreich, Großbritannien und Dänemark anhand einer Matrix ausgewählt. Wir wollten sowohl Beispiele auf verschiedenen Maßstabsebenen (Stadtteil, Quartier, Wohnblock) untersuchen als auch möglichst viele Aspekte zur Analyse der Querschnittsthemen einbeziehen. Ebenso sollten unter den Beispielen sowohl Bestandsquartiere als auch Neubauquartiere sein.

**Auswahlmatrix**

| Innovation/Betrachtungsmaßstab | Stadtteil | Quartier | Wohnblock |
|---|---|---|---|
| Lebensqualität: Besondere Nutzungsqualitäten und Atmosphäre | | | |
| Freiraumqualität: Ökologische Qualitäten und Biodiversität; Klimaanpassung, grün-blaue Infrastruktur und Technik | | | |
| Qualität in Akteurs- und Prozessstrukturen, Instrumenten sowie in Bewirtschaftung, Betreuung und Pflege | | | |

Folgenden Quartiere wurden als Fallstudien ausgewählt:

*Neue große Stadtquartiere – vielfältige Freiräume mit Park*
- Le Trapèze, Boulogne-Billancourt
- Erlenmatt-Areal, Basel
- Tarpenbeker Ufer, Hamburg
- Agfa-Areal und Weißenseepark, München

*Neubau und ergänzender Neubau – ambitioniert gestaltete Außenanlagen auf Blockebene*
- Neckarbogen, Heilbronn
- Elephant Park und South Gardens, London
- Stadtquartier Friesenstraße, Berlin
- Triemli-Siedlung, Zürich

*Bestehende Quartiere – Quartiersaufwertung durch Freiräume und Grünvernetzung*
- Tåsinge Plads, Kopenhagen
- Travertinpark, Stuttgart

*Analyse der Fallstudien*

Für die Analyse der Fallstudien wählten wir einen Methoden-Mix: Zunächst wurden (Planungs-)Dokumente sowie Literatur zur jeweiligen Fallstudie gesichtet und ausgewertet. Soweit dies trotz der Coronapandemie möglich war, wurden Bereisung und Besichtigung der Projekte, Fokusgruppengespräche und Spaziergänge mit Bewohnerinnen und Bewohnern durchgeführt, um Ausgangs- und Rahmenbedingungen, Planungsprozesse sowie Akteurs- und Nutzerperspektiven kennenzulernen.

Alle Fallstudien in Deutschland und in der Schweiz haben wir besucht. Vor Ort standen kommunale Vertreterinnen und Vertreter verschiedener städtischer Ämter, (Landschafts-)Planende, Bauherrenschaften und zum Teil das Stadtteilmanagement sowie andere am Projekt beteiligte Personen für ein Fokusgruppengespräch bereit. Teilweise waren auch Bewohnerinnen und Bewohner bei den Gesprächen mit dabei und brachten die Perspektive der Nutzerinnen und Nutzer mit ein. Sie begleiteten uns im Anschluss zu einem Spaziergang, bei dem wir typische Wege, beliebte Orte und

## 1.2 FRAGEN UND METHODEN

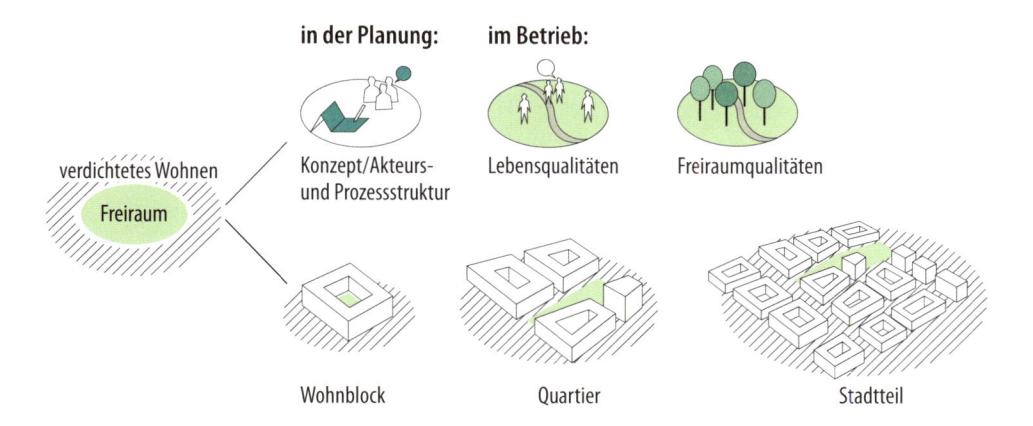

Maßstabsebenen und Querschnittsthemen, eigene Darstellung

Lieblingsplätze im Quartier besuchten. Bei unseren eigenen Gebietsbegehungen legten wir den Fokus sowohl auf Sensorisches wie auch auf gestalterische, ökologische und soziale Aspekte der Quartiers- und Freiraumnutzung. Wir waren deshalb auch immer mit mehreren Personen aus unserem Team, zum Teil auch mehrmals und zu verschiedenen Jahreszeiten, vor Ort. Die Dokumentation unserer Eindrücke erfolgte fotografisch und auf Karten.

Den Elephant Park und South Gardens in London konnten wir aufgrund der Coronapandemie nicht bereisen und die Fokusgruppengespräche in Boulogne-Billancourt und Kopenhagen mussten ins Digitale verlegt werden.

Die Fallstudien sind in den folgenden Kapiteln alle nach demselben Schema analysiert und dargestellt.

Um die mehrschichtigen Funktionen der Freiräume darstellen zu können, haben wir zu jedem Beispiel mehrere Pläne erarbeitet: Jedem Projekt ist ein Grün- und Schwarzplan (M 1:10.000) vorangestellt, der die Einbettung der Quartiere in ihre Umgebung, die Baustrukturen sowie die Grün- und Freiflächen herausstellt. Bewusst haben wir den Maßstab hierbei immer gleich gewählt, um die unterschiedlichen Größen der Beispielquartiere im Vergleich sichtbar zu machen. Ebenso haben wir für jedes der untersuchten Quartiere einen Lageplan erarbeitet, in dem wir die unterschiedlichen öffentlichen sowie privaten Frei- und Grünbereiche mit ihren Funktionen herausgearbeitet haben. Diese Pläne sind je nach Projektgröße in verschiedenen Maßstabsgrößen dargestellt. Für alle Fallstudien wurden zudem drei Strukturpläne erarbeitet zur Wirkungsweise der Grünflächen in Hinblick auf: Nutzung und Funktion, Ökologie einschließlich Klima, Technik und Infrastruktur. Die Überlagerung dieser Wirkungsweisen macht deutlich, welche Multitalente die Freiräume sind und welche wichtigen Aufgaben sie gleichzeitig übernehmen können, aber auch, welche Zielkonflikte mitunter zu beobachten sind.

Auch für die Spaziergänge mit Bewohnerinnen und Bewohnern haben wir Karten erstellt. Sie zeigen die besonderen Orte auf den Routen und versuchen, die Quartiere in Bezug auf die Lebensqualität und aus der Sichtweise der dort lebenden Menschen unterschiedlichen Alters zu veranschaulichen.

*Erarbeitung übergreifender Erkenntnisse nach Querschnittsthemen*

Die zehn untersuchten Beispiele weisen unterschiedliche Schwerpunkte auf. Folgende übergreifende Fragestellungen werden in Querschnittskapiteln behandelt:
- Lebensqualität (Bedeutungen der Freiräume für das Wohnen und Leben in urbanen Quartieren)
- Freiraumqualität (Bedeutungen der Freiräume für Biodiversität, Klima und Infrastruktur in urbanen Quartieren)
- Prozesse (Akteurinnen und Akteure und Instrumente der doppelten Innenentwicklung).

Dabei werden die übertragbaren oder besonders diskussionswürdigen Aspekte dargestellt, die für eine gelungene doppelte Innenentwicklung sowie für die Realisierbarkeit solcher Mehr-Ziel-Projekte wichtig sind. Die unterschiedlichen Strategien und Lösungen der Kommunen sowie Bauherrenschaften für die Konzeption, Planung, Realisierung und Bewirtschaftung von (Neubau-)Quartieren mit besonderen Freiraumqualitäten wurden herausgearbeitet.

*2. Expertenworkshop*

Bei einem zweiten Expertenworkshop am 10. und 11. Juni 2021 wurden die bis dahin erarbeiteten Zwischenergebnisse aus der Fallstudienanalyse mit den Expertinnen und Experten diskutiert und überprüft. Aufgrund der Pandemie fand dieser Workshop digital statt. Zusätzlich zu den im 1. Expertenworkshop geladenen Gästen wurden nun auch Vertreterinnen und Vertreter aus den Fallstudien zum Austausch eingeladen. Die Erkenntnisse aus den einzelnen Fallstudien dienten als Einstieg in diese Diskussion. In Kleingruppen wurden die Bedeutungen der Freiräume für das Wohnen und Leben, für Biodiversität, Klima und Technik sowie die Instrumente und Prozesse bei der doppelten Innenentwicklung im Querschnitt diskutiert.

# 1 INTRODUCTION

## 1.1 How dual inner-city development can be successful

Open spaces in urban environments require the same level of care and attention as buildings – open spaces play an equally important part in both the planning, development and building of new urban quarters and the further development of existing ones. At the same time, these projects generally strive to achieve a very high building density, demanding so called "dual inner-city development". This term refers to the "dual perspective" of the development of existing urban areas, which not only pursues an increased building density, but also focuses on conserving, developing and enhancing the quality of urban green areas.

Open spaces, particularly all green areas, are a central research topic here. They are being quantitatively and qualitatively assessed and re-evaluated, thereby being designated the status of urban green resources and "green infrastructure", similar to the concept of "blue infrastructure", relating to the use of water and water management. This also means analysing open spaces in terms of their ecosystem services – the contributions that nature offers for people through its habitats, flora and fauna.

When developing or converting densely built urban quarters, today's urban planners are tasked with providing green and open spaces with distinct and new qualities. In particular, this involves a diversity of leisure, fitness and socialising options alongside residential areas. New or enhanced features result from a desire to create larger and more sustainable urban ecosystems, to facilitate networks between these and thus achieve more biodiversity.

Major challenges have arisen through the necessity to address increasingly hazardous climate and weather situations. In this regard, too, urban open spaces – public spaces and private ones – must be consciously planned, as they both directly affect and are affected by the course of such events. In this context, there are an increasing number of goals and purposes to be reconciled in the planning of open spaces. Landscape architects have adopted and adapted the term "multi-coding" for this phenomenon – meaning to strive for a development whereby not only the design itself but also all planning steps and planned measures on a site contribute to fulfilling as many tasks and expectations as possible.

In planning processes, this requires broad interdisciplinary cooperation that has to include many specialisations, such as local government departments and specialist authorities. This entails an intense exchange of knowledge, a balancing of goals and expectations, an understanding of priorities and the selection of suitable planning instruments. Particularly in places where private open spaces, and perhaps buildings, are to be incorporated, specific legal frameworks may need to be created and private as well as public interests have to be balanced. The planning process is accompanied and supplemented by public participation, which can take several different forms, depending on the project and its aims.

Through the use of case studies, this research demonstrates how the most important goals of urban development planning can be achieved in a synthesis of high-density buildings and high-quality concepts for open space:
- High quality of life for people and
- High quality of open space for the urban quarter.

The specific local conditions, concepts and quality levels achieved in relation to quality of life and quality of open space are explored in relevant examples of open spaces in urban quarters that have been developed or revitalised in the last 10 to 15 years in conjunction with high building density. For this purpose, case studies from Germany and other European countries with large and medium-sized cities experiencing growth pressure are examined.

The 10 case studies demonstrate various focal points resulting from the locations and specific urban planning goals, and also in part arising from current problems or special interests. A separate chapter is devoted to each case study. In addition, overarching questions and topics are addressed in cross-sectional chapters:
- Quality of life
- Quality of open space
- Processes.

Many planning approaches in the examined projects have proven to be extremely valuable and will become even more important in the future. Residential areas and apartments are appreciated to a greater extent when open spaces have been intensively greened. Public areas of the city such as roads and squares serve an increasing number of functions and needs when combined with greenery – in terms of design and social life, as well as for new mobility structures and expanded technical requirements. Parks and green belts have been proven to make a substantial contribution to the quality of life in urban quarters. Such areas, being both spacious and networked, with differentiated zones, provide opportunities for leisure, sport and play, while offering rest as well as relaxation in natural surroundings and creating important potential for tackling weather and climate problems.

Last but not least, all forms of urban green space should be understood and designed as a joint ecosystem. Projects on the level of scale of our examples of urban quarters are not yet able to comprehensively achieve this. However, they act as building blocks and provide us with valuable experience for the future implementation of the goal of achieving high building density jointly with higher quality of life for people and high-quality environments in the city.

## 1.2 Questions and methods

In cities, particularly in metropolitan areas, the pressure on urban open spaces in terms of usage and the number of conflicting goals is growing due to population influx and infill development. In the context of developing new urban quarters, or in the attempt to improve existing residential areas through modernisation, green and open space provision, with specific qualities, plays an important role for quality of life and the quality of the urban environment. Such provision requires an emphasis on recreational facilities and social interaction as well as on the importance of green spaces for the city's climate and biodiversity.

**The key questions posed were:**

- How can densely built housing coexist with quality open urban spaces? How can societal, functional and ecological requirements for open spaces all be satisfied simultaneously? How does this succeed in the scope of dual inner-city development?
- How can goals such as environmental justice, climate, resource and species protection and quality of life as well as quality of use be combined for residents? What conflicts exist? How can these be overcome?

**There were six methodological steps:**

1. Literature research, creation of research design
2. First expert workshop, in which quality criteria for urban open spaces as well as successful examples and suitable case studies were discussed, and possible case studies were gathered.
3. Selection of 10 case studies: five case studies from Germany and five from Switzerland, France, the United Kingdom and Denmark.
4. Case study analysis with evaluation of (planning) documents as well as literature, and to the extent possible during the COVID-19 pandemic: field visits of the projects, focus group discussions with project participants and walking tours with residents to become familiar with specific local conditions, planning processes and stakeholder and user perspectives. Development of overall findings in accordance with cross-sectional topics.
5. Second expert workshop, in which the findings were examined and discussed.
6. Publication.

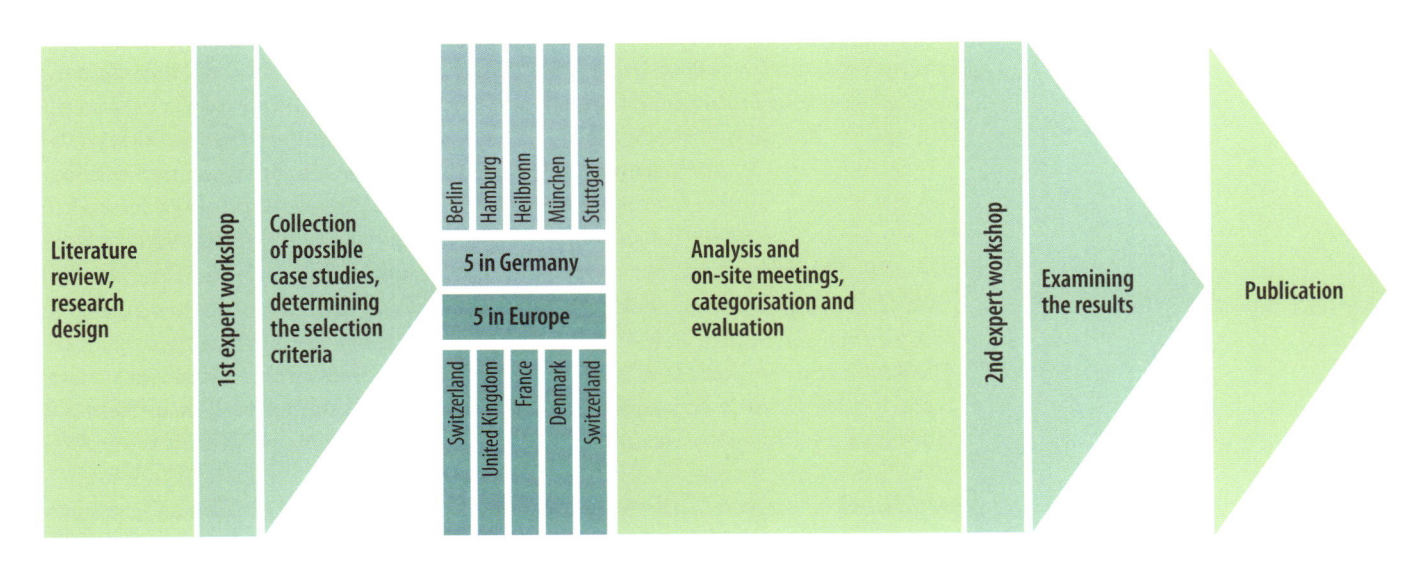

Overview of stages, own illustration

# 1 INTRODUCTION

The procedure will be explained in more detail in the following sections.

*Literature review, research design, collation of possible case studies*

The first stage consisted of researching and evaluating relevant literature and formulating the research design. At the same time, suitable urban quarters were sought out and included in the case studies.

*All case studies had to meet the following criteria:*
- Growing large or medium-sized city in Germany or Europe
- Conceptual integration of open space planning and urban planning measures – especially in dense residential housing developments
- At the scale of a city district, quarter or apartment block
- Project dates from the last 10 to 15 years,

**as well as particularly innovative qualities in the open space related topics of:**
- Diverse usage
- Ecology and biodiversity
- Greenery and water as (part of the) infrastructure
- Management and care
- Procedures and stakeholders in the development and operation.

*First expert workshop*

Experts in landscape planning, municipal planning and urban planning and experts from the housing sector from Germany and abroad were invited to participate in an expert workshop in Stuttgart on 26 November 2019.

In this first workshop, the participants were asked about their assessments of quality criteria of successful open spaces. We presented them with the research design and an initial selection of potential case studies, which were discussed using a matrix. Subsequently, considerations in relation to further suitable cases were introduced and discussed.

*Case study selection*

At the next stage, five case studies from Germany and five from Switzerland, France, the United Kingdom and Denmark were selected using a matrix. We wanted to both examine examples of various levels of scale (city district, quarter, apartment block) and include as many aspects for analysing the cross-sectional topics as possible. The examples also had to include existing urban areas as well as new urban developments.

**Selection matrix**

| Innovation/criteria | City district | Quarter | Apartment block |
|---|---|---|---|
| Quality of life: Special usage qualities and atmosphere | | | |
| Quality of open space: Ecological qualities and biodiversity; climate adaptation, green/blue infrastructure and technology | | | |
| Quality in stakeholder and process structures, instruments as well as management, support and care | | | |

*The following developments were selected as case studies:*
*New, large city districts – diverse open spaces with park*
- Le Trapèze, Boulogne-Billancourt
- Erlenmatt site, Basel
- Tarpenbeker Ufer, Hamburg
- Agfa site and Weißenseepark, Munich

*New developments and urban intensification – ambitiously designed outdoor facilities at the apartment block level*
- Neckarbogen, Heilbronn
- Elephant Park and South Gardens, London
- Friesenstraße urban quarter, Berlin
- Triemli quarter, Zürich

*Existing urban quarters – district renewal through open spaces and green network*
- Tåsinge Plads, Copenhagen
- Travertinpark, Stuttgart

*Case study analysis*

We selected a mixed method for analysing the case studies: first, (planning) documents as well as literature for each case study were reviewed and evaluated. To the extent that this was possible during the COVID-19 pandemic, visits and viewings of the projects, focus group discussions and walking tours with residents were conducted, in order to become familiar with specific local conditions and planning processes as well as stakeholder and user perspectives.

We visited all case studies in Germany and Switzerland. On site, municipal representatives from various city authorities, (landscape) planners, builders and district management in some cases, as well as others involved in the project, were available for a focus group discussion. In some instances, residents participated in the discussions and contributed their perspectives as users. They then accompanied us on a walking tour, where we visited popular paths, favourite spots and public spaces in the development.

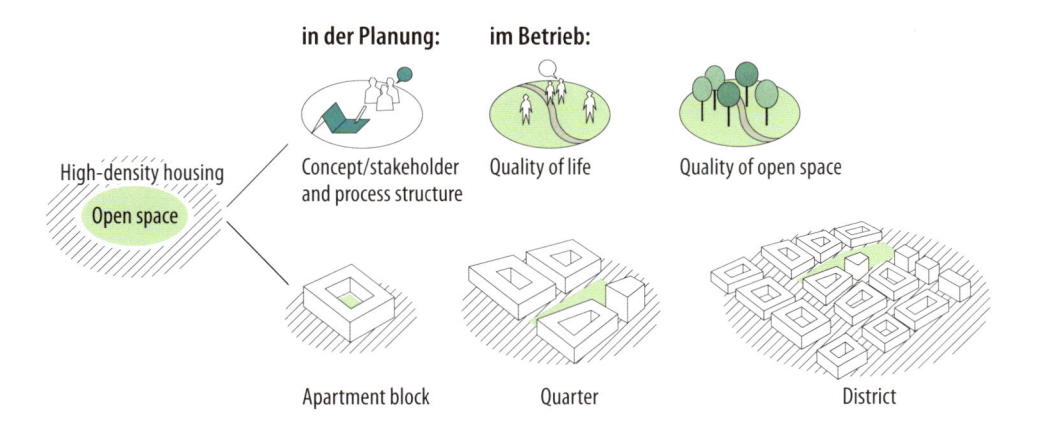

Levels of scale and cross-sectional topics, own illustration

During our own inspections of the areas, we focused on the sensory aspects as well as the design, ecological and social elements of the development and the use of open space. This meant that there were always several members of our research team on site, with some quarters being visited several times and at various times of the year. We documented our impressions using photographs and maps.

Elephant Park and South Gardens in London could not be visited due to the pandemic, and the focus group discussions in Boulogne-Billancourt and Copenhagen had to be conducted online.

All of the case studies are analysed and presented in the following chapters according to the same schematic.

In order to present the multifaceted functions of open spaces, we have compiled several plans for each example: Each project is preceded by a green spaces and a figure-ground diagram (M 1:10.000), which highlight how the developments have been integrated into the existing urban areas. We have consciously chosen the same scale each time, so the different sizes of the respective developments become apparent. Similarly, we prepared a site plan for each example, which illustrates the different public as well as private open and green areas, alongside their functions. These plans are drawn, according to the respective project size, in various dimensions of scale. Three structural plans were also drawn up for all case studies, which focused on the operating principles of green spaces in terms of: use and function, ecology including climate, technology and infrastructure. Setting these operating principles adjacent to one another reveals the various benefits of the open spaces and how they perform multiple important functions at the same time; however, it also reveals any emerging conflicts resulting from different objectives.

We also created maps of the walking tours with residents, which show the special places along the routes and attempt to illustrate how the district relates to quality of life, including from the perspective of the people of various ages who live there.

*Results of cross-sectional analysis*

The 10 case studies exhibit several shared focal points. The following overarching themes are addressed in the cross-sectional chapters:
- Quality of life (importance of open spaces for accommodation and lifestyle in urban quarters)
- Quality of open space (importance of open spaces for biodiversity, climate and infrastructure in urban neighbourhoods)
- Processes (stakeholders and instruments of dual inner-city development).

The discussion centres on transferable and topical aspects of the case studies that are especially relevant for successful dual inner-city development and the feasibility of developments combining different goals. It also elaborates upon the different strategies and solutions of both the local government and the private sector, in relation to the conception, planning, implementation and management of (newly constructed) quarters with special open space qualities.

*Second expert workshop*

The initial findings from the analyses of case studies available up to this point were discussed and examined by experts during a second workshop on 10 and 11 June 2021. Due to pandemic restrictions, this workshop took place online. In addition to the guests invited to the first expert workshop, representatives from the case studies were also invited to exchange ideas and to share experiences. The findings from the individual case studies served as the starting point for these discussions. The importance of the open spaces for housing, quality of life, biodiversity, climate and technology, as well as instruments and processes of dual inner-city development, were deliberated in several themed discussion groups.

# 2 FALLSTUDIEN

## NEUE GROSSE STADTQUARTIERE – VIELFÄLTIGE FREIRÄUME MIT PARK

## 2.1 LE TRAPÈZE
*ÉCOQUARTIER SÜDWESTLICH VON PARIS*

BOULOGNE-BILLANCOURT

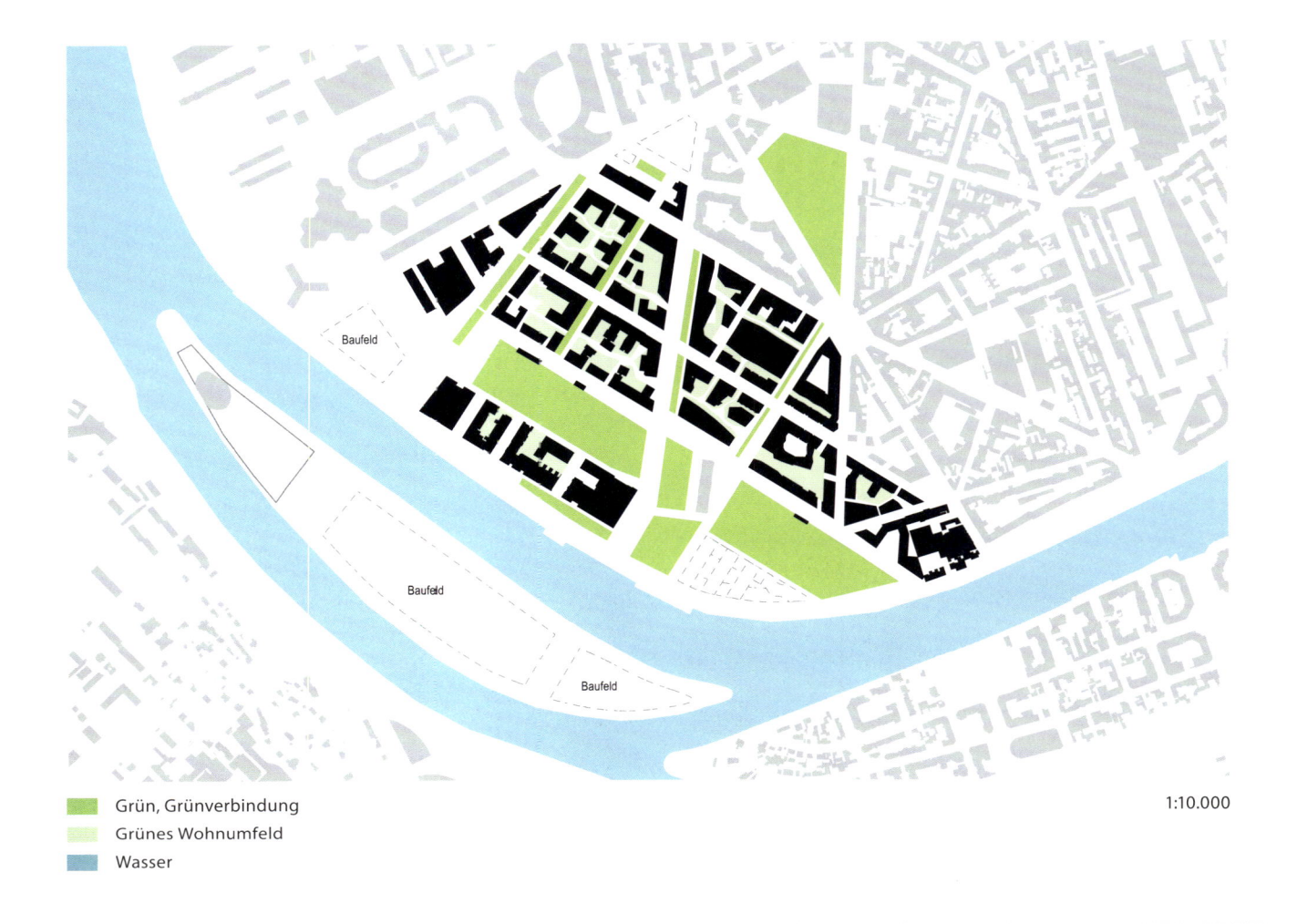

## 2 FALLSTUDIEN

Baufeld

Baufeld

Baufeld

■ Grün, Grünverbindung
■ Grünes Wohnumfeld
■ Wasser

1:10.000

**GRÖSSE**
Konversionsfläche (ehemaliges Renault-Gelände): 40 ha, davon 7 ha Park

**PLANUNGS- UND BAUZEIT**
1997  erste Überlegungen zur Entwicklung des Geländes (durch Renault)
2002  Planungskolloquium (6 Teams)
2003  Einrichtung einer *Zone d'Aménagement Concerté* (ZAC) (Städtebauliches Entwicklungsgebiet) mit 74 ha
2004  erster *Plan Locale d'Urbanisme* (PLU)
2006  Wettbewerb für den Parc de Billancourt, Beginn 1. Bauabschnitt
2011  Beginn 2. Bauabschnitt
2013  das Quartier Le Trapèze erhält das Label *ÉcoQuartier*
2017  Fertigstellung Parc de Billancourt (7 ha) (außer dem zentralen Bereich, dieser folgt ca. 2025–2027)

**ART DER PLANUNG**
Planungskolloquium und landschaftsplanerischer Wettbewerb

**AKTEURINNEN UND AKTEURE**
Entwicklungsgesellschaft SPL Val de Seine Aménagement (Jean-Louis Subileau, 1997–2008, Grand Prix de l'Urbanisme 2001), die Stadt Boulogne-Billancourt, der Gemeindeverband Grand Paris Seine Ouest, Renault. Die Planer Patrick Chavannes, Thierry Laverne und Christian Devillers. In jedem Block (Macro-Lot) ist ein anderes Planungsteam für Entwicklung, Ausschreibung und Ausführung zuständig (insgesamt mehr als 60 Planungsteams).

**Parc de Billancourt:** Agence TER, Paris
**Freiraumplan:** Team Chavannes/Laverne/OGI
**Innenhöfe der *Macro-Lots*:** jeweils andere Stadt-/Landschaftsplanerinnen und -planer

**STÄDTEBAU UND HAUSTYPEN**
- 5- bis 10-geschossige Blockrandstrukturen mit Wohn- und Bürogebäuden und Hotels sowie begrünten, zum großen Teil umzäunten privaten Innenhöfen. In den Erdgeschosszonen teilweise Läden, Restaurants; Dienstleistungen. Soziale Infrastruktur wie Kirche, Moschee, Schulen und Kindertagesstätten, Freizeitzentren und eine Mediathek sind in die Blocks eingefügt.
- 671.558 m² Wohnfläche, 230.068 m² Bürofläche, 76.810 m² Flächen der Infrastruktur
- ca. 5.000 Wohnungen (davon ein Drittel gefördert), ca. 15.000 Einwohnerinnen und Einwohner sowie ca. 12.000 Arbeitsplätze, über 60 Läden, etwa 10 Einrichtungen der sozialen Infrastruktur
- 17 ha öffentlicher Freiraum (mit 7 ha Park-, davon 3 ha Wasserfläche) mit Herstellungskosten von 39 Mio. Euro (Straßen, Plätze, Wege – ohne Park)
- Wohndichte, überschlägige Ermittlung: ca. 227 WE/ha Nettowohnbaufläche
- Nettowohnbaufläche: Konversionsfläche gesamt 40 ha; minus soziale Infrastrukturfläche 1 ha, minus öffentliche Frei-, Grün- und Verkehrsflächen 17 ha = 22 ha Nettowohnbaufläche

2.1 LE TRAPÈZE

# Ausgangslage

In der Metropolregion Paris leben mehr als 12 Millionen Menschen. Rund 2,2 Millionen Menschen wohnen allein in der französischen Hauptstadt; sie ist mit knapp 22.000 Einwohnerinnen und Einwohnern pro Quadratkilometer eine der am dichtesten besiedelten Städte der Welt. Grün ist in Paris aufgrund der sehr dichten Bauweise und extrem hoher Bodenpreise ein rares Gut. Die großen Baumassen und der Mangel an Grün führen in den Sommermonaten zu einer starken Erwärmung der Stadt und des Großraums. So wurde in Paris 2019 mit 43 Grad Celsius ein neuer Temperaturrekord erreicht – der Höhepunkt eines steten Temperaturanstiegs.

Als Folge einer gewachsenen Sensibilisierung der Politik und Bevölkerung für das Thema Klima und für innerstädtisches Grün hat Paris bereits 2011 einen ersten Biodiversitätsplan verabschiedet.[1] Seit 2014 wurden zahlreiche Begrünungsprojekte realisiert, die jedes Jahr im Rahmen des Bürgerhaushalts ausgewählt wurden. Dazu gehören die Öffnung von 30 Hektar Grünflächen der stillgelegten Bahnstrecke *Petite Ceinture* und mehr als 100 Gemeinschaftsgärten. Jede Pariserin und jeder Pariser soll mittels „Begrünungsschein" (*Le Permis de Végétaliser*)[2] eine eigene Grünfläche gestalten dürfen. Neu geplant sind „grüne Straßen", auf denen sich Menschen zum Gärtnern treffen können.

Mit dem überarbeiteten *Plan Biodiversité de Paris 2018–2024* setzt die Stadt weitere Impulse zur Förderung der biologischen Vielfalt. Dafür wurde auch das Planungs- und Umweltrecht angepasst. Dazu gehören unter anderem der Ausbau der Grünverbindungen, der Biodiversitätskorridore und der Biodiversitätsreservoirs. Die Begrünungspolitik ist u. a. mit dem Mobilitätsplan, dem Klima- und Energieplan und dem Plan zur Förderung von Bienenweiden verknüpft. In neueren Projekten geht Paris noch einen Schritt weiter und experimentiert mit der Wiederverwendung und der Aufarbeitung von Urin als Düngemittel, da die Stadt aufgrund ihrer hohen Dichte mittlerweile auch ein Problem mit der Bewältigung des Abwassers hat.

Um alle diese Maßnahmen zur Förderung von Grün und Biodiversität umsetzen zu können, sollen die dafür notwendigen städtebaulichen Auflagen in die lokalen Stadtentwicklungspläne (*Plan Locale d'Urbanisme, PLU*) aufgenommen werden. Auch die Unternehmen ziehen mit: Im Projekt Les Parisculteurs haben sich bereits etliche Unternehmen und Institutionen per Charta verpflichtet, in den nächsten Jahren zusammen 100 Hektar urbaner Grünflächen in Paris herzurichten. Die Begrünungspflicht soll auch in die Weiterentwicklung der Bauleitplanungen übernommen werden. So gibt es für jeden Bauherrn bzw. jede Bauherrin die Auflage, einen Teil der Freiflächen und der bebauten Flächen zu begrünen. Bis 2024 soll Biodiversität in allen umweltbezogenen rechtlich verbindlichen Planungsunterlagen enthalten sein. In diese Planungen werden auch die Gemeinden des Großraums Paris einbezogen – die neuen Ökobezirke in Paris und Umgebung wie die städtebaulichen Entwicklungsgebiete *Zone d'Aménagement Concerté* (ZAC) Clichy-Batignolles im 17. Arrondissement oder das Gebiet ZAC Seguin Rives de Seine, das in dieser Fallstudie dargestellt wird. Es sind Beispiele für den angestrebten ökologischen Wandel im ganzen Großraum Paris.

### Kommunaler und städtebaulicher Kontext

Boulogne-Billancourt mit rund 120.000 Einwohnerinnen und Einwohnern liegt südwestlich von Paris, direkt angrenzend an das 16. Arrondissement der Hauptstadt. Wegen der praktisch lückenlosen Bebauung über die Stadtgrenze hinweg wird Boulogne-Billancourt auch als das 21. Arrondissement von Paris bezeichnet. Die Stadt liegt am rechten Ufer der Seine, die sie nach den übrigen drei Seiten begrenzt. Sie wird von zwei Linien der Pariser Métro angefahren. Darüber hinaus ist sie durch mehrere Buslinien und bald durch die Tramway-Linie Val-de-Seine mit der Metropolregion verbunden (Grand Paris Express).

Die Stadt Boulogne-Billancourt gilt als einer der vornehmsten Vororte von Paris, im Süden ist sie aber auch durch Industrie und große Wohnblöcke gekennzeichnet. Über Jahrzehnte war sie ein bedeutsamer Industriestandort mit großen Produktionsflächen. Die Renault-Werke nahmen zehn Prozent des Stadtgebietes von Boulogne-Billancourt ein. Nachdem Renault 1992 den Produktionsstandort südwestlich von Paris aufgab, wurde bereits ab 1997 über eine Nachnutzung nachgedacht.

Die neue Entwicklung der Stadt als bedeutender Wohnstandort ist eine Antwort auf die enorme Nachfrage nach Wohnungen. Boulogne-Billancourt profitiert von der hervorragenden Verkehrsanbindung und seiner Lage an der Seine, auch wenn der Ausbau der Uferzonen noch nicht abgeschlossen ist.

Wasserfläche im südwestlichen Park

2 FALLSTUDIEN

# Planung

**Gemeinschaftliche Entwicklung durch öffentliche und private Akteurinnen und Akteure**

Zunächst wurden Überlegungen zur Stadtentwicklung von Renault selbst – bis dahin noch Eigentümer der Fläche – getroffen. Im Jahr 2000 schlossen sich die umliegenden Kommunen zusammen, um gemeinsam mit Renault die städtebauliche Ausrichtung des Projekts zu definieren. Im Jahr 2003 richtete die Stadt Boulogne-Billancourt ein 74 Hektar großes städtebauliches Entwicklungsgebiet (ZAC) ein und bildete die gemischt finanzierte Entwicklungsgesellschaft (*Société Anonyme d'Économie Mixte, SAEM*) *SPL Val de Seine Aménagement*.

Kopf der Gesellschaft ist der jeweils amtierende Baubürgermeister bzw. die Baubürgermeisterin oder Beigeordnete für Stadtentwicklung. Bürgermeister Jean-Pierre Fourcade zog 2003 zur Projektunterstützung den Stadtplaner Jean-Louis Subileau hinzu, der 2001 den *Grand Prix de l'Urbanisme* erhalten hatte und früher auch bei der Pariser Planungsgesellschaft *Apur* tätig war. Dieser stellte ein Team aus 15 Experten zusammen, die bis 2008 die Leitlinien für das neue Quartier erarbeiteten. Weitere Akteure sind bis heute der Zusammenschluss der acht Kommunen im Großraum Paris Grand Paris Seine Ouest sowie weiterhin Renault – das Unternehmen ist als ehemaliger Flächeneigentümer für die Dekontaminierung zuständig. Die Gebäude selbst wurden von großen Immobilienentwicklern finanziert: Nexity, Icade und Vinci und Hines. Die einzelnen Investoren beteiligten sich zu Teilen an der Finanzierung der sozialen Infrastruktur. Die Finanzierung des Parks übernahm die Entwicklungsgesellschaft *SPL Val de Seine Aménagement* allein.

Das gesamte Quartier nennt sich Île Seguin Rives de Seine. Es wurde in drei Bereiche mit unterschiedlichen koordinierenden Architekten unterteilt: Le Trapèze (Patrick Chavannes und Thierry Laverne), das Bestandsquartier Pont de Sèvres (Christian Devillers) und die Île de Seguin. Das Trapèze ist die Zone der ehemaligen Renault-Fabrik. Die Île Seguin, die ebenfalls mit Werkshallen von

Wohngebäude mit Blick auf den Parc de Billancourt

## 2.1 LE TRAPÈZE

Renault besetzt war, wird zu einem Kultur- und Musikviertel mit Strahlkraft entwickelt. Im Nordwesten liegt das Quartier Pont de Sèvres aus den 1970er-Jahren mit terrassierten Hochhausscheiben, die einst unter anderem für die Mitarbeiter von Renault gebaut wurden. Wegen städtebaulicher und sozialer Missstände soll es aufgewertet werden und wird bereits seit 2008 mit Geldern der ANRU (*Agence Nationale pour la Rénovation Urbaine*) gefördert.

### Städtebaulicher Wettbewerb – landschaftsplanerischer Wettbewerb

Patrick Chavannes und Thierry Laverne – in Zusammenarbeit mit Jacques Ferrier – setzten sich im Jahr 2002 in einem Planungskolloquium für die städtebauliche Gestaltung für das Le Trapèze unter sechs Stadtplanern durch. Sie überzeugten mit der Idee der „Park-Stadt" (*Ville Parc*). Anders als die anderen Teilnehmer planten Chavannes und Laverne den Park nicht direkt an der Seine, sondern zurückgesetzt inmitten des Quartiers. Den Park nicht direkt an die Seine zu legen führte dazu, dass dreimal so viele Aussichtslagen für die Wohnungen entstehen. Nun gibt es an allen Seiten des Parks attraktive Lagen mit Blick ins Grüne. Die dem Park nicht zugewandten

Eine Kindergartengruppe geht im Parc de Billancourt spazieren

Wohnungen bieten dafür teils freie Sicht auf den Fluss. Der aus diesem Entwurf resultierende verbindliche *Plan Local d'Urbanisme – PLU* (ein strategisches Planungsinstrument mit rechtsverbindlichen Aussagen) – unterteilt das Quartier neben dem öffentlichen Park in sogenannte *Macro-Lots* von der Größe eines städtischen Blocks auf, die jeweils an andere Architektur- und Landschaftsplanungs-Teams zur Weiterentwicklung vergeben wurden. Darunter waren sowohl namhafte französische Architekturbüros wie Lipsky+Rollet, Brenac & Gonzalez & Associés als auch ausländische Architekten wie Norman Foster und Diener & Diener.

Vor der Entwicklung war die ehemalige Industriebrache „ein schwarzes Loch für das natürliche Leben".[3] Der Masterplan sah vor, dass 50 Prozent des Geländes Freiraum sein sollten, die Hälfte davon Grünräume (inklusive des Parks). Die Konzeption und Realisierung des Parc de Billancourt im Inneren des Le Trapèze wurde an das international agierende Landschaftsplanungsbüro *Agence TER* vergeben. Es hatte sich 2006 in einem Wettbewerbsverfahren, das von dem Entwicklungsträger *SPL Val de Seine Aménagement* ausgerichtet wurde, unter fünf Konkurrenten durchgesetzt. Der Park ist ein Schlüsselprojekt des neuen Quartiers. Er sollte eine Verbindung zwischen der Stadt und der Seine schaffen, eine „in der Stadt verankerte Naturinsel"[4] werden. Die Entwurfsidee war ein „stillgelegter Arm" der Seine.[5]

Neben der Vorgabe der Entwicklungsgesellschaft *SPL Val de Seine Aménagement*, dass ein *ÉcoQuartier* entstehen sollte, spielte das Wasser von Anfang an eine zentrale Rolle. Le Trapèze liegt in einer Überschwemmungszone. Damit war der Park nicht nur ein landschaftsplanerisches, sondern auch ein infrastrukturelles Projekt. Es ging sowohl um Hochwasserschutz bei Starkregenereignissen oder einem Übertritt der Seine als auch um den Umgang mit dem hohen Grundwasserpegel. „Es gab eine sehr gute Ausschreibung und eine sehr gute Leistungsbeschreibung"[6], erläutert die Projektleiterin bei *Agence TER*. „Die SPL hat viele Meetings angesetzt, es war eine wirklich integrierte Planung."

Luftbild des Quartiers Le Trapèze

## 2 FALLSTUDIEN

**Bauabschnitte**

Der Parc de Billancourt wurde in drei Bauabschnitten geplant und gebaut: der Westen, mit viel Wasser und naturnahen Bereichen, der Osten, der durch befestigte Flächen und Sportanlagen gekennzeichnet ist, und der zentrale Teil, mit dem erhaltenen Bâtiment Pierre Dreyfus. Vor der Herstellung des Parks musste Renault einen Großteil des Bodens austauschen lassen, da er durch die jahrelange Industrienutzung kontaminiert war. *Agence TER*, die die Projekt- und Bauleitung innehatte, versuchte jedoch, möglichst wenig Material zu verschwenden und vieles wiederzuverwerten. Bei der Planung des Parks arbeiteten Fachleute aus Ökologie und Ingenieurwesen zusammen. Die interdisziplinäre Zusammenarbeit von an Nachhaltigkeit interessierten Firmen wurde von den Beteiligten als sehr fruchtbar bewertet.

# Entstandene Grün- und Freiräume

Ziel war es, grüne Wegeverbindungen für Natur und Tiere zu schaffen – sogenannte Biodiversitätskorridore. Mit den *Macro-Lots* planten Chavannes und Laverne auch ein grün-blaues Raster. Die wichtigsten Avenuen wurden mit großen Baumreihen gesäumt. Sie dienen durch Geländemodellierung als Retentionsflächen, sollte der Fluss bei Starkregen über die Ufer treten. Dahinter steht ein ausgeklügelter Grünvernetzungsplan. Über den im Süden auf der anderen Seite der Seine gelegenen Coteaux de Meudon und den Parc de Saint-Cloud, den zukünftigen Park auf der Île de Seguin und den Parc de Billancourt führt die Grünvernetzung bis zum nördlichen Parc des Glacières. Auch dieser direkt an Le Trapèze im Norden angrenzende Park wurde 2018 aufgewertet und bietet neben vielen Sport- und Spielplätzen inselartig angelegte naturnahe Flächen sowie Retentionsbereiche für Hochwasser.

**Ein Park als Flusslandschaft**

Der Parc de Billancourt sollte weit wirken und sich von allen Seiten öffnen, einer Flusslandschaft ähnlich werden und die Landinseln „wie vom Wasser gemacht" erscheinen lassen. Die Farkränder wurden deshalb angehoben, der Park wurde abgesenkt und nicht umzäunt. Die konzeptionelle Idee war, durch Brücken verbundene Inseln zu erschaffen und den Park bei Hochwasser zu einem Arm der Seine werden zu lassen. Im westlichen Parkbereich wurden die so kreierten Inseln nach Themen benannt: Kircheninsel, Birkeninsel, die große Wiese, Kinderinsel und eine „Terrasse", auf der man Boule spielen kann. Ein weiteres Ziel war, naturnahe Milieus zu schaffen, neben Aufenthaltsbereichen für Menschen auch Orte zu schaffen, die der Natur vorbehalten sind.

Eine reiche Flora zeichnet den Park aus. Mehr als 250 verschiedene Arten wurden gepflanzt. Es wurden nicht nur naturnahe Pflanzen gewählt, sondern zwischen dem, was für die Natur gut ist, und dem, was Menschen schön finden, abgewogen. Über den ganzen Park verteilt wurden nektarhaltige Pflanzen angepflanzt. Die *Agence TER* hat Pflanzen ausgesucht, die normalerweise in Torfbänken, Prärien und Flusslandschaften wachsen. Auf einen richtigen Torfboden wurde verzichtet; stattdessen wurde in einem Teil des Parks ein künstliches Torfmoor angelegt. Diese Pflanzungen dienen nun auch als Wasserfilter. Die höher gelegenen Teile des Parks bestehen aus blühenden Wiesen, die wenig Wasser brauchen. „Wir haben das Mikroklima genutzt: Dort, wo es heißer ist, haben

Biodiversitätskorridor mit Muldensystem: Grünverbindung im Quartier

Naturnaher Bereich im westlichen Park

wir mediterrane Pflanzen in Sand gepflanzt. Auf der anderen Seite, wo es mehr Schatten gab, haben wir mehr Ton in die Erde gegeben und eine andere Pflanzstruktur angelegt. Wir haben die Situation immer ein wenig übertrieben, um verschiedene Arten anpflanzen zu können. So können die Menschen auch die verschiedenen Atmosphären erfahren, die die verschiedenen Pflanzen mit sich bringen", erläutert die Expertin von *Agence TER* das ausgeklügelte Konzept.

## Gestaltung

Die Bewohnerinnen und Bewohner des Quartiers haben die Wahl zwischen verschiedenen Orten für unterschiedliche Bedürfnisse: Bereiche für Sport und Bewegung, Spielbereiche für Kinder und Jugendliche unterschiedlicher Altersstufen, Bereiche zum Fußballspielen, Picknicken, Lesen, Tierebeobachten und Spazierengehen. An manchen Stellen wurden sogenannte Lesebetten – eigens für den Parc de Billancourt entworfen – dicht am Wasser platziert. Hier kann man Enten, Fischreiher und Frösche beobachten. Die Spielbereiche für Kinder wurden zur Sicherheit umzäunt, damit Eltern ihren Kindern entspannt beim Spielen zusehen können. Darüber hinaus gibt es einen Fitnesspfad. Der Park ist zudem mit wenigen, ebenfalls von *Agence TER* entworfenen kleinen Gebäuden ausgestattet: einem Restaurant, einem Nebengebäude mit Toiletten und den Gerätschaften des Hausmeisters. Die flachen Holzbauten wirken skandinavisch, sind bunt bemalt und werden nachts beleuchtet.

## Klima und Umwelt

Die große Wiese im Nordwesten verkörpert einen Zielkonflikt zwischen Nutzung und Umwelt. Eine solche Wiese wird in einer dicht bewohnten Umgebung gebraucht. Sie ist für alle zugänglich und jeder kann sie für alles nutzen: vom Sommerpicknick bis zum Fußballspielen. Um so viel Regenwasser wie möglich zu speichern und für die Bewässerung zu nutzen, wird das Regenwasser von den Dächern über topografisch modellierte Straßenzüge in den Park geleitet, der als Auffang- und Filterbereich dient. Wenn im Sommer der Wasserspeicher nicht ausreicht, muss der Rasen teilweise mit Trinkwasser bewässert werden. Das schmutzige Regenwasser von den Straßen wird getrennt abgeleitet und gelangt über ein großes Regenwassersammelbecken unter dem Park nach einer Säuberung in die Seine. Die Trennung des sauberen und schmutzigen Wassers ist sehr aufwendig. An dem Konzept haben viele Ingenieure mitgearbeitet.

## Technische Infrastruktur im Park integriert

Der Ostteil des Parks wurde erst deutlich später, von 2015 bis 2017, entwickelt. Der Bedarf an Sport- und Freizeiteinrichtungen hatte zugenommen, auf diese Nutzungen sollte nun der Fokus gelegt werden. Dieser zweite Parkabschnitt sollte gleichzeitig ein Rugby- und Fußballfeld samt Umkleideanlagen aufnehmen sowie einer großen Geothermieanlage, die das Quartier mit Wärme und Kälte versorgt, unterirdisch Platz bieten. Gleichzeitig sollte der Park weiterhin als Grünraum wahrgenommen werden – das heißt, die technische Infrastruktur durfte möglichst wenig auffallen. Durch einen sehr transparenten Zaun löste *Agence TER* diese Aufgabe und achtete dabei besonders darauf, dass der Park in Längsrichtung weitestgehend einsehbar blieb. Die Pumpen der unterirdischen Geothermieanlage müssen alle zehn Jahre gewartet werden, die Fläche darüber musste sich also leicht wieder öffnen lassen. Zuerst wurde ein Skatepark vorgesehen, dann aber mit Rücksicht auf lärmempfindliche Menschen in der Nachbarschaft ein Blumengarten angelegt, der diesen mehr Freude machen soll. Das Projektmanagement der SPL sorgte dafür, dass Planende sowie Ingenieurinnen und Ingenieure gemeinsam zu einer guten Lösung fanden:

Eingezäunter Spielbereich mit Verschattungselementen

Symbole im Park laden zu Sport und Bewegung ein

2 FALLSTUDIEN

**Grün- und Freifläche im Untersuchungsgebiet pro Person**

6,8 m² gesamt

2,1 m²
privat – gemeinschaftlich genutzt

4,7 m²
öffentlich

**Nutzung und Funktion**
- Grünverbindung
- Erholung/Freizeit
- Gebäudebezogene Freiräume
- Spielen
- Plätze
- Gewässer

**Ökologie und Klima**
- Klimawirksame Flächen
- Naturnahe Bepflanzung
- Hohes Grünvolumen/Baumbestand
- Extensive Dachbegrünung

**Infrastruktur und Technik**
- Straße
- Rad- und Fußweg
- Fußweg
- Retention

## 2.1 LE TRAPÈZE

| | |
|---|---|
| 🟩 Öffentliche Grünfläche | ▧ Sportfläche |
| 🟩 Gemeinschaftlich genutze private Grünfläche | 🟦 Gewässer |
| 🟧 Spielfläche | 🌳 Bäume |

„Einen Ort, der sonst nicht genutzt wird, mit mehreren Funktionen zu belegen, ist smart." Unter *Smart Urbanism* fasst die Landschaftsarchitektin die Lösungsansätze zusammen, die unterschiedlichen Funktionen in einem Konzept zu vereinen.

### Freiräume in den *Macro-Lots*

Die grünen Innenhöfe waren bereits im PLU vorgesehen und wurden von unterschiedlichen Landschaftsplanerinnen und -planern entworfen. Die hohe Dichte der Wohnbebauung in den *Macro-Lots* ist Teil des Gesamtkonzepts: mit einer urbanen, nutzungsgemischten Bebauungsstruktur zahlreiche hochwertige Wohnungen für die große Wohnungsnachfrage zu bauen und ein *ÉcoQuartier* mit einem großen Park zu entwickeln. Die Planenden versuchen, in den *Macro-Lots* das Beste aus den Gegebenheiten zu machen und testeten mit ihren Lösungen aus, was auf engem Raum möglich ist: Atmosphäre für die Eingangsbereiche der Häuser zu schaffen, viel lebendige Grünmasse unterzubringen, auch um im Sommer für mehr Kühle zwischen den Baumassen zu sorgen. Im

## 2 FALLSTUDIEN

Inneren schaffen Bäume und Pflanzen Sichtschutz und Privatheit. Sie bieten jedoch wenig Raum für Aufenthalt und Kinderspielen. Eine öffentliche Erschließung und Durchwegung der Innenhöfe gibt es nicht. Jeder Block ist zum öffentlichen Bereich durch Zäune und Tore abgetrennt. Ursprünglich sollten die Blocks offen begehbar sein, schon allein um die sozialen Infrastruktureinrichtungen wie Kitas, Schulen und Familienzentren nutzen zu können. In den Ferienzeiten ist die Zugänglichkeit aber eingeschränkt. Es wurde jedoch sichergestellt, dass zwischen den Blocks zumindest Sichtachsen freigehalten wurden, um so eine gefühlte Durchlässigkeit zu schaffen und für Durchlüftung zu sorgen. Die wohnungsnahen Freiräume, Balkone und Terrassen haben durch die enorme Dichte der Gebäude in den unteren Etagen weniger Aufenthaltsqualität und Privatsphäre. Die Balkone und (Dach-)Terrassen der oberen Wohnungen sind zumeist großzügig, bieten in der vordersten Reihe einen Blick auf den Park und werden offensichtlich genutzt. Im Großraum Paris ist eine Wohnung mit privatem Außenbereich allemal ein großes Glück – sahen doch die verbreiteten *Immeubles Haussmanniens* schmale Balkone vorzugsweise nur in der Beletage vor.

## Nutzung

Das Trapèze wurde von West nach Ost entwickelt. Es ist ein nutzungs- und sozialgemischtes Quartier mit rund 15.000 Einwohnerinnen und Einwohnern geworden. Die zehn- bis zwölfgeschossigen Gebäude bieten eine Schau ambitionierter Architektur und erfüllen hohe technische und ökologische Standards. Wenige Fassaden, aber viele Dächer sind begrünt. Die Mischung besteht zu einem Drittel aus Sozialwohnungen, einem Drittel aus frei verfügbaren Wohnungen und einem Drittel aus Büros und Läden. Diese Drittelmischung findet sich in jedem der *Macro-Lots* wieder. Die Sozialwohnungen wurden bei Neubezug im Jahr 2011 für 6,00 bis 12,50 Euro/m²

Die große Wiese mit Spuren von intensiver Nutzung und Trockenheit

Begrünter Innenhof eines *Macro-Lot*

Üppiges Grün zwischen den dichten Häuserblocks

vermietet, die freien Mietwohnungen für bis zu 28 Euro/m². Die Kaufpreise erreichten in guten Lagen bis 8.000 Euro/m² im Jahr 2011. Die Geschossflächenzahl in diesem Gebiet liegt bei 4,0 – vergleichbar mit den Dichtewerten der Haussmann'schen Stadtquartiere in Paris.[7] Wegen der hohen Dichte sind der großzügige Park und die breiten Straßenachsen mit Fahrradwegen für die Lebensqualität der Bewohnerinnen und Bewohner wichtig und ersetzen einen wesentlichen Teil der andernfalls unverzichtbaren wohnungsnahen Grünräume. Außerdem bietet das neue gemischte Quartier drei Pilotschulen: eine Grundschule mit Biodiversitätsschwerpunkt (mit einem großen begrünten und mit Bäumen bepflanzten Dachgarten), eine Grundschule mit Digitalisierungsschwerpunkt und eine bilinguale weiterführende Schule (*Lycée*). Daneben gibt es eine Moschee und eine katholische Kirche, die auch als Kulturzentren genutzt werden, sowie drei Freizeitzentren, Kindergärten und eine Mediathek.

Ein Ziel des Masterplans war es, das Bestandsquartier Pont de Sèvres mit dem Le Trapèze zu verbinden und eine soziale Mischung herzustellen. Dafür wurden an mehreren Seiten neue Zugänge ins Quartier geschaffen, und man ist dabei, den öffentlichen Raum aufzuwerten und zu begrünen. Die Verbindung von Altem und Neuem und eine Durchmischung der Bewohnerschaft ist nach Aussage der Expertinnen und Experten im Fokusgruppengespräch jedoch nur sehr begrenzt gelungen. Die Bewohnerinnen und Bewohner von Pont de Sèvres nutzen den Park bislang nur wenig.

### Information und Beteiligung

Zeitgleich mit dem Bezug der ersten Wohnungen eröffnete im Quartier Le Trapèze der *Pavillon des Projets*, der an sechs Tagen in der Woche für Bewohnerinnen und Bewohner des Quartiers sowie für Besuchende zugänglich sein soll. Dort wurden die Interessierten über die nächsten Bauabschnitte informiert, es ist zudem ein Ort der Geschichte und ein Kulturzentrum. Die Wohnungen wurden jedoch auf der Grundlage des Plans verkauft, ohne Mitsprache- oder Gestaltungsmöglichkeit der zukünftigen Bewohnerinnen und Bewohner. Im westlichen Parkbereich wurden vor allem Spielbereiche für Kinder von sechs bis acht Jahren geplant, die nicht so gut angenommen wurden. Entsprechend dem Bedarf wurden dann im östlichen Teil des Parks mehr Spielplätze für kleinere Kinder angelegt, bei ihrer Ausstattung hatten die Bewohnerinnen und Bewohner Wahlmöglichkeiten.

Die Bewohnerinnen und Bewohner haben an der Entwicklung des Parks sehr regen Anteil genommen. Mit der Flora zog die Fauna in den Park. „Sobald Wasser da war, kamen Enten, Fische und Frösche und auch Fischreiher." Beim Thema Natur und Tiere gebe es eine sehr starke Beteiligung der Bewohnerinnen und Bewohner: „Wir hatten mehr Baustellenfotos von Bewohnern als von uns selbst. Es gibt so viel Natur, dass es schon Beschwerden von den Bewohnern gibt, weil die Vögel die Entenküken fressen", erzählt die Planerin.

### Bewirtschaftung

An einem heißen Sommertag im August konnte man im Parc de Billancourt neben der beeindruckenden innerstädtischen Natur auch deutliche Nutzungsspuren wahrnehmen: An manchen Stellen mit stehendem Gewässer roch es modrig-schlammig, der Staketenzaun, der die Natur von den Wegen trennt, war teilweise umgeworfen, an manchen Orten im Unterholz hatten sich Obdachlose mit Matratzen einen Schlafplatz für die Nacht eingerichtet und achtlos weggeworfener Müll lag herum. Die Kinderspielbereiche waren teils abgesperrt oder befanden sich in der Erneuerung. All das zeugt vom generell hohen Pflegeaufwand innerstädtischer

2 FALLSTUDIEN

Verbindende Brücke vom Bestandsquartier Pont de Sèvres zum Quartier Le Trapèze

Grün- und Freiflächen und von dem spezifischen Nutzungsdruck des noch jungen Parks mit einer dichten Bewohnerschaft in großstädtischer Umgebung.

Die Pflege und Unterhaltung übernimmt die Grünabteilung des Gemeindezusammenschlusses Grand Paris Seine Ouest. Innerhalb der *Macro-Lots* sind private Unternehmen für die Pflege der Grünbereiche zuständig. Ein gut geschultes Personal ist für die ausgeklügelten Konzepte sehr wichtig. So muss die Fassade der École de la Biodiversité, die extra Nischen und Nistplätze für Fledermäuse und kleine Tiere bietet, anders gepflegt werden als das begrünte Dach und die vertikale Begrünung einer Hausfassade.

Mit Le Trapèze ist eines der ersten 2013 zertifizierten *ÉcoQuartier* Frankreichs entstanden. Das Label für Stadtplanungs- und Stadterneuerungsprojekte wird über das französische „Ministerium für den ökologischen Wandel" (Umweltministerium) organisiert und jährlich durch eine nationale Kommission unter bestimmten Voraussetzungen sowie in vier Stufen vergeben: bei der Planung, im Bau, nach Fertigstellung sowie nach drei Jahren Betriebszeit. Nur wenn in allen Phasen die Vorgaben erfüllt wurden, wird die Zertifizierung erteilt.[8]

# Resümee

Ein neues, dichtes und gemischtes Quartier um einen großen städtischen Park herum zu errichten, ist die zentrale Idee und große Stärke des Trapèze von Boulogne-Billancourt. Mit der Festsetzung, 50 Prozent des Areals als Freiraum zu entwickeln, von denen die Hälfte Grünräume sein sollten, wurden Freiraum und dichtes Wohnen gleichwertig bei der Planung berücksichtigt. Ganz im Sinne der französischen *Grands Projets* wurde hier ein neues Öko-Viertel auf einer ehemaligen Industriebrache geschaffen. In Kombination mit der begonnenen und zukünftigen kulturellen Nutzung der Île de Seguin ist eine langfristige Aufwertung dieser städtischen Konversionsfläche gesichert.

Etwas anders sahen es die Autoren des 2011 erschienenen Bauwelt-Themenhefts: „Billancourt war ein Ort der Mythen, auch der Gewerkschaftsbewegung, die die Werke zum Vorreiter ihrer sozialen Errungenschaften machte. Für Nostalgie ist kein Platz mehr",[9] schrieb Sebastian Redecke und formte ein eher negatives Bild der französischen durchgreifenden Stadtentwicklungspolitik mit der hohen Dichte des Quartiers und der Macht der großen Investorinnen und Investoren. Die Autoren kritisierten zudem, dass außer dem Bâtiment Pierre Dreyfus kein Zeugnis der Vergangenheit stehen geblieben sei.

Wenig Beachtung schenken die Autoren jedoch der Rolle des Freiraums und den damit doch offensichtlichen Chancen für diesen neuen Stadtbaustein. Tatsächlich wurde da, wo einst die Industrie die Natur verdrängt hat, durch eine aufwendige und komplexe Landschaftsarchitektur erneut ein Ökosystem geschaffen, das sich als Überflutungsfläche in das größere Ökosystem „Seine" wieder eingliedert. Durch den Entschluss, die Themen Wasser und Klimaanpassung als Leitmotiv der Parklandschaft zu setzen, gelang es, die Natur zurückzuholen. Und zusätzlich zu seinen ökologischen Qualitäten bietet der Park mit seiner vielfältig nutzbaren Wiese, einem großzügigen Spielbereich, seinen Sport- und Bewegungsangeboten (vor allem im östlichen Teil) sowie den vielen Rückzugsorten und Treffpunkten viel Erlebnis- und Freizeitqualität für die Bewohnerinnen, Bewohner und Beschäftigten. Allerdings leidet der Park insbesondere an heißen Tagen unter dem hohen Nutzungsdruck. Auch ist der Pflegeaufwand der Grünbereiche wegen ihrer sehr komplex gewordenen Funktionen und großen Vielfalt der geschaffenen Ökotope anspruchsvoll.

Mit der hohen Bebauungsdichte und der Neubewertung der Freiräume ergeben sich auch neue Fragen zum Verständnis und zur Bewertung von öffentlichen, halbprivaten und privaten Grün- und Freiräumen. In den *Macro-Lots* sind durch die hohe Dichte die Angebote für spielende Kinder und Aufenthalt sehr begrenzt. Diese Funktionen sind von den halbprivaten Zonen – bei den

Eingängen, unter den Fenstern und Balkonen der Häuser – verstärkt in die öffentliche grüne Infrastruktur verlagert. Dort werden sie gern angenommen, nicht zuletzt, weil sie auch als Treffpunkte für verschiedenste Gruppen und Anlässe gut funktionieren. In welchem Ausmaß das aber den Bedürfnissen und Präferenzen der Kinder, Eltern, alten und gebrechlichen Leute entspricht, ist offen, mindestens solange es nicht gründlich empirisch untersucht wird.

Damit hängt auch die Frage zusammen, ob die Höfe immer frei zugänglich, also öffentlich sein sollten. Soweit das nicht gleich mit Sicherheitsargumenten beantwortet wird, würde sich die Frage nach ausreichender Geräumigkeit in den *Macro-Lots* und dem tatsächlichen Bedarf an zusätzlichen Wegeverbindungen stellen.

Das Trapèze von Boulogne-Billancourt zeigt eindrucksvoll, wie wichtige Aufgaben der wenige verbleibende Freiraum in einer dicht bebauten Stadt im Großraum Paris übernommen hat: zugleich Infrastrukturprojekt zum Schutz vor Hochwasser sowie für eine unterirdische Geothermieanlage, Ort der Biodiversität und Erholungsraum für die Menschen zu sein. Der Parc de Billancourt ist das Herzstück des Regenwassermanagementsystems des Bezirks, zeichnet sich durch ein innovatives Wassermanagement, eine bestmögliche Nutzung der Ressource Wasser und Qualitäten für die Bevölkerung aus. Dies ist gelungen durch eine tragende Idee, einen intelligenten Masterplan, eine integrierte Planung und eine sehr professionelle Projektleitung durch die SPL.

1 Vgl. zu diesem Thema: Lacroix, D.: Le programme de végétalisation du bâti – Programm „Grün in der Stadt" – Stadt Paris. In: Bundesministerium für Umwelt, Naturschutz, Bau und Reaktorsicherheit (Hrsg.): Grün in der Stadt. Für eine lebenswerte Zukunft. Dokumentation des 2. Bundeskongresses am 8. und 9. Mai 2017 in Essen, Berlin 2017, S. 38–40, sowie Jorzik, O.: Natur in die Stadt. Mit seinem Biodiversitätsplan geht Paris neue Wege. In: Kandarr, J.; Jorzik, O.; Spreen, D. (Hrsg.): Biodiversität im Meer und an Land. Vom Wert biologischer Vielfalt, Potsdam 2020, S. 199–204
2 Ville de Paris: Le permis de végétaliser. www.paris.fr/pages/un-permis-pour-vegetaliser-paris-2689 (Zugriff am 30.03.2022)
3 Natalia Prikhodko, SPL, Fokusgruppe am 18.12.2020
4 Vgl. Philippe, D.: L'agence TER va réaliser le parc du Trapèze à Boulogne-Billancourt. www.lemoniteur.fr/article/l-agence-ter-va-realiser-le-parc-du-trapeze-a-boulogne-billancourt.1048074 (Zugriff am 30.03.2022)
5 Vgl. ebd.
6 Helen Stokes, Agence TER, Fokusgruppe am 18.12.2020
7 Vgl. zu den Zahlen: Redecke, S.: Das Trapez von Billancourt. In: Bauwelt 27–28/2011, S. 12–17
8 Ministère de la Transition écologique: Un label en quatre étapes. http://www.ecoquartiers.logement.gouv.fr/le-label/etapes/ (Zugriff am 30.03.2022)
9 Redecke, S.: Das Trapez von Billancourt. In: Bauwelt 27–28/2011, S. 12–17

Luftbild der École de Biodiversité

## Le Trapèze, Boulogne-Billancourt

The construction of a new high-density and mixed-use new urban quarter around a large city park is the central idea and the greatest strength of Trapèze in Boulogne-Billancourt. The brief was to develop 50 per cent of the site as open space, half of which should be green space. Hence, during the planning stage, open space and high-density living were awarded equal importance. In the spirit of the French *Grands Projets*, a new eco-district was created out of the ruins of a former industrial wasteland. Combined with the current and future cultural uses of the Île de Seguin, the long-term appreciation of this converted city space has been assured.

The authors of the *Bauwelt* special issue in 2011 saw this somewhat differently: "Billancourt was a place of legend; even the trade union movement made the factories a pioneering example of their social achievements. There is no more space for nostalgia,"[1] wrote Sebastian Redecke, creating a rather negative image of sweeping French urban development policy, in particular, the high density of the neighbourhood and the power of large investors. The authors were also critical that, with the exception of the *Bâtiment Pierre Dreyfus*, no reminders of the past had been left standing

However, the authors paid little attention to the role played by the open space and the obvious opportunities that this created for this new urban quarter. In fact, it was in these areas, where industry had once displaced nature, that an ecosystem was recreated, thanks to elaborate and complex landscape architecture, which was reintegrated into the greater Seine ecosystem as a floodplain. Nature was successfully restored, due to the decision to use water and climate adaptation as the guiding principles of the park landscaping. In addition to its ecological qualities, the park offers plenty of quality sports and recreational areas for residents and workers, with its versatile lawn, spacious area for sport and fitness activities (particularly in the eastern part) and many places for socialising and relaxing. However, the park does suffer from the pressures of high usage, especially on hot days. In addition, the amount of work required to maintain the green areas is significant, due to the complexity of the various functions and the huge diversity of the ecotopes that have been created.

The high density and the re-evaluation of the open spaces have also resulted in new questions being raised about how to understand and evaluate public, communal, and private green and open spaces. Facilities that enable children to play, and those designated for rest and relaxation, are very limited in the *Macro-Lots* due to high density. Such functions have increasingly been relocated from the communal zones – by entrances, under windows and on buildings' balconies – into the public green infrastructure. People are also happy for the activities to be relocated thus, not least because these places function well as meeting points for a variety of groups and occasions. However, the extent to which this corresponds to the needs and preferences of children, parents, the elderly and those with reduced mobility is unclear, and will remain so at least until thorough empirical research is undertaken.

Connected to this is the question of whether courtyards should always be freely accessible to the public. In addition to arguments that emphasise security, there is the issue of insufficient space in the *Macro-Lots* and the actual need for additional pathways.

The Trapèze of Boulogne-Billancourt impressively demonstrates how the few remaining open spaces in a densely built commune in the Paris area have taken on important roles: simultaneously being an infrastructure project to protect from flooding and a place for a subterranean geothermal facility, for biodiversity and recreation. The Parc de Billancourt is the heart of the district's rainwater management system, characterised by high-quality water, innovative water management, and the best possible use of water resources. This succeeded because of a strong central idea, an intelligent master plan, integrated planning and very professional project management by SPL.

---

1   Redecke, S.: Das Trapez von Billancourt. In: Bauwelt 27–28/2011, pp. 12–17

## 2.2 ERLENMATT-AREAL
*NATUR ERHALTEN MIT NEUEN QUALITÄTEN*

BASEL, ROSENTAL

2 FALLSTUDIEN

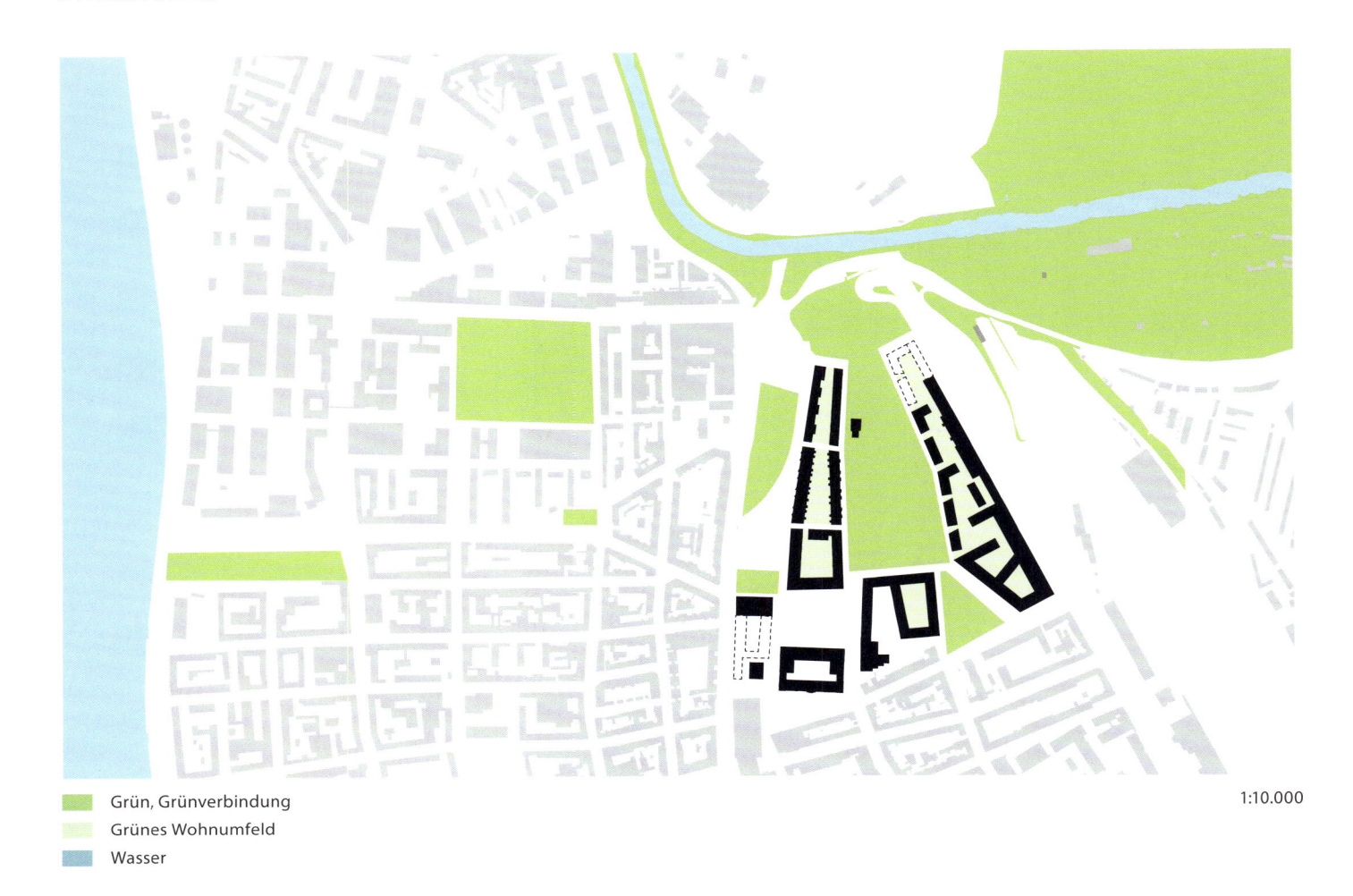

- Grün, Grünverbindung
- Grünes Wohnumfeld
- Wasser

1:10.000

# Ausgangslage

**(Länderkontext Schweiz siehe Fallstudie 2.8 Triemli-Siedlung, Zürich S. 137)**

### Die Stadt soll nach innen wachsen – kantonaler Richtplan

Der Kanton Basel-Stadt vollzieht seit mehr als zehn Jahren einen anhaltenden Strukturwandel. Die Anzahl der Arbeitsplätze nimmt stetig zu und führt zu verstärkten Pendlerströmen. Die Einwohnerzahl hat 2018 die 200.000-Marke überschritten und der Wohnungsleerstand hat sich von 0,2 Prozent (2014) auf mittlerweile 1,0 Prozent „erholt", wobei sich familiengerechte Wohnungen noch immer auf einem tiefen Niveau von nur 0,4 Prozent Leerstand bewegen. Die Stadtentwicklung steht damit vor großen Herausforderungen.

Eine Flächenentwicklung ist im Stadtkanton nur bedingt möglich. Daher richtet sich der Blick der Planung auf die Innenentwicklung, mit dem langfristigen Ziel, eine nachhaltige Stadtentwicklungspolitik zu forcieren. Diese ist im kantonalen Richtplan 2012 verankert, eine behördenverbindliche Richtschnur zur Steuerung der räumlichen Entwicklung der nächsten 15 bis 20 Jahre. Die Stadt soll nach innen wachsen. Eine Ausweitung und Differenzierung des Wohnraumangebots sowie Standortqualitäten für Arbeitsnutzung (Ratschlag Teil 1)[1] sollen auf Arealen, die kaum oder nicht mehr genutzt werden, entstehen. Dem Freiraum kommt dabei eine besondere Bedeutung zu.

Im Zonenplan, der grundeigentümerverbindlich Art und Maß der privaten Baugrundstücke vorgibt, ist die Freiraumplanung urban und ökologisch zu entwickeln. Die Freiräume müssen als „innere Landschaft" im Kernraum der Agglomeration „die urbane[n] und ökologische[n] Funktionen zugleich übernehmen. Urbanität und Ökologie sind aber nicht unbedingt Widersprüche. Es sollen sich Stadt- und Freiraumentwicklung gegenseitig ergänzen … dies bedeutet vor allem die Integration ökologischer Anforderungen in bauliche Entwicklungsmaßnahmen."[2] Durch die Aktivierung der Flächen im

## 2.2 ERLENMATT-AREAL

**GRÖSSE**
Konversionsfläche ehemaliger Güterbahnhof der Deutschen Bahn: ca. 20 ha
davon öffentliche Grün- und Freiflächen: 7,4 ha, davon 5,7 ha Parkanlage, davon wiederum 1,9 ha Naturschutzzone und 1,6 ha Naturschonzone
Plätze und Straßen: 4,3 ha
Bauzonen: ca. 9 ha

**PLANUNGS- UND ENTSTEHUNGSZEIT**

| | |
|---|---|
| 1996 | internationaler städtebaulicher Wettbewerb |
| 1998 | Mitwirkungsprozess mit Positionspapier für den zweiten Wettbewerb |
| 1998–2012 | zahlreiche Zwischennutzungen |
| 2001/2002 | zweiter städtebaulicher Wettbewerb |
| 2002 | städtebaulicher Rahmenvertrag zwischen Vivico Real Estate GmbH und Kanton Basel-Stadt |
| 2004 | Bebauungsplan, Festsetzung durch das Parlament |
| 2004 | Referendum |
| 2005 | Zustimmung durch Volksentscheid/B-Plan rechtskräftig |
| 2007–2025 | Realisierung der privaten Baufelder |
| 2011–2025 | Realisierung Erlenmatt-Park |
| 2010–2021 | Realisierung Plätze: Im Triangel, Erlenmattplatz – südlicher Teil, Max Kämpf-Platz |

**ART DER PLANUNG**
zwei städtebauliche Wettbewerbe
- der erste offen und international
- im zweiten städtebaulichen Wettbewerb wurden die 19 Verfasserinnen und Verfasser der ausgezeichneten Entwürfe des ersten Wettbewerbs sowie sechs internationale Teams eingeladen, dabei galt es, das erhöhte Raumprogramm für das öffentliche Grün zu berücksichtigen

**AKTEURINNEN UND AKTEURE**
**Kanton Basel-Stadt:** verantwortlich für die Realisierung der Quartierserschließung inklusive öffentlichem Verkehr sowie für die Park- und Platzflächen
**Vivico Real Estate GmbH, Frankfurt am Main (seit 2007: CA Immo Deutschland GmbH):** veräußert als Grundbesitzer einzelne Baufelder oder entwickelt Baufelder selbst
**Zweiter Wettbewerb, 1. Preis:** Ernst Niklaus Fausch Partner AG, Zürich, mit Raymond Vogel Landschaften AG, Zürich, und stadt raum verkehr, Birchler+Wicki, Zürich
**Projektentwicklung Erlenmatt Mitte:** Publica, Pensionskasse des Bundes, Bern
**Projektentwicklung Erlenmatt West:** Losinger Marazzi AG, Bern
**Projektentwicklung Erlenmatt Ost:** Stiftung Habitat, Basel, mit Atelier 5, Bern, und SKK Landschaftsarchitekten AG, Wettingen, unter Mitwirkung der Bewohnerschaft
**Erlenmatt-Park und Im Triangel:** Raymond Vogel Landschaften AG, Zürich
**Erlenmattplatz:** Koeber Landschaftsarchitektur GmbH, Stuttgart
**Max Kämpf-Platz:** Planungsamt Kanton Basel-Stadt

**STÄDTEBAU UND HAUSTYPEN**
- 10 Baufelder, die in Etappen realisiert werden
- Blockrandbebauung mit unterschiedlichen Höhenstaffelungen von 3 bis 8 Geschossen
- ca. 1.500 Wohnungen, überwiegend 2,5- und 3,5-Zimmer-Wohnungen (85 %)
- ca. 800 Arbeitsplätze
- max. BGF 217.000 m², davon mindestens 115.000 m² für Wohnen, 64.000 m² für Dienstleistungs- und Gewerbenutzungen, max. 30.000 m² für Verkaufsflächen und 8.000 m² für Schulraum (Primarschule mit Kindergarten und private internationale Schule)
- Ausnutzung: gesamtes Areal inklusive Park 1,34; Baufelder 2,3
- mehr als 1.100 Pkw-Stellplätze, ausschließlich in Tiefgaragen; Stellplatzschlüssel 0,7
- Wohndichte: ca. 190 WE/ha Nettowohnbaufläche
- Nettowohnbaufläche: Konversionsfläche gesamt 20,0 ha; minus 0,8 ha Infrastrukturfläche (Schule), minus öffentliche Grün- und Freiflächen 6,9 ha = 12,3 ha; davon Anteil Wohnen (ca. 64 %) = 7,9 ha

Agglomerationskern Basel wird ein maßgeblicher Beitrag gegen die Zersiedlung des Umlands geleistet. Die Integration von Naturschutz- und Naturschonzonen in die neuen Freiräume ist Teil der neuen Grünzonensystematik. Sie ist im Rahmen der Zonenplanrevision für die Stadt Basel 2014 beschlossen worden. „Der Naturschutz spielt in Basel daher eine besondere Rolle. Die Stadt nimmt im großräumigen Biotopverbund eine Schlüsselstelle für den Austausch von Arten von der Oberrheinischen Tiefebene zum Hochrheintal ein. Korridore und Trittsteine für die naturräumliche Vernetzung durch die Stadt sind deshalb von besonderer Bedeutung. In Basel finden sich solche Vernetzungspotenziale … in den ausgedehnten Bahnarealen."[3] Im Auszug des Regierungsratsbeschlusses bestätigt der Regierungsrat des Kantons Basel-Stadt im Handlungsfeld M34: „Entsiegelungen und die Schaffung von öffentlichen und privaten Grünflächen sind wichtig für die städtische Lebensqualität, die Biodiversität und die Vermeidung von städtischen Hitzeinseln."[4]

Das „Freiraumkonzept"[5] von Basel wurde 2004 analog zum Zonenplan durch das Bau- und Verkehrsdepartement erstellt und stellt einen Mehrwert für Erholung und Erlebnis für die Basler dar. Der Zonenplan befindet sich in der Fortschreibung. Das Freiraumkonzept wird 2021/2022 zweistufig überarbeitet. Der Bedarf an Grün- und Freiflächen wird erstens mithilfe eines gesamtstädtischen Freiraumversorgungsmodells (2018) mit 9 m² pro Einwohnerin bzw. Einwohner und 2 m² pro Arbeitsplatz öffentlicher Grünfläche als Richtwert ermittelt und darauf aufbauend wird zweitens in einem Maßnahmenteil die Verbesserung der Freiraumsituation dargestellt. Dabei kann es auch zu Kompromissen kommen, wenn z. B. im Umfeld entsprechender Freiraum zur Verfügung steht. „Mit der Umsetzung der Maßnahmen können Biodiversität, das Stadtklima, die Lärmsituation sowie die Erholungsangebote in Basel positiv beeinflusst werden."[6]

### Arealentwicklung des ehemaligen Güterbahnhofs Basel Nord aus Sicht der Stadt

Eine dieser Arealentwicklungen liegt in Basel Nord auf dem 1998 frei gewordenen ehemaligen Grundstück des DB-Güterbahnhofs. „Lange Zeit war das Erlenmatt-Areal abgeriegelt (deutsches Hoheitsgebiet auf Schweizer Boden) und somit nicht zugänglich. Als

## 2 FALLSTUDIEN

Nachbarschaft zu den vorhandenen gründerzeitlichen Wohnquartieren mit dichter Bebauung soll sich das Erlenmatt-Areal einfügen. Damit können die angrenzenden Kleinbasler Quartiere, die mit Grün- und Freiräumen unterversorgt sind, durch das Öffnen des Areals direkter an das Naherholungsgebiet Landschaftspark Wiese im Norden angebunden werden."[7] Großzügige öffentliche Grün- und Freiflächen werden daher zum Bestandteil der Arealentwicklung und des neuen Stadtquartiers.

Ziel war, ein gut durchmischtes und identitätsstiftendes Quartier zu schaffen, das modellhaft und nach den Prinzipien der Nachhaltigkeit (2.000-Watt-Gesellschaft) entsteht. Es soll einen Beitrag für die Gesellschaft leisten und dem Gemeinwohl dienen. Auf dem Transformationsareal entstehen mehr als 1.500 Wohnungen, rund 800 Arbeitsplätze, zusammenhängende Grün- und Freiräume sowie Infrastrukturen, Schulen, Seniorenheime etc. Die ÖPNV-Anbindungen mit Bus und Tram schaffen gute Voraussetzungen für ein verkehrsreduziertes Quartier. Der Badische Bahnhof liegt in unmittelbarer Nähe. Kurze Wege zu wichtigen Infrastrukturen können die Menschen dazu bewegen, mehr zu Fuß zu gehen oder mehr mit dem Rad zu fahren.

Die im Rahmen der Arealentwicklung neu geschaffenen Grünräume für Erholung und Naturschutz sind ein gelungenes Beispiel im Sinne des Basler Freiraumkonzepts. In der Änderung des Bebauungsplans Nr. 172, Ratschlag Areal Erlenmatt, wurden für das Gebiet Erlenmatt weitere Schutzbestimmungen bez. Naturschutz festgelegt: 5,8 Hektar Grünflächen, entspricht 58 Prozent der Gesamtfläche, davon 3,5 Hektar Naturschutz (1,9 Hektar zusammenhängendes Naturschutzgebiet, 1,6 Hektar Naturschongebiet), im § 42 BPG explizit festgelegt.[8]

Der Regierungsrat des Kantons Basel-Stadt sieht seine Ziele der Freiraumentwicklung bestätigt: „dass neben qualitativ hochwertigen Bebauungsstrukturen vor allem auch begrünte öffentliche und private Freiräume entwickelt werden."[9] „Die Nutzung dieser Freiräume teilt sich auf in 100 Prozent nutzbar, davon 20–30 Prozent Naturschutz und 40 Prozent Plätze und die übrigen Prozent in öffentliche Grünflächen."[10]

Private und gemeinschaftliche Bereiche in einem Innenhof Ost

2.2 ERLENMATT-AREAL

Großzügige Freiflächen mit Habitatstrukturen im Erlenmattpark

Spaziergang im Erlenmattpark

# Planung

### Planungsprozess mit Beteiligung

Bereits 1996 führte der Kanton Basel-Stadt gemeinsam mit der Vivico Real Estate GmbH einen offenen internationalen städtebaulichen Wettbewerb durch. Im Rahmen eines intensiven Mitwirkungsprozesses wurden die Bevölkerung und das Gewerbe direkt am Planungsprozess beteiligt. Die Forderung der Bevölkerung nach mehr Grün- und Freiraum im unterversorgten Kleinbasel bewirkte eine Erhöhung des Grün- und Freiflächenanteils von 4,5 auf 8 Hektar. Eine Begleitgruppe wurde im weiteren Planungsprozess einbezogen. Es entstand ein Positionspapier, das eine wesentliche Grundlage für den zweiten städtebaulichen Wettbewerb im Jahr 2001/2002 darstellte.

Auf der Basis des Siegerprojekts wurde der Bebauungsplan erarbeitet. Vorschläge aus einem weiteren Mitwirkungsprozess wurden integriert. Der Große Rat verabschiedete am 2. Juni 2004 den Bebauungsplan. Hiergegen wurde ein Referendum ergriffen. Die Basler Stimmbevölkerung hat sich im Februar 2005 mit einer klaren Mehrheit für die Entwicklung des Erlenmatt-Areals entschieden. Damit wurde der Bebauungsplan wirksam. Hervorzuheben ist, dass der Kanton Basel-Stadt die gesetzlichen Vorgaben zusammen mit der Projektentwicklung ausarbeitet, wie hier bei Erlenmatt Ost. Das Baurecht wird dabei an Gruppen abgegeben, deren Ziele vom Kanton Basel-Stadt unterstützt werden. Ziel des kantonalen Richtplans ist es zudem, mit einer sukzessiven Realisierung des Quartiers die Grün- und Freiflächen bereits in einer ersten Realisierungsetappe umzusetzen, mit der Chance, auch die Wohnqualität der angrenzenden Quartiere zu verbessern.[11]

### Finanzierung mithilfe des Mehrwertabgabefonds

Die Finanzierung der Arealentwicklung stellt eine Besonderheit in Basel dar. Zwischen dem Kanton Basel-Stadt und der Deutschen Bahn wurde ein städtebaulicher Rahmenvertrag abgeschlossen. Er regelt die Kostentragung im Zusammenhang mit der städtebaulichen Entwicklung des Planungsgebiets und der Übertragung der Frei-, Grün- und Erschließungsflächen. Zudem wurde die Anwendung der gesetzlich vorgeschriebenen Mehrwertabgabe vereinbart, die die planungsbedingte Bodenwertsteigerung zu 50 Prozent ausschöpft. Durch die Umzonung des ehemaligen Bahnareals in Wohn- und Mischzonen werden ca. 40 Mio. CHF zuhanden des Mehrwertabgabefonds abgeschöpft. Die Investitionen durch Private betragen bis heute ca. 850 Mio. CHF. Im Verhältnis zu den Investitionen des Kantons von 180 Mio. CHF entspricht dies etwa dem Faktor fünf.

Der Fonds wird für die Finanzierung der Parkanlagen verwendet. Der Kanton Basel-Stadt übernahm 10,1 Hektar Land für Straßen, Plätze und Parkanlagen. Die Kosten für die Entwicklung und den Bau der Parkanlage gehen demnach zulasten des Investitionsbereichs und werden zum großen Teil aus dem Mehrwertabgabefonds finanziert. Sie setzen sich aus den Projektierungs- und Baukosten sowie aus den Entwicklungsbeiträgen für die Pflege der Anlage in den ersten fünf Jahren zusammen. Eine ökologische Begleitplanung zur Sicherung der Naturschutzanliegen während des Baus der Parkanlage ist inbegriffen.[12]

## 2 FALLSTUDIEN

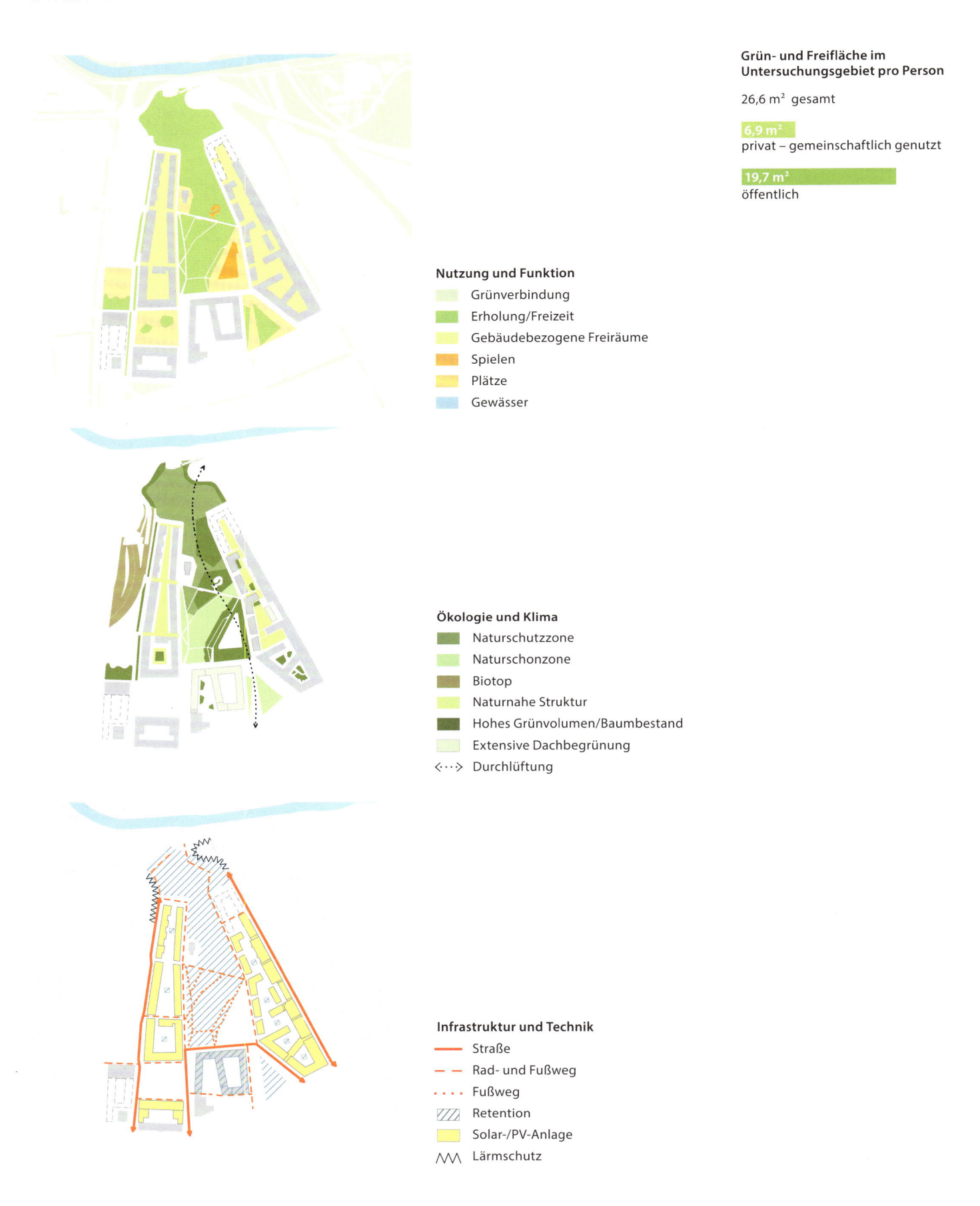

**Grün- und Freifläche im Untersuchungsgebiet pro Person**

26,6 m² gesamt

6,9 m²
privat – gemeinschaftlich genutzt

19,7 m²
öffentlich

**Nutzung und Funktion**
- Grünverbindung
- Erholung/Freizeit
- Gebäudebezogene Freiräume
- Spielen
- Plätze
- Gewässer

**Ökologie und Klima**
- Naturschutzzone
- Naturschonzone
- Biotop
- Naturnahe Struktur
- Hohes Grünvolumen/Baumbestand
- Extensive Dachbegrünung
- ⟨···⟩ Durchlüftung

**Infrastruktur und Technik**
- ── Straße
- ─ ─ Rad- und Fußweg
- ····· Fußweg
- ⧄ Retention
- Solar-/PV-Anlage
- ∧∧∧ Lärmschutz

## 2.2 ERLENMATT-AREAL

- Öffentliche Grünfläche
- Gemeinschaftlich genutze private Grünfläche
- Private Grünfläche
- Biotop
- Spielfläche
- Dachbegrünung, Dachterrassen, Solarpaneele
- Hecken
- Topografielinien
- Bäume
- Gewässer
- Schollen

0  40  80  120  160

N

## 2 FALLSTUDIEN

# Entstandene Grün- und Freiräume

Auf dem lange nicht zugänglichen flachen und trockenen Brachgelände hatte sich über die Zeit eine einzigartige und schützenswerte Flora und Fauna entwickelt.[13] Es hat sich eine „Sportannatur" mit großem Artenreichtum etabliert.[14] Die Forderungen, diese Natur im Parkkonzept Erlenmatt zu erhalten und zu integrieren sowie Frischluftbahnen zu ermöglichen, sind im Gestaltungskonzept konsequent umgesetzt. 3,5 Hektar Naturschutz- und Naturschonfläche wurden gefordert und realisiert.

## Der zentrale Erlenmattpark

Im Zentrum der Bebauung liegt ein naturnah gestalteter länglicher Park. Er steht seit 2011 zu zwei Dritteln der Öffentlichkeit zur Verfügung und wird bis 2025 im nördlichen Bereich des Areals fertiggestellt. Eine großzügige Wiese, eine Spielzone sowie ein Drittel Naturschutz- und Naturschonzonen für die schützenswerte Flora und Fauna sind integriert. Entsprechend dem städtebaulichen Konzept wurde als gestalterische Idee das Thema der „Scholle" aufgegriffen, indem drei topografisch unterschiedlich erhabene Dreiecksformen den Park durchziehen. Die Struktur der Schollen gewährleistet auch den Luftdurchfluss. Der grundsätzlich zu erhaltende und wiederzuverwendende Bahnschotter wird gestalterisch bewusst eingesetzt. Er ist wesentliche Grundlage für den Lebensraum der wertvollen „Rote Liste"-Arten und den Erhalt biodiverser Strukturen und schafft damit die Verbindung zum Naturschutz als Lebensraum für die zu erhaltende ökologisch wertvolle Tier- und Pflanzenwelt. Das Design bleibt zurückhaltend und vermittelt durch die Verwendung vorhandener charakteristischer Materialien den Bezug zum ehemaligen Bahnareal. Baumgruppen und Baumreihen bilden die räumliche Dimension des Freiraums ab. Am Rand der Naturwiesen verdichten sich stammbuschartige Baumhaine; sie bilden Schatten und lassen die massiven Gebäude in den Hintergrund rücken.

Einem nachhaltigen Wassermanagement wird Rechnung getragen, indem viele Versickerungsmöglichkeiten geschaffen wurden und in der offenen schotterartigen Bodenstruktur das Oberflächenwasser schnell versickern kann. Auf befestigten Flächen, z. B. in vertieften Mulden in Freizeitanlagen, kann das Wasser nach Starkregenereignissen eine Zeit lang stehen bleiben, was Kindern und Jugendlichen gleichzeitig viel Spaß beim Spielen bereitet.

Unterschiedliche Nutzungsbereiche sind in die Gesamtanlage integriert. Sport- und Freizeitmöglichkeiten gliedern sich in den Park ein. Zwei naturnahe Spielanlagen für Groß und Klein schaffen vielfältigen Bewegungsraum. Sie greifen gestalterisch Analogien zum ehemaligen Güterbahnhof auf. Der Park selbst ist so robust, wenn auch naturnah, angelegt, dass sich die verschiedenen Nutzer in Gruppen oder einzeln gut auf dem Gesamtgelände verteilen können. In der Mitte des Erlenmattparks wurde als Reminiszenz an den Güterbahnhof der Deutschen Bahn die ehemalige Bahnkantine erhalten und umfassend saniert. Jetzt befindet sich dort der Quartiertreffpunkt Rosental mit einem Gastroangebot.

## Der Triangel-Platz als Eingang zum Areal

Die Anbindungen an die angrenzenden Quartiere im Süden und Westen sind durch unterschiedlich gestaltete und genutzte Plätze mehr urban geprägt. Der Triangel-Platz als Eingangsplatz im Süden des Areals ist durch ein großes, schräg gestelltes Dreieck markiert. Die darauf befindlichen Grünflächen bestehen aus Schotterrasen – einem kiesigen, wasserdurchlässigen Boden, der

Schaukeln, Klettern, Rutschen und vieles mehr im Erlenmattpark

Wasserspiel im Erlenmattpark

## 2.2 ERLENMATT-AREAL

vergleichbar ist mit den sogenannten Trittfluren im ehemaligen Bahnareal. Auf Trittfluren wachsen Pflanzen, die sich daran angepasst haben, ständig von Menschen betreten zu werden. Die meisten dieser Pflanzen können auch längere Zeit ohne Wasser auskommen. Die Wege im Triangel sind mit einem Belag aus Brechschotter versehen, durch den das Wasser versickern kann. Dabei handelt es sich um ein kornabgestuftes Schottergemisch aus Schwarzwaldgranit. An diesen Stellen sollen sich einjährige Pflanzenarten ansiedeln. Wie grün ein bestimmter Abschnitt sein wird, hängt davon ab, wie stark er betreten wird. Nach einiger Zeit hat sich hier ein lebendiges, abwechslungsreiches Mosaik aus unterschiedlich stark bewachsenen Flächen entwickelt. Pflanzenarten aus dem ehemaligen Bahnareal erhalten hier einen neuen Lebensraum.

Der grundsätzliche Einsatz von ortstypischen Naturmaterialien wie Schotter und Kies schafft einen geeigneten Lebensraum, in dem sich die für dort typische Flora und Fauna ausbreiten kann, ohne die gewünschte Nutzungsintensität zu schmälern. Auch hier zeigt sich der bewusste Umgang der biodiversen Strukturen mit der Nutzbarkeit der Fläche für Aufenthalt.

Der „Triangel" dient der Bevölkerung als Treffpunkt und Aufenthaltsfläche. Er eignet sich auch als Platz für Märkte und Feste. Großzügige Sitztreppen mit Sitzelementen aus Holz und Beton laden zum Verweilen ein. Ein breiter, nachts beleuchteter Kiesweg durchquert den Triangel.

### Max Kämpf-Platz

Im südwestlichen Teil des Quartiers liegt der 2019 fertiggestellte Max Kämpf-Platz mit seiner kleeblattartigen Struktur, den das Planungsamt des Bau- und Verkehrsdepartements gestaltet hat. Die Namensgebung bezieht sich auf den Basler Künstler Max Kämpf, der einen Lebensabschnitt bei den Navajo-Indianern verbracht hat. Ihre Rituale spiegeln die Harmonie zwischen Mensch und Natur wider. Dabei zeichnen die Indianer einen Kreis nach und unterteilen diesen in vier Welten. Darin nimmt der Mensch Raum ein, verharrt und nimmt heilende Energie auf. Diese Symbolik spiegelt sich in der Struktur einer vierblättrigen kleeblattartigen Aufteilung des Platzes wider. Die vier Bereiche besitzen unterschiedliche Oberflächen für unterschiedliche Bespielungen der Teilflächen: eine befestigte Betonfläche, eine Wiese, eine Esplanade und ein Rasenkissen. Der gesamte Bereich ist mit noch jungen Bäumen wie Steineichen, Hopfenbuchen, Tulpenbäumen, Bergkirschen etc. überstellt.[15] Seine Ausprägung bedarf etwas Entwicklungszeit, um dem räumlichen Charakter gerecht zu werden. Eine grüne Atmosphäre mit lichtem Schatten wird sich daher wohl erst in ein paar Jahren einstellen. Das im Sommer bei hohen Hitzetemperaturen temporär mit Wasser gefüllte Beton-Planschbecken dient der Erfrischung und ist Anziehungspunkt für Kinder und Erwachsene. Ohne Wasser lädt es zum Skaten oder Radfahren ein.

### Erlenmattplatz

Der Erlenmattplatz – westlich des Baublocks West gelegen – wurde im Hinblick auf eine projektierte Trendsporthalle mit quartierdienlichen Nutzungen ausgelegt. Mittlerweile wurde die Trendsporthalle auf dem Erlenmatt-Areal vom Regierungsrat aufgegeben und es wird eine neue Nutzung für die letzte brachliegende Fläche auf diesem Transformationsareal gesucht.

### Innenhöfe Erlenmatt West und Erlenmatt Ost

Die zwei Baublöcke, die „Schollen" Erlenmatt West und Erlenmatt Ost, spiegeln in unterschiedlicher Weise die Ziele zur Erreichung

Sitzstufen am Triangel-Platz

Wasserbecken am Max Kämpf-Platz

## 2 FALLSTUDIEN

Naturnaher und urbaner Innenhof Ost

Gärtnern in einem Innenhof Ost

einer nachhaltig konzipierten modellhaften Arealentwicklung wider. Die Innenhöfe sind für alle zugänglich.

Erlenmatt West wurde durch den Projektentwickler Losinger, Marazzi AG als 2000-Watt-Areal projektiert und entwickelt. Es entstanden in sieben Gebäuden mehr als 570 Wohnungen und ein Seniorenzentrum inklusive einem öffentlichen Restaurant. Es trägt das Label Minergie. Den Erdgeschosswohnungen sind zum Innenhof hin großteils private Terrassen mit vorgelagerten kleinen Gärten zugeordnet. Der verbleibende gemeinschaftlich nutzbare längliche Innenhof mit seinen mehr informellen Spielzonen ist naturnah gestaltet.

Erlenmatt Ost, entwickelt durch die Stiftung Habitat, enthält ein umfangreiches Nachhaltigkeitskonzept von Nova Energie, Basel, und Zimraum GmbH, Zürich. Nach den gesetzlichen Vorgaben war auf der Stammparzelle, auf den Baufeldern des Eigentümers Stiftung Habitat, ein Freiflächenanteil von 50 Prozent (Bebauungsplan) zu realisieren. Die Stiftung beauftragte das Architekturbüro Atelier 5, ein privatrechtliches Regelwerk (REO 2013) zu erstellen, das genauere Angaben zu den gemeinschaftlich genutzten Freiräumen macht. Es kann als Gestaltungsplan bezeichnet werden und stützt sich auf die Ergebnisse des städtebaulichen Wettbewerbs. Den Baurechtsnehmenden wird es ermöglicht, unter Anwendung dieses Regelwerks im Sinne einer Planungshilfe eigene Projekte auszugestalten. Die Innenhöfe wurden von der SKK Landschaftsarchitekten AG mit einer Grundstruktur geplant und durch Beteiligung der Bewohnerschaft infrastrukturell ausgestattet. Dazu fanden im Oktober 2018 drei Workshop-Termine mit dem Landschaftsarchitekturbüro statt. Es wurden Wünsche formuliert und für die Umsetzung wurde eine Auswahl getroffen. Folgende Vorgaben – u. a. aus dem REO 2013 – mussten dabei berücksichtigt werden:

Stadthühner in einem Innenhof Ost

Gemeinschaftsterrasse auf dem Dach des Baublocks Erlenmatt Ost

2.2 ERLENMATT-AREAL

Naturnaher Gemeinschaftshof West – grün im Frühling

Naturnaher Gemeinschaftshof West – trocken im Hochsommer

- 66 Prozent der Freifläche muss als begrünte Fläche gestaltet werden (§ 52 BPG, Bau- und Planungsgesetz)[16].
- Der Boden der begrünten Fläche kann nicht ausgetauscht werden (Sickerbelag), deshalb ist ein Gemüsegarten nur mit Pflanzkiste möglich.
- 15 Prozent der Hoffläche muss mit Kleingehölzen oder Stauden bepflanzt werden, um die Artenvielfalt zu erhöhen.
- Fassadenbegrünungen sind auch denkbar, jedoch nicht erforderlich.

Die Dachflächen werden zum Teil als Gemeinschaftsgärten genutzt.

Die Innenhöfe von Erlenmatt West und Ost bilden ein naturnahes Gerüst hinsichtlich der Beläge wie Schotter sowie der Bepflanzung wie magere Wiesen und Sträucher. Der durchlässige Boden ermöglicht eine gute oberflächige Versickerung des Regenwassers.

**Vernetzung von Grünräumen**

Das Erlenmatt-Areal öffnet sich nach Norden und schafft damit schlüssige Verbindungen zu weiteren Naherholungsgebieten – Lange Erlen und Landschaftspark Wiese –, die auch dem Gesamtaustausch ökologisch wertvoller Arten von Flora und Fauna dienen. Um die Frischluftzufuhr in der Stadt Basel zu begünstigen, wurde der Landschaftsraum Wiese als offener Korridor mit der Nord-Süd ausgerichteten Grünschneise zwischen den zwei bebauten „Schollen" Erlenmatt West und Ost und dem Erlenmattpark verknüpft.

Naturnahe Gemeinschaftsflächen zum Spielen

Tangentenweg mit Staudenband im Baublock West

2 FALLSTUDIEN

Habitate mit Schotter im Erlenmattpark

Eidechsenhabitate im Erlenmattpark

# Nutzung

### Zwischennutzungen bis zur Bebauung

Bevor eine definitive planerische Lösung zur Entwicklung des Areals vorlag, initiierte der Verein k.e.i.m. (www.areal.org) ab 2000 ein Konzept für zahlreiche vielfältige Zwischennutzungen und machte damit das nt-areal[17] über die Stadt hinaus schweizweit und international bekannt. So entstand z. B. der Verkehrsgarten, der weiterhin als einzige ehemalige Zwischennutzung auf dem Erlenmattplatz angeboten wird. Das Erlenmatt-Areal gehört hinsichtlich Zwischennutzungen zu den Best Practices in Europa.[18] Zwischenzeitlich wurde beklagt, dass einige dieser Zwischennutzungen nicht in irgendeiner Art Teil des realisierten Konzepts geworden sind.

### Naturschutz und Freizeitnutzung im Park

Der Erlenmattpark erfüllt unterschiedlichste Bedürfnisse und Anforderungen: Er ist Natur-, Freizeit- und Erholungsraum und bietet ein lebenswertes Umfeld für die neuen Bewohnerinnen und Bewohner im Gebiet und für die in den angrenzenden Quartieren. Den Angestellten der umliegenden Unternehmen dient er als Pausenplatz und der Quartiersbewohnerschaft als gemeinschaftlicher Außenraum.

Die Überlagerung der Naturschutzbelange mit den Belangen von Freizeit und Erholung wurden im Erlenmattpark gezielt entwickelt, wohl wissend, dass es auch zu Zielkonflikten kommen kann. Der Park wurde daher möglichst robust gestaltet. Veränderungen der Vegetation in intensiv genutzten Bereichen werden zugelassen. Die Entwicklung des Erlenmattparks erfolgt prozesshaft, je nach Nutzungsintensität werden sich Teilflächen verändern. Umso wichtiger ist der Ansatz, großflächig Naturräume in einen Erholungspark zu integrieren, um ihre Funktionsfähigkeit trotz möglicher Veränderungen zu gewährleisten. Die Bewohnerinnen und Bewohner haben sich schnell an das Quartier und sein Umfeld gewöhnt. Auch von der Nachbarschaft wird der Park bestens angenommen.

Die Wiesen des Erlenmattparks liegen größtenteils, aufgrund der hohen ökologischen Bedeutung, in der Naturschutzzone oder in der Naturschonzone. Vor allem im Nordteil des Parks werden vielfältige trockene Flächen für wärmebedürftige Tiere und Pflanzen eingerichtet. Priorität wird hier dem Naturschutz eingeräumt, der durch eine gezielte Erholungslenkung gesteuert wird. Der Schotter, der früher zwischen den Gleisen lag, wird auch im Park verwendet. So können die Wildkrautsamen, die noch im Schotter enthalten sind, auf den neuen Flächen keimen. Entlang der Böschungen sind breite Streifen aus Steinen und Schotter, in denen auch wieder Eidechsen überwintern und die Sonne genießen können. Statt eines herkömmlichen Rasens wurde auf der Erlenmatt ein artenreicher Blumenrasen angesät. Mit der Zeit werden sich hier auch Pflanzen aus der Umgebung versamen, die auf trockene Böden angewiesen sind.[19]

Einige Maßnahmen, die der Anreicherung von Flora und Fauna im Park dienten, wurden nicht als „geordnetes" Grün, sondern als Wildnis wahrgenommen. Über Informationstafeln konnte das Verständnis für die Natur im Park und für die angepasste Gestaltung geweckt werden. Um die Akzeptanz zu erhöhen, wurden

Führungen im Park angeboten und die Maßnahmen im Rahmen des Naturschutzes erläutert. Es findet eine intensive Umweltbildung statt.

Es gibt im Park zwei große Bauminseln mit insgesamt 325 Bäumen unterschiedlichster Artenzusammensetzung sowie Alleen und Sträucher als Raumkulisse. Im Schatten der großen Bäume der südlichen Bauminsel – und in sicherer Distanz zur Erlenmattstraße – können Jung und Alt spielen, spazieren, Sport treiben oder sich erholen. Sitzgelegenheiten und eine WC-Anlage am Rand des Platzes vervollständigen das Angebot. Durch eine lockere Gehölzpflanzung gelangt man auf den offenen, zentralen Teil des Parks mit der Spielwiese. Von dort lässt sich die ganze Grünanlage überblicken. Sechs Mobile Stühle ermöglichen, den Park individuell zu nutzen, zu picknicken, ein Buch im Schatten der Bäume zu lesen oder sich ein Sonnenbad am Rande der Gehölze zu gönnen. So eingetaucht ins Grün, werden die an sich massiven Gebäude am Rande des Parks kaum wahrgenommen.

## Pflege und Gebrauchsspuren

Die Integration von Naturschutz- und Naturschonflächen und die gleichzeitig intensive Erholungsnutzung führen zu einem aufwendigeren Pflege- und Bewirtschaftungskonzept als in herkömmlichen Parks. Die Entwicklungspflege wird über fünf Jahre aus dem Mehrwertabgabefonds finanziert, im Anschluss wird der Unterhalt über das reguläre Unterhaltsbudget der Stadt getragen.

Die Pflege erfordert entsprechende Fachkenntnisse. Ein bis zwei Gärtner werden für die Pflege und die Unterhaltung geschult. Ein Biologe begleitet das Projekt und untersucht die Flächen nach Zielarten. Um die Ruderalflächen offen zu halten, werden manche Wiesen alle zwei Jahre mit einem Steinbrecher bearbeitet. Der zweimalige Wiesenschnitt erfolgt im Juni und im September, abhängig vom Blühaspekt der blütenreichen Magerwiesen. Im nördlichen naturnahen Parkbereich wird die Pflege etwas großzügiger gehandhabt und die Fläche mit Schafen beweidet.

„Die Stadtgärtnerei verwendet im Erlenmattpark sehr wenig Wasser. Nur in heißen Sommermonaten mit extremen Trockenphasen werden die Rasenfläche und die Jungbäume bewässert. Ansonsten wird die Parkanlage nicht bewässert. Brunnen und Planschbecken werden mit Frischwasser gespeist. An heißen Sommertagen kann sich die Stadtbevölkerung darin mit Spaß abkühlen."[20]

Der nahezu fertiggestellte Park wird intensiv in Gebrauch genommen, so ist es von der Stadt gewünscht. Die Menschen in den umgebenden Quartieren nehmen den Erholungsraum ebenso an wie die Bewohnerinnen und Bewohner selbst. Die intensive Nutzung des Parks hinterlässt Gebrauchsspuren. Die Wiesenflächen weisen offene Stellen auf, die Abfallbehälter sind teilweise überfüllt. Auch Hunde hinterlassen ihre Spuren. Am Wochenende und am Abend bilden sich Gruppen unter den Baumhainen und grillen, feiern, essen und trinken. Zurück bleiben Pizzakartons, Flaschen und Dosen etc. Die Stadt ist bemüht, an solchen Tagen den Müll zügig wegzuräumen, damit die Besucherinnen und Besucher einen annehmbaren Park antreffen, der nicht verwahrlost ist, sondern zum Spazierengehen und Spielen einlädt. Schnelle Fahrradfahrerinnen und -fahrer kommen sich teilweise mit den langsameren Fußgängerinnen und Fußgängern in die Quere.

Die Stadtgärtnerei, zuständig für die Pflege des Parks, ist zuversichtlich, dass sich die Nutzung der Flächen mit den naturnahen Flächen des Parks dennoch langfristig trägt. Natürlich müssen dabei Gebrauchsspuren in Kauf genommen werden und bestimmte Bereiche intensiver gepflegt oder zum Teil geschont werden.

## Quartiersleben

In Erlenmatt West gibt es ausgeprägtere private Freiflächen als in Erlenmatt Ost. Die Privatzonen sind den Wohnungen direkt zugeordnet und werden intensiv genutzt. Das geht zulasten der gemeinschaftlich angebotenen Zonen, in denen sich die Bewohnerinnen und Bewohner nicht so häufig begegnen. Eine projektspezifische App „erlenapp" soll das Quartiersleben fördern und stärken. Die App bietet ein Servicecenter mit Kontakt zur Verwaltung an und ist Plattform für die Kommunikation und Vernetzung der Bewohnerschaft. Ehrenamtlich engagierte sogenannte Ambassadoren aus Erlenmatt West initiieren verschiedene Aktivitäten, um das Gemeinschaftsleben im Quartier zu fördern. Sie versuchen ebenso, den zurückhaltenden Kontakt zwischen Erlenmatt West und Ost, bedingt durch unterschiedliche Lebens- und Wohnentwürfe, mit Aktionen anzuregen.

Für Erlenmatt Ost hatte die Stiftung Habitat das Ziel, ein lebendiges Quartier zu schaffen. Die Wohnungen sind eher kompakt gestaltet, ergänzend stehen zehn Prozent der Wohnflächen für Gemeinschaftsräume zur Verfügung und es gibt gemeinschaftlich nutzbare Dachterrassen. Die Beteiligung der Bewohnerschaft und die Förderung sozialer Kontakte gehörten von Anfang an zum Konzept, damit ein aktives Quartiersleben entsteht. Angebote und Nutzungsmöglichkeiten im Freiraum – wie z. B. das Erstellen von Hochbeeten, Gehege mit Stadthühnern, Treffpunkte – entwickeln sich im Rahmen von Workshops, Aktionen sowie regelmäßigen Treffen und werden rege genutzt. Sie bestimmen auch den Charakter des Hofes. Jung und Alt tummeln sich um Bänke, Hühnerstall und Brunnen. Die Kommunikation und das soziale Miteinander scheinen zu gelingen.

## 2 FALLSTUDIEN

**Frau H., 50 Jahre, Sprachwissenschaftlerin, verheiratet, zwei Kinder mit 11 und 14 Jahren,**

wohnt in Erlenmatt West und engagiert sich als Ambassadorin für das Quartier.

> Ich versuche, über unsere App Veranstaltungen und Treffen zu organisieren, um das Kennenlernen untereinander und die Kommunikation miteinander zu fördern.

> Leider entsteht in letzter Zeit viel Müll im Park, da Jugendliche sich unter dem Schutz der Bäume unbeobachtet treffen und ihre mitgebrachten Getränke und Kartons einfach liegen lassen.

> Ich besuche häufig das Café Ehemalige Bahnkantine, um mich mit anderen auszutauschen und nebenbei Handarbeit zu machen.

> Ich mache kleine Spaziergänge im Park und beobachte oft die spielenden Kinder. Es ist immer etwas los.

> Viele Bewohner ziehen sich auf ihre privaten Terrassen zurück.

> Auf dem gemeinschaftlichen Freisitz direkt neben meiner Wohnung ziehe ich mich gern in den Schatten zurück.

> Im Innenhof gibt es wenige hochtechnische Spielgeräte, sondern die naturnahen Strukturen laden zum Spielen ein.

> Der Park verbindet auf irgendeine Art und Weise – trennt aber auch Ost und West.

> Die Gemeinschaftsterrasse im obersten Stock ist herrlich. Man hat einen guten Überblick übers Areal.

> Mein Lieblingsplatz ist am Max Kämpf-Platz am Planschbecken. Da gehe ich an einem heißen Sommertag wie heute gern zur Erfrischung hin.

**Frau M., 69 Jahre, im Ruhestand, alleinstehend,**

wohnt in Erlenmatt Ost und hat ihre Wohnung von der Stiftung Abendrot.

Erlenmattpark mit Trockenrasen und Habitatstrukturen

# Resümee

Das Areal Erlenmatt mit seinen Nachhaltigkeitsaspekten wird dem Ziel, dem Kanton Basel-Stadt als Vorzeigeprojekt zu dienen, gerecht. Die in der Planung definierten Handlungsfelder sowie die vielen prozessorientierten Absprachen unter den Akteurinnen/Akteuren und der Bewohnerschaft wurden konsequent umgesetzt.

Das Ziel, Nutzungen zu mischen – einschließlich Wohnen, Arbeiten, Einkaufen, Bildung –, wurde gesamtheitlich verfolgt. Entlang der Signalstraße werden zur Lärmminderung der Autobahn die Gebäudehöhen von 16 bis 18 m zwingend eingehalten. Der Städtebau, der die östliche Parkkante definiert, reagiert mit seinen vergrößerten Bauwichen von 12 m Breite positiv auf die Öffnung zum Park durch eine bessere Anbindung und schafft den räumlichen Bezug der Bewohnerinnen und Bewohner der dahinterliegenden Wohnungen in zweiter Reihe.[21] Die Bebauung und der Freiraum sind stadtgestalterisch hochwertig umgesetzt und schaffen damit einen hohen Identifikationswert. Eine beispielhafte Umsetzung der Nachhaltigkeitskriterien hinsichtlich Energie, Naturschutz, Durchlüftung, Erholung, Fuß- und Radwegeverbindungen ins nahe gelegene Naturerholungsgebiet sowie in die bestehenden Quartiere hinein sind verwirklicht. Die umliegenden Quartiere profitieren somit von der Arealentwicklung und erfahren eine Aufwertung. Die Investorinnen und Investoren zeigten ein hohes Engagement, um die Ziele zu realisieren und mit der Bürgerschaft einen lebendigen Stadtteil zu entwickeln. Dieses Engagement wird nicht zuletzt durch zahlreiche Auszeichnungen des Erlenmatt-Areals gewürdigt: u. a. Schulthess-Gartenpreis 2013 des Schweizer Heimatschutzes, Label Grünstadt Schweiz 2019, Deutscher SPIELRAUM-Preis für Themenspielplätze 2017.

Ein Synthesebericht[22] aus dem Jahr 2020 bestätigt, dass die konsequente Umsetzung der ökologischen und sozialen Nachhaltigkeitsziele zu einer hohen Wohnqualität und Zufriedenheit geführt hat. Die knapp bemessenen Wohnungsgrundrisse werden aufgrund ihres Wohnkomforts von den Bewohnerinnen und Bewohnern kaum als Nachteil gesehen. Die teilweise verfügbaren

## 2 FALLSTUDIEN

Dachterrassen in Erlenmatt Ost werden gemeinschaftlich intensiv genutzt und dienen wie auch die unmittelbaren Freiräume als Ergänzung zu den kleinen Wohnungen. Es zeigt sich eine hohe Zufriedenheit der Bewohner- und Besucherschaft. Die Möglichkeit, am Feierabend einen Spaziergang durch die Grünflächen zu unternehmen und dabei in naturnahen Abschnitten die Pflanzenwelt und einige Tiere wahrzunehmen, geht mit einer hohen Lebensqualität im unmittelbaren Wohnumfeld einher.

Die Identität mit dem Areal wächst. Es wurde ein jährlicher runder Tisch installiert, der die Parkbegleitung im Rahmen eines Mitwirkungsprozesses unterstützt und hilft, Konflikte zu mindern. Daran beteiligt sind Stadtgärtnerei und Kantonspolizei sowie die Ambassador- und Anwohnerschaft aus dem Areal selbst. Defizite wurden erkannt, z. B. wurde die große Asphaltfläche auf dem Triangel bemängelt. Die Fläche wurde im ersten Quartal 2021 mit einem sickerfähigen Kiesbelag umgestaltet und mit einem Baumhain bepflanzt. Auch die sehr großen befestigten Flächen des Max Kämpf-Platzes werden kontrovers diskutiert. Man nimmt, trotz hoher Nutzungsintensität, viel Beton und einen zu hohen Versiegelungsgrad wahr. Das im Sommer bei hohen Hitzetemperaturen temporär mit Wasser gefüllte Beton-Planschbecken dient der Erfrischung und ist Anziehungspunkt für Kinder und Erwachsene. Es trägt an Hitzetagen zur Lebensqualität im Wohnumfeld bei.

Das Erlenmatt-Areal stellt im besonderen Maße eine zukunftsfähige Quartiersentwicklung dar. Es wurde nach den Prinzipien einer nachhaltigen Quartiersentwicklung modellhaft konzipiert. Damit gilt es als Lehrstück für den Kanton Basel-Stadt und macht die Erlenmatt zu einem lebenswerten Stück Basel.[23] Gestützt durch die Zielvorgaben der Politik und verankert in Gesetzen sowie durch ein intelligentes Finanzierungskonzept – den Mehrwertabgabefonds – ist es hier gelungen, Naturraum und Erholungsflächen im urbanen Kontext in Einklang zu bringen. Eine querschnittsorientierte Planung und Umsetzung, die die Anforderungen der Ökologie, der Wirtschaft und der sozialen Umweltgerechtigkeit in dichten Strukturen ausreichend berücksichtigt, stärkt eine resiliente Stadtentwicklung. Dass Ökologie und Gestaltung des Freiraums zusammengehen können und einen eigenen besonderen Wert hervorbringen, ist hier gut nachvollziehbar. Umweltbildung spielt dabei eine bedeutende Rolle. Die Bewohner- und Bürgerschaft der Stadt wird aktiv in den Prozess durch Beteiligung und fachliche Information gut eingebunden. Das Projekt zeigt auf, dass es gelingen kann – bei ausreichend großen Grünflächen –, den Naturschutz in der Stadt zu fördern und dem Gemeinwohl der Bevölkerung durch differenzierte Erholungsangebote gerecht zu werden. Die Grünvernetzung in die weitere Umgebung darf dabei nicht außer Acht gelassen werden. Es ist eines der internationalen Beispiele, in dem die Dringlichkeit erkannt wurde, jetzt zu handeln und gegen die Klimakrise, den Verlust an Biodiversität, die versiegelten Flächen, die zu geringen Erholungsflächen in der Stadt zu wirken und die vielschichtigen Funktionen der Freiräume, bei richtiger Planung, multicodiert umzusetzen.

1 Regierungsrat des Kantons Basel-Stadt: Ratschlag. Basisratsch ag – Zonenplanrevision. Basel 16. Mai 2012. https://www.grosserrat.bs.ch/dokumente/100373/000000373716.pdf (Zugriff am 30.03.2022), S. 5

2 Ebd., S. 6

3 Ebd., S. 26

4 Regierungsrat des Kantons Basel-Stadt: Anpassung an den Klimawandel im Kanton Basel-Stadt. Handlungsfelder und Massnahmenplanung. 2021. https://www.bs.ch/publikationen/aue/Bericht-Anpassung-Klimawandel-Kanton-Basel-Stadt.html (Zugriff am 30.03.2022), S. 84

5 Regierungsrat des Kantons Basel-Stadt: Ratschlag. Erlenmatt Erschliessung Mitte und Parkanlagen. Basel 14. Februar 2007. https://www.grosserrat.bs.ch/dokumente/100236/000000236214.pdf (Zugriff am 30.03.2022), S. 16

6 Regierungsrat des Kantons Basel-Stadt: Anzug Thomas Grossenbacher und Konsorten betreffend Entsiegelungspotenziale in Basel-Stadt. Basel 29. Januar 2020. https://www.grosserrat.bs.ch/dokumente/100391/000000391390.pdf?t=1583744458202003091000058 (Zugriff am 06.03.2022), S. 2

7 Regierungsrat des Kantons Basel-Stadt: Ratschlag. Erlenmatt Erschliessung Mitte und Parkanlagen. Basel 14. Februar 2007. https://www.grosserrat.bs.ch/dokumente/100236/000000236214.pdf (Zugriff am 30.03.2022), S. 16

8 Vgl. Regierungsrat des Kantons Basel-Stadt: Ratschlag Areal Erlenmatt betreffend Zonenänderung und Änderung des Bebauungsplanes Nr. 172 für das Gebiet Erlenmatt (ehemaliges DBGüterbahnhofareal), Geviert Schwarzwaldallee, Erlenstrasse, Riehenring, Wiese. Basel 16. April 2014. https://www.grosserrat.bs.ch/dokumente/100377/000000377340.pdf (Zugriff am 06.03.2022), S. 14

9 Regierungsrat des Kantons Basel-Stadt: Anzug Thomas Grossenbacher und Konsorten betreffend Entsiegelungspotenziale in Basel-Stadt. Basel 29. Januar 2020. https://www.grosserrat.bs.ch/dokumente/100391/000000391390.pdf?t=1583744458202003091000058 (Zugriff am 06.03.2022), S. 2

10 Regierungsrat des Kantons Basel-Stadt: Ratschlag. Erlenmatt Erschliessung Mitte und Parkanlagen. Basel 14. Februar 2007. https://www.grosserrat.bs.ch/dokumente/100236/000000236214.pdf (Zugriff am 30.03.2022)

11 Regierungsrat des Kantons Basel-Stadt: Kantonaler Richtplan. Basel 2020. https://www.richtplan.bs.ch/download/richtplan/geltender-richtplan.html (Zugriff am 30.03.2022)

12 Vgl. Regierungsrat des Kantons Basel-Stadt: Ratschlag. Erlenmatt Erschliessung Mitte und Parkanlagen. Basel 14. Februar 2007. https://www.grosserrat.bs.ch/dokumente/100236/000000236214.pdf (Zugriff am 30.03.2022), S. 38–40

13 Vogel, R.: Erlenmattpark Basel. Basel 2013, S. 14

14 Regierungsrat des Kantons Basel-Stadt: Ratschlag. Erlenmatt Erschliessung Mitte und Parkanlagen. Basel 14. Februar 2007. https://www.grosserrat.bs.ch/dokumente/100236/000000236214.pdf (Zugriff am 30.03.2022), S. 36–37

15 Castiello, G.: Der Max Kämpf-Platz in Basel. In: STADT und RAUM 6/2019, S. 330–353, hier S. 330–332

16 Kantonales Bau- und Planungsgesetz 730.100, S. 15

17 Densipedia: Zwischennutzung «nt/Areal» in Basel – aktiv. www.densipedia.ch/zwischennutzung-ntareal-basel-aktiv (Zugriff am 29.04.2021)

18  Bau- und Verkehrsdepartement des Kantons Basel-Stadt: Erlenmatt. www.planungsamt.bs.ch/arealentwicklung/erlenmatt.html (Zugriff am 29.04.2021)
19  Hochrhein-Zeitung: Die Stadtgärtnerei übergibt der Basler Bevölkerung den Erlenmattpark. www.hochrhein-zeitung.de/archiv/10766-die-stadtgaertnerei-uebergibt-der-basler-bevoelkerung-den-erlenmattpark (Zugriff am 09.02.2022)
20  Fokusgruppengespräch 05.08.2020, Frieder Kaiser, Stadt Basel, Stadtgärtnerei, Abteilung Grünplanung
21  Vgl. Regierungsrat des Kantons Basel-Stadt: Ratschlag Areal Erlenmatt betreffend Zonenänderung und Änderung des Bebauungsplanes Nr. 172 für das Gebiet Erlenmatt (ehemaliges DBGüterbahnhofareal), Geviert Schwarzwaldallee, Erlenstrasse, Riehenring, Wiese. Basel 16. April 2014. https://www.grosserrat.bs.ch/dokumente/100377/000000377840.pdf (Zugriff am 06.03.2022), S. 9
22  Zimraum GmbH; Nova Energie Basel AG: Umsetzung einer nachhaltigen Arealentwicklung auf Erlenmatt Ost und West und in der Schorenstadt. Synthesebericht. 24. April 2020. https://www.entwicklung.bs.ch/dam/jcr:58ebfd5b-b73f-47b5-90de-6e06c3ad786d/Synthesebericht-Nachhaltige-Arealentwicklung.pdf (Zugriff am 30.03.2022)
23  Bau- und Verkehrsdepartement des Kantons Basel-Stadt: Im Triangel: Mehr Grün und Kunst auf dem Erlenmattareal. http://www.bvd.bs.ch/nm/2021-im-triangel-mehr-gruen-und-kunst-auf-dem-erlenmattareal-bd.html (Zugriff am 03.02.2022)

# Erlenmatt site, Basel

The Erlenmatt site, with an array of sustainability features, has achieved its goal: to become the flagship project of the Canton of Basel City. The areas of action defined in the planning stage as well as the many process-oriented agreements between stakeholders and residents were consistently implemented during the project.

The goal of mixing uses – including living, working, shopping and education – was pursued in its entirety. Along Signalstraße, building heights of 16 m to 18 m are mandatory to reduce the noise from the Autobahn. The urban design that defines the eastern edge of the park, with its widened gap between buildings of 12 m, succeeds in opening up the development towards the park, creating a connection between the two and a feeling of space for the residents of the apartments located in the second row.[1] The buildings and open space created feature high-quality urban design and hence a corresponding high level of value for residents. This is a successful and exemplary implementation of sustainability criteria in terms of energy, nature conservation, air flow, relaxation, and pedestrian and cycle path connections to the nearby nature recreation area and the existing neighbourhoods. The surrounding neighbourhoods have also benefited from the development of the site and have experienced an appreciation in value. The investors are highly committed to seeing the project's goals come to fruition, and to developing a lively district by working in cooperation with the residents. This commitment has also been acknowledged by the site's numerous awards, including the 2013 Schulthess garden prize, presented by the Swiss Heritage Society, the 2019 Label Grünstadt Schweiz, and the 2017 German SPIEL-RAUM prize for themed playgrounds.

A synthesis report[2] from 2020 confirms that the consistent implementation of the ecological and societal sustainability goals has led to a high quality of life and high level of satisfaction for residents. They do not consider the smaller size of the apartments to be a disadvantage, thanks to the inclusion of carefully designed features. The partially accessible rooftop terraces in Erlenmatt Ost are frequently used by the community of residents and serve as an extension of the small apartments, much as the immediately surrounding open space does. There is a demonstrably high level of satisfaction among residents. The option of taking an evening stroll through the green areas, and observing the flora and fauna up close, goes hand in hand with the high quality of life in the surrounding residential environment.

The integration of the site is also expanding. An annual round table meeting has been established, which supports park staff in a participatory process and helps to prevent conflicts. City gardens and the canton police, as well as ambassadors and residents from the site, are involved in this. Deficiencies were identified, such as the large asphalt area on the triangle, which had been the subject of complaints. The outcome was to convert the surface into a gravelled area to improve drainage in the first quarter of 2021 and to plant a grove of trees. There have also been critical discussions about the very large paved areas of Max Kämpf Square. Despite the high amount of use it is subjected to, some people perceive the amount of concrete area to be excessive. However, in summer, on hot, sunny days, the concrete paddling pool is filled with water and is a spot popular with children and adults alike. This contributes to an increase in quality of life in the residential area.

The Erlenmatt site is a successful sustainable neighbourhood development, designed to be an exemplary model for the implementation of such principles, and for the Canton of Basel City, making Erlenmatt a very liveable urban quarter.[3] Supported by policy targets and governed by laws as well as by an intelligent financing concept – the Mehrwertabgabefonds (a specific fund for developing green spaces) – it has succeeded in harmonising natural space and recreational areas in an urban context. Interconnected planning and implementation, which comprehensively takes into account the requirements of ecology, the economy, and social as well as environmental justice in the densely populated areas, strengthens resilient city development. It's clearly visible here that ecology and the design of open spaces can go hand in hand, and create their own special value. Environmental education also plays an important role. The residents of the city have been actively involved

## 2 CASE STUDY

in the development, and vital information has been provided to them throughout. The project demonstrates that it is possible – with sufficiently sized green spaces – to promote nature conservation in a city and to foster the common good of the population through a variety of recreational opportunities. It shows that linking green spaces to the surrounding area is an element that shouldn't be neglected. The site is an international example of how the urgency to act now and work against the climate crisis can be harnessed to combat the loss of biodiversity, sealed surfaces, and insufficient levels of recreational space in a city, and it can be used to demonstrate how to efficiently plan and implement the multi-coded, multiple functions of open spaces.

1 Cf. Regierungsrat des Kantons Basel-Stadt: Ratschlag Areal Erlenmatt betreffend Zonenänderung und Änderung des Bebauungsplanes Nr. 172 für das Gebiet Erlenmatt (ehemaliges DBGüterbahnhofareal), Geviert Schwarzwaldallee, Erlenstrasse, Riehenring, Wiese. Basel 16. April 2014. https://www.grosserrat.bs.ch/dokumente/100377/000000377840.pdf (Zugriff am 06.03.2022), p. 3

2 Zimraum GmbH; Nova Energie Basel AG: Umsetzung einer nachhaltigen Arealentwicklung auf Erlenmatt Ost und West und in der Schorenstadt. Synthesebericht. 24. April 2020. https://www.entwicklung.bs.ch/dam/jcr:58ebfd5b-b73f-47b5-90de-6e06c3ad786d/Synthesebericht-Nachhaltige-Arealentwicklung.pdf (accessed on 30/03/2022)

3 Bau- und Verkehrsdepartement des Kantons Basel-Stadt: Im Triangel: Mehr Grün und Kunst auf dem Erlenmattareal. http://www.bvd.bs.ch/nm/2021-im-triangel-mehr-gruen-und-kunst-auf-dem-erlenmattareal-bd.html (accessed on 03/02/2022)

## 2.3 TARPENBEKER UFER
*ZWISCHEN BACH UND GRÜNEM WALL*

HAMBURG, GROSS BORSTEL

## 2 FALLSTUDIEN

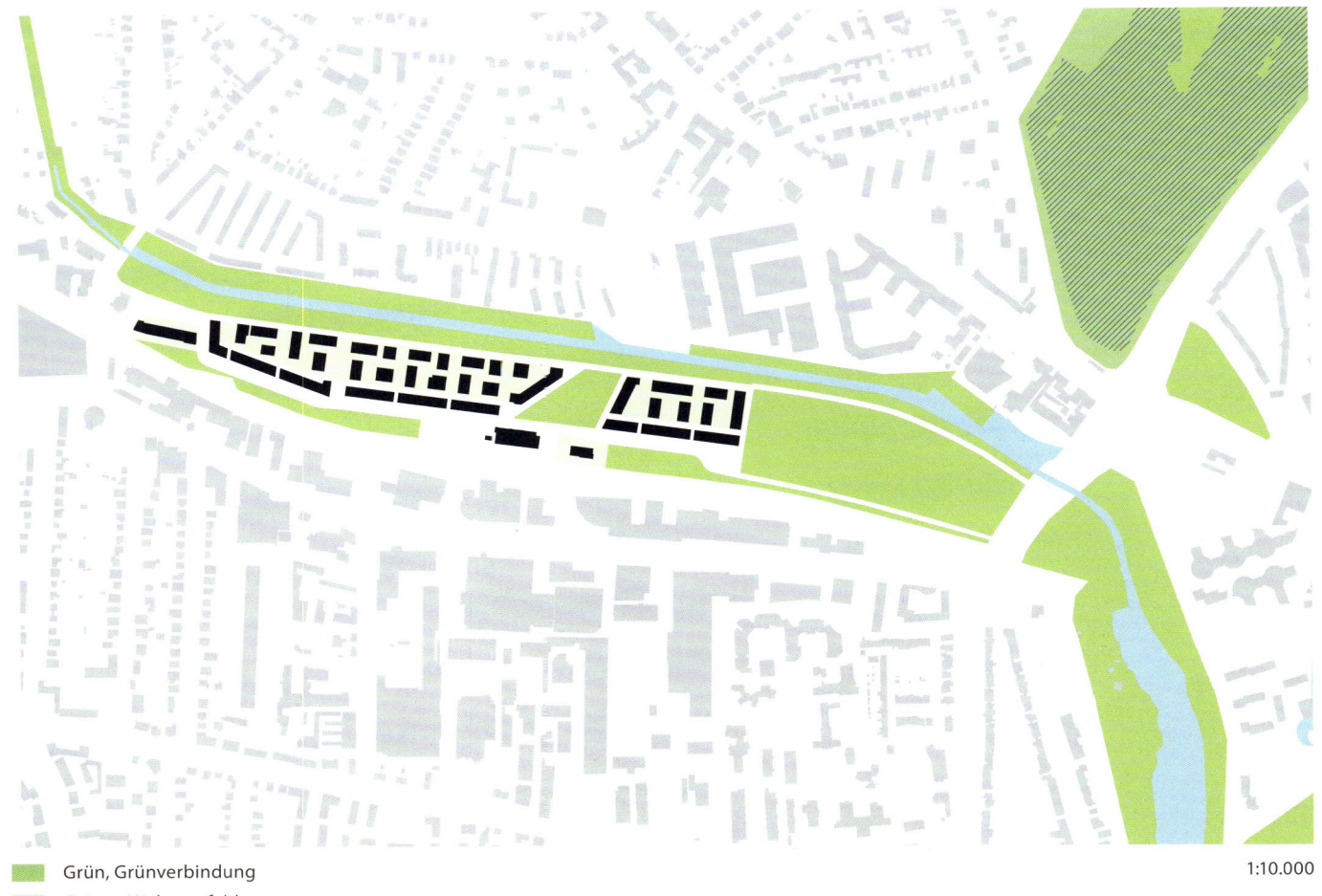

- Grün, Grünverbindung
- Grünes Wohnumfeld
- Wasser

1:10.000

### GRÖSSE
Konversionsfläche Lokstedter Güterbahnhof: ca. 14 ha
davon öffentlich zugängliche private Grünfläche: 1,4 ha
städtischer Quartierspark: ca. 1 ha

### PLANUNGS- UND ENTSTEHUNGSZEIT
| | |
|---|---|
| 2010 | Grundstückserwerb durch ersten Investor von der Aurelis Real Estate GmbH |
| 2011 | städtebaulich-freiraumplanerisches Gutachterverfahren |
| 2014 | Erstellung des Bebauungsplans |
| 2014 | Grundstückserwerb durch Investor Otto Wulff vom ersten Investor |
| 2017 | Baubeginn |
| Ende 2018 | Bezug des ersten Baufeldes |
| 2021 | Bau des Quartiersparks |
| Ende 2021 | Fertigstellung der Baufelder |

### ART DER PLANUNG
Eingeladenes, konkurrierendes, städtebaulich-freiraumplanerisches Gutachterverfahren

### AKTEURINNEN UND AKTEURE
**Investor:** Otto Wulf Projekt Groß Borstel GmbH, Hamburg

**Wettbewerbsentwurf, 1. Preis:** Kunst+Herbert, Hamburg, mit RMP Stephan Lenzen Landschaftsarchitekten, Bonn/Hamburg/Berlin

**Bebauungsplan-Verfahren, Betreuung Gutachterverfahren:** claussen-seggelke stadtplaner, Hamburg

**Funktionsplan:** LRW Architekten und Stadtplaner Loosen, Rüschoff + Winkler PartGmbB, Hamburg

**Freiraumplanung, Umweltbericht:** SWUP GmbH, Berlin/Quickborn/Ostseebad Heringsdorf

**Planung städtischer Park:** Bezirk Hamburg-Nord

### STÄDTEBAU UND HAUSTYPEN
- 10 Baufelder mit bis zu 5 Gebäuden, die jeweils eine Hofsituation bilden
- 5-geschossige straßenbegleitende Zeilengebäude (4 Geschosse plus Staffelgeschoss, GRZ 0,60-0,75)
- 4-geschossige Zeilen- und Punktgebäude Richtung Tarpenbek liegend (3 Geschosse plus Staffelgeschoss, GRZ 0,35-0,40)
- GFZ zwischen 1,1 und 1,5 – im Durchschnitt 1,3
- 939 1- bis 5-Zimmer-Wohnungen im „Hamburger Drittelmix": 316 geförderte Mietwohnungen, 304 frei finanzierte Mietwohnungen und 319 Eigentumswohnungen
- 751 private Pkw-Stellplätze in Tiefgaragen (Stellplatzschlüssel 0,8), außerdem 153 oberirdische öffentliche Pkw-Stellplätze

# Ausgangslage

### Hamburgs Wohnungsbau- und Freiraumoffensive

Hamburg zieht als attraktive Großstadt immer mehr Einwohnerinnen und Einwohner an, die Nachfrage nach Wohnraum steigt deshalb weiter. Nachdem über Jahre strukturell zu wenige Wohnungen gebaut worden sind, hat Hamburg bereits 2011 eine Wohnungsbauoffensive angestoßen und parallel dazu eine „Qualitätsoffensive Freiraum".

Das Wohnungsbauprogramm hatte 2011 zum Ziel, jährlich 6.000 Wohnungen mit Priorität auf der Innenentwicklung zu bauen.[1] Der Senat und die sieben Bezirke Hamburgs haben zur Umsetzung dieses Ziels den „Vertrag für Hamburg – Wohnungsneubau" geschlossen, auf dessen Basis die Bezirke jeweils eigene Wohnungsbauprogramme aufgestellt haben. Zur Realisierung von mehr Wohnungsneubau bedarf es jedoch wesentlich der wohnungswirtschaftlichen Akteurinnen und Akteure, weshalb der Senat, Wohnungsverbände und der Grundeigentümerverband 2011 außerdem ein „Bündnis für das Wohnen in Hamburg" gebildet haben. Im Jahr 2011 startete auch die Entwicklung des „Tarpenbeker Ufers" mit der Durchführung des städtebaulich-freiraumplanerischen Gutachterverfahrens.

Mit dem Wohnungsbauprogramm war von Anfang an eine „gezielte Stärkung der urbanen Qualitäten Hamburgs [verbunden]: Vielfältige, sozial gemischte Quartiere, Grün- und Parkanlagen mit hohem Freizeit- und Erholungswert und lebendige und attraktive öffentliche Räume".[2] Diese Ansätze sind in zwei 2013 herausgegebenen Fachbeiträgen zu Wohn- und Freiraumqualitäten vorgestellt worden. Der Fachbeitrag „Chancen für mehr urbane Wohnqualitäten in Hamburg"[3] formuliert unter der Überschrift „Dichte braucht Qualitäten" als zwei von neun Qualitätsthemen für Wohnungsneubau „Privatheit & Privater Freiraum" sowie „Öffentlicher Raum & Freiräume im Quartier". Diese beiden Themen stehen zur Konkretisierung der „Qualitätsoffensive Freiraum" im Fokus des zweiten Fachbeitrags „Gemeinsam zu mehr Freiraumqualität in Hamburg".[4] Neben Handlungsempfehlungen wurde ein Freiraumcheck als „umsetzungsorientierte Strategie zur Ermittlung und Verhandlung von Freiraumqualitäten im verdichteten Städtebau"[5] entwickelt. Dieser Freiraumcheck ist zum einen eine konkrete Prüfliste und soll zum anderen bei einer „Verständigung über freiraumbezogene Ziele sowie Qualitätsanforderungen und -ansprüche zwischen Verwaltung, Wohnungswirtschaft und Stadtteilakteuren"[6] helfen. Das „Tarpenbeker Ufer" wurde parallel zu dieser Qualitätsdiskussion geplant.

### Das ehemalige Güterbahnhofgrundstück

Das „Tarpenbeker Ufer" liegt im Stadtteil Groß Borstel außerhalb des inneren Stadtgebiets von Hamburg. Die Umschlagtätigkeit auf dem Güterbahnhof Lokstedt war 1985 aufgegeben worden. Nach der Entfernung der Gleisanlagen wurden die Flächen von Kleingewerbe genutzt. Vonseiten der Stadt war lange Zeit vorgesehen, das ehemalige Güterbahnhofgrundstück als Gewerbefläche weiterzuentwickeln. Dies wurde verworfen, als ein Wachstumsdruck in Hamburg und Investoreninteressen zusammenkamen. Groß Borstel sollte durch einen Einwohnerzuwachs als Wohnstandort gestärkt werden und von zusätzlicher Kaufkraft profitieren. 2010 hat die Aurelis Real Estate GmbH das Güterbahnhofgrundstück an einen irischen Investor verkauft.

Die Entwicklung des Geländes wurde 2012 wichtiger Bestandteil des Wohnungsbauprogramms des Bezirks Hamburg-Nord. Das angrenzende Grundstück mit einer Kleingartenanlage mit über 60 Gärten wurde zur Wohnungsbauentwicklung hinzugenommen, für die Kleingärten wurde eine Ausgleichsfläche in Groß Borstel gefunden. Das „Tarpenbeker Ufer" ist das viertgrößte Entwicklungsgebiet in Hamburg.

Geprägt ist das Grundstück durch seine Insellage zwischen dem Alsterzulauf Tarpenbek und der Bahntrasse der Güterumgehungsbahn, die eine starke städtebauliche Zäsur und Abgrenzung zu den sich südlich anschließenden Stadtteilen Lokstedt und Eppendorf darstellt und außerdem eine enorme Lärmemission verursacht. Diese Insellage spiegelt sich in der Sackgassenerschließung des Neubauquartiers wider.

### Eingebunden ins Grüne Netz Hamburg

Das „Tarpenbeker Ufer", das entlang des Alsterzulaufs Tarpenbek verläuft, gehört zum „Grünen Netz Hamburg". „Ziel des Hamburger Landschaftsprogramms ist die Verknüpfung von Parkanlagen, Spiel- und Sportflächen, Kleingartenanlagen und Friedhöfen durch breite Grünzüge oder schmalere Grünverbindungen zu einem grünen Netz. So soll es möglich sein, sich ungestört vom Straßenverkehr auf Fuß- und Radwegen im Grünen innerhalb der Stadt und bis in die freie Landschaft am Rande der Stadt zu bewegen."[7]

Der Landschaftsraum der Tarpenbek ist eine gesamtstädtisch bedeutsame Grünverbindung und Teil des Hauptwegenetzes im Freiraumverbund. Entlang des Baches verlaufen der Tarpenbek-Kollau-Wanderweg und ein Radwanderweg. Die Grünverbindung in südöstliche Richtung führt stadteinwärts über 4 km vom „Tarpenbeker Ufer" über den Eppendorfer Mühlenteich und den Hayns Park zur Alster und Außenalster. In nordwestliche Richtung geht es stadtauswärts auch etwa 4 km entlang von Tarpenbek und Kollau über Kleingartenanlagen bis zum Niendorfer Gehege. Das gut 1,5 km nordöstlich liegende Naturschutzgebiet „Eppendorfer Moor" bietet einen weiteren fußläufig entfernten Naturerlebnisraum.

2 FALLSTUDIEN

Die Tarpenbek und ihr begleitender Grünzug mit seinen Großholzbeständen haben auch eine stadtklimatische Bedeutung – kleinräumig als klimatische Ausgleichsfläche und großräumig als Luftleitbahn für Frisch- und Kaltluft.[8] Insgesamt wird der Hamburger Stadtkörper durch seine windoffene Lage in der Norddeutschen Tiefebene mit vorherrschenden Westwinden relativ gut durchlüftet.[9] Das Hamburger Klima ist – beeinflusst von Nordsee und Elbe – durch ganzjährige milde Temperaturen geprägt und ganzjährig humid. Es wird dem warmgemäßigten atlantischen Klimabereich zugeordnet.[10]

## Planung

Der Anspruch der Stadt für eine Entwicklung des Grundstücks am Tarpenbeker Ufer war ein sehr sorgfältiges Qualifizierungsverfahren im Vorfeld. Der erste Investor hat in Zusammenarbeit mit der Stadt ein internationales Gutachterverfahren ausgelobt. Das Konzept des Siegerentwurfs wurde mit dem Bebauungsplan weiterentwickelt.

**Hamburger Praxis: Integrierte Planung und umfassende Umweltprüfung**

Eine integrierte Stadt- und Grünplanung ist in Hamburg lange und bewährte Praxis. Die gemeinsame Betrachtung von stadtplanerischen und freiraumplanerischen Aspekten von Anfang an sieht

Fuß- und Radweg zwischen der Wohnbebauung und der Uferböschung

## 2.3 TARPENBEKER UFER

Tarpenbek mit Fuß- und Radwegen auf beiden Uferseiten

Das renaturierte Tarpenbekufer mit Großbaumbestand

der Leiter des Fachamts Stadt- und Landschaftsplanung im Bezirk Hamburg-Nord Hans-Peter Boltres als einen wesentlichen Erfolgsfaktor für eine solche Projektentwicklung wie das „Tarpenbeker Ufer".[11] Deshalb war es auch selbstverständlich, im ersten Schritt ein städtebaulich-freiraumplanerisches Gutachterverfahren durchzuführen. Die Frei- und Grünraumplanung war damit von Anfang an im Projekt verankert.

Hamburgspezifisch sind außerdem sehr ausdifferenzierte Umweltprüfungen. Zur Umweltgesetzgebung in Hamburg gibt es aus Sicht von Boltres nichts Vergleichbares in Deutschland. Es gibt tatkräftige Behörden für die einzelnen Belange, mit denen von Anfang an kooperiert wird. Die Standards sind hoch, um bei den Beteiligten ein entsprechendes Bewusstsein für die Planung und deren Umsetzung zu schaffen. Dass die umfassende Abwägung der Naturbelange in Hamburg gute Praxis ist, bestätigt auch der Geschäftsführer der SWUP GmbH Karl Wefers. Die SWUP GmbH hat den Umweltbericht erarbeitet und war anschließend mit der weiteren Freiraumplanung beauftragt. „Es war eine sehr intensive Abstimmung im Bauleitverfahren, in dieser Intensität ist das nicht selbstverständlich", so Wefers.[12] Im Umweltbericht wurden alle biotischen und abiotischen Faktoren entsprechend Baugesetzbuch und Naturschutzgesetz berücksichtigt. Die einzelnen Themen wie Boden, Wasser, Klima, Luft, Tiere, Pflanzen etc. sind systematisch bearbeitet sowie abgewogen worden und haben ihre Festsetzung im Bebauungsplan gefunden.

### Kontroverse Diskussion zur Dichte des Quartiers

Zwischen der Stadt und dem durch den Kommunalverein vertretenen Stadtteil bestand zwar Einigkeit darüber, dass Groß Borstel Wohnungsneubau braucht. Die Vorstellungen von der Anzahl an Wohnungen und damit der Dichte des Quartiers lagen aber weit auseinander. Der Kommunalverein konnte sich auf einem Teil des Grundstücks 300 bis 350 Wohnungen vorstellen, beurteilte dies als angemessen und stadtteilverträglich. Für die Stadt muss eine solche Entwicklungsmaßnahme jedoch eine gewisse Größe haben, damit sie aufgrund der Kosten für Altlastenentsorgung, Infrastrukturinvestitionen etc. volkswirtschaftlich mehr ist als eine Zuschussmaßnahme. In der Ausschreibung zum Gutachterverfahren waren 750 Wohnungen vorgesehen. Gebaut werden jetzt 939 Wohnungen, aufgrund von mehr kleineren Wohnungen hat sich jedoch die Baumasse im Vergleich zum Wettbewerbsentwurf reduziert. „Die Anzahl der Wohneinheiten führte bis zur Feststellung des Bebauungsplans zu Krieg", so Boltres. Der Stadtteil fühlte sich mit seinen Interessen nicht berücksichtigt. Diese Auseinandersetzung führten Stadt und Stadtteilvertreter. Unabhängig davon gab es in der Hochphase der Missstimmung über die Quartiersentwicklung den Investorenwechsel. Zwischenzeitlich hat sich die vehemente Kritik in Bezug auf die Dichte gelegt.

### Funktionsplan – Bebauungsplan – Städtebaulicher Vertrag

In Hamburg wird im Bauleitverfahren mit Funktionsplänen im Maßstab 1:1.000 gearbeitet. Diese entsprechen einem Vorentwurf. Damit wird ein Projekt schon zu einem frühen Zeitpunkt einmal richtig durchgeplant. Boltres findet es wichtig, so viel wie möglich auf der Ebene 1:1.000 vorzudenken. Beim „Tarpenbeker Ufer" bildete der im Gutachterverfahren mit dem ersten Preis ausgezeichnete Entwurf die Grundlage für die Ausarbeitung des städtebaulich-freiraumplanerischen Funktionsplans. Der Funktionsplan dient als Grundlage für den Bebauungsplan, aus ihm werden die detaillierten Festsetzungen abgeleitet.

Der Bebauungsplan enthält in Erweiterung der städtebaulichen Festsetzungen bauordnungsrechtliche, abwasserrechtliche

## 2 FALLSTUDIEN

Üppig blühende Pflanzpunkte mit Sitzgelegenheiten

Barrierefreie Durchwegung des Quartiers auf der Hofseite

und naturschutzrechtliche Festsetzungen. Zu Letzterer gehören: Baumschutz und Erhaltungsgebote, Ersatzpflanzungen; Begrünungsmaßnahmen (Anpflanz-/Erhaltungsgebote für Bäume und Sträucher, Straßenbäume, Dachbegrünung, Tiefgaragenbegrünung); Gewässer- und Bodenschutz (Minderung Bodenversiegelung, Oberflächenentwässerung); Maßnahmen zum Schutz besonders und streng geschützter Arten. Wefers hält es für wichtig, dass diese Festsetzungen rechtskräftig im Bebauungsplan und im Grünordnungsplan enthalten sind: „Dann hat man als Landschaftsarchitekt bessere Chancen, die Maßnahmen qualitätsvoll umzusetzen. Ohne einen Bebauungsplan, der diese Dinge enthält, hat man als Planer einen schwereren Stand gegenüber dem Investor." Aus der Investorensicht von Benjamin Hinsch, Projektleiter bei Otto Wulf, hat der Bebauungsplan vieles stringent vorgegeben und einen engen Rahmen gesteckt.

Die Stadt hat mit dem ersten Investor einen städtebaulichen Vertrag abgeschlossen. Dieser hat ihn – ohne große Diskussion – unterschrieben, weil er schon wusste, dass er das Grundstück weiterveräußern wird. Hamburg hat jedoch auch eine selbstbewusste Kommunalverwaltung mit langer Tradition. Das Grundverständnis der Stadt ist, dass ein Investor ein Projekt nach den Vorstellungen der Stadt umsetzt oder es kein Projekt gibt. Der Investorenwechsel beim „Tarpenbeker Ufer" hat gezeigt, wie wichtig ein Vertrag als gute Basis ist, der auch Nachfolger daran bindet. In dem Vertrag geregelt sind u. a. die naturschutzrechtlichen Ausgleichsmaßnahmen und die dauerhafte Pflege, z. B. des Trockenrasenbiotops, die Herstellung der Lärmschutzanlage vor Fertigstellung der Wohngebäude und deren langfristige Pflege, die Herstellung eines 3,5 m breiten öffentlichen Weges entlang der Tarpenbek, die Beteiligung an der öffentlichen Grünfläche im Zentrum des Quartiers mit einer Einmalzahlung von 350.000 Euro, die Herstellung der Dachbegrünung und privater Freianlagen bis zum Bezug der Wohnungen sowie die Herstellung einer Kita. Des Weiteren wird im städtebaulichen Vertrag festgelegt, dass sich der Investor bei der Gestaltung an die Aussagen des städtebaulich-freiraumplanerischen Funktionsplans zu halten hat.[13]

### Umfassende Beteiligung – mit viel Kritik anfangs

Bei einem Neubauprojekt wie dem „Tarpenbeker Ufer" können die zukünftigen Nutzer nicht an der Planung beteiligt werden, weil sie noch nicht da sind. Dennoch fand von Anfang an Beteiligung über den formalen Rahmen hinaus statt. In der Jury zum städtebaulich-freiraumplanerischen Gutachterverfahren war der Kommunalverein Groß Borstel erstmals vertreten, mittlerweile bezieht Hamburg in solche Wettbewerbsverfahren immer Stadtteilvertreter ein.

Das Interesse am Bauleitplanverfahren war sehr groß, die Groß Borsteler haben 625 Einwendungen gegen das Bauvorhaben formuliert. Es waren gut vernetzte Opponentinnen und Opponenten, die sich hier eingebracht haben, nicht die – noch unbekannten – zukünftigen Nutzenden. In einer Schulaula hat zur Rechtfertigung des Bebauungsplans eine große öffentliche Veranstaltung stattgefunden. Dass keine der Einwendungen (u. a. zur verkehrstechnischen Anbindung des Neubauquartiers und zur Verlegung der Kleingartenanlage) berücksichtigt wurde, hat im Stadtteil zu großer Frustration geführt: „Die Bürgerbeteiligung ist nur Gerede gewesen, es war das Gegenteil von Bürgerbeteiligung. Alles wurde harsch abgewunken."[14] Um Transparenz zu schaffen und Vertrauen in das Projekt aufzubauen, hat der Investor Otto Wulf 2015 ein Begleitgremium mit Vertretern von Institutionen und Bürgerschaft aus dem Stadtteil ins Leben gerufen. Er hat in diesem Gremium über den gesamten Planungs- und Bauprozess erklärt, was er vorhat, und eine Plattform für alle Fragen angeboten. Das Begleitgremium trifft sich vierteljährlich, 2020 hat die 20. Sitzung stattgefunden.

Mit Bezug der ersten Häuser hat der Investor Otto Wulf ein von ihm finanziertes Quartiersmanagement eingesetzt. Die zwei Quartiersmanagerinnen sollen über fünf Jahre unterstützen, dass sich die Menschen kennenlernen und das Quartier insgesamt und mit Groß Borstel zusammenwächst. Vor Ort finden regelmäßig zweimal pro Monat Sprechstunden in den Baucontainern statt und es wurde im Juni 2019 ein Quartiersgremium als offene Gruppe gegründet, die sich alle zwei Monate trifft – beim Auftakt waren 35 Leute dabei. Das Gremium überlegt, welche Veranstaltungen organisiert werden sollen. Es steht außerdem ein Verfügungsfonds zur Verfügung, mit dem soziale und kulturelle Projekte von der Bewohnerschaft realisiert werden können; u. a. wurde ein Sharing-Equipment angeschafft und ein urbaner Gemeinschaftsgarten in der benachbarten Kleingartenanlage angelegt.

Während eine Planungsbeteiligung zu den privaten, gemeinschaftlichen Freiflächen aufgrund noch fehlender Bewohnerinnen und Bewohner nicht möglich war, ist dies für den noch umzusetzenden städtischen Park anders. Die Stadt hat 2019 eine Beteiligung zum Park organisiert, bei der zwei Planungsvarianten vorgestellt und diskutiert wurden. Die Resonanz darauf ist etwas verhalten, weil bei der Veranstaltung viel gemeckert wurde, sich die Varianten wenig unterschieden und die Realisierung weiter aussteht.

Zur Weiterentwicklung Groß Borstels wird es im Rahmen des anstehenden RISE-Prozesses (Rahmenprogramm Integrierte Stadtteilentwicklung), in den auch das „Tarpenbeker Ufer" einbezogen ist, wieder eine große Beteiligung geben.

# Entstandene Grün- und Freiräume

Die Vielfältigkeit und die Unterschiedlichkeit der im neuen Quartier entstandenen Frei- und Grünräume machen die hohe Gesamtqualität aus: Innenhöfe, Grünkorridore, Park, Tarpenbekufer, Lärmschutzwall, Versickerungs- und Rückhalteflächen. Teilweise stehen in den Bereichen mehr die Nutzungsqualitäten, teilweise mehr die ökologischen Qualitäten im Vordergrund. Der Investor hat die Ideen und Festsetzungen aus dem Funktionsplan bzw. dem Bebauungsplan weitestgehend umgesetzt, auch wenn es teils anstrengend war. Hilfreich dafür war die Betreuung der Grün- und Freiraumgestaltung aller zehn Baufelder durch die SWUP GmbH, sie hat die Zielformulierungen aus Funktionsplan und Umweltbericht direkt in die Praxis übersetzt. Beachtenswertes Ziel des Investors war, dass die zu einem Baufeld gehörenden Grünbereiche (Innenhof, Grünkorridore, straßenbegleitende Baumpflanzung) jeweils schon bei Bezug fertiggestellt sind.

### Offenes Quartier mit Innenhöfen

Das von einem Investor errichtete große Quartier ist durch offene Zugänglichkeit und Durchlässigkeit geprägt, obwohl die Baufelder an verschiedene Eigentümerinnen und Eigentümer weiterveräußert wurden (Genossenschaften, Wohnungseigentümergemeinschaften, ein Baufeld bleibt im Besitz des Investors). Es besteht für die Nutzenden eine Längsvernetzung zwischen allen Baufeldern, u. a. verläuft dafür auf der Hofseite der straßenbegleitenden Häuser ein durchgängiger, barrierefreier Weg durch das Quartier. Sichergestellt wurde dies durch vertraglich geregelte Dienstbarkeiten der jeweiligen Grundstückskäuferinnen und -käufer.

Die Innenhöfe der Baufelder haben charakteristische Freianlagen mit Pflanzungen sowie Spiel- und Bewegungsflächen. Alle Bewohnerinnen und Bewohner dürfen sich überall aufhalten, alle Kinder dürfen überall spielen. In den einzelnen Baufeldern wird etwas für verschiedene Altersgruppen angeboten, in manchen Höfen etwas für die 0- bis 3-Jährigen, woanders etwas für die 3- bis 6-Jährigen. Die Spielgeräte wurden zum Teil individuell entwickelt. Für die Ausgestaltung der Höfe ist der Investor verantwortlich. Sein Ziel war es, in Bezug zu den – vorherigen und angrenzenden – Kleingartenanlagen eine hohe Hofqualität zu schaffen. Bei den zuerst errichteten Baufeldern gibt es sehr üppige Pflanzpunkte in den Höfen, bei den anderen mehr zwischen den Baufeldern. Die Erfahrung des Investors ist, dass man es mit der Freiraumgestaltung nie allen Bewohnerinnen und Bewohnern recht machen kann: „Für die einen sind es zu viele Pflanzen, für die anderen zu wenig. Ebenso für die einen zu wenig Spielgeräte, für andere zu viele."[15] Diskussionen gab es in den zuerst fertiggestellten Baufeldern auch zur Art der Pflanzen. Es sollten im Weiteren keine „Giftpflanzen" (es handelt sich um unverträgliche Pflanzen bei sehr großen Verzehrmengen) und wegen der Pollen keine Gräser mehr gepflanzt werden. In den ersten Baufeldern lehnt sich die Materialwahl für die Hofgestaltung an die Geschichte des Grundstücks an, dafür wurde auch vorhandenes Material recycelt. Für die Pflanztröge ist Cortenstahl verwendet worden und als Pflaster altes Güterbahnhofspflaster, das während der Bauzeit auf Halde gelegt worden war und dann sukzessive verwendet worden ist. Der Qualitätsanspruch für die Freiraumgestaltung wurde über alle Baufelder beibehalten, aber der Investor hat die Gestaltungs- und Materialansätze angepasst.

Die schmalen Grünkorridore zwischen den einzelnen Baufeldern sorgen für eine Quervernetzung der Grünräume im Quartier – vom Wall über diese Korridore bis zur Tarpenbek. Zwischen den Baufeldern 3 und 4 ist der Abstand größer und als gemeinschaftliche Grünanlage im westlichen Quartiersbereich ausgebildet. Dieser eine größere Baufelderabstand wird im dicht wahrgenommenen Quartier als positiv empfunden.

Materialwahl mit Geschichtsbezug: Cortenstahl und altes Güterbahnhofspflaster

Unbefestigter Fußweg zwischen den Häusern

## Naturnahes Tarpenbekufer mit Anbindung an Groß Borstel

Das südliche Tarpenbekufer ist im Zuge der Quartiersentwicklung renaturiert und neu bepflanzt worden. Es hat mit seinem Großbaumbestand eine hohe Grünqualität und Erholungsnutzung für die Quartiersbewohnerschaft sowie durch Verdunstung und Temperaturverringerung positive Auswirkungen auf das Mikroklima. Die Böschungsbereiche sind als private Grünflächen ausgewiesen. Sie sind jedoch nicht begehbar angelegt, damit sich die Natur an der Böschung wieder entwickeln kann. Die Mehrschichtigkeit der Vegetation mit Kraut-, Strauch- und Baumschichten fördert einen naturnahen Lebensraum für heimische Vögel und andere Tiere. Da im Plangebiet fünf Fledermausarten festgestellt worden waren, spielte der Fledermausschutz eine wichtige Rolle. Entlang der Tarpenbek wurden vor einer Baumfällung als vorgezogene Ausgleichsmaßnahme 60 Fledermauskästen installiert. Um den Baumschutz gab es zwischen Landschaftsplanung und Naturschutzbehörde einen Konflikt. Die Planer hätten gern mehr Bäume entnommen, um mehr Licht auf die Böschung zu bringen.

Zwischen dem Quartier und dem Tarpenbekufer wurde ein öffentlich nutzbarer Fuß- und Radweg geschaffen, der zum einen auf der Nordseite die Baufelder verknüpft und der zum anderen die Grünverbindung entlang der Tarpenbek stärkt. Von diesem Weg aus führt eine neue Brücke für Fuß- und Radverkehr über die Tarpenbek nach Groß Borstel. Diese Anbindung an den bestehenden Stadtteil war bereits im Wettbewerb vorgegeben, der Investor musste die Brücke errichten. Die Brücke wird für den Weg zum Einkaufen, in den Kindergarten und zur Schule sehr gut angenommen, für die Freizeitnutzung – Spaziergengehen, Joggen, Radfahren – ist sie für einen Rundweg entlang der Tarpenbek wichtig.

## Multifunktionaler grüner Wall

Die enorme Lärmemission auf der Südseite des Grundstücks erforderte eine große Schallschutzanlage, um Wohnqualität für das neue Quartier zu gewährleisten. Die dafür auf Basis eines Lärmschutzgutachtens als private Grünfläche angelegte ca. 1 km lange Wall-Wand-Kombination mit einem bis zu 9 m hohen aufgeschütteten begrünten Wall und bis zu 7 m hohen Gabionen-Wänden erfüllt in Kombination Lärmschutz-, Klimaanpassungs- und Nutzungsanforderungen optimal. Die insgesamt 1,27 Hektar große Fläche ist außerdem ein Ausgleichspotenzial.

Der Wall ist mit unterschiedlich steilen Gefällen komplett begehbar und erlebbar gemacht worden, die Grünböschung ist eine große informelle Spielfläche. An einer Aussichtsplattform kann man durch Fenster die Züge beobachten. Durch die Bepflanzung des Walls mit Wiesenvegetation und Gehölzflächen ist ein vielfältiger Lebensraum für Pflanzen und Tiere entstanden. Auch die südexponierte Gabionen-Lärmschutzwand bietet einen Lebensraum für Amphibien. Mit über 50 Bäumen wächst am Wall ein großer Baumbestand heran, es wurden 30 Prozent mehr Bäume gepflanzt als gefordert – Vorgabe war ein Baum pro 300 m² Grundfläche. Damit die Bäume anfangs nicht so klein sind, wurde wie im gesamten Quartier eine Baumkategorie größer gewählt.

## Trockenrasenbiotop

Bei der privaten Grünfläche auf der Westseite des Quartiers, südlich des Baufelds 1, steht die ökologische Qualität ganz im Vordergrund. Das dort seit 2005 bestehende, ca. 1.050 m² große gesetzlich geschützte Biotop in Form eines Trockenrasens musste aufgenommen und weiterentwickelt werden. Das Trockenrasenbiotop schafft Lebensraum für trocken- und wärmeliebende Arten wie z. B. Eidechsen und unterstützt den Biotopverbund entlang der Bahntrasse. Der Trockenrasen darf jedoch nicht betreten werden und wird deshalb durch eine dichte Strauchbepflanzung mit Dornengehölzen geschützt, die gleichzeitig ein naturnaher Lebensraum – z. B. für Gebüschbrüter – ist. Ein Zaun und eine grobe Steinschüttung sind zusätzliche Schutzmaßnahmen. Aufgrund der Flächenvoraussetzungen war die Umsetzung des Trockenrasenbiotops kompliziert. Der Investor hätte stattdessen lieber eine begehbare Streuobstwiese angelegt, die nicht nur ökologische Qualität, sondern auch Nutzungsqualität geschaffen hätte.

### Regenwassermanagement

Das im Wesentlichen auf Regenwasserrückhaltung basierende Entwässerungskonzept hat durch die längere Verweildauer des Wassers und die Verdunstung positive Auswirkungen auf das Mikroklima im Quartier, die Temperatur wird reduziert. Das Entwässerungskonzept ist Anlage zum städtebaulichen Vertrag mit dem Investor.

Vorgabe war, 80 Prozent der Dachflächen mit einer Mindestsubstrathöhe von 8 cm extensiv zu begrünen. Aufgrund kollidierender Anforderungen konnten – mit Mühe – nur 78 Prozent Dachbegrünung realisiert werden, dies führte zu Diskussionen zwischen Bezirk und Investor. Die Regenwasserrückhaltung auf dem Dach ist gleichzeitig Lebensraum für Pflanzen und Tiere. Die gleichen Funktionen hat der vorgegebene mindestens 50 cm hohe Substrataufbau auf nicht überbauten Tiefgaragenflächen, für Bäume mussten es hier mindestens 80 cm auf einer Fläche von mindestens 12 m² pro Baum sein. Zu einer möglichst geringen Versiegelung trägt bei, dass auf den privaten Grundstücksflächen Gehwege, ebenerdige Stellplätze und Terrassen wasser- und luftdurchlässig und Feuerwehrumfahrten und -aufstellflächen vegetationsfähig hergestellt wurden. Außerdem wurde darauf geachtet, in den Innenhöfen eine Gefällefläche zur Hofmitte hin auszubilden und nicht in Richtung der Eingänge.

Im Bebauungsplan waren überdies in den Grünkorridoren zwischen den Baufeldern Sickermulden mit 30 bis 40 cm Tiefe vorgesehen. Diese hat der Investor in Abstimmung mit dem Bezirksamt nicht umgesetzt. Stattdessen gibt es eine technische Lösung: Das Wasser wird auf den Tiefgaragen in Anstauebenen gehalten und über Drosseln abgeleitet. Die Grünkorridore haben somit vor allem Nutzungs- und Gestaltungsqualitäten. Die Straßenentwässerung erfolgt dagegen in den dafür geeigneten Abschnitten wie vorgesehen über einseitige 2 m breite und 30 cm tiefe begrünte Mulden und begleitende Rigolen.

Am westlichen Quartierseingang gibt es außerdem ein Regenrückhaltebecken auf einer städtischen Fläche. Ausschlaggebend für den Standort war die Topografie. Es ist die tiefste Fläche auf dem Grundstück und gleichzeitig passt sie für die Regenwassereinleitung am besten. Die Regenwasserrückhaltefläche war naturnah zu gestalten und zu bepflanzen. Von Investorenseite wird befürchtet, dass auf der Fläche später Müll herumliegen wird, da es eine ungenutzte Fläche ist.

Wenn die Retentionsflächen im Quartier nicht mehr ausreichen, kann alles Regenwasser gedrosselt in die Tarpenbek eingeleitet werden.

### Städtischer Park

In Ergänzung zu den privaten gemeinschaftlichen Freiflächen ist zwischen Baufeld 7 und 8 auf Höhe der Brücke über die Tarpenbek ein öffentlicher Quartierspark mit einer großen Spielfläche entstanden, den der Bezirk Hamburg-Nord Ende 2021 fertiggestellt hat. Aus der Vornutzung des Grundstücks bestand ein Betonunterbau, der zu stehendem Wasser führte und deshalb erst beseitigt werden musste. Der ca. 1 Hektar große Park soll die Grünraumversorgung mit öffentlichen Freiflächen sicherstellen.

Fuß- und Radweg am Tarpenbekufer an einem Regentag

Intensiv bepflanzter Lärmschutzwall mit Mulden

2 FALLSTUDIEN

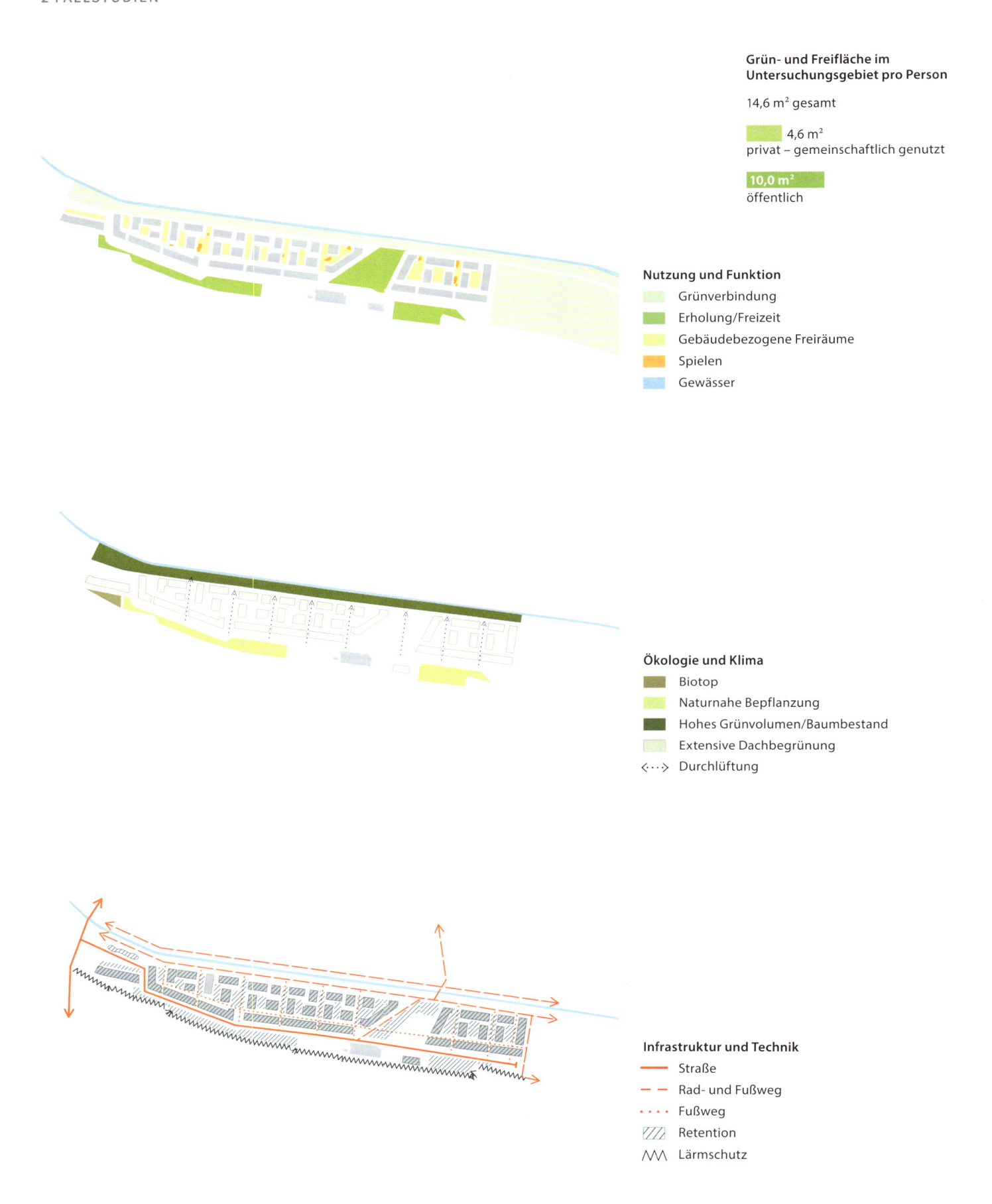

**Grün- und Freifläche im Untersuchungsgebiet pro Person**

14,6 m² gesamt

4,6 m²
privat – gemeinschaftlich genutzt

10,0 m²
öffentlich

**Nutzung und Funktion**
- Grünverbindung
- Erholung/Freizeit
- Gebäudebezogene Freiräume
- Spielen
- Gewässer

**Ökologie und Klima**
- Biotop
- Naturnahe Bepflanzung
- Hohes Grünvolumen/Baumbestand
- Extensive Dachbegrünung
- Durchlüftung

**Infrastruktur und Technik**
- Straße
- Rad- und Fußweg
- Fußweg
- Retention
- Lärmschutz

2.3 TARPENBEKER UFER

| | Öffentliche Grünfläche | | Trockenrasenbiotop |
| --- | --- | --- | --- |
| | Gemeinschaftlich genutze private Grünfläche | | Gewässer |
| | Private Grünfläche | | Bäume |
| | Dachbegrünung | | Retentionsfläche |
| | Spielfläche | | Höhenlinien |
| | Hecken | | |

N  0  45  90

## 2 FALLSTUDIEN

Die Beleuchtung in den Innenhöfen ist insektenschonend ausgeführt

Die Bewohnerinnen und Bewohner finden es gut, dass es für das Quartier diesen Park gibt. Er entlastet die Nutzungsintensität in den Innenhöfen. Von Vertretern des Kommunalvereins wird nicht erwartet, dass der Park – trotz seiner Lage an der Verbindungsbrücke – etwas für den Stadtteil Groß Borstel insgesamt bringen wird, sondern sie sehen ihn quartiersbezogen.[16]

# Nutzung

### Lebensqualität und Nutzungskonflikte

Die Bewohnerinnen und Bewohner schätzen es, im Quartier Tarpenbeker Ufer in der Stadt im Grünen wohnen zu können. Insbesondere für Familien hat der geschützte Freiraum in und zwischen den Baufeldern, in dem Kinder gut selbstständig werden können, eine große Bedeutung. Für Kinder ist es dort immer unkompliziert, andere Kinder zu treffen. Die Erwartungen an Spielbereiche sind unterschiedlich. Eine Mutter würde es besser finden, wenn die Spielplätze mehr klassisch mit Schaukel und Rutsche gestaltet wären; jetzt gibt es ihr dort zu viel „Schnickschnack". Wenig Schatten in den Spielbereichen ist ein Thema, man richtet sich nach dem Sonnenstand, wann man wo am besten spielen kann. Die Innenhöfe werden insgesamt als schön gestaltet und bepflanzt bewertet, man kann sich dort gut aufhalten. Klassische Nutzungskonflikte bleiben nicht aus. Hundehalterinnen und -halter packen die

Hundekottüten in den Mülleimer auf dem Spielplatz und die Mütter, die auf der Bank daneben sitzen, finden das unangenehm. Eine vor der Erdgeschosswohnung eines älteren Ehepaars platzierte, intensiv genutzte Kleinkindersandkiste führt dazu, dass sich die Bewohnerinnen und Bewohner bei den jungen Eltern immer wieder über den Lärm beschweren.

Während der Coronapandemie im Jahr 2020 haben sich die Freiflächen im Quartier in ihrer Vielfältigkeit bewährt. In der Zeit, als die Spielplätze coronabedingt gesperrt waren, war der grüne Wall als Spielbereich sehr interessant und wurde intensiver genutzt.

Nachdem sich unter der Bewohnerschaft ein Interesse am gemeinsamen Gärtnern gezeigt hat, hat das Quartiersmanagement in der benachbarten Kleingartenanlage mit Finanzierung durch den Verfügungsfonds ein Gartenprojekt initiiert. Auf einer der Kleingartenflächen ist ein Gemeinschaftsgarten mit Beeten angelegt worden. Im Quartier selbst waren keine Flächen für gemeinsames Gärtnern vorgesehen, aber hätten sich vielleicht auch integrieren lassen.

## Einheitliche Pflege als Herausforderung

Es sind Vorkehrungen für die Bewirtschaftung getroffen worden, um die Gesamtqualität der „aus einer Hand" geplanten und errichteten Frei- und Grünflächen bestmöglich über die Zeit zu sichern.

Der Investor hat einen Generalvertrag mit einem Gala-Bau-Unternehmen abgeschlossen, den er den Eigentümerinnen und Eigentümern mitverkauft hat. Damit ist ein Gala-Bau-Unternehmen für die Pflege der gemeinschaftlichen Freiflächen über alle Baufelder zuständig. Dies garantiert zumindest für die ersten Jahre eine einheitliche Pflege der Frei- und Grünanlagen in den Innenhöfen und den Grünkorridoren.

Grundbuchlich gesichert ist, dass alle privaten gemeinschaftlichen Frei- und Grünflächen außerhalb der Innenhöfe (Wall, Trockenrasenbiotop, Grünanlage, Tarpenbekufer) von einem Verwalter verwaltet werden. Dies könnte nur einstimmig durch alle Eigentümerinnen und Eigentümer geändert werden, was nicht zu erwarten ist. Für die Eigentümerinnen und Eigentümer und für ihre finanzierenden Banken bedeutet die Verankerung der gemeinsamen Pflege der gemeinschaftlichen Freiflächen im Kaufvertrag keine Wertbelastung, sondern einen Werterhalt. Zu den Maßnahmen, die jedoch nicht einzeln im Kaufvertrag aufgeführt sind, gehören z. B. Mäharbeiten, Wässern, Winterdienst, Pflege der 86 Fledermausnistkästen. Die Bewirtschaftungskosten von ca. 8.000 Euro pro Jahr werden anteilsmäßig entsprechend der Bruttogeschossfläche auf alle Eigentümerinnen und Eigentümer aufgeteilt, auf jede Wohnung entfällt damit nur ein kleiner Betrag. Diese gemeinsame Bewirtschaftung ist insbesondere für den Wall, der in private Grundstücke aufgeteilt und den einzelnen Baufeldern zugeordnet ist, und das Tarpenbekufer wichtig.

## Ökologische Qualitäten im Nutzungsalltag

Nicht alle ökologischen Maßnahmen sind offenkundig zu erkennen, aber manche werden von der Bewohnerschaft durchaus positiv wahrgenommen. Der Umgang mit den Fledermäusen und die Bereitstellung von Nistkästen wird z. B. als vorbildlich bewertet. Ob die Nistkästen angenommen werden, danach schaut der Investor. Es zeigt sich, dass die Nistkästen am Tarpenbekufer, wo es ruhiger ist, funktionieren. Die in die Gebäude integrierten Nistkästen funktionieren dagegen nicht.

Die Beleuchtung in den Innenhöfen wird als sehr schön empfunden. Die Außenbeleuchtung musste insektenschonend ausgeführt werden. Es waren nur Außenleuchten in Form von monochromatisch abstrahlenden Leuchten bis 3.000 Kelvin und mit geschlossenem Glaskörper zulässig. Da Insekten eine Nahrungsgrundlage für viele Tierarten im Quartier sind, dient diese

Der Quartierspark mit Spielplatz und Sitzgelegenheiten

Der Quartierspark wurde zeitgleich mit den letzten Baufeldern fertiggestellt

## 2 FALLSTUDIEN

Grünkorridor zwischen zwei Baufeldern mit Spielgeräten

Beleuchtung nicht nur dem Insektenschutz, sondern der Biodiversität insgesamt.

Ziel war es, dass die straßenbegleitenden Bäume, die sukzessive über drei Jahre parallel zur Fertigstellung der jeweiligen Baufelder gepflanzt wurden, schlussendlich alle die gleiche Größe haben. Dafür wurden alle Bäume für die straßenbegleitende Bepflanzung gleichzeitig ausgesucht. Jene, die erst in einem späteren Bauabschnitt gepflanzt wurden, verblieben bis dahin in der Baumschule.

Die Regenwasserrückhaltefunktion der begrünten Mulden entlang der Straße am Fuß des Walls ist nach einem stärkeren Regen deutlich sichtbar. Die wassergefüllten Mulden werden zum Spiel- und Matschbereich für Kinder.

# Resümee

Die Quartiersentwicklung „Tarpenbeker Ufer" war mit herausfordernden positiven wie negativen Rahmenbedingungen konfrontiert. Zum einen galt es, die ökologisch wertvollen Uferbereiche entlang der Tarpenbek zu erhalten und behutsam weiterzuentwickeln. Zum anderen musste für die Bahntrasse mit ihrer hohen Lärmbelastung und ihrer Trennwirkung zum angrenzenden Stadtgebiet eine Lösung gefunden werden, die eine gute Wohnqualität für das Quartier gewährleistet. Für die Freiraumentwicklung wurden diese Voraussetzungen sehr gut genutzt und gemeistert. Es ist ein durchgrüntes Quartier mit differenzierten, vielfältigen Grün- und Freiräumen entstanden, die eine hohe Nutzungs- und Gestaltungsqualität aufweisen und gleichzeitig die ökologischen Aspekte adäquat berücksichtigen, ihnen in Teilbereichen auch Vorrang geben. Städtebaulich bleiben durch die Insellage des Quartiers Defizite. Mit der Sackgassenerschließung und dem Fehlen eines ÖPNV-Anschlusses ist die Anbindung an die angrenzenden Stadtgebiete und die Innenstadt nicht optimal. Kritisch zu sehen ist auch die Monofunktionalität der Wohnsiedlung. Aus heutiger Sicht würde der Bezirk das Quartier nicht mehr so monofunktional planen. Das südlich der Erschließungsstraße um das bestehende Restaurant- und Ladengebäude festgelegte Kerngebiet ermöglicht zumindest, eine Mischnutzung in sehr begrenztem Maß weiterzuentwickeln.

Es gibt drei wesentliche Erfolgsfaktoren für das Tarpenbeker Ufer: die integrierte Planung von Städtebau und Freiraum von Anfang an, der zu einem frühen Zeitpunkt erstellte Funktionsplan als detaillierte Plangrundlage, die konsequent umgesetzt wurde, und der lokale Investor mit Ortsverbundenheit, der das gesamte Projekt in einem durchgängigen Standard realisiert. Die vielen detaillierten Festsetzungen im Bebauungsplan haben sichergestellt, dass eine hohe ökologische Qualität geschaffen wurde. Für den Investor wäre es jedoch wünschenswert gewesen, statt dieser strikten Vorgaben zu Klimaschutz und Klimaanpassung (wie beispielsweise die Begrünung von 80 Prozent der Dachflächen) einen Maßnahmenkatalog mit der Vorgabe zu bekommen, mit diesem das Maximale an ökologischer Qualität herauszuholen.

Mit dem grünen Wall und dem Tarpenbekufer gibt es im Quartier außergewöhnlich große private, gemeinschaftlich genutzte Grünflächen, für die die verschiedenen Eigentümerinnen und Eigentümer der Baufelder gemeinsam die Bewirtschaftung übernehmen müssen. Alle Eigentümerinnen und Eigentümer haben somit auf Dauer eine Verantwortung für das Gesamtquartier. Mit der grundbuchlich gesicherten Verwaltung dieser Grünflächen durch einen Verwalter ist die wichtige Voraussetzung geschaffen worden, dass die Freiraumqualitäten in der Bewirtschaftung dauerhaft erhalten bleiben.

Im Quartier Tarpenbeker Ufer ist es trotz des Neubaus von über 900 Wohnungen gelungen, den ökologischen Wert im Vergleich zur vorherigen Brachfläche zu steigern. Vor allem die Renaturierung des Tarpenbekufers und die Dachbegrünungen waren wichtige Maßnahmen, um eine höhere ökologische Qualität zu erreichen als vorher. Da das Gesamtquartier erst Ende 2021 fertiggestellt wurde, wird sich noch zeigen, wie die Frei- und Grünräume im Quartier den Anforderungen der Bewohnerschaft in den über 900 Wohnungen „im Normalbetrieb" gerecht werden. Die Voraussetzungen dafür sind gut, die Fertigstellung des Quartiersparks ist dafür noch wichtig.

## 2.3 TARPENBEKER UFER

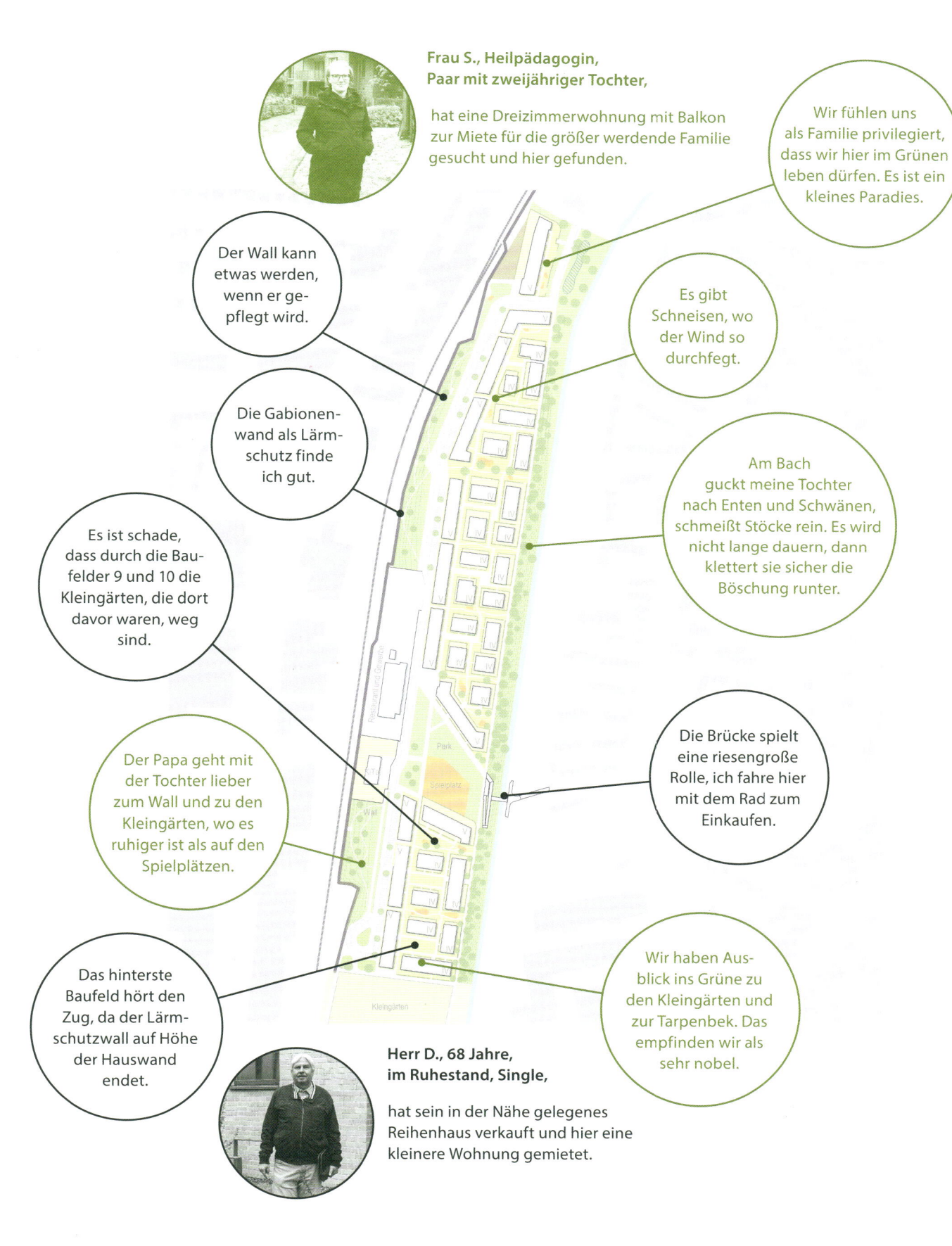

**Frau S., Heilpädagogin, Paar mit zweijähriger Tochter,** hat eine Dreizimmerwohnung mit Balkon zur Miete für die größer werdende Familie gesucht und hier gefunden.

> Wir fühlen uns als Familie privilegiert, dass wir hier im Grünen leben dürfen. Es ist ein kleines Paradies.

> Der Wall kann etwas werden, wenn er gepflegt wird.

> Es gibt Schneisen, wo der Wind so durchfegt.

> Die Gabionenwand als Lärmschutz finde ich gut.

> Am Bach guckt meine Tochter nach Enten und Schwänen, schmeißt Stöcke rein. Es wird nicht lange dauern, dann klettert sie sicher die Böschung runter.

> Es ist schade, dass durch die Baufelder 9 und 10 die Kleingärten, die dort davor waren, weg sind.

> Die Brücke spielt eine riesengroße Rolle, ich fahre hier mit dem Rad zum Einkaufen.

> Der Papa geht mit der Tochter lieber zum Wall und zu den Kleingärten, wo es ruhiger ist als auf den Spielplätzen.

> Das hinterste Baufeld hört den Zug, da der Lärmschutzwall auf Höhe der Hauswand endet.

> Wir haben Ausblick ins Grüne zu den Kleingärten und zur Tarpenbek. Das empfinden wir als sehr nobel.

**Herr D., 68 Jahre, im Ruhestand, Single,** hat sein in der Nähe gelegenes Reihenhaus verkauft und hier eine kleinere Wohnung gemietet.

1. Freie und Hansestadt Hamburg: Mehr Stadt in der Stadt. Chancen für mehr urbane Wohnqualitäten in Hamburg. Hamburg 2013. https://www.hamburg.de/contentblob/4133346/d771981544e91f7737c6be92d9c6f53e/data/d-fachbeitrag-wohnqualitaeten-72dpi.pdf (Zugriff am 19.03.2022), S. 3
2. Ebd.
3. Ebd.
4. Freie und Hansestadt Hamburg: Mehr Stadt in der Stadt. Gemeinsam zu mehr Freiraumqualität in Hamburg. Hamburg 2013. https://www.hamburg.de/contentblob/4146538/0c18b8b8f729dedf0101cbad97e3b07f/data/d-qualitaetsoffensive-freiraum.pdf (Zugriff am 30.03.2022)
5. Ebd., S. 85
6. Ebd.
7. hamburg.de GmbH & Co. KG. www.hamburg.de/gruenesnetz (Zugriff am 31.08.2020)
8. Freie und Hansestadt Hamburg: Begründung zum Bebauungsplan Groß Borstel 25. Hamburg 2014. http://archiv.transparenz.hamburg.de/hmbtgarchive/HMDK/gross-borstel25_10262_snap_1.PDF (Zugriff am 30.03.2022), S. 30
9. Ebd.
10. Ebd., S. 29
11. Fokusgruppengespräch 09.07.2020
12. Interview 19.08.2020
13. Freie und Hansestadt Hamburg: Städtebaulicher Vertrag zum Bebauungsplan Groß Borstel 31. Hamburg 2020. https://suche.transparenz.hamburg.de/dataset/staedtebaulicher-vertrag-zum-bebauungsplan-gross-borstel-31 (Zugriff am 30.03.2022)
14. Interview mit Vertretern des Kommunalvereins 18.08.2020
15. Fokusgruppengespräch 09.07.2020
16. Interview mit Vertretern des Kommunalvereins 18.08.2020

# Tarpenbeker Ufer, Hamburg

The Tarpenbeker Ufer neighbourhood development faced a challenging setting: on the one hand, the ecologically valuable riverbank areas along the Tarpenbek were to be preserved and carefully developed. On the other hand, a solution had to be found for the railway line, which runs between the site and the adjacent urban area and generates a lot of noise pollution, in order to ensure a good residential quality of life for those living in the neighbourhood. These site characteristics were integrated in the development of the open space. A green neighbourhood is the result, with differentiated, diverse green and open spaces that offer high-quality facilities and design, and which also take sufficient account of ecological aspects, even giving them priority in some cases. Urban development deficits remain, due to the somewhat detached location of the neighbourhood. With the cul-de-sac development and the lack of public transportation connections, access to the adjacent urban areas and the city centre is sub-optimal. In addition, criticism can be made of the mono-functionality of the residential area; such a mono-functional neighbourhood would not meet today's standards. The core area established south of the access road, around the existing restaurant and commercial building, does, however, at least allow for mixed-use development to continue, albeit on a very limited scale.

There are three factors that are key to the success of Tarpenbeker Ufer: the integrated planning of urban design and open space from the outset; the functional plan prepared at an early stage as a detailed planning basis that has been consistently implemented; and the local investor with ties to the area, who is working on the entire project at a consistently high standard. The many detailed specifications in the development plan have ensured that a high level of ecological quality has been created. For the investor, however, it would have been desirable to have a list of measures – rather than the strict requirements relating to climate protection and climate adaptation (such as the greening of 80 per cent of the roof surfaces) – with the stipulation that these would achieve maximum ecological effect.

Thanks to the green embankment and the Tarpenbek Ufer, there are exceptionally large private, communally used green spaces in the neighbourhood, of which the various owners of the development sites are obliged to assume joint management. All owners therefore have a long-term responsibility for the neighbourhood as a whole. With the management obligations of these green spaces secured in the land register, an important prerequisite is fulfilled for ensuring that the quality of the open space is permanently maintained.

Despite the construction of over 900 new apartments, it has been possible to boost the ecological value compared to the previous brownfield site in the Tarpenbeker Ufer neighbourhood. Above all, the renaturing of the Tarpenbek Ufer and the green roofs were important measures for achieving a higher ecological quality than was previously the case. Since the entire development was only completed at the end of 2021, it remains to be seen how the open and green spaces in the neighbourhood will meet the needs of the residents in all these new apartments under normal conditions. The indications for this are good, and the completion of the neighbourhood park is still important in this respect.

## 2.4 AGFA-AREAL UND WEISSENSEEPARK

*950 NEUE WOHNUNGEN –
EIN NEUER UND EIN AUFGEWERTETER PARK*

MÜNCHEN, OBERGIESING

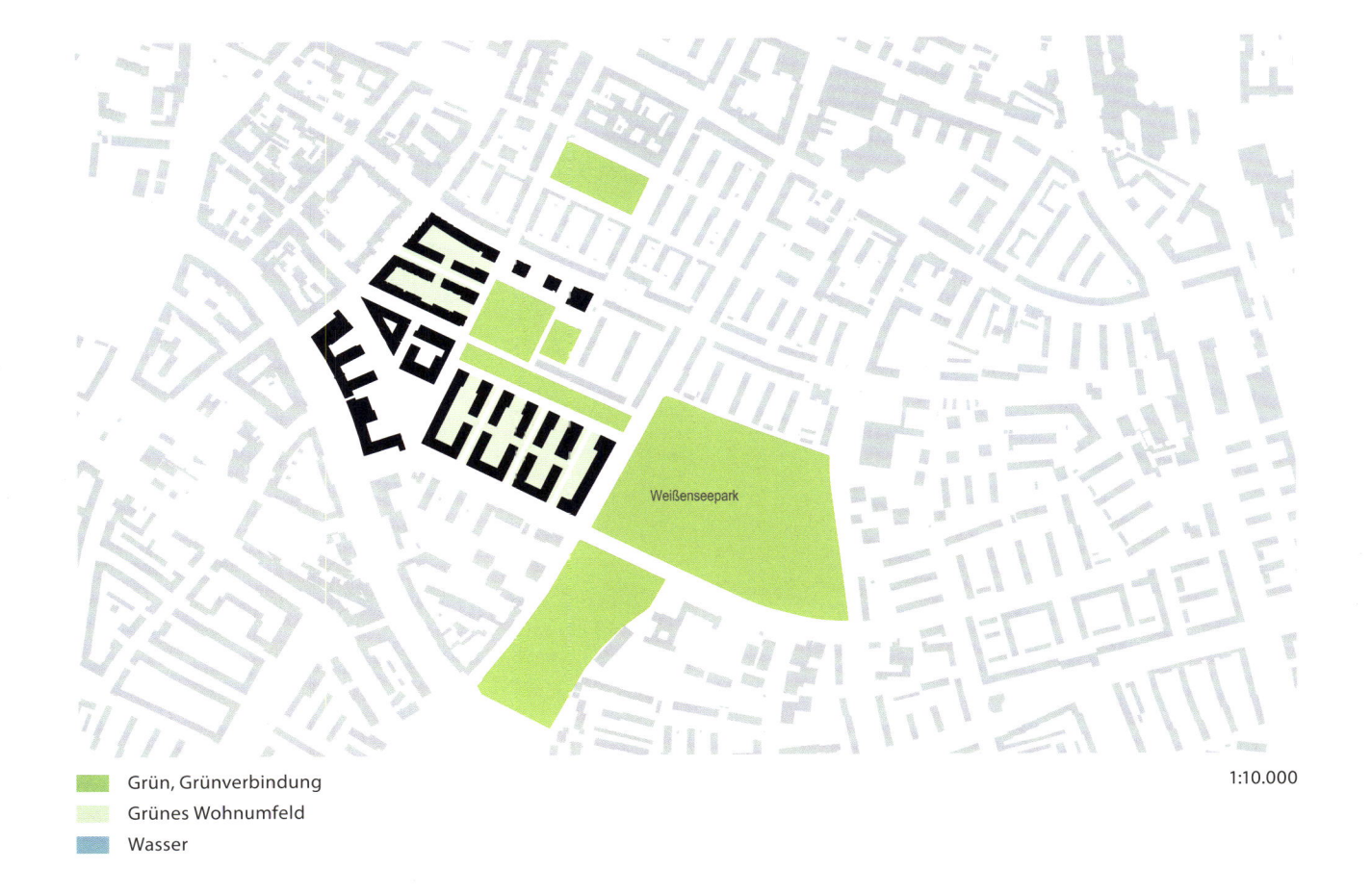

## 2 FALLSTUDIEN

- Grün, Grünverbindung
- Grünes Wohnumfeld
- Wasser

1:10.000

### GRÖSSE
Agfa-Areal: ca. 11,0 ha
davon öffentliche Grün- und Freiflächen im Agfa-Areal: ca. 3,2 ha
Weißenseepark und Katzenbuckel: ca. 10,0 ha

### PLANUNGS- UND ENTSTEHUNGSZEIT
*Agfa-Areal:*

| | |
|---|---|
| 2004 | Verkauf des (in Teilen brachliegenden) Grundstücks an die Büschl Unternehmensgruppe |
| 2006 | städtebaulicher und landschaftsplanerischer Ideenwettbewerb |
| 2008–2011 | Abrissarbeiten |
| 2011 | Beschluss Bebauungsplan und Grünordnung |
| 2015 | Fertigstellung der Gebäude |
| 2016 | Fertigstellung der öffentlichen Grünflächen |

*Weißenseepark und Katzenbuckel:*

**1980er-Jahre** als öffentliche Grünanlage angelegt

**2009–2019** Umsetzung der Aufwertungs-, Sanierungs- und Erweiterungsmaßnahmen in drei Bauabschnitten (2010 1. BA, 2016 2. BA, 2019 3. BA)

### ART DER PLANUNG
*Sanierungsgebiet Giesing*

Städtebaulicher und landschaftsplanerischer Einladungswettbewerb für das Konversionsgrundstück im kooperativen Verfahren, an dem sich zehn Büros beteiligt haben (ausgelobt von Büschl Unternehmensgruppe, gefördert durch Bund-Länder-Programm Soziale Stadt)*

### AKTEURINNEN UND AKTEURE
*Agfa-Areal:*

**Investor:** Büschl Unternehmensgruppe, München
**Landschaftsarchitektur:** Lex-Kerfers Landschaftsarchitekten, Bockhorn
**Städtebau, Architektur:** Hierl Architekten, München

*Weißenseepark und Katzenbuckel:*

**Bauherr:** Landeshauptstadt München Baureferat, Gartenbau
**Landschaftsarchitektur (1. BA):** Keller Damm Kollegen GmbH, München
**Landschaftsarchitektur (2./3. BA):** Büro Freiraum, Freising

### STÄDTEBAU UND HAUSTYPEN
- 6 Wohnblöcke mit Innenhof, 8-geschossige Kopfbauten, 5-geschossige Riegel
- 2 8-geschossige Punkthäuser
- 950 Wohnungen für 2.343 Personen (Dezember 2020)
- Eigentums- und Mietwohnungen, darunter ca. 120 geförderte Mietwohnungen
- private Pkw-Stellplätze in Tiefgaragen, Stellplatzschlüssel 0,8–1,0
- außerdem Gewerberiegel mit Arbeitsplätzen für ca. 1.200 Menschen, Sozialbürgerhaus, Nahversorgung, zwei Kindertagesstätten
- Wohndichte: ca. 161 WE/ha Nettowohnbaufläche
- Nettowohnbaufläche: Agfa-Areal gesamt 11 ha; minus Gewerberiegel 1,5 ha, minus gemischte Nutzung (Sozialbürgerhaus, Nahversorgung, Kindertagesstätten) ca. 0,4 ha, minus öffentliche Grün- und Freiflächen 3,2 ha = 5,9 ha

\* Immobilienreport: Obergiesing: Das Parkviertel-Giesing. www.immobilienreport.de/wohnen/Parkviertel-Giesing.php (Zugriff am 30.03.2022)

# Ausgangslage

**Langjährige aktive Wohnungspolitik für bezahlbare Wohnungen**

München wächst wie keine andere Stadt in Deutschland an Einwohnerinnen und Einwohnern, und das schon seit Jahrzehnten. Die Einwohnerdichte ist hier im gesamtdeutschen Vergleich pro Hektar Siedlungsfläche am höchsten.[1] Mit dem regelmäßig fortgeschriebenen wohnungspolitischen Handlungsprogramm „Wohnen in München" begegnet die Stadt seit 1989 der stetig hohen Nachfrage nach bezahlbarem Wohnraum. Es definiert die Zielsetzungen für die Schaffung neuer und die Sicherung bestehender Wohnungen, insbesondere im bezahlbaren und sozial geförderten Bereich. Das Planungsinstrument der „Sozialgerechten Bodennutzung" (SoBoN) trägt ebenfalls zu der kontinuierlichen Steigerung des bezahlbaren Wohnraums bei. Im Planungszeitraum des Agfa-Areals (2006–2015) bestand das gesamtstädtische Ziel, Baurecht für 3.500 neue Wohnungen pro Jahr zu schaffen. Seit 2017 liegt dieses Ziel bei 4.500 Wohnungen pro Jahr. Die Zielsetzung der Baufertigstellung, worunter auch die Bautätigkeiten nach § 34 BauGB fallen, lag 2016 indes bei knapp 8.000 Wohneinheiten pro Jahr,[2] wozu das Agfa-Areal mit seinen 950 Wohneinheiten einen erheblichen Beitrag leistete.

In dem Stadtentwicklungskonzept „Perspektive München" lautete das Leitmotiv bereits 1998, „Zukunftsfähige Siedlungsstrukturen durch qualifizierte Innenentwicklung – kompakt, urban, grün" zu gestalten. Während die Stadt Anfang der 2000er-Jahre noch von großen Konversionsflächen für die Wohnbauflächenentwicklung profitieren konnte, wie auch das Agfa-Areal eines ist, muss heute die langfristige Siedlungsentwicklung durch qualifizierte Verdichtung, gemischt genutzte Quartiere und Neuerschließungen am Stadtrand erfolgen.[3] Seit 2005 wird der Begriff der doppelten Innenentwicklung in der „Perspektive München" verwendet.

Eine Ergänzung der Vorgaben zum Themenbereich Klimawandel und Klimaschutz erfolgte 2010, also zu einem Zeitpunkt, an dem die Planungen des Agfa-Areals bereits vorangeschritten waren.[4] 2018 wurde eine Biodiversitätsstrategie der Stadt München auf den Weg gebracht.

**Langfristige Siedlungsentwicklung, langfristige Freiraumentwicklung**

Trotz des hohen Bedarfs an Wohnbauflächen ist es der Stadt München seit jeher ein Anliegen, wohnungsnahe Freiräume und gut erreichbare Naherholungsgebiete zu bewahren und weiter zu qualifizieren. Für die Entwicklung von Neubauquartieren gelten in München Orientierungswerte von 17 m² pro Einwohnerin bzw. Einwohner öffentliche Grünfläche und 20 m² pro Einwohnerin bzw. Einwohner private Freiflächen, die integrierter Bestandteil der Stadtentwicklungskonzeption sind.[5] Darüber hinaus soll die Freiflächengestaltungssatzung dazu beitragen, dass ein Mindestmaß an Qualität und Quantität bei den wohnungsnahen Freiräumen sichergestellt ist. Im Wesentlichen fordert die Satzung, dass die unbebauten Flächen der baulichen Grundstücke angemessen durchgrünt werden. Wo möglich, sollen auch Flachdächer und Außenwände zur Verbesserung der grünen Infrastruktur beitragen. Für Spielplätze ist eine Mindestfläche von 1,5 m² pro 25 m² Wohnfläche einzuplanen. Mit dem Prozess „Lokale Agenda 21" hat sich München schon Ende der 1990er-Jahre verpflichtet, die Nachhaltigkeitsprinzipien umzusetzen.[6]

Grundsätzlich werden die städtischen Grün- und Freiräume als multifunktionale Handlungsräume verstanden, in denen soziale, ökologische und ökonomische Interessen vereint werden müssen. Daher achtet die Stadt darauf, dass zusammenhängende Freiräume entstehen.[7] Dies spielt besonders dann eine Rolle, wenn im Zuge einer Wohnraumentwicklung öffentliche Freiflächen auf Kosten der Investorinnen und Investoren hergestellt werden, so wie es bei Bauvorhaben entsprechend der Münchner „Sozialgerechten Bodennutzung" vorgesehen ist.

Seit einigen Jahren arbeitet die Stadt trotz oder gerade wegen der zunehmenden Bevölkerungsdichte und der Konkurrenz um Flächen wieder intensiv an den Fragen, wie es gelingen kann, bedarfsgerechte Grün- und Freiräume zu sichern. Dazu gehören z. B.: das „Konzeptgutachten Freiraum München 2030" von 2015, die „Freiraumzeit" (Öffentlichkeitsphase zur langfristigen Freiraumentwicklung Münchens) von 2018 und die Studie „Nutzungsmuster öffentlich zugänglicher Freiräume im Zuge des soziodemografischen Wandels", die derzeit in Bearbeitung ist.

**Das ehemalige Agfa-Gelände im Stadtteil Obergiesing**

Nachdem die Produktion im Agfa-Kamerawerk 1982 aufgegeben wurde, verblieben Betriebsverwaltung und weitere gewerbliche Nutzungen bis 2005 an dem entlang des mittleren Rings gelegenen Standort in Obergiesing. 2005 musste das Unternehmen Insolvenz anmelden, damit wurde das Gelände zu einer Konversionsfläche für die Stadtentwicklung. Das Agfa-Kamerawerk war ein wichtiger Arbeitgeber; Bewohnerinnen und Bewohner hatten hier teilweise noch gearbeitet. Auf dem Agfa-Gelände gab es auch einen offenen Sportverein mit ca. 10.000 Mitgliedern. Dementsprechend waren mit der Schließung des Werkes und der weiteren Entwicklung des Geländes viele Emotionen verbunden. Die Veräußerung des Geländes an den Investor, die Büschl Unternehmensgruppe GmbH, erfolgte 2004. Damit wurden die Umstrukturierung und Nutzbarmachung des Geländes für den Wohnungsbau eingeleitet.

## 2 FALLSTUDIEN

Obergiesing ist ein südöstlich der Innenstadt gelegener Stadtteil von München. Früher galt er vorrangig als Arbeiterviertel, mittlerweile sind die sozialen Milieus vielfältig geworden, insbesondere ist er auch bei Familien und jungen Leuten beliebt. Die Bau- und Siedlungsstruktur ist mit Einfamilienhaus- und Kleinsiedlungsgebieten, aufgelockertem Geschosswohnungsbau und großen Zonen verdichteter Blockbebauung sehr uneinheitlich. Gut drei Viertel des Wohnungsbestandes wurden nach 1948 erbaut.[8] Viele Häuser haben keine Balkone oder Terrassen, umso wichtiger sind die öffentlichen Freiräume. 2005 hat der Stadtrat für Teilbereiche von Giesing das Sanierungsgebiet „Tegernseer Landstraße, Chiemgaustraße" im Förderprogramm „Soziale Stadt" beschlossen und ein Stadtteilmanagement vor Ort initiiert. Ziele waren u. a. gesunde Wohnverhältnisse, Lärmschutz und eine verbesserte Grün- und Freiflächenversorgung.

Die Entwicklung des Agfa-Areals spielte in diesem Zusammenhang eine wichtige Rolle. In dem Neubauquartier wurden attraktive Wohnungen in mittlerer bis hoher Preislage sowie sozial geförderte Mietwohnungen für rund 2.300 neue Bewohnerinnen und Bewohner geschaffen, auch die dazugehörige soziale Infrastruktur und Gastronomie. Der Anteil der Altersgruppe 0 bis 14 Jahre beträgt im Agfa-Areal insgesamt 25 Prozent, bezogen auf den sozial geförderten Mietwohnungsbau liegt dieser Anteil bei 42 Prozent. Das Agfa-Areal trägt zu einer Verjüngung des Stadtteils Obergiesing bei, dessen Bevölkerungsstruktur 11 Prozent bei der Altersgruppe 0 bis 14 Jahre aufweist.

Prägend für den Ort sind der Agfa-Park in der Mitte des Quartiers sowie die vielseitig und üppig bepflanzten Innenhöfe der neuen Häuser. Mit der Entwicklung des Geländes konnten die Sanierungsziele des „Soziale Stadt"-Gebiets in die Planung integriert werden. Früher war das Agfa-Areal nur eingeschränkt zugänglich, nun ist es für den öffentlichen Fuß- und Radverkehr durchlässig geworden. Die starke Lärmbelastung durch den Mittleren Ring wurde im Städtebau in Form einer umschließenden Bebauung und einem Gewerberiegel im Südwesten des Gebietes gemildert. Entsprechende Lärmschutzmaßnahmen für die einzelnen Baukörper wurden in der Ausführung berücksichtigt, teilweise finanziell unterstützt durch das Förderprogramm „Wohnen am Ring".[9] Die Altlasten des Geländes wurden vom Investor vor Planungsbeginn großräumig mit Ausgrabungstiefen bis zu 10 m entfernt. Die neuen zusammenhängenden Grünflächen und eine offene Durchwegung verbessern das Mikroklima. Nicht zuletzt fördern die vielfältigen, großzügig angelegten Grün- und Spielflächen die Bewegung im Freien, was der Gesundheit zugutekommt. Zwar ist es sehr bedauerlich, dass das Agfa-Werk schließen musste, gleichwohl ist die neue Entwicklung des Agfa-Geländes ein Glücksfall für den Stadtteil.

Blick auf das Agfa-Areal mit Wiese und Ella-Lingens-Platz

## 2.4 AGFA-AREAL UND WEIßENSEEPARK

**Der Weißenseepark**

Eines der Sanierungsziele der „Soziale Stadt" Giesing war die Aufwertung des bestehenden Weißenseeparks. Dieser grenzt direkt an das Agfa-Areal und geht südwestlich in die Freifläche „Katzenbuckel" über. Der Park ist die wichtigste Grünfläche des Stadtteils, der ansonsten wenige öffentliche Freiflächen zu bieten hat.[10] Nach jahrelanger Vernachlässigung sollte die Sanierung des Parks Aufenthalts- und Nutzungsqualitäten für viele Zielgruppen ermöglichen, auch aufgrund der bevorstehenden Neubesiedlung des Agfa-Areals mit über 2.000 neuen Einwohnerinnen und Einwohnern. In südlicher Richtung geht der Park in einen übergeordneten Grünzug über, der bis zum Isarufer reicht.

# Planung

Die Neubauten im Agfa-Areal tragen wesentlich dazu bei, die Ziele der Münchner Wohnungspolitik zu erreichen. Gleichzeitig war es wichtig, die Grün- und Freiflächen im Stadtteil wesentlich zu verbessern. Diese beiden Ziele einer doppelten Innenentwicklung wurden durch ein routiniertes Planungsverfahren, in Zusammenarbeit mit dem Investor, verfolgt. Die Dichte des Quartiers wurde auf Grundlage von Musterplanungen, einem Eckdatenbeschluss des Stadtrats und in Verhandlungen mit dem Investor ausgelotet. Die am Fokusgruppengespräch beteiligten Fachleute empfinden das Verhältnis von Dichte zu Freiflächen als „eines der best-gelungenen Beispiele [in München]".[11] Zum Planungszeitpunkt erschien die Dichte maximal ausgereizt, zwischenzeitlich – in der Wohnungs- und Grundstücksmarktsituation 2020 – würde das Grundstück dichter überplant werden.[12] Wesentlich für das Projekt und die Lebensqualität der Bewohnerinnen und Bewohner sind die Nähe zum Weißenseepark und die Umgestaltungen, die hier parallel stattgefunden haben.

### Landschaftsplan und Grünordnung in der Bauleitplanung

Es gehört zur Münchner Planungspraxis, bereits bei der vorbereitenden Bauleitplanung die Landschaftsplanung zu integrieren. Im Rahmen der Flächennutzungsänderung von Gewerbe- zu Wohnnutzung wurde festgelegt, dass ein Teil des Geländes als allgemeine Grünfläche an den angrenzenden Weißenseepark anschließen muss. Damit wurde die landschaftsplanerische Darstellung im bestehenden Flächennutzungsplan „Maßnahmen zur Verbesserung der Grünausstattung" umgesetzt.[13] Mit einem Parallelverfahren wurden die Änderung des Flächennutzungsplanes und der Bebauungsplan gleichzeitig erarbeitet und ebenfalls fast zeitgleich beschlossen. Der Umweltbericht legte eindeutig dar, dass die Entwicklung des Areals zu positiven Auswirkungen für Umwelt, Natur und Klima führen würde. Diese Einschätzung machte das Parallelverfahren zulässig. Ausgleichsmaßnahmen waren nicht erforderlich. Eine Besonderheit der Stadt München ist die Grünordnung, die bei jedem Bebauungsplan erstellt wird. Hier werden verbindliche Aussagen zu der Gestaltung und den Qualitäten der privaten und öffentlichen Freiflächen sowie der Spielplätze getroffen. Dazu gehören auch Art und Umfang von Baumpflanzungen, Dachbegrünungen und Entwässerung.

Auf der einen Seite sichern detaillierte Vorgaben im Bebauungsplan eine angemessene Entwicklung der Grünflächen. Auf der anderen Seite kommt es auch der Qualität zugute, wenn eine gewisse Flexibilität während der Ausführung erhalten bleibt. Welcher Grad von Festlegungen und wie viel Spielräume sinnvoll sind, wurde im Fokusgruppengespräch kontrovers diskutiert. Die Fachleute in der Stadtplanung plädierten eher dafür, mehr festzulegen, die der Grünplanung wünschten mehr Spielräume für die Ausführung.

### Wettbewerb – Masterplan – Gestaltungsrichtlinien

Es war offensichtlich, wie wertvoll die Konversionsfläche des Agfa-Areals in vielerlei Hinsicht war. Daher stieg die Stadt München direkt in Verhandlungen mit dem Investor ein, nachdem dieser das Grundstück erworben hatte. Das Planungsinstrument der „Sozialgerechten Bodennutzung" verhalf der Stadtverwaltung zu einer guten Ausgangslage bei den Verhandlungen. Die Stadt verpflichtete den Investor, die Altlasten zu entfernen und eine öffentliche Parkfläche im Quartier anzulegen. Der Investor konnte im Gegenzug eine höhere Dichte realisieren und einen Teil des Wettbewerbsverfahrens über Fördergelder der „Soziale Stadt" finanzieren. Der nicht offene städtebauliche und landschaftsplanerische Wettbewerb war obligatorisch und wurde 2007 vom Investor in Abstimmung mit der Stadt ausgelobt. Dabei war es bereits das Ziel, eine zusammenhängende Grünfläche im Innenbereich zu schaffen; auch waren Richtwerte für die Grünraumversorgung pro Einwohnerin bzw. Einwohner angegeben.

Der von einer Fachjury empfohlene Siegerentwurf überzeugte sowohl den Investor als auch die Stadt, und das war für den Erfolg entscheidend. Eine Beteiligung der Öffentlichkeit vor dem Wettbewerb gab es nicht. Die Überführung des Wettbewerbsentwurfes erfolgte über einen Masterplan als Zwischenschritt. Die Weiterbearbeitung gelang auch deshalb ohne größere Änderungen, weil die Ausschreibungsunterlagen bereits die Flächenverhältnisse der Freiräume pro Einwohnerin bzw. Einwohner vorgaben. Da der Investor die einzelnen Grundstücke weiterveräußert hat, wurden

## 2 FALLSTUDIEN

zusätzlich verbindliche Gestaltungsrichtlinien erarbeitet. Diese Gestaltungsrichtlinien konkretisieren die Aussagen aus der Grünordnung und sichern somit einen hohen Standard in der Ausführung. Der Masterplan, der Grünordnungsplan und auch die Gestaltungsrichtlinien wurden von der Planungsgemeinschaft Lex-Kerfers Landschaftsarchitekten und Hierl Stadtplaner erarbeitet, die auch den Wettbewerb gewonnen hatte. Die Kontinuität der Planer ermöglichte eine gute Verständigung im Laufe des Prozesses. „Alle wollten, dass das Projekt gelingt", fasst der Investor Herr Büschl den reibungslosen Planungsprozess zusammen.

### Abstimmung der Planungen von Agfa-Areal und Weißenseepark

Die Sanierung des Weißenseeparks erfolgte ab 2009 unabhängig von der Entwicklung des Agfa-Areals in drei Bauabschnitten. Der Weißenseepark war zuvor stark vernachlässigt und für die Bevölkerung nicht mehr sehr attraktiv. Die Stadt verlangte, dass bei seiner Umgestaltung so wenige Eingriffe wie nötig vorgenommen werden, vor allem um den alten Baumbestand und die Bodenfunktion zu erhalten. Dennoch wurde der Park umfangreich saniert und aufgewertet. Das beauftragte Planungsbüro organisierte und moderierte einen aufwendigen Beteiligungsprozess der zukünftigen Nutzergruppen. Um eine Kostenbewilligung der Baumaßnahmen zu bekommen, wurde zunächst nur der erste Bauabschnitt im Haushalt fixiert und umgesetzt. Die Bauabschnitte waren aber auch wegen der Kleingärten im Bereich des dritten Bauabschnitts notwendig, ihre Pachtverträge mussten erst auslaufen. So kam es auch, dass für die Bauabschnitte unterschiedliche Planungsbüros beauftragt wurden.

Der erste Bauabschnitt umfasst den kompletten Weißenseepark. Die Bewohnerinnen und Bewohner des Agfa-Areals profitieren von der Nähe der großen Parkflächen und der durchgängigen Wegeverbindung bis zum Isarufer. „Manchmal nehme ich den längeren Weg zur U-Bahn durch den Park, weil es ein sehr schöner Weg ist", erzählt ein Anwohner.[14] Für den Übergang vom Agfa-Areal zum Weißenseepark hatten sich die beiden Planungsbüros eine Scharnierfunktion gewünscht mit einem Kioskgebäude für ein Café und einer fußgängerfreundlichen Promenade. Im Laufe der Planung wurde dies verworfen, Gegenargumente waren Verkehrsprobleme, erwartete Schwierigkeiten, einen Betreiber für das Café zu finden, sowie potenzielle Nutzungskonflikte.

### Finanzierung

Die Herstellungskosten für die öffentlichen Flächen im Agfa-Areal, die Erschließungs- und Grünräume, wurden vom Investor bezahlt. Eine dafür von der Stadt geforderte Mindestsumme wurde in einem städtebaulichen Vertrag festgelegt. Die genaue Summe war den Planern nicht bekannt, die Landschaftsarchitektin findet aber, dass der Investor finanziell „zu vielem bereit war".[15] Die hochwertige Ausführung fällt bei dem Gang durch das Quartier auf, sie beruht auch auf den Gestaltungsrichtlinien. So wurden entlang der Wohnwege und Vorgartenzonen beispielsweise steinerne Sitzkanten gefordert und realisiert. Gestaltungselemente, die einen höheren Pflegeaufwand bedingen, wurden aber auf der anderen Seite von der Stadt abgelehnt. Dies ist z. B. nordwestlich im Neubauquartier am vor den Terrassen der Gastronomie gelegenen Ella-Lingens-Platz der Fall, wo auf eine Entsiegelung der Fläche verzichtet wurde. Die Freiflächengestaltung der privaten Innenhöfe war Aufgabe der Grundstückskäuferinnen und -käufer, an die der Investor die einzelnen Baufelder weiter veräußert hat. Vorgabe war, die Innenhöfe „grün" und mit einem „durchgängigen Motiv" zu gestalten. Kinderspielplätze sind ebenfalls Teil der Innenhofgestaltung.[16]

Baumreihen am Rand der großen Wiese

Die große Wiese im Abendschatten

2.4 AGFA-AREAL UND WEISSENSEEPARK

Das Aktivitätenband ist ein attraktiver Quartiersspielplatz

# Entstandene Frei- und Grünräume

**Große freie Wiese als Teil des Quartiers**

Das Freiraumkonzept des Agfa-Areals, eine große Wiese im Innenbereich des Quartiers zu haben, zeichnete den Siegerentwurf des Wettbewerbs aus. Es entsprach der Vorstellung der Stadt, die öffentlichen Freiräume in einer zusammenhängenden Fläche zu konzentrieren. Die Absenkung der gesamten Wiesenfläche ist ein Gestaltungselement, durch das ringsherum eine Böschung entsteht, an die man sich anlehnen kann. Die unterschiedliche Höhe der Böschung ergibt sich aus dem Anschluss an die Straßen- und Gebäudeniveaus. Die regelmäßigen Baumsetzungen entlang der Fläche spenden in den Randbereichen Schatten. Ansonsten fehlen auf der Wiese weitere Gestaltungselemente, sie kann sehr multifunktional genutzt werden. Lediglich ein kleiner Hügel wurde an der Seite zum Hain aufgeschüttet, er wird von den Kindern gern als Rodelhang genutzt. Die ebene Fläche bietet viele Möglichkeiten für Sport und Spiel, was viele besonders schätzen. Die Wiese ist der einzige nicht mit Tiefgaragen unterbaute Teil des Areals und übernimmt somit auch eine wichtige Versickerungsfunktion.

**Aktivitätenband**

Neben der Wiese schließt sich das Aktivitätenband an, ein fast durch das ganze Areal reichender rund 20 Meter breiter Freiraumstreifen, der am östlichen Ende bis zum Weißenseepark reicht. Hier wurden die wohnungsnahen Spielflächen angelegt, wie sie die Stadt München für eine familienfreundliche Stadt vorsieht.[17] Die Fläche bietet in Abschnitten gegliedert vielfältige Spielangebote für unterschiedliche Altersgruppen. Wassergebundene Wege, Rasen- und Sandflächen und schattenspendende

2 FALLSTUDIEN

Spielangebote für unterschiedliche Altersgruppen im Aktivitätenband

Das Aktivitätenband zieht sich fast durch das gesamte Areal

Baumpflanzungen schaffen eine abwechslungsreiche Spiellandschaft und ein angenehmes Klima. Breite Holzdecks zum Sitzen und Sitzgruppen mit Tischen bieten Aufenthaltsmöglichkeiten für alle Altersgruppen. Die gemischte Bepflanzung am Spieleband, auch mit Arten aus verschiedenen Ländern, ist schön und robust. Besonders bei gutem Wetter ist die Anlage ein beliebter, viel besuchter Treffpunkt. „Hier sieht man, wie familienfreundlich das Stadtquartier ist", war der spontane Kommentar einer Besucherin.

**Naturnaher Hain**

Ein besonderer Baustein des Freiraumkonzeptes ist der naturnahe Hain östlich der Wiesenfläche. Eine dichte Bepflanzung mit standortgerechten Arten und eine aufgeschüttete Hügellandschaft ohne befestigte Wege schaffen im Sommer nicht nur ein angenehmes Klima, sie machen den Ort auch zu einem Abenteuerspielplatz für Kinder. Ausgangspunkt war eine bestehende Kiesgrube. Diese wurde mit schnell wachsenden Pioniergehölzen, natürlichen Holz- und Steinmaterialien sowie Wildblumensaaten ausgestaltet. Ziel war, in der Stadt ein Naturerlebnis, eine Art Naturraum-Werkstatt, für die Bewohnerinnen und Bewohner zu schaffen. Die Zitterpappeln entwickeln sich mit ihrem Wachsen zum Hain, es gibt dafür keinen Pflegeplan. Dass man in den Hain nicht hineinschauen kann, ist im Gegenteil zu der offenen Wiesenfläche reizvoll. Allerdings bringt das auch eine stärkere Vermüllung mit sich.

Das Agfa-Areal ist autofrei

Eine offene Durchwegung zieht sich durch das Areal

## 2.4 AGFA-AREAL UND WEISSENSEEPARK

Ein Innenhof mit Obstbäumen

Spielangebote in einem Innenhof

### Grün im unmittelbaren Wohnumfeld

Das gesamte Quartier ist autofrei und einschließlich aller Innenhöfe offen zugänglich. Durch die offene Durchwegung gehen die Innenhöfe fließend ineinander über. Das ermöglicht abwechslungsreiche Wege für Fußgängerinnen und Fußgänger. Ein öffentlicher Radweg führt entlang der öffentlichen Grünfläche durch das Quartier und bindet den Stadtteil Obergiesing direkt an den Weißenseepark an.

Die Aufgabe, individuelle grüne Innenhöfe zu gestalten, war schon im Wettbewerb angelegt und wurde mit der Grünordnung verbindlich festgeschrieben. Für jeden Hof waren mindestens fünf große Bäume vorgesehen. Eine maximal 5 m tiefe private Gartenzone für die Erdgeschosswohnungen war zulässig und konnte durch 2 m hohe Hecken abgegrenzt werden. Die Gestaltung, die von unterschiedlichen Planungsbüros entworfen wurde, soll für jeden Block ein einheitliches Bild mit einem eigenen Thema ergeben.[18] In einem Innenhof sind das z. B. die Obstbäume. Das macht die Anlagen einzigartig und fördert die Identifikation der Bewohnerinnen und Bewohner. Trotz hoher Bebauungsdichte wird der Eindruck vermieden, dass es sich um durchrationalisierten Wohnungsbau handelt. In jedem Innenhof mussten Spielbereiche für kleine Kinder realisiert werden. Die Innenhöfe bieten auch unterschiedliche Sitzmöglichkeiten als Treffpunkte für die Nachbarschaft. Die Anstrengungen, um auch im unmittelbaren Wohnumfeld gute Qualität zu sichern, haben sich offensichtlich gelohnt.

### Weißenseepark und Katzenbuckel

Der Weißenseepark bietet ein großes Angebot an Spiel- und Sportmöglichkeiten für Kinder und Erwachsene, er wird auch gern zum Spazierengehen besucht. Vor der Umgestaltung war der Park in die Jahre gekommen und nicht mehr für alle Zielgruppen attraktiv. Um dies wieder zu ändern, wurden durch eine umfangreiche Bestandsaufnahme und Bürgerbeteiligung die Nutzungsqualitäten, als Ausgangspunkt für die Erneuerung, in den Vordergrund gestellt.

Zu den wesentlichen Gestaltungselementen des Weißenseeparks gehören eine Abfolge abwechslungsreicher Spielplätze, ein Wasserspielplatz und Sportplätze im östlichen Bereich. Im Innenbereich nahe den Eingängen befindet sich eine große freie Wiese, umgeben von dicht begrünten Randbereichen und einem beeindruckenden alten Baumbestand – Zonen, wo man auch Verstecken spielen kann. Die bestehenden alten Baumstrukturen wurden mit sogenannten Leitbäumen ergänzt. Eine Besonderheit sind auch Obstbäume im Park, Überbleibsel einer früheren Kleingartennutzung, und ein Feuchtbiotop, das von einer Bürgerinitiative betreut wird.

Raumbildend ist die Topografie des Parks, der sich entlang der Isar-Hangkante in einen tiefer gelegenen östlichen und einen höher gelegenen westlichen Teil gliedert, Zeugnis der früheren Kiesgrube. Diese Zonierung wurde bei der Gestaltung und Verortung der unterschiedlichen Nutzungen mitgedacht – das leicht bewegte Gelände schafft einen sehr lebendigen Raumeindruck. Bei allen positiven Bewertungen stellte die Landschaftsplanerin fest: „Heute würde man noch ökologischer planen, mit Retentionsflächen, Gehölz für Kleintiere, ungemähten Bereichen etc."

Im zweiten und dritten Bauabschnitt ab 2015 wurde der Weißenseepark um die südliche Grünfläche am Katzenbuckel erweitert. Wichtig ist hier die große, leicht abfallende Liegewiese, unten am Hang entstand ein Mehrgenerationen-Parcours mit Fitnessgeräten, auch wurde ein weiterer Kinderspielplatz realisiert. Eine besondere Attraktion ist der Fahrrad-Parcours für Mountainbiker, auch Dirtbike-Anlage genannt, mit unterschiedlichen Wellen, geneigten Kurven, speziellen Fahrspuren und steilen Sprunghügeln. Benachbart zu dieser Anlage wurde auch ein hügeliger Bereich

2 FALLSTUDIEN

**Grün- und Freifläche im Untersuchungsgebiet pro Person**

20,5 m² gesamt

6,8 m²
privat – gemeinschaftlich genutzt

13,7 m²
öffentlich

**Nutzung und Funktion**
- Erholung/Freizeit
- Gebäudebezogene Freiräume
- Spielen
- Plätze

**Ökologie und Klima**
- Klimawirksame Flächen
- Naturnahe Bepflanzung
- Hohes Grünvolumen/Baumbestand
- Extensive Dachbegrünung

**Infrastruktur und Technik**
- Straße
- Rad- und Fußweg
- Fußweg
- Retention
- Lärmschutz

2.4 AGFA-AREAL UND WEISSENSEEPARK

Öffentliche Grünfläche
Gemeinschaftlich genutze private Grünfläche
Private Grünfläche
Spielfläche
Sportfläche

Dachbegrünung, Dachterrassen, Solarpaneele
Hecken
Absenkung Wiese
Bäume

für kleinere, noch ungeübte Kinder geschaffen, um Nutzungskonflikte zwischen Älteren und Jüngeren zu vermeiden. Das Engagement für die Dirtbike-Anlage kam von einer lokalen Initiative. Vier solcher Anlagen bestehen bereits in München.[19] Gemeinsam mit einem professionellen Planer und mit der Unterstützung der Initiative, die auch die Pflege übernimmt, wurde die Anlage geplant und gebaut. Wichtige Maßnahmen seit 2015 waren außerdem verbesserte Eingänge und Geländemodellierungen zum Lärmschutz.

Aus Sicht der Stadt sind der Weißenseepark und der Katzenbuckel ein Erfolg. „Keine Grünfläche funktioniert so gut wie der Weißenseepark, er ist so vielfältig", erklärt der ehemalige Leiter des Referats für Grünplanung.

## 2 FALLSTUDIEN

Leichter Übergang vom Agfa-Areal zum Weißenseepark

Der Weißenseepark zum Spazieren, Joggen, Entspannen

# Nutzung

**Draußen sein, sich wohlfühlen und Spaß haben**

Die großzügigen Freiflächen innerhalb des Agfa-Areals bieten mit der großen Wiese, dem Aktivitätenband und den ruhigeren Bereichen vielgestaltige Orte, um draußen Freizeit zu verbringen und unterwegs zu sein. Das Sympathische daran ist auch, dass davon nicht nur die Bewohnerinnen und Bewohner in den Neubauten des Agfa-Geländes profitieren, sondern auch Menschen aus den älteren Häusern in der Nachbarschaft, da die Gestaltung sehr durchlässig ist. Die autofreien Wege sind vor allem für die Kinder ideal. Die Bewohnerinnen und Bewohner schätzen die offene Durchwegung des Quartiers, da das Neubauquartier so auch gut mit dem Bestand vernetzt ist.[20] Auch Reibereien zwischen verschiedenen Nutzergruppen bleiben nicht aus. Gerade die große Wiese im Agfa-Park zieht Sportgruppen und Kindergärten an, am Abend auch Jugendcliquen, die alle oft laut sind. Hier werden an Silvester auch mal Feuerwerke veranstaltet. Der eine oder andere der Bewohnerschaft empfindet die öffentliche Nutzbarkeit der Freiflächen auch als Lärmbelastung.[21]

Die Entscheidung, auch den benachbart liegenden Weißenseepark im Rahmen des Programms „Soziale Stadt" zu erweitern und attraktiver zu gestalten, hat die Lebensqualität im ganzen Quartier verbessert. Der neu angelegte Agfa-Park und seine Verbindung mit dem Weißenseepark bis in den Süden über den Katzenbuckel hinaus erschließt die attraktiven Parkanlagen fußläufig für einen größeren Einzugsbereich. Dies ermöglicht auch längere wohnungsnahe Spaziergänge im Grünen, was für viele Menschen eine der wichtigsten Freizeitaktivitäten für Erholung und Bewegung ist.

Bemerkenswert ist das große und vielfältige Angebot an Spielplätzen im Agfa-Park und Weißenseepark. Die Menschen können „Spielplatzhopping" machen, von einem Platz zum nächsten gehen und an jedem nur eine kürzere Zeit verweilen. Andere haben ihren Lieblingsspielplatz, wo sie immer wieder hingehen, hier treffen sich gegebenenfalls Kinder und auch Erwachsene. Dass Spielplätze vor allem auch Treffpunkte sind, ist für ihre Qualität sehr wichtig. Die Vielfalt an Spielplätzen in den beiden Parks macht es auch möglich, die Anlagen für verschiedene Altersgruppen zu differenzieren. Die Sportfelder werden vorrangig von den Älteren besucht. Die Dirtbike-Anlage – die Anlage für Mountainbiker – ist ein noch ungewöhnliches Beispiel. Es ist unbedingt erstrebenswert, auch für den Bewegungsdrang von Teenies und Jugendlichen klassische und moderne Angebote zu haben.

Die Gelegenheiten für Konflikte sind in so gut besuchten Freiflächen wie in den beiden Parks in einem dicht bevölkerten Stadtteil mit recht heterogenen Milieus zahlreich. Ein Klassiker ist der Konflikt zwischen Hundebesitzerinnen- und -besitzern, die ihren Hund auch mal laufen lassen wollen, und den Menschen ohne Hund, die sich mit ihren Kindern auf den Wiesen niederlassen wollen. Das wird konsequent geregelt, es gibt entsprechend markierte Wiesen, wo die Hunde nichts zu suchen haben, und solche, wo sie erlaubt sind. Da es im großen Weißenseepark mehrere Wiesen gibt, ist das auch kein größeres Problem. Schwieriger zu bewältigen war der Sicherheitskonflikt bei der Anlage für die Mountainbikerinnen und Mountainbiker und den kleinen Kindern in benachbarten Arealen. Dort wurde die Abgrenzung verbessert und neben der Dirtbike-Anlage für die Großen wurde noch eine kleine harmlose zum Üben für den Nachwuchs angelegt. Was viele Parkbesucherinnen und -besucher freut und entlastet, ist eine sich selbst reinigende barrierefreie öffentliche Toilette, zumal es auch keinen Imbiss mit entsprechenden Möglichkeiten gibt. Die große Beliebtheit des Parks (das „geliebte Schmuckstück"[22]), die Gespräche zwischen Bürgerschaft und Verantwortlichen und die Freundlichkeit der Menschen tragen dazu bei, dass sich die Konflikte im Rahmen halten.

## Bewirtschaftung und Pflege

So unterschiedlich die Freiräume sind, so unterschiedlich sind auch die Anforderungen an die Pflege. Bei der Planung spielt der Aufwand für die langfristige Bewirtschaftung der Freiräume eine wesentliche Rolle. Standardpflanzungen und Vorgaben zu Baumarten und Bodenbelag sind Ergebnis einer engen Kostenkalkulation. Bei der Planung kommt es darüber auch mal zu Auseinandersetzungen zwischen dem Planungsteam und der Verwaltung, die als „fachkundiger Bauherr"[23] den Planerinnen und Planern die Grenzen des kostenmäßig Möglichen aufzeigt. Im Agfa-Areal wurde eine Balance über die unterschiedlichen Freiraumtypen hergestellt. Der naturnahe Hain braucht keinen Extra-Pflegeplan. Hier ist es Teil des Konzepts, dass sich Wildwuchs entwickelt, der auch wieder niedergetrampelt werden kann. Demgegenüber müssen die Rasenflächen der großen Wiese regelmäßig neu angesät und im Sommer gewässert werden. Das Aktivitätenband ist Bestandteil der Spielflächenversorgungsplanung, robuste Gestaltungselemente und ein reduziertes Grün stellen hier die Nutzung in den Fokus. Die Bäume entsprechen der damaligen Münchner Baumliste, die Spitzahorn und Linde als standortgerechte und robuste Bäume vorgab. Mittlerweile werden, aufgrund der zunehmenden Klimaveränderung, nicht mehr primär heimische, sondern klimatolerante Baumarten bevorzugt.

Aus Kostengründen mussten auch im Agfa-Areal teilweise Abstriche bei der Freiraumgestaltung gemacht werden, vor allem am Ella-Lingens-Platz, dem dreieckigen, baumbestandenen Quartiersplatz im Westen des Areals. Hierfür hatten die Planerinnen und Planer eine wassergebundene Wegedecke vorgeschlagen, damit sich der Platz im Sommer weniger stark aufheizen kann. Diese wäre in der Investition und im Unterhalt teurer gewesen. Um den Platz auf Dauer schön zu halten, hätte in der Pflege das Gras quasi von Hand entfernt werden müssen – „das ist dann wirklich eine Geldfrage".[24] Dass er jetzt versiegelt ist, wird in der Bürgerschaft kritisiert, ihr erschließt sich die Platzgestaltung nicht. Möglicherweise wird sich die Beurteilung ändern, wenn später die jetzt noch jungen Bäume einmal Schatten geben.

## Ökologie und Klima

Entsprechend dem Umweltbericht befanden sich auf dem Gelände keine Biotope oder Schutzflächen, auf die das Planungsteam hätte Rücksicht nehmen müssen. Die Entwicklung wurde als Gewinn für den Stadtteil und das Stadtklima bewertet, da durch die Öffnung des Quartiers Durchwegungen möglich wurden und die Entsiegelung im Innenbereich einen Mehrwert für Mensch und Natur bedeutet. Alten Baumbestand gab es auf der Konversionsfläche, die im Zuge der Altlastensanierung komplett aufgebaggert wurde, nicht. Daher spielten neue Baumpflanzungen in den Innenhöfen und entlang der Wege eine bedeutende Rolle.

Das Wassermanagement der Stadt München wird schon seit den 1980er-Jahren über ein Trennsystem geregelt. Geeignete Versickerungsflächen und Dachentwässerungen sind daher grundsätzlich zu berücksichtigen. Eine wichtige Versickerungsfläche stellt die große Wiese dar, da dies der einzige Bereich des Areals ist, der nicht durch Tiefgaragen unterbaut ist. Über den Tiefgaragen wurde jedoch auch ein Substrataufbau von 60 cm realisiert. Sofern nicht als Dachterrasse genutzt, sind alle Dächer des Quartiers extensiv begrünt. Darüber hinaus gibt es keine gesonderten Maßnahmen zum Regenwassermanagement.

Im Herbst im Weißenseepark

Dirtbike-Anlage für ältere und jüngere Kinder am Katzenbuckel

## 2 FALLSTUDIEN

**Frau S., Architektin, Paar,** ist 2015 mit ihrem Mann in eine Eigentumswohnung mit Dachterrasse gezogen.

> Toll sind die Obstbäume im Innenhof. Die Hausgemeinschaft lädt einmal im Jahr zum Apfelfest ein.

> Die Wiese ist ganz toll. Als die Spielplätze während Corona gesperrt waren, waren alle auf der Wiese.

> Im Winter nutzen wir die große Wiese zum Schneemannbauen und Rodeln.

> Ich finde es gut, dass man die Öffentlichkeit durch die Höfe gehen lässt. Das sind kürzere Wege für die Leute.

> Der Hügel ist im Winter beliebt bei den Kindern zum Schlittenfahren.

> Wir sind froh, dass das ganze Viertel sehr offen gehalten ist, auch wenn es hier und da ein bisschen Vandalismus gibt.

> Unsere Tochter geht in der Nähe zur Schule. Durch den Park soll sie aber nicht laufen, das ist uns zu gefährlich.

> Seit Corona gehen wir jeden Morgen im Weißenseepark joggen und nutzen manchmal auch den Trimm-dich-Pfad am Katzenbuckel.

> Es ist schön, dass es am Katzenbuckel mit Tischtennis und Boccia einen Treffpunkt für Männer gibt.

**Herr M., Ende 30, erwerbstätig, verheiratet und ein Kind,**

ist mit seiner Familie in eine Eigentumswohnung gezogen (Erstbezug).

Der naturnahe Hain mit dichter Bepflanzung

# Resümee

Das Agfa-Areal war ein für München riesiges Flächenentwicklungspotenzial inmitten des gewachsenen Stadtteils Obergiesing. In dem ohnehin dicht besiedelten und nicht übermäßig mit Grünflächen versorgten Gebiet sollten gute Lebensbedingungen für rund 2.000 weitere Menschen geschaffen werden. Wichtig war auch, für Akzeptanz der Anwohnerschaft in der Umgebung zu sorgen. Es erfolgte eine Quartiersentwicklung, bei der nicht nur für die neuen Bewohnerinnen und Bewohner hochwertige Freiräume entstanden sind, es eröffnete sich die Möglichkeit, die Freiraumversorgung des gesamten Stadtteils zu verbessern.

Voraussetzung hierfür waren Orientierungswerte und Vorgaben, die die Grün- und Freiraumversorgung zum zentralen Thema des städtebaulichen und landschaftsplanerischen Wettbewerbs gemacht haben. Dabei wurde auch darauf geachtet, eine hohe Nutzungsqualität vor allem der öffentlichen Freiräume, aber auch in den privaten Innenbereichen der Wohnblöcke zu sichern.

Durch die integrierte Lage des Neubaugebiets in Obergiesing war das Quartier auch ein Motor, um die Sanierungsziele im Rahmen der „Soziale Stadt" Giesing zu erreichen. Die Durchlässigkeit des Quartiers als Verbindungsglied zwischen dem Stadtteil und dem angrenzenden Weißenseepark war gefordert und macht eine der großen Qualitäten des Agfa-Areals aus. Mit der etwa gleichzeitigen Erweiterung und Verschönerung des Weißenseeparks und des Katzenbuckelgeländes ist eine sehr beliebte, vielseitig nutzbare grüne Oase entstanden. Das Beispiel zeigt, wie das Zusammenführen von Flächen, Projekten, Finanzierungen und Beteiligung die Ergebnisse reichhaltiger und vielfältiger machen kann.

Eine große Bedeutung sowohl im Agfa-Park wie im Weißenseepark und im Katzenbuckelgelände haben die großen Wiesen. Die beeindruckende Dimension der Wiese im Agfa-Park wird durch die Bündelung der öffentlichen Flächen erreicht und der Eindruck wird durch wenige subtile Gestaltungselemente verstärkt. Eine gezielte Geländemodellierung erhöht die Nutzungsqualität mit einfachen, aber effektiven Mitteln. Ähnlich überzeugend für die Schönheit des Landschaftsbildes und die Möglichkeiten, sich hier zu entspannen und Spaß zu haben, sind die großen Wiesen in den beiden anderen Parks. Ausreichend Platz macht es auch möglich, für die Altersgruppen zu differenzieren, z. B. für die Schulkinder etwas anspruchsvollere Spielelemente aufzustellen oder für die Teenies und Jugendlichen offene Fuß- oder Basketballfelder einzurichten.

Es steht außer Frage, dass in dem dicht bebauten Agfa-Areal und auch im Weißenseepark und Katzenbuckel ein hoher Mehrwert im Freiraum geschaffen wurde. Der Schwerpunkt lag in allen drei Bereichen auf attraktiven Nutzungsqualitäten und nicht auf ökologischen Qualitäten. Aus Sicht der Landschaftsarchitektin hätte es hinsichtlich des ökologischen Potenzials im Quartier „noch Luft nach oben" gegeben. Das mag auch mit der zurückliegenden Planungszeit zusammenhängen. Heute sind die Themen Klimaanpassung und Biodiversität bei der Stadt München in gesonderten Handlungsleitfäden konkretisiert.

1. Statistisches Amt der Landeshauptstadt München: Statistisches Taschenbuch 2014. München und seine Stadtbezirke. München 2014. https://stadt.muenchen.de/dam/jcr:eb03c03a-cf13-4d6e-84d3-760c63ba75fe/Stat_tb_2014.pdf (Zugriff am 07.03.2022)
2. Landeshauptstadt München: Wohnungspolitisches Handlungsprogramm. „Wohnen in München VI" 2017– 2021. München 2017
3. Landeshauptstadt München: Langfristige Siedlungsentwicklung. Kongressinformation. München 2011. https://stadt.muenchen.de/dam/jcr:1505d79a-63ba-496f-91f7-78799809c06b/lasie_gutachten_wwwkl.pdf (Zugriff am 30.03.2022)
4. Landeshauptstadt München: Fortschreibung Perspektive München 2010. München 2010. https://www.perspektive.muenchen-mitdenken.de/sites/default/files/downloads/Fortschreibung%20Perspektive%20M%c3%bcnchen_klein.pdf (Zugriff am 30.03.2022)
5. bgmr Landschaftsarchitekten GmbH: Konzeptgutachten Freiraum München 2030. Entschleunigung – Verdichtung – Umwandlung. Entwurf, Stand Dezember 2015. Berlin 2015. https://stadt.muenchen.de/dam/jcr:38cecb80-7c6a-46dc-a525-3669bb8b70e6/FRM2030_WEB.pdf (Zugriff am 30.03.2022)
6. Born, M.; Kreuzer, K.: Nachhaltigkeit Lokal. Lokale Agenda 21 in Deutschland. Eine Zwischenbilanz 10 Jahre nach Rio. Bonn 2002, S. 7
7. bgmr Landschaftsarchitekten GmbH: Konzeptgutachten Freiraum München 2030. Entschleunigung – Verdichtung – Umwandlung. Entwurf, Stand Dezember 2015. Berlin 2015. https://stadt.muenchen.de/dam/jcr:38cecb80-7c6a-46dc-a525-3669bb8b70e6/FRM2030_WEB.pdf (Zugriff am 30.03.2022)
8. Landeshauptstadt München: Informationen zum Stadtbezirk 17. www.muenchen.de/rathaus/Stadtpolitik/Bezirksausschuesse/Stadtbezirk17/Informationen.html (Zugriff am 02.11.2021)
9. Landeshauptstadt München: Handlungsprogramm Mittlerer Ring 2001–2005. 1. Sachstandsbericht. München 2002
10. Landeshauptstadt München: Erholungsrelevante Freiflächenversorgung für das Stadtgebiet. München 1995. https://stadt.muenchen.de/dam/jcr:48f938b4-3d7d-465e-be33-daee2ff5d76e/1995_Erholungsrelevante_Freiflaechen_red.pdf (Zugriff am 30.03.2022)
11. Fokusgruppengespräch 30.07.2020
12. Fokusgruppengespräch 30.07.2020
13. Landeshauptstadt München: Begründung zur Flächennutzungsplan-Änderung I/30. München o. J. https://risi.muenchen.de/risi/dokument/v/1885887 (Zugriff am 30.03.2022)
14. Bewohnerspaziergang 31.07.2020
15. Fokusgruppengespräch 30.07.2020, Frau Lex-Kerfers
16. Hierl Architekten, Lex-Kerfers Landschaftsarchitekten: Agfa-Park Gestalt-Regeln.
17. Landeshauptstadt München: Spielflächenversorgungsplan. Fortschreibung 2015. München 2016. https://www.muenchen-transparent.de/antraege/4049773 (Zugriff am 28.04.2016)
18. Bebauungsplan mit Grünordnung Nr. 1979 und Hierl Architekten, Lex-Kerfers Landschaftsarchitekten: Agfa-Park Gestalt-Regeln
19. Münchner Gesellschaft für Stadterneuerung mbH: Giesinger. Magazin für die Soziale Stadt Giesing. 2012. https://stadtsanierung-giesing.de/fileadmin/user_upload/Giesing/Giesinger_12-03.pdf (Zugriff am 30.03.2022)
20. Bewohnerspaziergang 31.07.2021
21. Bewohnerspaziergang 30.07.2021
22. Grundner, H.: Geliebtes Schmuckstück, Süddeutsche Zeitung, 25.02.2018
23. Fokusgruppengespräch 30.07.2021
24. Fokusgruppengespräch 30.07.2021, Herr Rauh, ehemaliger Leiter des Baureferats Grünplanung

# Agfa site and Weißenseepark, Munich

The Agfa site, in the middle of the established Obergiesing district of Munich, had huge development potential. In the area, which is already densely populated and lacks green spaces, the intention was to provide good living conditions for around 2,000 additional new residents. It was also important to ensure acceptance by the existing population in the surrounding area. The result was a neighbourhood development that created not only high-quality open spaces for the new residents, but also the opportunity to improve the amount of open space for the entire district.

The prerequisites for this were guiding values and specifications that made the provision of green and open space the central theme of an urban and landscape planning competition. Attention was also paid to ensuring the high quality of facilities, especially of the public open spaces, but also in the private courtyards of the residential housing blocks.

The integrated location of the new development in Obergiesing was also a driver for achieving the redevelopment goals under the Soziale Stadt Giesing framework. Accessibility of the new urban quarter, as a link between the district and the adjacent Weißenseepark, was a prerequisite, and this constitutes a valuable aspect of the Agfa site. With the almost simultaneous expansion and beautification of the Weißenseepark and the Katzenbuckel area, a very popular, multi-use green oasis has been created. It is an example of how different sites, projects, funding and participation can be brought together to enhance results and increase the versatility of each of these elements.

The large grassed areas are of great importance, both in Agfa Park and Weißenseepark, and the Katzenbuckel area. The impressive dimensions of the lawns in Agfa Park are achieved by uniting the public areas, and the impact is enhanced by some subtle design elements. Targeted site modelling increased the quality of use via simple yet effective means. The large grassed areas in the other two parks have been similarly grandly and beautifully landscaped, with opportunities for relaxation and recreation. Sufficient space also makes it possible to cater for different age groups, for example by building adventure playgrounds for children and soccer and basketball courts for teens and young people.

There is no question that a high level of added value has been created in the open space of this densely developed Agfa area, as well as in Weißenseepark and Katzenbuckel. The emphasis in all three places has been on attractive, high-quality facilities rather than ecological aspects. In the opinion of the landscape architect in charge of the project, there is "still room for improvement" with regard to the ecological potential in the neighbourhood. This may be the result of previous planning priorities, whereas today, the topics of climate adaptation and biodiversity are specified in separate guidelines for action, prepared by the city of Munich.

NEUBAU UND ERGÄNZENDER NEUBAU –
AMBITIONIERT GESTALTETE AUSSENANLAGEN
AUF BLOCKEBENE

## 2.5 NECKARBOGEN

*ENTWICKLUNGSRAUM NECKARTAL, BUNDESGARTENSCHAU UND STADTAUSSTELLUNG*

HEILBRONN

2 FALLSTUDIEN

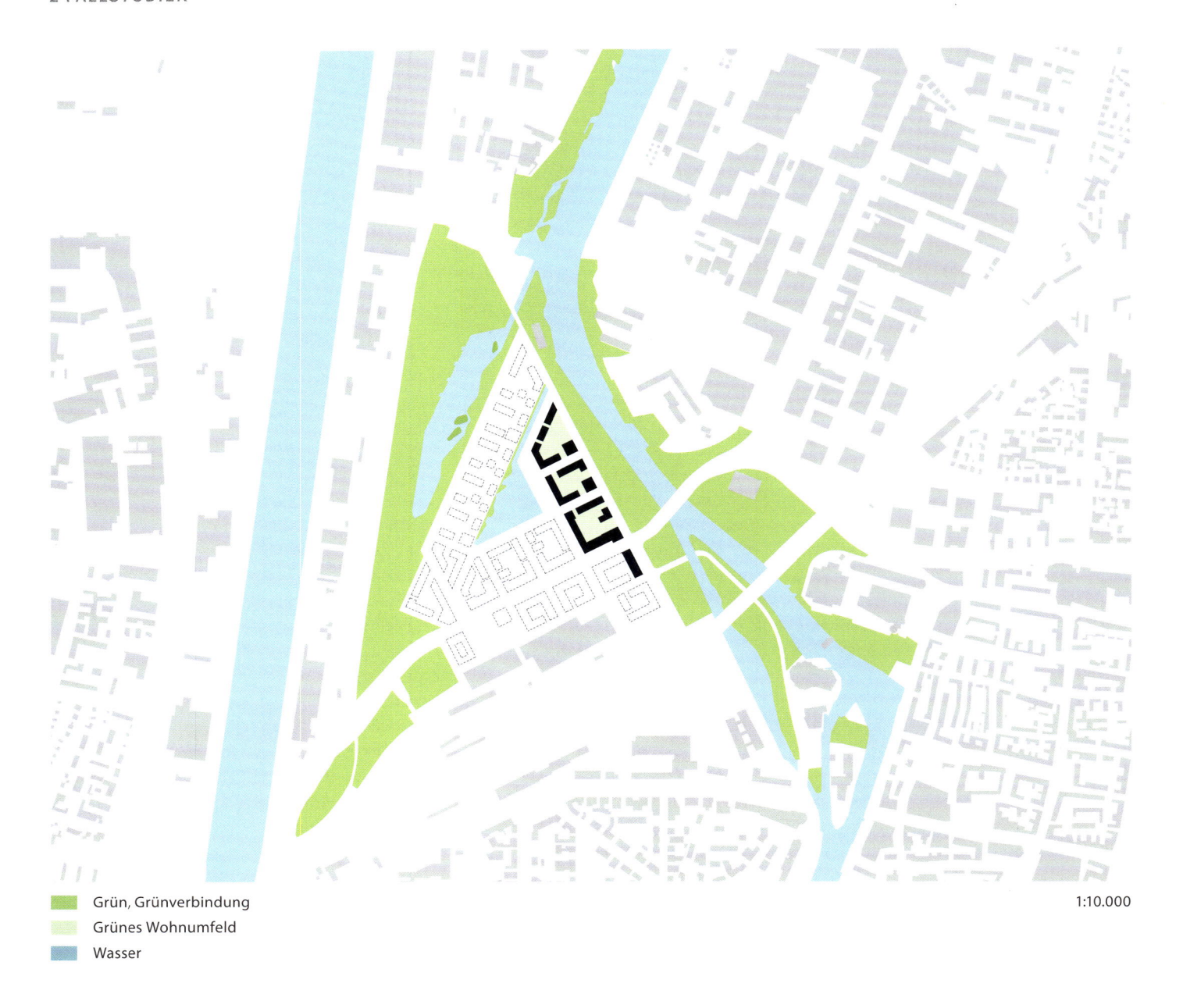

- ■ Grün, Grünverbindung
- ■ Grünes Wohnumfeld
- ■ Wasser

1:10.000

# Ausgangslage

Die prosperierende Stadt Heilbronn mit ca. 127.000 Einwohnerinnen und Einwohnern ist Oberzentrum der Region Heilbronn-Franken. Zusammen mit dem Landkreis gehört sie zu den wirtschaftsstärksten Orten in Baden-Württemberg. Eine sehr gute Anbindung an eine vielfältige Verkehrsinfrastruktur macht Heilbronn als Wirtschafts-, Arbeits- und Bildungsstandort attraktiv. Durch brachfallende Flächen werden große Projekte möglich und Heilbronn kann auf dieser Grundlage eine weit vorausschauende Stadtentwicklungsstrategie entwickeln. Die Standorte sind die fast vergessene Neckarvorstadt mit der Bahnbrache hinter dem Bahnhof, das Fruchtschuppenareal, ein ehemaliges Gewerbe- und Industriegebiet auf den verfüllten Flächen des ursprünglichen Heilbronner Hafens. Nachhaltigkeitsstrategien sollten hier modellhaft und zukunftsorientiert gedacht werden.

Die Flächen liegen günstig zur Innenstadt Heilbronn und zu den Stadtteilen im Westen sowie zu den angrenzenden Landschaftsräumen. Als zukünftige Neckarvorstadt können mehr als 30 Hektar hochwertige Fläche für Arbeiten, Freizeit und Wohnen für städtisches Leben – eingebettet in eine wiedergewonnene Neckarlandschaft – entwickelt werden. Ziel ist es, einen eigenständigen

## 2.5 NECKARBOGEN

**GRÖSSE**
Konversionsfläche ehemaliges Bahnareal: ca. 40 ha,
davon öffentliche Grünflächen: ca. 17 ha,
Wasserflächen: 13 ha
1. Bauabschnitt: 1,5 ha
Nettobauland insgesamt (inklusive 1. Bauabschnitt): 8,18 ha

**PLANUNGS- UND ENTSTEHUNGSZEIT**

| | |
|---|---|
| 2003 | Machbarkeitsstudie und Bewerbung für die Gartenschau |
| 2005 | Erwerb der Fläche durch die Stadt Heilbronn |
| 2008 | Planungsbeginn und Fertigstellung 2030 |
| 2009 | städtebaulicher Ideenwettbewerb mit Bürgerbeteiligung |
| 2010 | BUGA GmbH, Bürgerwerkstätten sowie Runde Tische, Rahmenplan |
| 2011 | freiraumplanerischer Wettbewerb |
| 2013 | interdisziplinäre Fortschreibung Leitbild und Rahmenplan Neckarbogen, Modellprojekt |
| 2017–2019 | kuratierte Investorenauswahlverfahren und Entwickeln des 1. Bauabschnitts |
| 2019 | Durchführung BUGA Heilbronn sowie Bauausstellung |
| 2020–2029 | Aufsiedlungskonzept |
| 2020 | Staatspreis Baukultur Baden-Württemberg, Sparte Städtebau und Freiraum |
| 2020 | Auszeichnung Deutscher Städtebaupreis |

**ART DER PLANUNG**
Machbarkeitsstudie, städtebaulicher Ideenwettbewerb, freiraumplanerischer Wettbewerb, Leitbild und Rahmenplanung

**AKTEURINNEN UND AKTEURE**
**Gartenschau:** Bauherr: Stadt Heilbronn, BUGA Heilbronn 2019 GmbH, Deutsche Bundesgartenschau Gesellschaft
**Städtebaulicher Wettbewerb:** 1. Preis Steidle Architekten mit t17 Landschaftsarchitekten, München
**Freiraumplanerischer Wettbewerb:** Sinai Gesellschaft von Landschaftsarchitekten mbH und Städtebau und Stadtplanung Machleidt GmbH, Berlin
**Interdisziplinär entwickelter Rahmenplan:** Stadtplanung Machleidt GmbH, Berlin
**Bürgerbeteiligung und Öffentlichkeitsarbeit*:** Baukommission, städtische Ämter, Freundeskreis der BUGA Heilbronn, Häuser: unterschiedliche Bauherrschaft und Architekturbüros
**Innenhöfe:** unterschiedliche Landschaftsarchitekturbüros
**Landschaftsarchitektonische Planung und Umsetzung:** Sinai Gesellschaft von Landschaftsarchitekten mbH, Berlin

**STÄDTEBAU UND HAUSTYPEN**
- Quartier Neckarbogen mit 24 ha für 3.500 Einwohnerinnen und Einwohner
- Gesamtbebauung: 4,21 GFZ geplant
- 1. Bauabschnitt: 2,59 GFZ
- 1. Bauabschnitt drei Baufelder mit unterschiedlichen Stadthäusern, fünf Geschosse, drei Hochhäuser
- Wohndichte 1. Bauabschnitt: ca. 175 WE/ha Grundstück

* Siehe BUGA Heilbronn. Am Neckar startet die Gartenausstellung mit innovativen Gartenformen und transformiertem Stadtquartier. Berlin 2019

innovativen Stadtteil auszubilden und diesen über den Fluss Neckar hinweg mit der Stadt zu verknüpfen. Die attraktive Lage – eine Insel zwischen Neckarkanal und dem Alten Neckar, mitten in der Stadt – ist eine besondere Herausforderung und Chance für eine erfolgreiche Landschafts- und Stadtentwicklung.

### Bundesgartenschau als Motor einer zukunftsfähigen grünen Stadtentwicklung

Mit den Bundes- und Landesgartenschauen, die in Deutschland in mehr oder weniger regelmäßigen Abständen stattfinden,[1] werden innerhalb relativ kurzer Zeit umfangreiche und miteinander verbundene landschaftliche und städtebauliche Projekte realisiert, die ohne die Gartenschauen nicht oder erst viel später möglich gewesen wären. Auf diesen Flächen findet als Auftakt das Gartenschaujahr statt, das mit vielfältigen Veranstaltungen, bunten Blumenschauen und experimentellen Beispielen den Besucherinnen und Besuchern die Freude am Grün und das Verständnis für die Natur näherbringen soll. Sie bringen auf vielfältige Weise mehr Grün in die Städte und tragen dazu bei, die Lebensqualität, das Stadtklima und die ökologischen Gegebenheiten zu verbessern. Außerdem initiieren sie bürgerschaftliches Engagement und private Investitionen, nicht zuletzt befördern sie den Städtetourismus. Zunehmend tragen sie auch zu einem zukunftsorientierten Wandel der Stadtentwicklungsplanung in unseren doch meist dicht bebauten Städten bei: „Gerade im Wissen um die existenzielle Notwendigkeit einer ebenso ökologisch wie wirtschaftlich nachhaltigen Stadt- und Landschaftsplanung streben wir nach einem Paradigmenwechsel im Städtebau, der aus dem Wissen um Folgen des Klimawandels, der Feinstaubbelastung, der Flächenversiegelung und der Gesundheitsbelastung zu einer Neubewertung der Grünflächen führt, einem Trend zur „Grünen Stadt", den die DBG als Motor dieser Bewegung wahrnimmt."[2]

Viele Städte und Kommunen bewerben sich daher mit einem zukunftsorientierten nachhaltigen Konzept für die Durchführung einer Gartenschau. Sie machen sich die kurze Entwicklungs- und Realisierungszeit sowie die finanzielle Förderung von Bund und Land zunutze. Sie erkennen den Mehrwert durch eine konsequente Weiterentwicklung der innerstädtischen Freiräume als weichen Standortfaktor.

### Grünleitbild und Bundesgartenschau Heilbronn 2019 mit gleichzeitiger Stadtausstellung

Schon früh wurde der Grundstein sowohl auf politischer als auch auf Verwaltungsebene gelegt, generell Grünflächen als einen wesentlichen Teil in die Stadtentwicklung zu integrieren und Ökologie nicht zu vernachlässigen. Heilbronn hatte schon positive Erfahrungen mit der Durchführung einer Landesgartenschau 1985 im Wertwiesenpark und der Schaffung einer grünorientierten Stadtlandschaft. 1992 wurde mit dem „Grünleitbild Heilbronn ein intensiver Dialog über Garten- und Baukultur in Heilbronn

Erlebnissteg am naturnahen Neckarufer

angestoßen. Das Grünleitbild zeigt auf, wo und wie wir unseren Bürgerinnen und Bürgern langfristig ausreichende und attraktive Freiräume als Erholungsmöglichkeiten bereitstellen können."³

Das 1995 vom Gemeinderat verabschiedete Grünleitbild entwickelt diese Ansätze ganzheitlich, städtebaulich räumlich als wahrnehmbare Grüne Ringe und freiraumsichernd weiter. Als informelles Planungsinstrument bildet es eine solide Basis für die Stadtentwicklung, beispielgebend auch für andere Städte. Nicht nur Visionen und konzeptionelle Inhalte machen das Grünleitbild zum Selbstläufer der grünen Stadtentwicklung, vielmehr sind es auch die Ziele und Handlungsfelder, die mithilfe eines aktiven Grünflächenamts – mit langem Atem – konsequent umgesetzt werden.

Das Grünleitbild bildet die Grundlage für drei wesentliche Ziele der folgenden Wettbewerbe:
- die Entwicklung der Potenzialflächen entlang des Neckars in und außerhalb der Stadt und damit die Fertigstellung dieser Parklandschaft, genannt Neckarpark, als durchgehender auenartiger Naturerlebnisraum am Neckarufer,
- die Realisierung großer Teile des blau-grünen Neckarbandes durch Heilbronn, vor allem in Richtung Norden im Industriegebiet „Am Neckar",
- die „Vernähung" der Stadt über den Neckar hinweg.⁴

Die Bewerbung für die Bundesgartenschau 2019 führte zum Erfolg. Das Ziel, die Neckarvorstadt als Kerngebiet der Bundesgartenschau durch eine Bauausstellung als nachhaltige Stadtlandschaft zu ergänzen, wurde gewürdigt. Heilbronn bekam den Zuschlag.

## Der Neckarbogen Heilbronn – die Stadtausstellung als Teil der Bundesgartenschau Heilbronn

Ein ungewöhnliches Konzept ist es, die Durchführung der Bundesgartenschau mit einer innovativen Stadtausstellung zu verbinden: Ein für Heilbronn großes geplantes Neubauquartier, der Neckarbogen, wird im Sinne einer doppelten Innenentwicklung von vornherein im Kontext der Freiflächen und Wasserflächen entwickelt. Das in der Innenstadt von Heilbronn gelegene Gartenschauareal mit 8,18 Hektar Nettobauland wird bis 2030 ein gemischtes neues Stadtquartier für 3.500 Einwohnerinnen und Einwohner sowie 1.000 Arbeitsplätze.⁵ Ein erster Bauabschnitt (auch Bauausstellung genannt) entsteht zeitgleich mit der Bundesgartenschau auf einer Fläche von 1,5 Hektar. „Bewusst wird eine dichte urbane Bebauung verwirklicht, damit der Neckarbogen ein funktionierendes Stadtquartier wird mit Handel und Dienstleistungsangeboten für die Menschen, die dort wohnen. Er soll autark sein. Mit Fuß- und Radwegen ist er gut mit der nahe gelegenen Innenstadt und dem Zukunftspark Wohlgelegen … verbunden."[6] Bebauung, Freiraum und Wasserflächen sollen in einem ausgewogenen Flächenverhältnis von je einem Drittel zueinander stehen. Leitidee ist Vielfalt und Dichte mit einer konsequenten Mischung auf mehreren Ebenen: Nutzungen, Haustypen, Eigentum und Miete, Trägerschaften. Auf drei Baufeldern und den jeweiligen Gemeinschaftshöfen werden mit drei Schwerpunktthemen – Kinder, Inklusion, Vielfalt – auch Lösungen zur sozialen Quartiersentwicklung thematisiert. Es werden etwa hälftig Mietwohnungen und Eigentumswohnungen realisiert. In den Erdgeschossen mit überwiegend halböffentlichen Nutzungen ist vor allem Mischnutzung untergebracht.

Hervorzuheben ist die Zielsetzung, im Quartier einen sogenannten Modal Split von 30/70 zu erreichen. Das heißt, das Verhältnis von motorisiertem Individualverkehr zu Fußgänger-, Radverkehr und ÖPNV soll 30:70 betragen. Es soll ein autoarmes, jedoch kein autofreies Quartier entstehen. Mit der Herstellung dieses komplett neuen Stadtviertels besteht die Chance, dieses exemplarisch für die Nahmobilität zurückzugewinnen.[7] Ein großer Mehrwert ist dabei der Rückbau der ehemaligen Trasse der B39 (Kalistraße). Sie konnte in diesem Zuge in eine attraktive Fußgängerpromenade mit Bezug zum Neckar und zu einer Radwegeverbindung transformiert werden.

Das neue Stadtquartier lebt durch seine Vernetzung mit dem grünen Umfeld und mit der Innenstadt. Als zukunftsweisender Stadtteil soll der Neckarbogen besonders durch seine räumliche Nähe zur Kernstadt und den umgebenden Stadtbausteinen möglichst intensive Wechselwirkungen und Synergien aufbauen. Unter dem Leitthema „Stadt der kurzen Wege" werden diese Effekte zusammengefasst.[8]

# Planung

**Integrierter Planungsprozess mit einer Abfolge von Wettbewerben, Rahmenplan und Gestaltungshandbuch**

Die Entwicklung des neuen Stadtquartiers wurde seit dem ersten städtebaulichen Ideenwettbewerb 2008/2009 in einem stringenten Planungsprozess vorangetrieben. Dieser folgte dem Grundsatz der integrierten Planung und wurde durch eine frühzeitige und kontinuierliche Bürgerbeteiligung begleitet. 2010 wurde eine erste Bürgerwerkstatt für die Daueranlagen durchgeführt. Der aus dem Ideenwettbewerb hervorgegangene städtebauliche Rahmenplan sowie die Namensgebung „Neckarbogen" für das Quartier wurden vom Gemeinderat beschlossen.

Dieser städtebauliche Rahmenplan bildet die Grundlage für den im Jahr 2011 durchgeführten freiraumplanerischen Realisierungswettbewerb für das Gartenschaugelände. Der Rahmenplan „Neckarbogen" wurde anschließend durch das von der Stadt beauftragte Büro, unter Beteiligung von Fachbeiratsmitgliedern sowie Bürgerinnen und Bürgern, fortgeschrieben. Sie entwickelten daraus zusammen mit dem Planungs- und Baurechtsamt Heilbronn das Gestaltungshandbuch 2015 als Instrument der Qualitätssicherung. Es enthält:
städtebauliche Spielregeln:
- Raumkanten und Bezüge – Landschaftsbezug – Höhenstaffelung – Nutzungsmix – Nachbarschaften
freiraumplanerische Spielregeln:
- soziales Miteinander – private Rückzugsbereiche, Höfe, Vorgartenzonen – Durchwegungen – Fassadengestaltung – Spielplatzgestaltung – Oberflächen und Vegetation
- ein innovatives Mobilitätskonzept

Damit konnte die geforderte Qualität im komplexen Planungsprozess innerhalb kurzer Zeit garantiert und die unterschiedlichsten Akteurinnen und Akteure – Bauherrschaft, Investorinnen und Investoren, Baugemeinschaften, Baukommission und Stadtplanung – konnten eingebunden werden.

In der „Dokumentation Modellquartier Neckarbogen" werden für den räumlichen Zusammenhang der Neckarlandschaft, für die zukunftsorientierten Gebäude, für die Ausdifferenzierung der öffentlichen Räume sowie für die Teilgebiete, Straßen, Plätze und Quartier, relativ genaue Thesen formuliert, wie diese Orte zu gestalten sind.

**Modellhaftes Vergabeverfahren mit kleinteiliger Konzeptvergabe im Rahmen des ersten Bauabschnittes**

Das Stadtquartier überzeugt durch Architekturqualität, auch durch zahlreiche technische Innovationen im Wohnungsbau; beides wird im Rahmen dieser Studie zu den Freiraumqualitäten nicht weiter vertieft. Bei der Vergabe der Grundstücke des ersten Bauabschnitts bedurfte es einer besonderen Herangehensweise, um die komplexen Anforderungen an Bebauung und Freiraum mit der richtigen Projektentwicklung und Bauherrschaft umzusetzen. 2015 gründete die BUGA Heilbronn 2019 GmbH eine eigene Projektentwicklungsabteilung. In diesem Jahr startete ein kuratiertes Investorenauswahlverfahren mit kleinteiliger Konzeptvergabe. Es wurden dabei Regeln aufgestellt, die von der Vergabe über die Qualitätskontrolle bis zur Fertigstellung gelten.[9]

Eine zehnköpfige Baukommission musste von den Investorinnen und Investoren überzeugt werden, wie ein gutes Architektur- und

2 FALLSTUDIEN

Die ehemalige Bundesstraße wurde zur Promenade

Der Karlssee als Attraktion für Bewohnerinnen und Bewohner sowie für Gäste

Nutzungskonzept und technische Innovationen umgesetzt werden können. Grundlage bilden der Rahmenplan, das Gestaltungshandbuch und der Bebauungsplan. 15 Investorinnen und Investoren, darunter auch Baugemeinschaften, realisierten 2017 bis 2019 zur Bauausstellung auf 22 Grundstücken mit 19 Architekturbüros 23 Häuser zwischen Neckar und Floßhafen. Insbesondere nachhaltige und innovative Baukonzepte wurden ausgewählt. Das höchste Holzhaus Deutschlands entstand. Weiter wurden 350 attraktive Wohnungen gebaut, gemischt aus verschiedenen Typen für verschiedene Lebensentwürfe. Das Konzept zum Stadtquartier Neckarbogen wurde durch die Deutsche Gesellschaft für Nachhaltiges Bauen e.V. – DGNB – mit Platin vorzertifiziert.

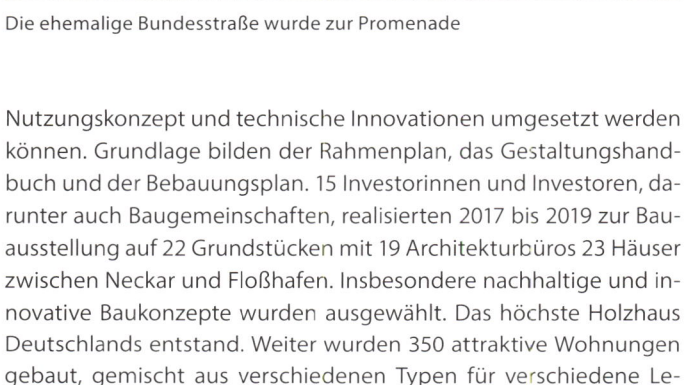

### Finanzierung

Die Bilanz der Gartenschau-Kosten fällt positiv aus. Die Finanzierung der Investitionskosten zur Herstellung der öffentlichen Daueranlagen erfolgte durch die Förderung des Landes mit 61 Mio. Euro sowie die Investition der Grünflächen und Infrastruktur durch die Stadt mit 131 Mio. Euro. Es entsteht ein Gegenwert von mehr als 150 Mio. Euro. Fast 40 Mio. Euro Städtebaufördermittel wurden investiert.[10]

Die Stadtbauausstellung wurde durch Privatinvestitionen mit 110 Mio. Euro veranschlagt. Damit wurden auch die privaten Außenanlagen und Höfe finanziert.

# Entstandene Grün- und Freiräume

### Erster Bauabschnitt – Verzahnung mit der Landschaft

Im Sinne des Heilbronner Blocks, wie auch im Rahmenplan dargestellt, sind auf drei Baufeldern (alphabetisch nummeriert H, I, J) dichte Baustrukturen entstanden mit unterschiedlichen Öffnungs- und Dichtegraden, mit Bezug zum Landschaftsraum Neckar und mit einer differenzierten städtischen Atmosphäre. Die gebaute Silhouette der fünf- bis neungeschossigen Stadthäuser bildet trotz der engen Verzahnung zwischen Landschaftsraum und Stadtquartier eine prägende Stadtansicht mit Adressen zum Wasser aus. Die kompakte, aber offene Bauweise verbindet die Gemeinschafts- und Privatgärten im Hof mit dem Wasserraum. Das Angebot an halbprivaten Dachlandschaften, an Gemeinschaftsflächen in den Höfen, Vorzonen und Übergangszonen zur Landschaft trägt zu dem Ziel bei, mehr Nachbarschaft und soziales Miteinander in dem neuen Quartier zu entwickeln. Die Promenade, die ehemalige Kalistraße, führt entlang der Gebäude und verbindet die von Fußgängerinnen und Fußgängern sowie Radfahrenden viel genutzten übergeordneten Freiräume in Nord-/Südrichtung. Die Vorgartenzone Richtung Fußgängerpromenade schafft einen Puffer zum öffentlichen Raum und ermöglicht etwas Privatsphäre, mit gleichzeitigem Bezug zur Landschaft.

Die drei Innenhöfe wurden mithilfe von Landschaftsarchitektinnen und -architekten mit je einem eigenen identitätsstiftenden Gestaltungskonzept verwirklicht. Dabei kommen hochwertige Materialien, Natursteine, Holzpavillons, vielfältige Pflanzenstrukturen,

"Skywalk" auf dem Damm

Wassertreppe

thematische Pflanzenkonzepte von der Staude bis zum Baum zum Einsatz. Die Höfe waren, auch wenn sie schon von den Bewohnerinnen und Bewohnern in Besitz genommen wurden, Teil der Gartenschau. Als erweiterte gemeinsame Aufenthaltsflächen dienen einige begrünte Dachterrassen, die gern genutzt und gepflegt werden, teilweise sind Dachflächen auch durch Fotovoltaikanlagen belegt.

## Mehrwert Freiraum in den Baufeldern – Beispiel Baufeld I

Das Baufeld I – in der Mitte der drei Baufelder gelegen – soll beispielhaft zeigen, welche Qualitäten und welcher Mehrwert in den Außenräumen für die Bewohnerinnen und Bewohner entstehen. Das beauftragte Landschaftsarchitekturbüro Pfrommer + Roeder aus Stuttgart hat den Schwerpunkt auf Gemeinschaftsflächen und Begegnungszonen gelegt, mit der Möglichkeit, den Kindern viel Raum zu geben. In Zusammenarbeit mit der Evangelischen Stiftung Lichtenstern wurde ein Kinder-Gardening erprobt, aber nicht weitergeführt. Zwischenzeitlich hat ein Landschaftsbauunternehmen das Beet mit Blumen eingesät, um die sich Bewohnerinnen und Bewohner der Stiftung Lichtenstern kümmern. Als Hofbäume sind drei Apfelbäume gepflanzt. Eine Besonderheit ist die Spielinsel mit farbigen Sitz- und Spielelementen in den Treppen, die vermutlich primär der Gestaltung als spielerischen Zwecken dienen.

Die Flächen vor den Erdgeschosswohnungen sind mit großzügigen privaten Terrassen ausgestattet und durch einzelne Strauchgruppen oder durch geschnittene Hecken räumlich von den Gemeinschaftsflächen abgegrenzt, ohne auszugrenzen. Kontaktmöglichkeiten und ein ungehinderter Spielradius der Kinder sind damit gegeben. Eine große Lücke zwischen den östlichen Gebäuden gibt bewusst den Blick zu den Weinbergen frei.

Alle befestigten Flächen sind Werksteinbeläge, die in verschiedenen Farbtönen variieren. Die Gestaltung nimmt die Belange der Unterbauung mit der Tiefgarage auf: Baumpflanzungen sind in Bereichen gepflanzt, die eine Erdüberdeckung mit ca. 1 m aufweisen.[11]

Das Konzept der im Gestaltungshandbuch vorgegebenen öffentlichen, halböffentlichen und privaten Freiflächen kann in diesem Baufeld gut nachempfunden werden.

## Stadtlandschaft Neckarbogen – wichtige ökologische Belange

Die „Stadtlandschaft Neckarbogen" wird durch ökologische Schwerpunktsetzungen mitbestimmt. Ziele sind beispielsweise, den ökologischen Fußabdruck zu minimieren, Synergien zwischen Gebäuden und Freiraum aufzubauen, eine wassersensible Stadtentwicklung zu realisieren sowie dem *Urban Heat Effect* entgegenzuwirken. Konflikte zwischen Naturschutzbelangen und Bundesgartenschau blieben im Vorfeld nicht aus, daher wurde eine Zusammenarbeit angestrebt. Was kann naturnah gestaltet werden und was soll für intensivere Nutzung als Erholungsraum zur Verfügung stehen? Wichtig war es, ökologische Ausgleichsflächen zu schaffen, die Eidechsenpopulationen wieder anzusiedeln, die auf den ehemaligen Schotterflächen auf ca. 30 Hektar ihren Lebensraum verloren haben. Mithilfe des Bahnschotters aus dem Projekt Stuttgart 21 konnten Ersatzhabitate am Lärmschutzhügel entlang der Bahn – dem Park abgewandt – zur Wiederansiedlung eingebracht und mit dem südwestlichen Eidechsenschutzgebiet verbunden werden: mit Erfolg. Inzwischen werden mehr Populationen als vor der baulichen Entwicklung beobachtet.

Rasen- und Wiesenflächen wechseln sich auf dem Gelände je nach Nutzung ab. Vor allem die blütenreichen Flächen dienen dem Artenschutz und bilden die Nahrungsgrundlage für bestimmte Tier- und Vogelschutzarten.

2 FALLSTUDIEN

Artifiziell gestalteter Hof

Gemeinschaftliche Dachterrasse als Rückzugsort

Der als künstliches Gewässer ausgebaute Neckarkanal wird in Teilen durch naturnahe Strukturen aufgebrochen. Es werden 10 bis 15 m breite Feuchtwiesen, Flachwasserzonen und Fischstuben hergestellt. Über Stege können die Besucherinnen und Besucher die naturnahen Ufer betreten und die Tier- und Pflanzenwelt beobachten. „Auch wenn den Besuchern über solche Maßnahmen die Natur nähergebracht werden soll, so erschließen sich ihnen manche Artenschutzaspekte nicht immer", kommentierte der Leiter der Abteilung Planung und Ausstellungskonzeption im Fachgespräch das Spannungsfeld zwischen engagiert realisierten ökologischen Konzepten und den Schwierigkeiten, dass sie auch verstanden werden.

Eine große Rolle spielt auch ein nachhaltiges Wassermanagement. Das Regenwasser wird genutzt und zur Speisung des künstlich hergestellten Karls- und Floßhafensees (frühere Häfen von Heilbronn) aufbereitet. Ein technisches Multifunktionsbauwerk und eine vorgelagerte Schilfpflanzung übernehmen die Aufbereitung des Wassers, das gebietsintern im Freiraum genutzt wird.

Viele hochaktuelle Lösungen zum nachhaltigen Bauen werden in der Stadtausstellung präsentiert. In Zusammenhang mit dem Grün sei hier das Gebäude „grüne Ecke" im Baufeld H als Beispiel zur Fassadenbegrünung erwähnt: Vom Boden ausgehend, also kostengünstig herzustellen, rankt an dem monolithischen Bau aus Infraleichtbeton eine wilde Rebe an Kletterhilfen empor – ein Gewinn nicht nur für die Gestaltung und Aufenthaltsqualität, sondern auch für die sommerliche Kühlung der Gebäudeteile und die Biodiversität.[12]

Steinböschung als Eidechsenhabitat im Park

Rückzugsorte für Tiere

## Stadtlandschaft Neckarbogen – Freiraumqualitäten

Großzügige neue Grünverbindungen werden von der Stadt in die Landschaft entwickelt und tragen zu einer vielfältigen Vernetzung bei, sowohl für die Natur als auch für die Menschen zum Spazierengehen. Die mithilfe der Bundesgartenschau entstandenen Parklandschaften vervollständigen das Erholungsangebot für die Heilbronner Bevölkerung. Dauerhaft, zur BUGA 2019 angelegt, prägen abwechslungsreiche Grünanlagen das neue Stadtquartier Neckarbogen:

- der Neckaruferpark von der Schleusenbrücke bis zum Zukunftspark Wohlgelegen im Norden mit Wassertreppe an der Alten Reederei und Holzsteg sowie einladenden Sitzgelegenheiten am terrassierten Neckarufer – ein auenartiger Naturerlebnisraum, eine naturnah gestaltete Flusslandschaft,
- der Hafenpark mit dem Karlssee und dem Strandspielplatz, beliebte Wege und Aufenthaltsbereiche am Wasser, benachbart zum späteren dritten Bauabschnitt im Westen,
- der Floßhafen mit Wasserspielplatz, landschaftsarchitektonisch gestalteter See und Kanal, später inmitten aller drei Bauabschnitte gelegen,
- der Campuspark, ein bisher für die Heilbronner kaum zugängliches Gelände mit den ältesten Platanen von Heilbronn, Sportpunkt und Gradierwerk (alte Anlage zur Salzgewinnung),
- Stadtdschungel auf der südöstlich gelegenen Kraneninsel, Teil des Neckaruferparks, eine bleibende Gartenlandschaft, die die Innenstadt mit den neuen Grünflächen des Neckarbogens verbindet, mit üppigen Stauden und Gräsern.

Am Karlssee führt der Landschaftsraum über die grüne Siedlungskante in das Quartier hinein. Der nördliche Abschluss des Neckarbogens ist ein durchlässiger offener Siedlungsrand mit enger Verbindung zwischen Karlssee und Floßhafen. Das System von unterschiedlich erreichbaren Naherholungsflächen bildet ein Kontinuum, um den Freiraum als Kurzzeit-, Feierabend- oder Wochenenderholung in unmittelbarer Umgebung zu nutzen. Der Charakter der Freiräume ist dabei unterschiedlich erlebbar, je nach Lage kann man sich in einem aktiven Park, in naturnahen Landschaftsräumen, am Neckarufer oder im unmittelbaren Wohnumfeld erholen. „Die Flächen reagieren auf individuelle und sich stets verändernde Ansprüche und Bedürfnisse der Nutzer" und sind daher zukunftsfähig.[13]

Der Kontrast städtischer Urbanität im dichten Quartier und in landschaftlicher Weite im Neckarraum schafft eine besondere Atmosphäre. Diese wird durch die detaillierte Ausgestaltung unterschiedlichster Pflanzenbilder unterstützt. Im Gestaltungshandbuch ist u. a. auch die Straßenraumbepflanzung festgelegt. „Sie übernimmt einen identitätsbildenden Part für das Quartier und steht in Korrespondenz mit dem Baumkonzept der Parkanlagen."[14]

## Qualifizierte Pflege des öffentlichen Grüns

„Die öffentlichen Freiflächen stehen unter einem hohen Nutzerdruck und hinterlassen zum Teil vermeidbare Gebrauchsspuren. Nicht selten ist der öffentliche Raum Kompensationsraum für Mutwillige. Automatische Regner werden zerstört und das allseits zunehmende Müllproblem ist sehr störend. Damit Teile des Parks nicht verkommen, ist ein umfangreicher kostspieliger Pflege- und Reparaturaufwand unerlässlich, auch für die Pflege der Pflanzen und die turnusmäßige Wartung der komplexen Anlagen. Die Stadt Heilbronn ist gewillt, einen hohen Standard der Parkanlagen, mit den üppigen Staudenbändern und empfindlichen Pflanzungen, einzuhalten. Schließlich ist es der ‚Garten' der Stadtbevölkerung. Die Kosten für die Pflege und Ausbildung von Fachkräften sind dafür im Stadthaushalt eingestellt."[15]

Die Wiesenflächen werden zugunsten von mehr Biodiversität extensiv gepflegt; in bestimmten Bereichen abwechselnd mit Schaf- oder Ziegenherden.

Strandspielplatz am Karlssee

Wasserspielplatz im Quartier

2 FALLSTUDIEN

Viel Platz zum Spielen

Klettern, rutschen und vieles mehr

# Nutzung

Das Ziel, im Neckarbogen ein urbanes eigenständiges Stadtquartier zu schaffen, eingebunden in eine Natur-Stadt-Landschaft, ist von Anfang an sichtbar und die Bewohnerinnen und Bewohner des ersten Bauabschnitts nutzen das vielfältige Angebot. Die Aufenthaltsmöglichkeiten auf den Dächern kommen als weitere Dimension dazu. Dachterrassen ermöglichen das Erlebnis von Weite, eine zentrale Qualität des Landschaftlichen, die nun auch in der kompakten Stadt möglich wird. Damit ist ein Gewinn an Raum verbunden. Ein 360°-Ausblick auf die charakteristischen Weinberge, die Heilbronn umgeben, und ein identitätsstiftender Landschaftsraum über den Dächern Heilbronns ermöglichen ein besonderes Lebensgefühl. Gemeinschaftsbereiche in den Höfen stärken das Wirgefühl und die Identität innerhalb der Hausgemeinschaften. Kinder finden ungezwungen beim Spielen zusammen. „Die sorgfältig zonierten grünen Hofräume sowie Rückzugszonen unterstützen die soziale Ausrichtung des Baufelds und schaffen eine lebenswerte Atmosphäre. Die Freiflächen liegen auf drei Ebenen, die sich mit der Topografie der privaten Hof- und Gartenanteile niveaugleich bzw. mit Treppen verbinden. Alle Ebenen sind barrierefrei angebunden."[16] Das gesamte Quartier profitiert von der grünen Umgebung, besonders an heißen Sommertagen werden die Seen und die baumüberstandenen Flächen gern genutzt. Sie schaffen den gewünschten Kühlungseffekt.

Der Karlssee ist für den Aufenthalt am Wasser und mit einem großen Spielplatz eine Attraktion für die Bewohnerschaft sowie für viele Besucherinnen und Besucher aus der Region. Der Spielplatz ist ein sehr beliebter Treffpunkt vor allem auch für Familien mit Kindern. Häufig ist zu beobachten, wie Erwachsene im Kontakt miteinander bei den Bänken verweilen, einen Blick auf die Kinder haben und diese sich mit den anderen Kindern im Spielareal vergnügen.

Das Ziel, mit dem Quartier Neckarbogen die Stadt zurück an das Wasser zu bringen, ist konsequent umgesetzt worden. Verbunden damit war eine intensive Diskussion der damit zusammenhängenden Risiken. In der Planungsphase war deshalb ein Rechtsgutachten zu Gefahrenpotenzialen im gesamten Quartier erstellt worden. Beim Karlssee gibt es eine Barriere, die das tiefere Wasser begrenzt, und Baden ist im Karlssee verboten. An der Wassertreppe sind Plaketten angebracht, die darauf hinweisen, dass sie nicht begehbar sind. Sie werden jedoch trotzdem betreten. Es bleiben Risiken. Im Sommer 2020, dem ersten Jahr der freien Nutzung nach der Bundesgartenschau, hat es keinen Unfall am Wasser gegeben. Bei einem Badeunfall im Sommer 2021 ist ein junger Mann im Karlssee ertrunken.

Am Hafenberg wurde eine gigantische und landschaftlich überzeugend eingebundene Kletterwand geschaffen, auch dies ist ein besonderer Treffpunkt für Aktive und Neugierige. Dieser westliche Damm, genannt Skywalk, ist etwas Besonderes, mit Blick auf den Karlssee, den Floßhafen, die Pflanzungen der Sommerinsel (später die Häuserlandschaft) und das Bahn- und Industriegelände auf der äußeren Seite. Für Kundige erinnern die sichtbaren Steinschüttungen auf den Hängen an die hier für den Artenschutz untergebrachten Eidechsen.

Auch die Sportangebote sind für die Bewohnerinnen und Bewohner des Stadtquartiers und für die Besucherschaft wichtig. Sportliche Aktivitäten ermöglichen der große Sportpunkt im Campuspark, das Beachvolleyballfeld im Wohlgelegen, der Bolzplatz bei der Jugendherberge, die Kletterwand am Hafenberg und der dortige Spielplatz sowie der Strandspielplatz am Karlssee.

Die neu gestalteten Grün- und Freiräume, die Anbindung des Quartiers an die Innenstadt und die umgebende Landschaft sowie weitere Infrastruktur waren schon oder bald da, als die ersten

## 2.5 NECKARBOGEN

Haushalte eingezogen sind. Dieser ideale Start des Neubauquartiers wurde möglich, weil es Teil der Bundesgartenschau Heilbronn war. Von Anfang an lebten die Menschen hier in einer sorgfältig gestalteten Umgebung und nicht neben einer mehr oder weniger ungepflegten Brache, die langsam aufgesiedelt wird. Für einen erlebnisreichen Gartenschaubesuch sind außergewöhnliche und großzügige Freiräume entstanden, die über die Ausstattung eines zunächst kleinen Quartiers weit hinausgehen, wie die großen Spielplätze, die neu angelegten Seen, die liebenswerten Plastiken an der Brücke und Schleuse, wo viele Menschen stehen bleiben. Die Menschen, die hier Ausflüge machen oder zu Gast sind, bringen auch den notwendigen Hunger und Durst mit, damit hier trotz der zunächst geringen Einwohnerzahl ein Bäcker und Gaststätten von vornherein und hoffentlich weiterhin existieren können. Dies unterstützt auch die ganzheitliche Standortentwicklung z. B. mit dem Besuchermagnet Experimenta, einem Science Center, und den im Gebiet oder benachbart liegenden Arbeitsstätten. Mit den folgenden dicht überplanten Bauabschnitten wird es deutlich enger werden, die hier lebenden und arbeitenden Menschen werden auf viele Grünflächen verzichten und näher rückende Baustellen ertragen müssen. Gleichwohl sind mit der städtebaulichen und landschaftlichen Einbindung, dem vielfältigen Wohnumfeld und den zahlreichen modellhaften Initiativen gute Grundlagen für ein geschätztes urbanes Stadtquartier geschaffen.

Blick vom Floßhafen Richtung Wohnbebauung

## 2 FALLSTUDIEN

**Nutzung und Funktion**
- Grünverbindung
- Erholung/Freizeit
- Gebäudebezogene Freiräume
- Spielen
- Plätze
- 1. BA Gebäude
- Gewässer

**Ökologie und Klima**
- Klimawirksame Flächen
- Naturnahe Bepflanzung
- Biotop/Habitatflächen
- Extensive Dachbegrünung

**Infrastruktur und Technik**
- Straße
- Rad- und Fußweg
- Fußweg
- Retention
- Regenwassersammlung/-behandlung
- Regenwasserabfluss
- Solar-/PV-Anlage

## 2.5 NECKARBOGEN

| | | |
|---|---|---|
| ▬ Öffentliche Grünfläche | ▨ Retentionsbodenfilter | |
| ▬ Gemeinschaftlich genutze private Grünfläche | ▬ Gewässer | |
| ▬ Private Grünfläche | ▬ Hecken | |
| ▬ Dachbegrünung, Dachterrassen, Solarpaneele | ● Bäume | |
| ▬ Spielfläche | ‖‖‖ Wassertreppe | |

0  25  50  75  100

N

## 2 FALLSTUDIEN

**Frau S., 67 Jahre, Rentnerin, Architektin, Paar,**

ist hier in eine altersgerechte Wohnung mit Balkon gezogen.

- Die Spielplätze am See sind ein Anziehungspunkt bei schönem warmem Wetter – da bleibt kein Kind trocken.

- Das Schöne im Gelände hier ist, dass man alles betreten darf.

- Der Holzsteg ist mein Lieblingsplatz – mit Wasser rechts und links hat der einen eigenen Charakter.

- Corona hat den Nutzungsbedarf für solche Freiflächen gesteigert.

- Ich nutze den Innenhof mit meinen Enkelkindern, allein setze ich mich da nicht hin.

- Unsere gemeinschaftliche Dachterrasse ist ein Rückzugsort – sie hat super Qualitäten.

- Das Baden im See ist verboten, es gibt keine Aufsicht.

- Die vielen Spielplätze sind eine große Qualität.

**Herr K., 52 Jahre, Architekt, Paar mit Kleinkind,**

hat die Möglichkeit wahrgenommen, hier eine Baugemeinschaft zu realisieren.

- Wir wollen in der Stadt wohnen. Allein zu bauen ist da zu teuer, mit der Baugemeinschaft war es möglich.

# Resümee

**Prozess der Rahmenplanung modellhaft**

Die Stadt Heilbronn hat einen innovativen strategischen Weg gewählt, ein neues Stadtquartier, den Neckarbogen, mit einem hochwertigen Wohnumfeld innerhalb kurzer Zeit zu realisieren. Die langjährige Erfahrung, das Stadtgrün qualitätsvoll in die Stadtentwicklung zu integrieren und mit ihrem bekannten Grünleitbild eine grüne Stadtlandschaft zu forcieren, half bei der Überlegung, das neue Stadtquartier dabei über den „Driver" einer Gartenschau auf den Weg zu bringen.

Die Integration des ersten Bauabschnitts in eine Bundesgartenschau stellte eine besondere zeitliche und logistische Herausforderung dar. Für die Qualitätssicherung wurden verschiedene Pläne entwickelt, vom Rahmenplan über städtebauliche, freiraumplanerische Wettbewerbe bis hin zu Gestaltungshandbüchern. Diese dienen als Grundlage zur Sicherung der Qualitätsstandards für die Durchführung einer aufwendigen Konzeptvergabe im Rahmen eines kuratierten Investorenauswahlverfahrens. Ein interdisziplinär besetztes Team – eine Baukommission – betreut den ganzen Qualitätssicherungsprozess.[17]

**Reallabor, Übertragbarkeit auf andere Planungen**

In diesem Planungsprozess werden die nachhaltigen Ziele im Städtebau, im Freiraum, bei Architektur, Mobilität und Energie zusammengeführt und Projekte mit Innovationscharakter entwickelt. Der Neckarbogen dient dabei als Reallabor und kann über die Gesamtstadt in die Region ausstrahlen. Mit dem Vorgehen, eine kleinteilige Konzeptvergabe und einen anschließenden Qualitätssicherungsprozess durchzuführen, wurde ein eigener wegweisender Prozess entwickelt, der nun konsequent, auch übertragbar auf andere Entwicklungen, weiterverfolgt werden soll.

Dieses Verfahren hat gezeigt, dass es sich lohnen kann, solche aufwendigen Planungsverfahren im Rahmen der Stadtentwicklung rechtzeitig auf den Weg zu bringen und verstärkt auf Qualitätssicherung durch informelle Planungsstrategien, wie z. B. Gestaltungshandbuch, Konzeptvergabe und Kontrolle, zu vertrauen. Anstatt auf die Durchführung konventioneller investorenfreundlicher Planungen zu setzen, zeigt dieser Weg auf, wie sich neue Stadtquartiere mit ihrem Umfeld langfristig in eine räumlich soziale Stadtlandschaft integrieren lassen und damit zu einer resilienten, zukunftsfähigen grünen Stadt beitragen. Die Realisierung solcher Bauprojekte kann aber nur gelingen, indem sich alle Akteurinnen, Akteure und Baubeteiligten eng abstimmen und kontinuierlich engagiert mit viel Vertrauen zusammenarbeiten. Für die nächsten Bauabschnitte des Neckarbogens soll das modellhafte Vorgehen jedoch nicht dogmatisch, sondern als Lernprozess angesehen werden. Das Stadtquartier Neckarbogen beeinflusst weitere vorhabenbezogene Bebauungspläne in den kommenden Bauabschnitten, z. B. die Zweckentfremdung des § 74 (1) LBO für ökologische Zwecke. Heilbronn sieht sich als Vorreiter nachhaltigen Handelns, vom Konzept über das Verfahren bis hin zu ökologisch orientierten Maßnahmen im Detail.

**Freiraum im Wohnumfeld**

Im Heilbronner Neckarbogen sind die privaten, halböffentlichen und öffentlichen Freiräume gut miteinander verzahnt und mit unterschiedlich nutzbaren Freiraumangeboten ausgestattet. Sie kommen zum einen den Bürgerinnen und Bürgern der Stadt, aber vor allem der Bewohnerschaft des neuen Quartiers zugute. Wenn alle Bauabschnitte fertiggestellt sind, wird ein sehr dichtes Quartier mit einer Geschossflächenzahl von 4,21 und mit 3.500 Bewohnerinnen und Bewohnern entstanden sein. Es ist schon abzusehen, dass – neben dem unmittelbaren Freiraum an der Wohnung – der Park von den Besucherinnen und Besuchern nicht nur aus dem Neckarbogen, sondern auch aus der Stadt und aus der Region stark beansprucht werden wird. Dann wird sich zeigen, wie robust die komplexen, multicodierten Nutzungsangebote in der Überlagerung mit ökologisch ausgeprägten Flächen, vor allem die der Uferflächen, dem Nutzungsdruck standhalten.

Das Ziel, im Rahmen nachhaltiger Mobilität den überwiegenden Teil des öffentlichen Raums Fußgängerinnen und Fußgängern sowie Fahrradfahrenden zur Verfügung zu stellen, zeigt sich bei den Begehrlichkeiten um die Parkplätze als schwierig. Die Stadt reagierte gleich und widmete die öffentlichen Parkplätze in Bewohnerparkplätze um.

Herausragend ist der Konzeptansatz, den Planungsprozess zukunftsorientiert und konsequent nachhaltig zu entwickeln und in der Umsetzung auf die gestalterische Qualität hochwertiger Freiräume und Gebäude zu achten. Der dadurch entstandene ästhetische Ausdruck trägt wesentlich zur Charakteristik der Stadt Heilbronn bei und bringt die Baukultur im ganzheitlichen Sinne der Querschnittbildung voran.

## 2 FALLSTUDIEN

1. Deutsche Bundesgartenschau-Gesellschaft. www.bundesgartenschau.de/dbg-service/fuer-kommunen.html (Zugriff am 29.11.2021)
2. Bund für Umwelt und Naturschutz Deutschland e. V.: Gartenschauen für Mensch und Natur. Standpunkt zu Bundesgartenschauen. Berlin 2013. https://www.bund.net/fileadmin/user_upload_bund/publikationen/bund/standpunkt/gartenschauen_fuer_mensch_und_natur.pdf (Zugriff am 30.03.2022), S. 5
3. Stadt Heilbronn: Grüne Stadt am Fluss. Die Grün- und Parkanlagen in Heilbronn. 2019. https://www.heilbronn.de/fileadmin/daten/stadtheilbronn/formulare/umwelt_mobilitaet/gruenes_heilbronn/Gruen-_und_Parkanlagen.pdf (Zugriff am 05.03.2022)
4. Vgl. Stadt Heilbronn: C. Planungskonzept. Landschaftsplan der Stadt Heilbronn Fortschreibung 2030. 2020. https://www.heilbronn.de/fileadmin/daten/stadtheilbronn/formulare/umwelt_mobilitaet/gruenes_heilbronn/Landschaftsplan/03_LP2030_HN_Ziele_Leitbild.pdf (Zugriff am 05.03.2022), S. 13
5. Stadt Heilbronn: Neckerbogen. Stadtquartier Heilbronn. Fluss. Leben. Puls. Heilbronn 2017
6. Ebd., S. 11
7. Vgl. ebd., S. 73
8. Vgl. ebd., S. 26
9. Ebd.
10. SWR: 131 Millionen investiert und 150 Millionen bekommen: Heilbronn präsentiert BUGA-Abschlussrechnung. www.swr.de/swraktuell/baden-wuerttemberg/heilbronn/buga-gesellschaft-in-heilbronn-abgewickelt-100.html (Zugriff am 30.03.2022)
11. Vgl. BUGA Heilbronn. Am Neckar startet die Gartenausstellung mit innovativen Gartenformen und transformiertem Stadtquartier. Berlin 2019, S. 65
12. Pfoser, N.: Vertikale Begrünung. Bauweisen und Planungsgrundlagen zur Begrünung von Wänden und Fassaden mit und ohne natürlichen Boden-/Bodenwasseranschluss. Stuttgart 2018
13. Stadt Heilbronn: Grüne Stadt am Fluss. Die Grün- und Parkanlagen in Heilbronn. 2019. https://www.heilbronn.de/fileadmin/daten/stadtheilbronn/formulare/umwelt_mobilitaet/gruenes_heilbronn/Gruen-_und_Parkanlagen.pdf (Zugriff am 05.03.2022)
14. Vgl. Die neue Landschaft im Neckarbogen Heilbronn: Von der Stadtbrache zum Modellquartier. In: STADT und RAUM 2/2020, S. 80–84, hier S. 82
15. Vgl. Fokusgruppengespräch 30.09.2020
16. BUGA Heilbronn. Am Neckar startet die Gartenausstellung mit innovativen Gartenformen und transformiertem Stadtquartier. Berlin 2019, S. 65
17. Vgl. Stadt Heilbronn: Neckerbogen. Stadtquartier Heilbronn. Fluss. Leben. Puls. Heilbronn 2017, S. 97

# Neckarbogen, Heilbronn

**An exemplary process of master planning**

The city of Heilbronn selected an innovative strategic path to create a new urban quarter, the Neckarbogen, with a high-quality residential environment in a short time period. The many years of experience in integrating high-quality urban green spaces into city development projects, together with the aim to promote a green city landscape according to the city's well-known "Grünleitbild" (green guiding principle), contributed to the decision to implement the new urban quarter, via the "driver" of a garden show.

Integrating the first develompent phase into a national garden show came with particular scheduling and logistical challenges. A variety of plans were created for quality assurance, ranging from the master plan to urban and open space planning competitions, and design manuals. These formed the basis for ensuring quality standards during the implementation of the intensive tendering process as part of a curated investor selection scheme. An interdisciplinary team – a building commission – oversaw the entire quality assurance process.[1]

**Real-life laboratory with transferability to other plans**

The sustainablity goals of urban development, in terms of open space, architecture, mobility and energy, have been brought together in this planning process, and as a result, innovative projects are being developed. The Neckarbogen thus serves as a real-life laboratory to inspire others, both in the city and in the wider region. The combination of small-scale concept tenders and the conducting of a subsequent quality assurance process led to a groundbreaking approach being developed, which can now be consistently adopted for other developments and further expanded there.

This approach has shown that it can be worthwhile initiating such intensive planning processes as part of city development early on, while also putting into place quality assurance systems through informal planning strategies such as design manuals, concept tendering and inspections. Instead of implementing conventional investor-friendly planning, this method demonstrates how a new urban quarter and its environment can be integrated into a spatial and societal urban landscape over the long term, contributing to a resilient, sustainable and green city.

Such development projects can only succeed if all stakeholders and parties involved work together closely and are committed to a relationship built on trust. For the next development phases of the Neckarbogen, the exemplary approach used thus far should, however, not be viewed dogmatically, but rather as a learning process. The Neckarbogen urban quarter will influence other project-related construction plans in the coming construction phases, such as the use of Section 74(1) of the state building regulations for ecological purposes. Heilbronn considers itself to be a pioneer in sustainability, from the concept stage and onwards, including detailed ecologically oriented measures throughout the process.

**Open space around residential buildings**

In Heilbronn's Neckarbogen, the private, commmunal and public open spaces are successfully interwoven, and they feature a variety of activities and facilities for people to use. These are for the benefit of all residents in the city, but particularly for the residents of the new urban quarter. Once all construction phases have been completed, the result will be a very densely populated neighbourhood with an average building height of 4.21 floor space index and some 3,500 residents. It is already predicted that – in addition to the open space immediately around the apartment buildings – the park will be heavily used, not just by visitors from the Neckarbogen, but also by others from across the city and the wider region. This will then indicate how robustly the complex, multi-coded facilities, which overlap with ecological areas and particularly the riverbanks, can withstand the pressures of high usage.

The goal of making the majority of the public space accessible to pedestrians and cyclists as part of sustainable mobility proved difficult, due to the high demand for car parking. The city reacted immediately and re-designated the parking spaces as resident-only parking.

The conceptual approach to developing the planning process in a future-oriented and consistently sustainable manner, and an insistence upon a high level of quality in the design of open spaces and buildings during implementation, is outstanding. The resulting aesthetic expression has made an important contribution to the character of Heilbronn and advances architectural culture in the holistic sense of creating interconnections.

---

1   Cf. Dokumentation - Modellquartier Neckarbogen in Heilbronn, Planungs- und Baurechtsamt, Stadt Heilbronn, p. 97

## 2.6 ELEPHANT PARK UND SOUTH GARDENS

*VOM SOZIALEN BRENNPUNKT ZUM NEUEN STADTTEIL MIT PARK*

LONDON, BOROUGH OF SOUTHWARK

## 2 FALLSTUDIEN

- Grün, Grünverbindung
- Grünes Wohnumfeld
- Wasser

1:10.000

### GRÖSSE
South Gardens:

Bruttobauland: ca. 2,6 ha
davon angrenzende Erschließungsstraßen: 1,03 ha
Nettobauland: ca. 1,6 ha

Elephant Park:
öffentlicher Park: ca. 1 ha (benachbart, außerhalb des South-Gardens-Grundstücks gelegen)

### PLANUNGS- UND ENTSTEHUNGSZEIT
**South Gardens:**
2012 Outline Planning Permission
2014 Abriss des Altbaubestandes
2015 Beginn der Baumaßnahmen
2017 Fertigstellung*

**Gesamtmaßnahme:**
2004 Southwark Council Development Framework für Elephant & Castle
2012 Supplementary Planning Document (SPD)
2017 Fertigstellung erste Phase des Parks
2021 Fertigstellung des Parks
2025 planmäßige Fertigstellung der Gesamtmaßnahme

\* Lendlease: Elephant Park. Regeneration Factsheet. London 2018. https://www.lendlease.com/uk/-/media/llcom/house-views/lendlease-responds/elephant_park_regeneration_factsheet_2018-final.pdf (Zugriff am 30.03.2022)

### ART DER PLANUNG
Kommunale Masterplanung mit darauffolgendem Investorenwettbewerb

### AKTEURINNEN UND AKTEURE
**Auftraggeber und formeller planerischer Rahmen:** London Borough of Southwark

**Projektentwickler und Bauherr Gesamtmaßnahme:** Lendlease, London

**Architektur South Gardens:** Maccreanor Lavington Architects Urbanists, London

**Landschaftsarchitektur:** Gillespies Landscape Architects, London (übergeordneter Masterplan für den Bereich Landschaft und Koordination Landschaft)

### STÄDTEBAU UND HAUSTYPEN
- offene Blockstruktur auf Basis des sogenannten Mansion Block, der um das Jahr 1900 in England besonders populär war
- 3-geschossige Stadthäuser und ein 16-geschossiges Hochhaus mit 360 Wohnungen
- South Gardens ist Teil der Gesamtmaßnahme Elephant Park Regeneration mit ca. 3.000 Wohnungen, davon mindestens 25 % bezahlbarer Wohnraum, und ca. 1.000 Arbeitsplätzen
- Wohndichte: ca. 229 WE/ha Nettobauland

## Länderkontext England

Das britische Planungssystem ist relativ zentralistisch aufgebaut und beinhaltet – nach einem kurzen Ausflug in die Regionalplanung während der 2000er-Jahre – keine regionale Raumplanungsebene. Die lokalen Gebietskörperschaften sind meist groß und erstellen einen *Local Development Plan* für ihr gesamtes Gebiet. Dieses Planungsdokument ist mit dem deutschen Flächennutzungsplan vergleichbar. Ein dem deutschen Bebauungsplan entsprechendes Planungsdokument existiert nicht. Dabei wird auch ein weiteres Charakteristikum des englischen *Discretionary Planning System* deutlich: Die Planwerke umfassen grundsätzlich wenig detaillierte Plankarten, sondern verbal formulierte Planungsprinzipien, die meist erst im Rahmen des zweistufigen Baugenehmigungsverfahrens städtebaulich sowie architektonisch ausgefüllt und abschließend konkretisiert werden. Somit ist das Planungssystem, das den zuständigen Planungsträgern und Genehmigungsbehörden einen großen Abwägungs- und Ermessensspielraum gestattet, durch ein hohes Maß an Flexibilität bei gleichzeitig wenig ausgeprägter Planungssicherheit gekennzeichnet. Grün- und Freiflächen gelten als Teil der *Green Infrastructure* und sind regelmäßig Bestandteil von formellen Planungsdokumenten, aber auch von vertraglichen Regelungen zwischen öffentlichen Gebietskörperschaften und privaten Projektentwicklern.

## Ausgangslage

### London als *Global City* mit traditionell hohem Anspruch an Planungs- und Baukultur

London, die Hauptstadt des Vereinigten Königreichs, ist in 32 sogenannte *Boroughs* (Stadtteile) gegliedert. Der neue Elephant Park und das neue Stadtquartier South Gardens liegen im Stadtteil Southwark in zentraler Lage südlich der Themse nahe dem Bahnhof Elephant & Castle.

Bereits seit vielen Jahrzehnten ist London geprägt von Flächenknappheit und hohen Wohnungsneubaubedarfen. Da der bauliche Bestand in weiten Teilen der Stadt eine relativ niedrige städtebauliche Dichte aufweist, werden insbesondere seit den 2000er-Jahren Flächensparziele sowie Mindestdichtewerte bei Stadtumbaumaßnahmen und Neubau verfolgt. Die Flächen des neuen Stadtquartiers waren durch die Sozialwohnsiedlung Heygate Estate aus den 1960er- und 1970er-Jahren vorgenutzt. Hier lebten mehr als 3.000 Einwohnerinnen und Einwohner, bis 2013 aufgrund baulicher, sicherheitsbezogener, energetischer und umweltbezogener Probleme der vollständige Rückbau dieser Siedlung begann. Einzig der hier vorhandene alte Baumbestand wurde nach Möglichkeit erhalten. Das neue Quartier South Gardens ist dabei Teil der *Elephant & Castle Regeneration*, einer stadtplanerischen Revitalisierungsmaßnahme mit 24 formell definierten Projekten.[1]

London hat eine ausgeprägte Tradition anspruchsvoller Planungs- und Baukultur. Dabei ist die Hauptstadt als Global City insbesondere ein Schaufenster für architektonische Solitäre, wie The Shard oder The Gerkin, die die Skyline von London seit ihrer Errichtung mitprägen, aber auch für stadtplanerische und städtebauliche Leuchtturmprojekte wie das Millennium Village, das seit seiner Konzeption für das Jahr 2000 ein Vorbild für das urbane Leben im 21. Jahrhundert geben sollte. Auch das hier betrachtete Stadtquartier South Gardens sowie der Elephant Park reihen sich in diese Tradition ein. Dabei werden auch immer wieder ältere historische Vorbilder, wie die viktorianischen oder neogeorgianischen Mansion Blocks, zitiert und neu interpretiert.

London ist von den Folgen des Klimawandels durch Starkregenereignisse und zunehmende sommerliche Hitze betroffen.[2] Unklar ist, ob die bislang eher milden Winter durch eine Abschwächung des Golfstroms noch weitergehende Veränderungen erfahren.

### Städtebaulicher Kontext – geprägt durch Heterogenität und Nutzungsmischung

Die städtebauliche Struktur rund um den Elephant Park und South Gardens ist sehr heterogen und reicht von zweigeschossigen, viktorianischen Stadthäusern über kleinere Gewerbeeinheiten rund um den Bahnhof Elephant & Castle bis hin zu Büro- und Wohnhochhäusern mit mehr als 20 Vollgeschossen. Der Städtebau reflektiert insoweit die ebenfalls ausgeprägte Nutzungsmischung von unterschiedlicher Körnigkeit.

Der neue Elephant Park grenzt im Westen direkt an den Bahnhofsvorplatz Castle Square. Südlich des Parks liegt das Quartier South Gardens. Weitere bestehende größere Parkanlagen, wie der Burgess oder Kennington Park, sind fußläufig in ca. 20 Minuten zu erreichen. South Gardens reagiert auf den städtebaulichen Kontext durch deutlich geringere Gebäudehöhen im Süden, wo das Quartier entlang der Wansey Street auf den zweigeschossigen historischen Bestand trifft.

2 FALLSTUDIEN

# Planung

**Akteurinnen und Akteure**

Der *Mayor of London* (Oberbürgermeisterin/Oberbürgermeister Londons) hat weitreichende Planungs- und Genehmigungsbefugnisse. Er ist verantwortlich für die Aufstellung des *London Plan*, der strategische und räumlich übergeordnete planerische Vorgaben für die gesamte Stadt beinhaltet. Auf Ebene der einzelnen Stadtteile werden *Local Plans* aufgestellt, die deren städtebauliche Entwicklung konkretisieren und detaillieren. Im Bereich der Genehmigungsverfahren ist zu beachten, dass Vorhaben von strategischer Bedeutung der Oberbürgermeisterin bzw. dem Oberbürgermeister vorzulegen sind. Sodann kann über diese Genehmigung entschieden werden oder sie kann zurück an die lokale Planungs- und Genehmigungsverwaltung verwiesen werden. Unberührt davon ist die Möglichkeit für das für Planung und Bauen zuständige Ministerium auf nationaler Ebene, über strategische Vorhaben zu entscheiden und damit direkte Vorgaben für die lokale räumliche Entwicklung zu machen.

Das Flächeneigentum im Bereich von South Gardens lag bereits historisch (städtische Sozialwohnsiedlung) bei der London Borough of Southwark, die auch für die Aufstellung der lokalen Planungsdokumente zuständig ist. Die Kombination aus Flächeneigentum und Planungsverantwortung stellt somit eine starke Ausgangsposition für das Erreichen kommunaler Ziele dar. Southwark wird durch das hier gewählte Erbpachtmodell auch zukünftig Flächeneigentümerin bleiben. Der Projektentwickler Lendlease, der 2007 mit seinem Angebot für die Flächenentwicklung erfolgreich war, übernahm damit die Verantwortung für die detaillierte städtebauliche sowie architektonische Planung und für die bauliche Umsetzung sowie auch für die langfristige Pflege des Elephant Park.

Sitzgruppe und Wasserpumpe im Elephant Park

## Planungsinstrumente

Der für die Planung von Elephant Park und South Gardens relevante London Plan aus dem Jahr 2008 nebst seinen Fortschreibungen weist den Bereich Elephant & Castle als sogenannte *Opportunity Area* aus, die damit für städtebauliche Sanierung, Erneuerung und als Wachstumsschwerpunkt vorgesehen ist. Damit sind folgende Zielvorgaben verbunden:[3]

- Die städtebauliche Dichte soll für Wohnnutzung und andere Nutzungen sowie Mischnutzung maximiert werden.
- Orientierungswerte von 2001 bis 2026 sehen für diesen Bereich insgesamt 4.200 Arbeitsplätze und 6.000 Wohneinheiten (das heißt knapp 70 Wohneinheiten/Hektar) vor.
- Parallel sollen deutliche Verbesserungen bezogen auf Umwelt und Infrastruktur erreicht werden.
- Die formellen *Development Plan Documents* – z. B. auf Ebene der hier zuständigen London Borough of Southwark – sollen diese Ziele weiter konkretisieren und umsetzen.

Diese Konkretisierung und Umsetzung erfolgte im Rahmen des *Southwark Local Development Framework* (LDF), wobei die folgenden planerischen Vorgaben von direkter Bedeutung für das Quartier South Gardens und den Elephant Park sind:[4]

Die Flächen sind Bestandteil des formell ausgewiesenen und ca. 23 Hektar großen Elephant-&-Castle-Sanierungsgebiets. Grundlegende inhaltliche Vorüberlegungen dafür lieferte das informelle Instrument des Masterplans, der 2004 von der Borough beschlossen wurde. In der Folge wurde die leitbildhafte Vision formuliert, dass ein urbanes Zentrum mit Mischnutzung, voll von Leben, Charakter und mit einem integrierten Mobilitätssystem entstehen soll, das eine Kombination von historischem Charakter und hochwertiger städtebaulicher Struktur aufweist.[5] Ferner gilt das Planungsprinzip, dass alle neuen Vorhaben die Umfeld- sowie Umweltqualität schützen und verbessern sowie eine nachhaltige Entwicklung fördern sollen.[6] In diesem Kontext sollen insbesondere alle Vorhaben, wo dies angemessen erscheint, Freiflächen, grüne Korridore, autofreie Wegeverbindungen und Biodiversität schaffen, erhalten und verbessern. Das beinhaltet Bezüge zu Gesundheit, Sport, Freizeit, Kinderspieleinrichtungen, städtebaulicher Erneuerung, Wirtschaft, Kultur, Biodiversität und zur Umwelt.[7] Um dies zu gewährleisten, ist eine Nachhaltigkeitsprüfung (*Sustainability Assessment*) verpflichtend für größere Vorhaben,[8] worunter auch das hier betrachtete neue Stadtquartier fällt. Zudem sollten alle neuen Vorhaben den Bedarf an Wasser senken und Grau- sowie Regenwasser recyceln. (…) Auch der Oberflächenabfluss sollte nicht gesteigert werden.[9] Insofern besteht ein latenter Zielkonflikt mit der Vorgabe maximaler Flächeneffizienz für alle neuen Vorhaben (also eine hohe städtebauliche Dichte).

Ebenfalls zu beachten sind dabei die Anforderungen, die Umfeldqualität der Nachbarschaft zu schützen sowie eine angemessene Wohn- und Wohnumfeldsituation für die zukünftigen Nutzer der Fläche sicherzustellen.[10] Vorhaben sollen eine hohe Qualität architektonischer und städtebaulicher Gestaltung erreichen, die die Qualität der gebauten Umwelt steigert, in der die Menschen gern leben und arbeiten (…) wollen.[11] Ein sogenanntes *Design Statement* ist dafür mit dem Bauantrag einzureichen.

Ferner fordert LDF Policy 3.13 – Urban Design, dass sämtliche Vorhaben den Prinzipien guten Urban Designs folgen müssen, allerdings ohne diese Prinzipien explizit zu benennen. Urban Design umfasst dabei das Verhältnis zwischen Gebäuden, Straßen, Plätzen, Parks und Wasserflächen sowie anderen Flächen, die den öffentlichen Raum bilden (…). Unter anderem wird ein hoher Standard an geeigneten Außen- und Grünflächen gefordert.[12] Bestehende Freiflächen sollen geschützt werden.[13] Darüber hinaus soll die Planungsverwaltung im Rahmen der Vorhabengenehmigung das Thema Biodiversität berücksichtigen und explizit Vorhaben ermutigen, die einen Beitrag zur Verbesserung der Biodiversität leisten.[14]

Ebenfalls von Bedeutung ist die Anforderung, einen Anteil von ca. 50 Prozent bezahlbarem Wohnraum bei allen Neubauvorhaben in Southwark zu schaffen.[15] Die weitere Konkretisierung sieht dabei für die Elephant & Castle Opportunity Area einen Anteil von 35 Prozent bezahlbarem Wohnraum vor, wovon 50 Prozent soziale Miete und 50 Prozent reduzierte Miete (80 Prozent der Marktmiete), Teilkauf oder Ähnliches beinhalten sollen.

Die vorstehend dargestellten Planungsprinzipien, die teilweise einen hohen Standard einfordern, ohne diesen jedoch näher zu beschreiben, entsprechen damit dem bereits erläuterten Charakter des englischen Planungssystems – viel Flexibilität bei geringer Planungssicherheit zu bieten.

Ergänzt werden diese durch ein sogenanntes *Supplementary Planning Document* (SPD)[16] (Ergänzendes Planungsdokument), das die mitunter weit gefassten Planungsprinzipien weiter detailliert und präzisiert. Durch den formellen Beschluss des SPD erhalten dessen inhaltliche Vorgaben ein relativ hohes Gewicht im Rahmen der Vorhabengenehmigung. Dabei sind die folgenden SPD Policies von direkter Bedeutung für den Freiraum und die damit verbundene Umfeldqualität:

- Die London Borough of Southwark verfolgt mit dem SPD eine Versorgung mit Freiraum als Teil von hochwertiger grüner Infrastruktur für die Bewohnerinnen und Bewohner, aber auch für die Besucherschaft des Stadtteils. Diese Infrastruktur wird in einer beispielhaften Skizze aufgezeigt.[17]
- Dabei soll ein Netzwerk an öffentlichen und privaten Freiflächen erhalten und verbessert werden sowie unangemessene Bebauung solcher Freiflächen verhindert werden.[18]
- Ferner sollen neue Freiflächen geschaffen werden, einschließlich eines öffentlichen Parks,[19] um die hierbei relevante Richtgröße von 0,76 Hektar Parkfläche je 1.000 Einwohnerinnen und Einwohner der Borough zu sichern.
- Dabei wird auch angestrebt, den ökologischen Wert von Freiflächen zu sichern und zu verbessern.
- Ebenfalls vorgesehen sind der Erhalt und der Ausbau der Vernetzung von Grünflächen. Unter der Überschrift *Green Routes*

werden sowohl attraktive Fuß- und Radwegverbindungen zwischen den Freiflächen als auch Habitatverbindungen durch Trittsteinbiotope subsumiert.[20] In diesem Kontext soll die städtebauliche Entwicklung ausdrücklich interessante Fuß- und Radwegverbindungen fördern.[21]

- Es wird von allen neuen Bauvorhaben erwartet, dass sie die sogenannte Greenness steigern – durch Maßnahmen wie Dach- und Fassadenbegrünung sowie hochwertige Grüngestaltung der nicht überbaubaren Grundstücksflächen. Neue Wohnbebauung soll insbesondere auch Möglichkeiten für Urban Gardening eröffnen, wobei explizit Nahrungsmittelanbau genannt wird. Neue Pflanzungen sollen zu jeder Jahreszeit attraktiv und interessant sein.[22]
- Die angemessene Versorgung mit Spieleinrichtungen für Kinder und Jugendliche wird ebenfalls eingefordert.[23]
- Ferner gibt es eine Reihe von Anforderungen an den Erhalt und an die Neupflanzung von Bäumen. In diesem Kontext sollen das Kronendach und die Überschirmung ausgebaut werden, wo immer dies möglich ist, sowie der Verlust von Bäumen jeweils ersetzt werden. Dabei wiederum soll in Bezug auf den Stammumfang zum Zeitpunkt der Pflanzung eine Nettoverbesserung erzielt werden.[24] Sollte dies am Standort selbst nicht möglich sein, wird über städtebauliche Verträge[25] eine Baumpflanzung an anderem Ort in der ausgewiesenen *Opportunity Area* durchgesetzt. Dies wiederum erfolgt auf Basis der *Capital Asset Value for Amenity Trees* (CAVAT)-Methode, die es ermöglicht, den Wert oder den Verlust von Bäumen auch finanziell auszudrücken. In jedem hierbei relevanten Vorhabengenehmigungsverfahren ist daher die Betroffenheit von Bäumen auf dem Baugrundstück und auf benachbarten Flächen zu analysieren und zu dokumentieren.[26]
- Bäume als Teil des historischen Ortsbilds sind zu erhalten, aber neue Bäume sollen auch eingesetzt werden, um weitere Straßenräume zu begrünen. Dabei wird angestrebt, dass Straßen mindestens eine Überschirmung von 60 Prozent aufweisen, um Hitzeinseln entgegenzuwirken.[27]
- Es soll eine Mischung von verschiedenen Baumarten eingesetzt werden, wobei ökologische und gestalterische Anforderungen zu beachten sind. In diesem Kontext sind sowohl Baumgruppen als auch Einzelbäume denkbar.[28]

Präzisiert werden im SPD auch die Verknüpfungspunkte und Wechselwirkungen zwischen baulicher Entwicklung und Freiflächen:[29] Angestrebt werden klare baulich definierte Raumkanten für Straßen und Plätze.[30] Die Maßstäblichkeit von Gebäuden soll dabei beachtet werden und folgenden Grundprinzipien folgen: Die Straßenfrontbreite der Baugrundstücke von Geschosswohnungsbau an Hauptstraßen und öffentlichen Plätzen soll jeweils 30 m nicht überschreiten, an untergeordneten Straßen liegt dieser Wert bei nur 18 m. Gleichzeitig sollen Fassaden gegliedert werden, sodass die vorgenannten Frontbreiten auch bei grenzständiger Bauweise ablesbar bleiben. Zudem sollen Balkone vorgesehen und unterschiedliche Fassadenmaterialien und Farben eingesetzt werden.[31]

Öffnungen beispielsweise in Baublocks sollen Einblicke in Gemeinschaftsgärten erlauben, um das private Grün auch vom öffentlichen Raum aus einsehen zu können.[32] Innenbereiche von Baublocks und Höfe sollen einer Reihe unterschiedlicher Funktionen dienen und dabei u. a. Flächen für Sitzgruppen, Kinderspiel und Urban Gardening beinhalten. Angestrebt wird eine hochwertige gärtnerische Gestaltung und hohe Biodiversität durch Baumerhalt sowie -pflanzung, Wasserspiele und weitere Habitate. Höfe sollten dabei möglichst auf Erdgeschossniveau liegen. Auf dieser Ebene soll die Privatsphäre der Bewohnerinnen und Bewohner u. a. durch Vorgartenstreifen auf der Straßenseite (*privacy strips*) gewährleistet werden.[33] Der öffentliche Raum soll klar definiert sein und eine hohe Aufenthaltsqualität bieten.[34] Infrastrukturen und Stellplätze sollen aus städtebaulichen Gründen nach Möglichkeit unterirdisch vorgesehen werden.[35]

Die Gebäudehöhen sind zu variieren und es ist explizit erwünscht, auch hohe Gebäude zu integrieren, die als Leuchttürme die städtebauliche Sanierung und den Stadtumbau deutlich machen.[36] Dabei sollten Hochhäuser an den Hauptstraßen und Plätzen im zentralen Bereich der *Opportunity Area* konzentriert werden und die Gebäudehöhen sollten mit zunehmender Entfernung geringer werden, um zum baulichen Bestand zu vermitteln. Von Hochhäusern wird ein Beitrag zur Hierarchisierung von Straßen und Plätzen erwartet, wobei die Maßstäblichkeit und die Verschattung zu beachten sowie attraktive Erdgeschosszonen zu schaffen sind.[37] *Sustainable Urban Drainage Systems* (SUDs) sind vorzusehen.[38]

Bei South Gardens erfolgte parallel zu der vorstehend erläuterten formellen Planung die Ausschreibung für Projektentwickler und Sanierungsträger. Im Ergebnis war Lendlease mit einem Angebot erfolgreich und wurde 2007 formell zum Projektentwickler für die gesamte Maßnahme bestellt.

Der vorstehend beschriebene flexible Rahmen aus LDF und SPD wird sodann im Rahmen des zweistufigen Baugenehmigungsverfahrens weiter konkretisiert. Dabei werden auch städtebauliche Verträge geschlossen, die u. a. die Verpflichtungen der Projektentwickler konkretisieren und festschreiben. Von besonderer Bedeutung für den Bereich Grün- und Freiraum war dabei die vertragliche Verpflichtung, mehr als 1.200 neue Bäume anzupflanzen (auch außerhalb des engeren Plangebiets), davon ca. 400 junge Bäume (*semi mature trees*). Dadurch wird der festgestellte CAVAT-Wert der Bäume bis 2026 planmäßig um 5 Prozent überschritten.[39] Ebenfalls vertraglich vereinbart wurde, dass im Plangebiet kein Nettoverlust von Biodiversität eintreten darf sowie die Errichtung eines Pavillons im Elephant Park, um die soziale Interaktion zu fördern.[40] Zudem sind Zahlungen in Millionenhöhe an die Borough vorgesehen, um die öffentlichen Folgekosten des Projekts abzudecken.

### Planungsverfahren

Im Rahmen der formellen LDF- und SPD-Planungsverfahren erfolgte die gesetzlich vorgeschriebene Öffentlichkeitsbeteiligung. Darüber

## 2.6 ELEPHANT PARK UND SOUTH GARDENS

Temporäre Wildblumenwiese

Elephant-Park-Musikveranstaltung

hinaus erfolgten Beteiligungsschritte sowohl bei der vorbereitenden informellen Masterplanung als auch im Rahmen der Genehmigungsverfahren. Parallel dazu hat sich die lokale Bevölkerung immer wieder für bestimmte Einzelthemen eingesetzt – unter anderem für den Erhalt des Baumbestandes, was sich in den vorgenannten Planungsprinzipien und vertraglichen Regelungen widerspiegelt.

Integriert in den Entwicklungsprozess ist eine Nachhaltigkeitsprüfung, in der u. a. ein Monitoring der Biodiversität im Plangebiet bis fünf Jahre nach der Fertigstellung der Gesamtmaßnahme festgelegt ist.[41]

Der Planungs- und Genehmigungsprozess zeigt eine Mischung aus formellen und informellen Instrumenten. Insbesondere schrieb der Projektentwickler Lendlease einen beschränkten, eingeladenen Wettbewerb aus, der von dem Architekturbüro Maccreanor gewonnen wurde. Diese zeichnen für die Realisierung von South Gardens mitverantwortlich.

### Finanzierung

Die Finanzierung von South Gardens sowie vom Elephant Park und der gesamten Sanierungsmaßnahme liegt beim Projektentwickler Lendlease. Das Investitionsvolumen insgesamt liegt bei 2,3 Mrd. GBP.[42] In diesem Kontext hat Lendlease die Flächen in Erbpacht (*Leasehold*) für 999 Jahre übernommen.[43] Zusätzlich leistet der Projektentwickler Zahlungen im Sinne einer Infrastrukturabgabe an die London Borough of Southwark und stellt den geforderten Anteil kostengünstiger Wohnungen her. Refinanziert werden diese Investitionen durch den Verkauf von Wohn- und Gewerbeeinheiten.

### Ziele und Zielkonflikte bei der Planung

Oberstes Ziel ist eine „klimapositive Projektentwicklung" für die Gesamtmaßnahme nach der Fertigstellung im Jahr 2025. Elephant & Castle Regeneration ist eines von 19 Projekten weltweit, die Teil des *Climate Positive Development Program* sind.[44] In diesem Kontext besteht im Quartier South Gardens der klassische Zielkonflikt zwischen hoher städtebaulicher Dichte mit einer vergleichsweise hohen Geschossflächenzahl (GFZ) von ca. 2,7 und den damit verbundenen negativen Auswirkungen auf das lokale Klima. Die relativ niedrige Grundflächenzahl von ca. 0,4 (hier im Sinne der GRZ, ohne Berücksichtigung von Nebenanlagen auf dem Baugrundstück),[45] die in der zentralen Lage relativ großzügige begrünte Blockinnenbereiche ermöglicht, sowie die Dachbegrünung zielen auf die Auflösung dieses Konflikts.

Aufgrund der hohen städtebaulichen Dichte zeigt sich ein Zielkonflikt zwischen ökologischem Wert und Freizeitwert der geschaffenen Freiflächen. In diesem Fall hatte Letzterer Priorität. Gleichwohl ist das Bemühen um Biodiversität bei der Auswahl von Pflanzen oder bei Einzelanlagen wie Insektenhotels im Innenhof sowie auch auf den Gründächern klar erkennbar. Gleiches gilt für das angestrebte Regenwassermanagement, dem durch die limitierten verfügbaren Flächen klare Grenzen gesetzt sind.

Der Elephant Park zeigt trotz seiner Größe von mehr als einem Hektar die gleichen Zielkonflikte zwischen Freizeitnutzungen und ökologischer Wertigkeit. Auch hier ist die Priorität pro Freizeit erkennbar und nachvollziehbar, da der Park insbesondere wohnungsnahe Freiflächen für die Bewohnerschaft in dieser zentralen Lage schaffen soll.

## 2 FALLSTUDIEN

# Entstandene Grün- und Freiräume

**Elephant Park – Zwischennutzung in der Bauphase**

Bereits während der Bauphase von Elephant Park und South Gardens wurde Urban Gardening als Zwischennutzung in Form des sogenannten *Mobile Gardeners Park* etabliert. Dabei erfolgten die Flächenbereitstellung und finanzielle Unterstützung durch Lendlease sowie Southwark Council, während die *Mobile Gardeners* die Organisation vor Ort übernahmen.[46] Diese temporären Flächen lagen zwischen Sommer 2012 bis 2014 in der Wansey Street – danach erfolgte der Umzug in die Walworth Road.

Die Zwischennutzungen beinhalteten u. a. Hochbeete für Urban Gardening, Freiflächen, Sitzgelegenheiten, einen Wohnwagen und eine Komposttoilette. So ausgestattet, fanden hier Schulklassenbesuche und Workshops zum Thema Gärtnern statt, aber auch Konzerte, Partys und Grillabende.[47]

**Elephant Park – Elephant Springs**

Im Jahr 2017 konnte die erste Phase des dauerhaft angelegten Elephant Park eröffnet werden. Der Standort des Parks liegt zentral im neuen Stadtteil und ist gut erreichbar. Die direkt angrenzenden öffentlichen Verkehrsräume beeinträchtigen die Parknutzung nicht. Sehr positiv wirken vielmehr die teilweise direkt zum Park orientierten Erdgeschossnutzungen der angrenzenden Bebauung, die unter anderem gastronomische Angebote beinhalten. Die Wegeverbindungen durch den Park sind klar und logisch organisiert. Günstig für die Orientierung sind offene Blickbeziehungen zwischen den einzelnen Parkelementen und der mitunter markanten Bebauung in der näheren und weiteren Umgebung.

In der ersten Realisierungsphase des Parks entstanden insbesondere freizeitbezogene, mehrfach nutzbare Flächen wie Wiesen, größere Sandkästen und Sitzgelegenheiten. Es fanden sich aber auch schon ökologisch wirksame Flächen wie Pflanzbeete und eine temporäre Wildblumenwiese.

Der Park wurde 2021 vollständig fertiggestellt und beinhaltet nun zentrale multifunktionale Freiflächen sowie verschiedene individuelle Nutzungszonen in den Randbereichen. Dieses Layout bietet dementsprechend sowohl ruhigere Bereiche für die Entspannung als auch Zonen mit sehr intensiver Nutzung wie Kinderspielflächen. Die im Zentrum des neuen Parks liegenden zusammenhängenden Rasenflächen sowie Sandbereiche sind nur teilweise möbliert, wobei bekletterbare Elemente wie flache Mauern und Sitzgelegenheiten integriert wurden. Die Flächen bieten sich damit für unterschiedlichste Nutzungen an, sei es für freies Kinderspiel, Picknicks oder Veranstaltungen.

Eine Besonderheit des Parks ist der Wasserspielplatz Elephant Springs. Dieser lautmalerische Name wurde aus der Örtlichkeit Elephant & Castle sowie den Wasserquellen (englisch: *springs*), die hier aus Felsformationen heraussprudeln, gebildet. Aus beständigem und rutschfestem italienischem Porphyr-Stein wurde eine Wasserwelt geschaffen, die attraktive Spiel-, Aufenthalts- und Abkühlungsmöglichkeiten bietet.

Die Ausstattung beinhaltet ein vielfältiges Angebot mit abwechslungsreicher Geländemodellierung, verschiedenen Gestaltungsmaterialien und Rückzugsräumen am Rand der Fläche. Dabei finden sich neben den Quellen auch Brunnen, kleine Wasserfälle sowie sandige und strandartige Bereiche. Elephant Springs bietet damit hochwertige Spielangebote für Jungen und Mädchen aller Altersgruppen.

Die bereitgestellten Flächen im Elephant Park haben augenscheinlich eine ausreichende Größe. Dies insbesondere vor dem Hintergrund, dass nicht alle Nutzungs- und Spielmöglichkeiten innerhalb des neuen Stadtteils auf den Park beschränkt sind. Es finden sich vielmehr verschiedene Orte, die den Bedürfnissen von Kindern und Jugendlichen nach Treffpunkten und Spielgelegenheiten nachkommen, wie der Spielplatz im Bodley Way oder der Pocketpark in der Wansey Street.

Der Park soll neben den Freizeitnutzungen auch ökologische Funktionen bedienen. Dafür wurden Nistkästen für Vögel und Fledermäuse bereitgestellt sowie Insektenhotels und Rückzugsräume für wirbellose Tiere geschaffen.[48] Bereits während der Bauphase des Parks wurden temporäre Maßnahmen, wie eine Wildblumenwiese, eingerichtet, um die Biodiversität zu fördern.

Dem Prinzip der Schwammstadt folgend, wird Regenwasser im Park gesammelt und neben der natürlichen Versickerung auch

Elephant Springs, Wasserquellen

für die Bewässerung genutzt. Dafür wird Oberflächenwasser in sogenannten „Regengärten" gesammelt, die ohne künstliche Bewässerung auskommen. Diese können als modifizierte Pflanzflächen ausgebildet werden, die einerseits eine effiziente Drainage und andererseits Regenwasser absorbierende Bodenmischungen beinhalten. Diese Bereiche werden durch entsprechende Oberflächenmodellierung auch als Retentionsflächen ausgebildet und sollen die Auswirkungen von Starkregenereignissen abmildern.[49] Die Pflanzungen in den Regengärten werden entsprechend ausgewählt, sodass sie sowohl längere Trockenzeiten gut überstehen als auch die zeitweise hohen Wasserstände. Dabei sollen die Pflanzungen zusätzlich attraktive Habitate und Futterquellen für Insekten bieten.[50]

Das Management und der Unterhalt sowohl der Grünflächen im Elephant Park als auch in South Gardens obliegt dauerhaft dem Projektentwickler. Dadurch soll eine gleichbleibend hohe Qualität der Grün- und Freiflächen langfristig gesichert werden.

**Im Wohnumfeld von South Gardens**

Das Grünkonzept von South Gardens entstand in enger Abstimmung mit Städtebau und Hochbau. Ein zentrales Ziel war dabei, der hohen baulichen Dichte durch Grün zu Akzeptanz zu verhelfen.[51] Die Blockinnenbereiche sind in gemeinschaftliche und private Flächen untergliedert. Letztere sind den Erdgeschosswohnungen zugeordnet. Die Wohnungen in den Obergeschossen haben Balkone und auf den Gründächern sind teilweise gemeinschaftlich genutzte Dachgärten etabliert. Diese bieten Möglichkeiten des Urban Gardening für die Bewohnerinnen und Bewohner, die gegen eine Gebühr entsprechende Dachgartenflächen mieten können. Die große Beliebtheit von Urban Gardening im Quartier South Gardens führte bereits dazu, dass für nachfolgende Realisierungsabschnitte mehr solcher Flächen geplant sind.[52] Die

Elephant Springs, vielfältige Wasserbereiche

extensiven Bereiche der Gründächer besitzen 100–150 mm Substrataufbau, um neben Klimawirksamkeit auch einen Beitrag zu Biodiversität zu leisten.[53]

Eine angemessene Balance zwischen Öffentlichkeit und Privatheit wird dadurch erreicht, dass die Eingänge und Erschließungen der Wohnungen zu den öffentlichen Straßenverkehrsflächen orientiert sind und nicht zum Innenhof. Dieser ist nur für die Bewohnerschaft zugänglich. Allerdings beinhalten die Blockstrukturen eine gewisse Durchlässigkeit, wobei eine öffentlich zugängliche Durchwegung (O'Callaghan Way) durch Einfriedungen, u. a. in Form von Pflanzungen, von den privat oder gemeinschaftlich genutzten Innenhöfen getrennt wird.

Die gemeinschaftlichen Innenhöfe weisen eine hohe Nutzungsdichte auf. Über organisch verlaufende Fußwege erreicht man Sitzgelegenheiten, kleine Rasenflächen und Spielmöglichkeiten. Die Pflanzungen sind gestaffelt. Heckenscheiben, Gehölzebene sowie Bäume unterschiedlichen Alters und unterschiedlicher Höhe sowie Einbauten wie ein Insektenhotel aus Altholz schaffen einerseits Habitate und gliedern andererseits die Innenhofflächen, wodurch Rückzugsräume für die Bewohnerinnen und Bewohner entstehen.

Elephant Park, Sandflächen mit Möblierung

2 FALLSTUDIEN

**Grün- und Freifläche im Untersuchungsgebiet pro Person**

　　4,1 m²
privat – gemeinschaftlich genutzt

**Nutzung und Funktion**
- Grünverbindung
- Erholung/Freizeit
- Gebäudebezogene Freiräume
- Spielen

**Ökologie und Klima**
- Klimawirksame Flächen
- Naturnahe Bepflanzung
- Extensive Dachbegrünung/Solarpaneele

**Infrastruktur und Technik**
- Straße
- Rad- und Fußweg
- Fußweg
- Retention
- Solar-/PV-Anlage

## 2.6 ELEPHANT PARK UND SOUTH GARDENS

**Legende:**
- Öffentliche Grünfläche
- Gemeinschaftlich genutze Grünfläche
- Private Grünfläche
- Regengärten
- Spielfläche
- Hecken
- Grünfassade
- Bäume

Hecken trennen auch die gemeinschaftlichen Grünflächen von den privaten Freisitzen der Erdgeschosswohnungen. Alle Grünelemente sowie die Möblierung und der Pflasterbelag vermitteln einen hochwertigen Eindruck. Die Pflege der gemeinschaftlichen Flächen erfolgt zentral und die Bewohnerinnen und Bewohner bezahlen dafür eine Serviceabgabe.

Durch die hohe Nutzungsdichte der Flächen sind einige Zielkonflikte zu erwarten. Unter anderem betrifft dies die Nähe von Gemeinschaftsflächen und privaten Erdgeschosszonen. Ebenso können die freizeitorientierten Nutzungen Flora und Fauna stören. Es erscheint daher sinnvoll, dass größere Kinderspielanlagen nicht im Blockinnenbereich, sondern öffentlich zugänglich (z. B. im Bodley Way) etabliert wurden.

Den Eingangsbereichen wurden jeweils Vorgartenzonen zugeordnet. Sowohl entlang der Heygate Street im Norden als auch entlang der Wansey Street im Süden sind die Gebäude zudem durch einen relativ breiten Grünstreifen mit altem Baumbestand von der Straße abgeschirmt.

2 FALLSTUDIEN

Dachbegrünung und Dachgärten

Gemeinschaftlicher Innenhof mit gestaffelten Pflanzungen und Insektenhotel

Sowohl Städtebau als auch Architektur sind von hoher Qualität und sind bereits durch eine Reihe von Preisen ausgezeichnet worden – wie beispielsweise *The Sunday Times British Homes Awards* 2018, *RIBA London Award* 2018, 2017 *Brick Awards*, *New London Architecture Awards* und *Sustainable Project of the Year at the Construction News Awards*.

**Bäume im gesamten Stadtteil**

Baumpflanzungen erfolgten, wie bereits dargelegt, auch im weiteren Stadtteil – außerhalb des engeren Plangebiets. Insgesamt wurden so bereits mehr als 1.000 Bäume gepflanzt.[54] Diese Pflanzungen sind umfangreich dokumentiert. Die Baumstandorte und die einzelnen Arten können über das Nachhaltigkeitsportal von Elephant Park online abgerufen werden (www.elephantpark.co.uk/sustainability).

Bei den Baumpflanzungen liegt der Fokus auf heimischen Arten, die die Biodiversität unterstützen und insbesondere bestäubende Insektenarten anziehen sowie Lebensraum für Vögel bieten.[55] Gleichzeitig sollen die Unsicherheiten des Klimawandels, auch für die langfristige Gesundheit von Bäumen, durch möglichst diversifizierte Pflanzungen ausgeglichen werden.[56]

# Resümee

Die englische Stadtplanung und die darin eingebetteten Elemente der Grünplanung zeichnen sich durch eine hohe Flexibilität der rahmensetzenden Planwerke, bei allerdings geringerer Planungssicherheit aus. Dies wird auch beim hier betrachteten Projekt South Gardens (360 Wohneinheiten auf 2,6 Hektar Bruttobauland) und Elephant Park (ca. 1 Hektar Parkfläche), eingebettet in die städtebauliche Gesamtmaßnahme der Elephant Park Regeneration, deutlich. Die Anforderungen an die Quantität und Qualität der grünen Freiräume wird erst durch die Kombination von formellen Planungsdokumenten, Vorgaben im Rahmen der Baugenehmigungsverfahren und städtebaulichen Verträgen abschließend konkretisiert. Eine Besonderheit dabei ist die Vergabe der Baugrundstücke in einem Erbpachtmodell, wobei die lokale Gebietskörperschaft das Flächeneigentum behält und somit langfristig mit dem Projektentwickler verbunden ist. Dabei ist es stets vorteilhaft, wenn wie im vorliegenden Fall der private Entwickler hohe Ansprüche an die Qualität hat und der Erkenntnis folgt, dass hochwertiges, mehrfach nutzbares Grün und dessen langfristige Pflege eine wichtige Basis für das Wohnen sowie das Arbeiten im Quartier und damit für den Projekterfolg sind. Dies war schon in den frühen Projektphasen ablesbar, die bereits Teile des neuen Elephant Park und intensiv begrünte Straßenräume umfassten. Eine weitere Besonderheit ist in diesem Projekt die langfristige private Pflege des öffentlichen Parks durch den privaten Projektentwickler, wodurch eine gleichmäßig hohe Grünqualität nicht nur in den privaten grünen Innenhöfen und Dachgärten, sondern auch im öffentlichen Raum sichergestellt werden soll.

Die Planung und Realisierung der städtebaulichen Sanierung als Gesamtmaßnahme ist von 2005 bis ca. 2025 vorgesehen, wobei der Bauabschnitt South Gardens zwischen 2012 und 2017

Möblierter Spielplatz, Bodley Way

Grünstreifen mit altem Baumbestand

genehmigt sowie realisiert wurde. Das Etablieren eines lernenden Systems im Rahmen der zeitlich gestaffelten Bauphasen ist eine weitere Stärke des betrachteten Projekts. So erlaubt das Monitoring von Biodiversität über die Fertigstellung der Gebäude und Grünanlagen hinaus ein Nachsteuern in diesem Kontext. Ferner können gut funktionierende Projektelemente wie das Urban Gardening auf gemeinschaftlich genutzten Dachflächen in nachfolgenden Realisierungsphasen noch weiter ausgebaut werden. Diese Nutzung der Dachflächen zeigt weiterhin, dass gemeinschaftliches Grün nicht auf die Erdgeschossebene beschränkt sein muss. Dies ist gerade in hoch verdichteten neuen Stadtquartieren ein großer Vorteil und leistet einen Beitrag dazu, den Zielkonflikt zwischen hoher baulicher Dichte und quantitativer Bereitstellung von Freiflächen zu entschärfen. Die umfangreichen Baumpflanzungen auch außerhalb des engeren Plangebiets zeigen, dass die damit verbundenen positiven Effekte nicht auf ein neues Stadtquartier beschränkt sein müssen, sondern weit in die bestehende Nachbarschaft hineinreichen können.

In den frühen Realisierungszeiträumen war die Zwischennutzung Urban Gardening ein wichtiger Baustein, um Grün und soziale Interaktion von Anfang an zu etablieren und auch um einen gewissen Ausgleich für die Belastungen einer großen Baustelle zu schaffen – für die Bewohnerinnen und Bewohner, aber auch für Fauna und Flora am Standort. Die hochwertige gärtnerische Gestaltung der Grünbereiche geht auf die Kombination von rechtlichen Instrumenten zurück, aber auch auf den Anspruch des Projektentwicklers und des Planungsteams. Beides wiederum manifestiert sich beispielsweise im hausinternen Pflichtenheft für Dachbegrünung, das bei allen Vorhaben im neuen Quartier zur Anwendung kommt.

Eine schwer aufzulösende Dichotomie, die den neuen Park und das neue Stadtquartier gleichermaßen betrifft, ist der starke Fokus auf Freizeitnutzungen, der zwangsläufig zulasten der Biodiversität geht. Trotz der erkennbaren Bemühungen sind dabei Nutzungskonflikte auch zukünftig zu erwarten. Zwar umfasst der Park eine Fläche von mehr als einem Hektar, aber die hohe städtebauliche Dichte sowie die bereits sehr gute Annahme des Parks in der ersten Bauphase lassen eine auch weiterhin intensive Nutzung erkennen. Die guten Ansätze der mehrfach wirksamen „Regengärten", die gleichzeitig als Habitate und Retentionsflächen dienen, sowie die Pflanzungen, die explizit als Nahrungsquelle für die Fauna geplant wurden, könnten und sollten daher noch ausgedehnt werden.

## 2 FALLSTUDIEN

1. Lendlease: Elephant Park. Regeneration Factsheet. London 2018. https://www.lendlease.com/uk/-/media/llcom/house-views/lendlease-responds/elephant_park_regeneration_factsheet_2018-final.pdf (Zugriff am 30.03.2022); Southwark Council: Elephant and Castle. www.southwark.gov.uk/regeneration/elephant-and-castle?chapter=6 (Zugriff am 30.03.2022)
2. London Climate Change Partnership. www.climatelondon.org (Zugriff am 30.03.2022); Government of the United Kingdom. www.gov.uk/environment/climate-change-adaptation (Zugriff am 30.03.2022)
3. Vgl. Greater London Authority: The London Plan. Spatial Development Strategy for Greater London. Consolidated with Alterations since 2004. London 2008, Policy 5D.2 „Opportunity Areas in South East London"
4. Vgl. London Borough of Southwark, Local Development Framework (LDF), Southwark Plan, Saved DPDs und Core Strategy, 2007 (und Fortschreibungen)
5. Gemäß Ziffer 8.2.2. des Local Development Framework (LDF), 2007 (und Fortschreibungen)
6. LDF, SP 11
7. LDF, SP 15: Freiflächen und Biodiversität
8. LDF Policy 3.3
9. LDF Policy 3.9
10. LDF Policy 3.11 – siehe auch Mindestdichten in LDF Policy: 4.1
11. LDF Policy Policy 3.12 – „Quality in Design"
12. LDF Policy 4.2 – Qualität von Wohngebäuden
13. LDF Policies 3.25, 3.26 und 3.27
14. LDF Policy 3.28 – Biodiversität
15. LDF Policy 4.4 – „Affordable Housing"
16. Southwark Council; Mayor of London: Elephant and Castle. Supplementary Planning Document (SPD) and Opportunity Area Planning Framework (OAPF). London 2012. https://www.southwark.gov.uk/assets/attach/1817/1.0.5-Elephant-Castle-SPD-OAPF.pdf (Zugriff am 30.03.2022)
17. SPD Figure 16
18. Siehe SPD Policy 18
19. Vgl. auch SPD Policy 27; 28
20. Vgl. SPD, 4.66, S. 63
21. Vgl. SPD Policy 27
22. Vgl. SPD Policy 28
23. Vgl. ebd.
24. Vgl. ebd.
25. Sogenannte „Section 106 agreements / planning obligations"
26. Vgl. ebd.
27. Vgl. SPD Policy 28; 15
28. Vgl. ebd.
29. Vgl. SPD Policy 27
30. Vgl. ebd.
31. Vgl. ebd.
32. Vgl. ebd.
33. Vgl. ebd.
34. Vgl. SPD Policy 15; 16
35. Vgl. ebd.
36. Vgl. SPD Policy 17
37. Vgl. ebd.
38. Vgl. SPD Policy 15
39. Vgl. Interview mit Herrn Oliver, Lendlease, 2021
40. Vgl. ebd.; Department for Communities and Local Government: National Planning Policy Framework. London 2012, Section 118
41. Vgl. Interview mit Herrn Oliver, Lendlease, 2021
42. Vgl. Lendlease: Elephant Park. Regeneration Factsheet. London 2018. https://www.lendlease.com/uk/-/media/llcom/house-views/lendlease-responds/elephant_park_regeneration_factsheet_2018-final.pdf (Zugriff am 30.03.2022)
43. Vgl. Interview mit Herrn Oliver, Lendlease, 2021
44. Vgl. Lendlease: Elephant Park. Regeneration Factsheet. London 2018. https://www.lendlease.com/uk/-/media/llcom/house-views/lendlease-responds/elephant_park_regeneration_factsheet_2018-final.pdf (Zugriff am 30.03.2022)
45. Gebäudegrundflächen (GR) insgesamt: 5.870 m² (GR – hier im Sinne der GRZ I ohne Nebenanlagen)
46. Vgl. Mobile Gardeners. www.mobilegardeners.org (Zugriff am 30.03.2022); Mobile Gardeners: Grow Elephant. www.mobilegardeners.org/#growelephant (Zugriff am 30.03.2022); Bee Aerial. www.beeaerial.co.uk/project/urban-oasis-gardens-documentary-series-aerial-filming/ (Zugriff am 30.03.2022)
47. Vgl. Mobile Gardeners: Mobile Gardeners Park. https://www.mobilegardeners.org/#mobilegardenerspark (Zugriff am 30.03.2022)
48. Vgl. Lendlease (Hrsg.): Elephant Park BEN (Biodiversity, Ecology, Nature). Guidance on Interventions for Biodiversity, November 2017, S. 24
49. Vgl. ebd., S. 21
50. Vgl. ebd., S. 21
51. Vgl. Interview mit Herrn Maccreanor, 11.11.2020
52. Vgl. ebd.
53. Vgl. Lendlease (Hrsg.): Elephant Park BEN (Biodiversity, Ecology, Nature). Guidance on Interventions for Biodiversity, November 2017, S. 7
54. Lendlease. www.elephantpark.co.uk/sustainability/ (Zugriff am 27.01.2022)
55. Vgl. Lendlease (Hrsg.): Elephant Park BEN (Biodiversity, Ecology, Nature). Guidance on Interventions for Biodiversity, November 2017, S. 14
56. Vgl. ebd., S. 14

# Elephant Park and South Gardens, London

English urban planning, and the elements of green planning embedded in it, are characterised by a high degree of flexibility in the formal planning documents, which goes hand in hand with less certainty in terms of permitted development. This is the case in the South Gardens project under consideration here (360 residential units on 2.6 hectares of gross development area) and Elephant Park (approximately one hectare of parkland), embedded in the overall urban regeneration area of Elephant Park Regeneration. The requirements for the quantity and quality of green open spaces were only finalised through a combination of formal planning documents, specifications in building permit procedures and developer agreements. A special feature here is the allocation of building plots in a leasehold model, where the local authority retains ownership of the land and is thus connected to the project developer over the long term. It is always advantageous when, as in the present case, the private developer has high quality standards and understands that high-quality, multi-use green spaces and their long-term maintenance are an important basis for living and working in the neighbourhood and the success of the project as a whole. This was evident in the early phases of the project, which included parts of the new Elephant Park and intensively landscaped street spaces. Another special feature of this project is the long-term private maintenance of the public park by the private project developer, which strives to ensure consistent high quality of the green spaces, not only in the private courtyards and roof gardens, but also in the public spaces.

The planning and execution of the urban redevelopment as an overall project has been scheduled over a period of around 20 years, from 2005 to approximately 2025, with the South Gardens construction phase being approved and completed between 2012 and 2017. Establishing a learning system in the context of staggered development phases is another strength of this project. This also allows for the monitoring of biodiversity beyond the completion of buildings and green spaces and for any necessary adjustments to be made. Furthermore, innovative project elements such as urban gardening on shared rooftops can be expanded in subsequent implementation phases. This use of rooftop space further demonstrates that shared green space doesn't have to be limited to the ground floor level, which is a major advantage, especially in high-density new urban quarters, and that it helps to mitigate the conflict of goals between high building density and the provision of sufficient open space. Extensive tree planting, including beyond the immediate planning area, shows that the associated positive effects need not be limited to a new urban quarter, but can also extend into the existing vicinity.

In the early construction periods, interim urban gardening areas were an important building block to establish green spaces and social interaction early on, as well as to compensate for the inconvenience of the large construction site – for the benefit of the residents, and of the fauna and flora at the site. The high-quality horticultural design of the green areas is due to the combination of legal instruments, as well as the standards of the project developer and planning team. This is manifested, for example, in the internal specifications for green roofs, which are applied to all projects in the new quarter.

That a strong focus on recreational use inevitably comes at the expense of biodiversity is a difficult dichotomy to resolve, and it affects the new park and the new urban quarter in equal measure. Despite visible efforts, conflicts of use are also expected in the future. Although the park covers an area of more than one hectare, the high urban density and the already significant uptake by local people of the park's facilities in the first construction phase indicate that it will continue to be used intensively. The effective and multiple successes of the "rain gardens", which act as both habitats and retention areas, as well as the planting, explicitly planned as a food source for the fauna, can and should therefore be further extended.

## 2.7 STADTQUARTIER FRIESENSTRASSE
*PRIVATER PARK IM KIEZ*

BERLIN, TEMPELHOF-SCHÖNEBERG

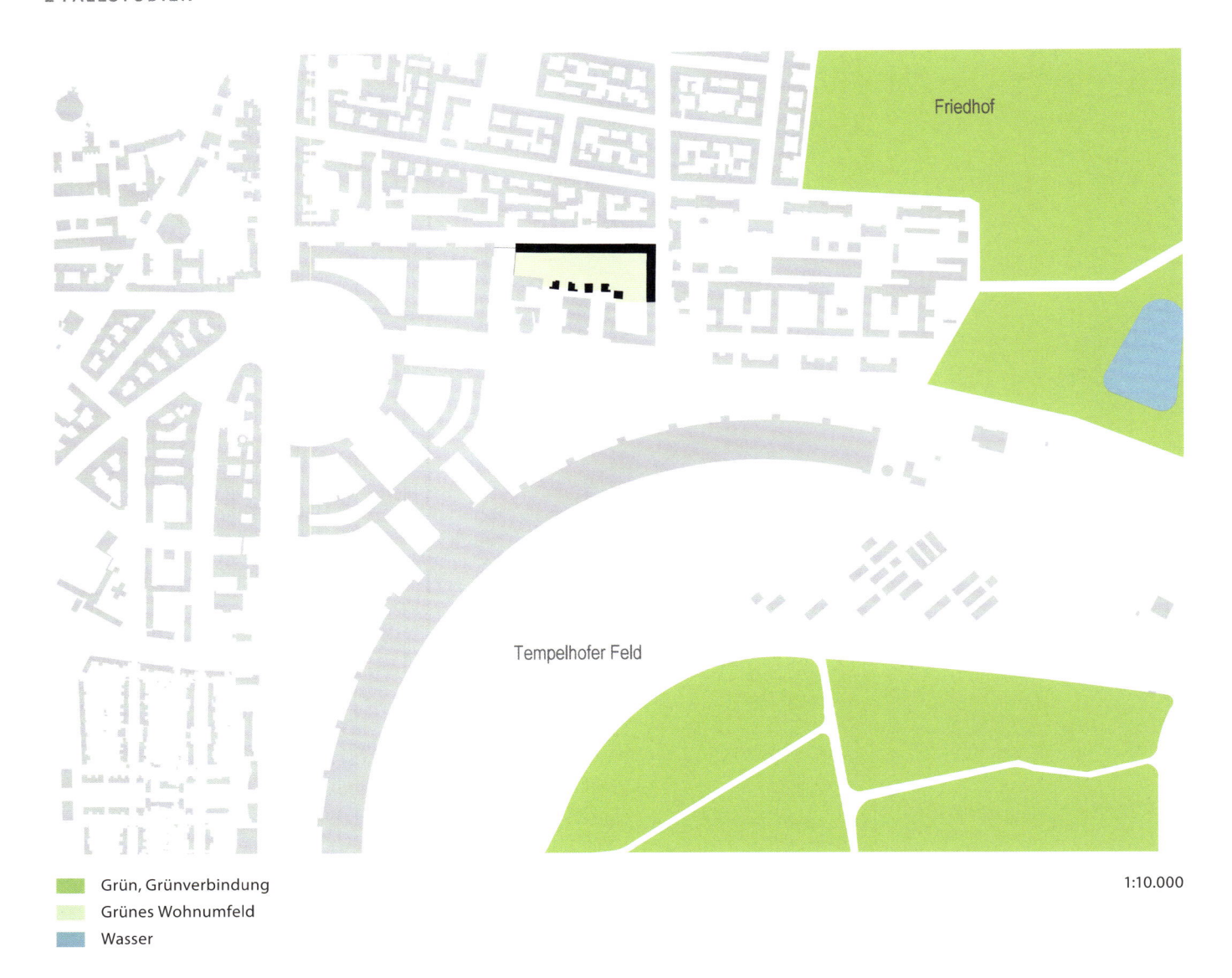

## 2 FALLSTUDIEN

Friedhof

Tempelhofer Feld

■ Grün, Grünverbindung
■ Grünes Wohnumfeld
■ Wasser

1:10.000

### GRÖSSE
Grundstück gesamt: 1,9 ha
davon Gemeinschaftspark: 0,5 ha

### PLANUNGS- UND ENTSTEHUNGSZEIT
| | |
|---|---|
| 2009 | 2-stufiges Bieterverfahren der Bundesanstalt für Immobilienaufgaben (BImA) |
| 2010 | Kaufvertrag, Freiräumen des Grundstücks |
| 2011 | Baubeginn (Baufelder 1, 2, 3, 14) |
| Juli 2012 | Bezugsfertigkeit der ersten Wohnungen |
| Oktober 2012 | Fertigstellung des Quartiersparks |
| Dezember 2012 | Fertigstellung aller Wohngebäude |
| 2013 | Übernahme der Verwaltung durch eine Anliegergemeinschaft |

### ART DER PLANUNG
Kooperatives und netzwerkgestütztes Planungs- und Realisierungsverfahren

### AKTEURINNEN UND AKTEURE
**Projektentwicklungsgesellschaft Stadtquartier Friesenstraße (SQF GbR):**
SQF Plan Berlin GmbH, Berlin; basc.et GmbH, Berlin; KB-Plan UG, Berlin; UTB GmbH, Berlin

**Städtebauliches Konzept:** blaufisch Architekten, Berlin

**Landschaftsarchitektur Gemeinschaftspark:** Teichmann Landschaftsarchitekten, Berlin

### STÄDTEBAU UND HAUSTYPEN
Blockrandbebauung mit zwölf 7-geschossigen Wohngebäuden, realisiert von Baugemeinschaften, einer Genossenschaft und zwei gewerblichen Bauträgern

- 220 Wohnungen, für ca. 650 Einwohnerinnen und Einwohner
- 5 Gewerbestudios mit 13 Gewerbeeinheiten im Blockinnenbereich mit Schallschutzwand
- Tiefgarage mit 79 Pkw-Stellplätzen
- Wohndichte: ca. 118 NE/ha Grundstück
- NE = 220 Wohneinheiten + 5 Gewerbeeinheiten = 225 Nutzungseinheiten, kein öffentliches Grün

# Ausgangslage

**Planungspraxis: Gleichzeitigkeit von Stadt- und Landschaftsplanung**

Eine integrierte Betrachtung von Stadtplanung und Landschaftsplanung gilt in Berlin seit 1994 als Grundsatz der Stadtentwicklung. Neben dem Flächennutzungsplan als gesamtstädtische Planungsgrundlage gibt das Landschaftsprogramm in seiner aktualisierten Fassung von 2016 auf der ersten Planungsebene die grüne Grundstruktur vor: Dazu gehören Pläne für den Natur-, Biotop- und Artenschutz, das Landschaftsbild, die Erholung und sonstige Freiraumnutzung sowie die gesamtstädtische Ausgleichskonzeption. Dabei wird das Grün für die gesamte Stadt betrachtet, mit dem Ziel, Umweltvorsorge zu betreiben und eine flächendeckende und gerechte Grünraumversorgung für alle Teilgebiete sicherzustellen.[1] Einerseits begründet die Flächennutzung die Anforderungen an die Grünraumversorgung. Andererseits müssen Neubauprojekte Schutzflächen respektieren und Ausgleichsmaßnahmen schaffen. Damit hängen Flächennutzungsplan und Landschaftsprogramm voneinander ab. Wenn Neubebauungen vorgesehen sind, können auf einer zweiten Planungsebene für einzelne Bereiche der Stadt auf der Grundlage des Landschaftsprogramms Landschaftspläne erstellt werden. Ein Element der Landschaftspläne ist der schon 1990 eingeführte Biotopflächenfaktor. Er stellt das Verhältnis von Flächen, die für den Naturhaushalt wirksam sind, zu bebauten Flächen dar, um ein Gleichgewicht herzustellen. Es geht darum, klimarelevante Faktoren wie Bodenfunktion, Wasserhaushalt und Lufthygiene zu sichern und Flora und Fauna zu fördern. In diesen Faktor können beispielsweise auch begrünte Dachflächen oder offene Bodenbeläge anteilig eingerechnet werden.[2]

Welcher Einfluss von der Landschaftsplanung auf das Wohnumfeld und damit die Lebensqualität der Bewohnerinnen und Bewohner erwartet wird, zeigen die Vorgaben zur Grünraumversorgung mit öffentlichen Grünflächen deutlich. 6 m² wohnungsnahe Grünanlagen[3] und 7 m² siedlungsnahe Grünanlagen[4] pro Einwohnerin bzw. Einwohner sind Zielsetzung des Landschaftsprogramms seit 2016. Berücksichtigt werden dabei auch die Stadtstrukturtypen, die Rückschlüsse auf die zusätzlich vorhandenen privaten Freiräume zulassen. Dabei geht das Programm davon aus, dass die gründerzeitlichen Altstadtquartiere den geringsten Anteil an privaten Freiräumen vorweisen und dort besonders auf eine Versorgung mit öffentlichen Grünräumen geachtet werden muss.

**Bei geringen Haushaltsmitteln: Substanzerhaltung der Freiräume und Unterstützung von privatem Engagement**

Das Stadtquartier Friesenstraße wurde in einer Zeit geplant und gebaut, als die Innenentwicklung Leitbild der Stadtentwicklung geworden war und diese konsequent weitergeführt werden sollte.[5] Gleichzeitig war die Stadt durch die Berliner Bankenkrise 2001 hoch verschuldet. Das prägte auch das „Stadtentwicklungskonzept 2020", das die Berliner Senatsverwaltung im Jahr 2004 veröffentlicht hat. Vorrangige Aufgaben der Stadtentwicklung waren Transformation, Qualifizierung und Aufwertung von Baubestand sowie die „Substanzerhaltung" der Freiräume[6]. Die Bedeutung von Privatinvestorinnen und -investoren für den Wohnungsbau wurde hervorgehoben. Um sie zu gewinnen, wurden z. B. die Ansprüche auf Ausgleichsflächen reduziert: „Generell kann in stärkerem Maße auf ambitionierte Schutzziele sowie auf Restriktionen für Grundstückseigentümerinnen und -eigentümer verzichtet werden."[7] Hinsichtlich der Entwicklung der Frei- und Grünräume der Stadt wird auf die Flächenzunahme des öffentlichen Grüns zwischen 1992–2002 hingewiesen und für Berlin eine zufriedenstellende Bilanz an siedlungsnahen Grünflächen festgestellt. Es wird erwartet, dass in Zukunft nur noch punktuell im Zuge von Neubauprojekten neue Grünflächen geschaffen werden müssen.[8] Entwicklungspotenziale großer Konversionsflächen wie des Tempelhofer Felds werden erkannt, eine Priorisierung der Grünraumentwicklung war aber aus finanziellen Gründen nötig. Die Frage nach der Finanzierbarkeit qualitativ hochwertiger Grünanlagen beschäftigt die Stadt seit der Wende.[9] Die bereitgestellten Mittel für Pflege und Instandhaltung nehmen zwischen 1994 und 2003 stetig ab.[10] Als Problemlösung wird die Beteiligung von Privatpersonen an der Pflege öffentlicher Grünflächen und die Profilierung privater Grünflächen im Stadtentwicklungskonzept angesprochen. Eine Qualifizierung des Bestands soll auch als Ausgleichsmaßnahme für bauliche Flächeninanspruchnahme, anstelle von neu zu schaffenden Grünräumen, möglich sein.

**Ambitionierte Konzepte: Stadtklima – Artenvielfalt – Charta für das Berliner Stadtgrün**

Angesichts zunehmender Flächenkonkurrenzen durch Bevölkerungswachstum, steigenden Wohnungsbedarfs und der Risiken durch den Klimawandel erarbeitete Berlin umfassende Konzepte für die verschiedenen Handlungsfelder, die die Grün- und Freiräume betreffen. Berlin ist eine der am dichtesten bebauten Großstädte in Deutschland, durch die Auswirkungen des Klimawandels ist sie besonders verwundbar. Die Sommer werden heißer, es gibt häufiger Trockenperioden und Starkregen, der zu Überflutungen führt, gleichzeitig nimmt das Risiko der Wasserarmut zu. Der „Stadtentwicklungsplan Klima" von 2011 sowie seine Fortschreibung „Klima KONKRET" von 2016 beschreiben die Strategien, die zur Klimaanpassung der Stadt erforderlich sind. „Dazu braucht es ein durchdachtes Regenwassermanagement, angenehm kühle,

## 2 FALLSTUDIEN

schattige Rückzugsorte und viel Grün, das auch bei ausbleibendem Regen genug Wasser bereithält, um durch Verdunstung zu kühlen."[11] 2012 hat die Senatsverwaltung für Stadtentwicklung und Umwelt auch die „Berliner Strategie zur biologischen Vielfalt" vorgelegt. Sie setzt spezifische Schwerpunkte auf die Arten und Lebensräume mit urbanen Bezügen und beschreibt Maßnahmen und Indikatoren zur Kontrolle der Erfolge und Defizite. Eines der insgesamt 38 Ziele ist es, den Anteil naturnah gestalteter privater Freiflächen zu erhöhen.[12] Die vorgestellte Bebauung mit dem privaten Park in der Friesenstraße ist ein gelungenes Beispiel dafür.

Mit dem Umweltatlas 2016 wurde der Fokus der Grünraumversorgung auf die wohnungs- und siedlungsnahen Freiräume gelenkt. Der Versorgungsgrad der einzelnen Wohngebiete wurde gemessen und kartiert.[13] Zu den naturschutzrechtlichen Kompensationsmaßnahmen im Zuge baulicher Entwicklungen werden die Privatinvestorinnen und -investoren seither stärker in die Pflicht genommen, womit dem Land Berlin eine Landschaftsplanung in größerem Umfang und mit gebündelten Mitteln ermöglicht werden soll. 2019 wurde hierfür die gesamtstädtische Ausgleichskonzeption vorgelegt. Die Konzepte münden 2020 in die Charta für das Berliner Stadtgrün, eine Selbstverpflichtung des Landes Berlin. Sie nimmt das Versorgungsdefizit als Thema auf und benennt konkrete Maßnahmen. Diese müssen bei Neubauvorhaben gleichzeitig geschaffen werden, wenn nicht genügend Freiflächen in der näheren Umgebung zur Verfügung stehen. Neben öffentlichen Grünflächen werden in der Charta auch die privaten Grün- und Freiflächen in die Betrachtung einbezogen. Gemeinschafts- und Dachgärten werden u. a. angesprochen und als zusätzliches Potenzial für eine ausreichende Grünraumversorgung angesehen.

Mit den BerlinStrategien 2030 werden die Leitlinien und Grundsätze zur Stadtentwicklung ressortübergreifend zusammengeführt,[14] erstmals 2014. Wegen der unerwartet dynamischen Bevölkerungsentwicklung und der damit verbundenen verstärkten Flächenkonkurrenz erschien es für die dritte Fassung 2021 wichtig, sich zu vergewissern, welche Grundsätze weiterhin gelten und welche Aufgaben und Ansätze wichtiger werden sollen. Zu Ersteren gehören z. B. die Gleichzeitigkeit in der Stadtentwicklung von Bebauung und technischer, sozialer und grüner Infrastruktur, „wo Stadt und Grün gemeinsam wachsen"[15], sowie der Vorrang der Innenentwicklung mit verträglicher Dichte. Zum Zweiten gehören z. B. mehr Umweltgerechtigkeit, Vorrang von schlecht versorgten und belasteten Stadtgebieten sowie die verstärkte Moderation verschiedener Nutzungsinteressen in der Liegenschaftspolitik und Anwendung des Planungsrechts.[16]

# Planung

### Akteurinnen und Akteure aus dem Stadtteil

Vier Planerinnen und Planer aus dem Stadtteil Kreuzberg, die sich untereinander bereits kannten, erfuhren 2009 von dem Bieterverfahren durch die Bundesanstalt für Immobilienaufgaben zum Grundstück an der Friesenstraße. Auf dem Grundstück, das bis 1918 als kaiserliche Reitanstalt genutzt wurde, befanden sich kleinere Gewerbeeinheiten und ein Wohngebäude. Das Team aus

In die Bebauung integrierte Lärmschutzwand

Rücksprung der Bebauung und grüne Vorzone in der Schwiebusser Straße

## 2.7 STADTQUARTIER FRIESENSTRAßE

Private Hausgärten und gemeinschaftlicher Freibereich gehen fließend ineinander über

erfahrenen und gut vernetzten Planern wusste, wie groß die Wohnraumnachfrage im Stadtteil ist, und vermutete großes Interesse durch Baugruppen und Genossenschaften. Sie gründeten die Entwicklungsgesellschaft Stadtquartier Friesenstraße und bewarben sich für das Bieterverfahren. Als Mischgebiet in der Baunutzungsverordnung gekennzeichnet und mit dem Veranstaltungsgelände Columbiahalle direkt angrenzend, war die zukünftige Nutzung des Grundstücks offen. Die Gesellschafter waren überzeugt, dass das Quartier als Erweiterung des bestehenden Wohngebiets Chamissoplatz/Bergmannstraße im südlichen Kreuzberg geplant werden muss. So konnte es auch eine Brücke zwischen den beiden Bezirken Kreuzberg und Tempelhof-Schöneberg schlagen. Mit ihren Kompetenzen konnte die Entwicklungsgesellschaft viele Aufgaben im Planungsprozess selbst übernehmen. Wichtig war ihnen eine mit dem Bestand verträgliche Planung. Mögliche Konflikte wurden frühzeitig durch ihre Ortskenntnisse erkannt und vorausschauend in der Planung berücksichtigt. Sehr wichtige Themen waren, für die neuen Bewohnerinnen und Bewohner den Lärmschutz in Richtung der Veranstaltungshalle herzustellen und die Verschattung der bestehenden Gebäude an der Schwiebusser Straße zu vermeiden. Mit dieser vorausschauenden Planung und dem Grundkonzept, das Grundstück kleinteilig in seiner Eigentümerstruktur und gemeinschaftlich in den Freiräumen zu entwickeln, bekam die Entwicklungsgesellschaft die Unterstützung des Bezirksamtes Tempelhof-Schöneberg und letztendlich den Zuschlag der Bundesanstalt für Immobilienaufgaben. Damit hat sie sich unter anderem gegen große Investorinnen und Investoren aus dem Einzelhandel durchsetzen können. „Wir waren echte Bieterexoten", erinnert sich eine Gesellschafterin.

### Gesamtkonzept, städtebaulicher Vertrag, nachbarschaftliche Vereinbarungen

Das städtebauliche Konzept für das Quartier wurde von der Mitgesellschafterin Margit Renatus von blaufisch Architekten entwickelt. Darauf aufbauend konnten die einzelnen Baukörper und die Freianlagen entworfen werden. Die Planung wurde stark durch die Entscheidung beeinflusst, keinen neuen Bebauungsplan aufzustellen. Auf dem Gelände lag bereits Baurecht vor und so schlug die Gesellschaft ein Vorgehen gemäß § 34 BauGB vor – die Einpassung in den gegebenen städtebaulichen Zusammenhang des bebauten Bereichs. Das Bezirksamt war zu Beginn skeptisch, ließ sich aber durch das Entgegenkommen der Gesellschafterinnen und Gesellschafter im städtebaulichen Vertrag überzeugen. Dementsprechend orientiert sich das bauliche Konzept an den Strukturen des angrenzenden gründerzeitlichen Wohngebiets, das heißt an der Blockrandbebauung mit einer Traufkantenhöhe von 18,85 m, einer Parzellenbreite von ca. 23 m sowie an den prägenden Fassadenmaterialien Putz und Klinker.

Frühzeitig hat die Entwicklungsgesellschaft ein Umwelt- und Bodengutachten in Auftrag gegeben. Die Vermutung von Altlasten wurde in dem Bodengutachten bestätigt. Die vorherige Nutzung als Kleingartenkolonie deutete darauf hin, dass sich auf dem Grundstück Lebensstätten und Nistmöglichkeiten befunden haben. Frühzeitige Treffen mit dem Bezirksamt mündeten in einen städtebaulichen Vertrag, in dem beide Seiten aufeinander zugegangen sind. Die Entfernung der Altlasten, die Entsiegelung des Innenhofes, die Ausgleichsmaßnahmen aus dem Umweltgutachten, eine extensive Dachbegrünung und die Schallschutzmaßnahmen sowie die Nutzungsmischung wurden formell festgelegt. Die „Kreuzberger Mischung" mit 50 Prozent Wohnen und 50 Prozent Arbeiten in einem Gebäude erwies sich bei der Veräußerung der Grundstücke als problematisch. Für die Gewerbeeinheiten wurde niemand gefunden, realisiert wurden schließlich ca. 12 Prozent der Bruttogeschossfläche mit Gewerbe, wie es auch im städtebaulichen Vertrag eingetragen ist.

Die Entwicklungsgesellschaft wusste aus ihren Erfahrungen, dass der Freiraum eine zentrale Rolle spielt, wenn das nachbarschaftliche Leben gelingen soll. Ihr war es jedoch auch wichtig, ein „grünes Quartier" zu entwickeln.[17] Deswegen wurden beim Verkauf der Grundstücke nachbarschaftsrechtliche Vereinbarungen getroffen, um das Freiraumkonzept unumstößlich zu verankern. Für private Hausgärten wurde den Grundstücksparzellen nur ein kleiner Anteil von einem Drittel der Freifläche zugeordnet, der Großteil von zwei Dritteln wurde in den gemeinschaftlichen Freibereich integriert. Zäune zur Abgrenzung der Grundstücke sind vertraglich untersagt.

## Finanzierungsplan

Das Projekt ist rein privat finanziert, organisiert und durchgeführt, ohne jegliche Fördermittel. Geplant war von Anfang an, das Grundstück in einzelne Parzellen zu unterteilen und diese an Baugruppen und Genossenschaften zu veräußern. Aus ihrem Umfeld wurde die Entwicklungsgesellschaft jedoch verunsichert, ob sie das Risiko allein auf sich nehmen sollte. Dies führte dazu, dass ein anderer Investor die südliche Ecke des Grundstücks erwarb und diese unabhängig entwickelte. Aus heutiger Sicht sagt die Gesellschafterin Barbara Rolfes-Poneß, dass die Entwicklungsgesellschaft das durchaus geschafft hätte.[18] Schade ist, dass sich die Trennung des Grundstücks heute deutlich durch die Architektur, die Freiraumgestaltung und physische Barrieren abzeichnet.

Bei dem Bieterverfahren brachten unter anderem eine zuvor gegründete und bestehende Genossenschaft und die Unterstützung der Umweltbank, die den energetischen Neubau von allen acht Wohnhäusern und vier Gewerbestudios im KfW-Effizienzhaus-Standard 55 finanzierte,[19] Sicherheiten. Die Finanzierung über die Umweltbank hat die Entwicklungsgesellschaft für das gesamte Quartier ausgehandelt, auch wenn zu dem Zeitpunkt die zukünftigen Eigentümerinnen und Eigentümer noch nicht feststanden.

Nachdem das Bieterverfahren zugunsten der Projektentwicklungsgesellschaft SQF entschieden wurde, bewilligte die Bundesanstalt für Immobilienaufgaben eine Zahlungsfrist von einem Jahr, innerhalb dessen die einzelnen Grundstücke veräußert werden konnten. In die Kaufsumme der Grundstücke flossen auch die Kosten für die Beseitigung der Altlasten und die gemeinsame Tiefgarage ein. In enger Absprache mit der zukünftigen Eigentümerschaft wurde ein geringer Stellplatzbedarf ermittelt und so wurden Kosten eingespart. Die Kosten für die Herstellung des Parks lagen bei 31 Euro/m² Wohnfläche. Darin enthalten war auch die Durchführung eines freiraumplanerischen Wettbewerbs. Für die Realisierung des Parks musste das Büro mit den zur Verfügung stehenden 60 Euro/m² gut haushalten. Durch die vorherige Entfernung der Altlasten musste die Entsiegelung der Fläche nicht mit einkalkuliert werden. Für Bewirtschaftung und Pflege des Parks fallen ca. 100 Euro pro Wohnung und Jahr an.

## Beteiligung

Bei der Suche nach passenden Bauherrinnen und Bauherren für die einzelnen Baugrundstücke kam den Gesellschaftern ihre enge Vernetzung im Quartier zugute. Sie bewarben ihr Konzept selbstbewusst in Kreuzberg. Informationsveranstaltungen und Mund-zu-Mund-Propaganda im direkten Projektumfeld brachten verbindliche Interessensbekundungen ein und führten dazu, dass 80 Prozent der Bewohnerinnen und Bewohner aus dem direkten Umfeld stammen.

Die Vorstellung, eine Mischung aus Baugruppen und Genossenschaften zusammenzubringen, ist nur teilweise gelungen. Bestehende Genossenschaften haben abgesagt, weil ihnen das Kapital für einen Neubau fehlte oder weil das Projekt nicht zu ihrer Zielgruppe passte. Potenzielle Neugründerinnen und Neugründer haben sich letztendlich für eine Baugruppe entschieden, weil sie die Immobilie auch als Kapitalanlage betrachten. Eine Genossenschaft hat sich dennoch gegründet.

Die gemeinsame Finanzierung des Gemeinschaftsparks brachte auch Mitspracherecht und Verantwortung mit sich. Bei der Planung und Umsetzung wurde eine umfangreiche Beteiligung gewährleistet. Aus einzelnen Themen haben sich im Entwurfsprozess Schwerpunkte herausgebildet, die in vertiefenden Arbeitsgruppen mit den Bewohnerinnen und Bewohnern weiterentwickelt wurden. Der gemeinsam errichtete Weidenpavillon wurde von der Bewohnerschaft gut angenommen.

Bei der Pflege und Bewirtschaftung hat jede Bewohnerin und jeder Bewohner die Aufgabe, sich nach Interesse einzubringen. Bei Konflikten werden „Beauftragte" ernannt, die sich kümmern.

# Entstandene Grünräume

### Gemeinschaftspark statt kleinteiliger Parzellierung

Die Idee, eine gemeinschaftlich genutzte Parkanlage im Inneren der Blockrandbebauung zu realisieren, bestand bereits während des Bieterverfahrens. Für die Entwicklungsgesellschaft war von Anfang an klar, dass es ein „ökologisches Quartier" werden soll. Auch die Überzeugung der Gesellschafter, durch eine gemeinsame Freifläche den nachbarschaftlichen Zusammenhalt zu fördern, war ein Grund für die klare Haltung. Förderlich für die Idee war die maximale Bebauungstiefe von 19 m und die erforderliche Beseitigung der Altlasten. Der Versiegelungsgrad wurde von 70 Prozent auf 40 Prozent der gesamten Grundstücksfläche reduziert. Die einzelnen Grundstücksparzellen wurden im Innenbereich gleichermaßen unterteilt in ein Drittel Freifläche für die Hausgärten und zwei Drittel Freifläche für den Gemeinschaftspark. Auf der Nordseite des Geländes, an der Schwiebusser Straße, haben die Grundstücke 5 m Vorgarten, der Rücksprung beruht auf einer Besonnungsstudie, und 15 m Hausgarten. Im Osten, an der Friesenstraße, wird der fehlende Vorgarten dem 20 m tiefen Hausgarten zugerechnet. Das restliche Grundstück ist Gemeinschaftsfläche. Die Übergänge von Hausgärten und Gemeinschaftspark sind fließend. Im Sommer ist das Grünvolumen hoch und wächst über die Grundstücksgrenzen hinweg. Von außen ist der grüne Innenbereich weder zugänglich noch einsehbar.

Für den Gemeinschaftspark wurde ein Wettbewerb mit vier eingeladenen Büros nicht anonym durchgeführt. Das Konzept des Planungsbüros Teichmann hat die Jury, bestehend aus der Projektentwicklungsgesellschaft SQF und jeweils zwei Bevollmächtigten pro Haus, überzeugt. Die vorrangige Idee des Entwurfs war es, die alten bestehenden Bäume miteinzubeziehen. Geschätzt wurde die zusammenhängende Rasenfläche, die durch einen Rundweg alle Parzellen miteinander verbindet. Auch ist im Hinblick auf das begrenzte Budget – pragmatisch betrachtet – Grün günstiger als befestigte Flächen.[20]

### Pflanzen und Tiere

Das vor der Entwicklung beauftragte Umweltgutachten ergab, dass es in den bestehenden Bäumen und den ehemaligen Gebäuden Brut-, Nist-, und Versteckmöglichkeiten für Vögel und Fledermäuse gibt. Die Kompensation durch geeignete Vogelnistkästen und entsprechende Fledermausverstecke war nach dem Bundesnaturschutzgesetz obligatorisch. Zusätzlich zu dem weitgehend erhaltenen alten Baumbestand wurden 40 neue Bäume gepflanzt. Die Bewohnerinnen und Bewohner des Quartiers beobachten regelmäßig verschiedene Vogelarten wie Buntspechte und Eichelhäher.[21]

Der geringe Nutzungsdruck auf die Flächen ist ein Grund für das hohe Grünvolumen und den dichten Bewuchs. Durch die alten Bäume und die großzügige Rasenfläche werden die gemeinschaftlichen Grünflächen als ein Park wahrgenommen. Die differenzierte Bepflanzung in den Hausgärten mit ihren Staudenpflanzen, Pflanzbeeten und kleinen Rasenflächen bereichert das Naturerlebnis auf vielfältige Weise.

Alter Baumbestand Birke und Ahorn

Der Park mit mobilen Sitzgelegenheiten

2 FALLSTUDIEN

**Grün- und Freifläche im Untersuchungsgebiet pro Person**

15,1 m²
privat – gemeinschaftlich genutzt

**Nutzung und Funktion**
- Grünverbindung
- Erholung/Freizeit
- Gebäudebezogene Freiräume
- Spielen

**Ökologie und Klima**
- Klimawirksame Flächen
- Hohes Grünvolumen/Baumbestand
- Extensive Dachbegrünung

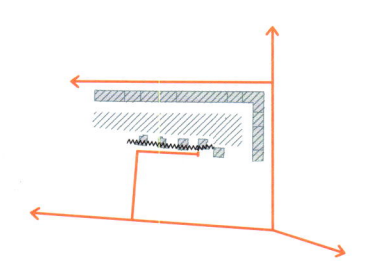

**Infrastruktur und Technik**
- Straße
- Retention
- Lärmschutz

2.7 STADTQUARTIER FRIESENSTRAßE

- Gemeinschaftlich genutze private Grünfläche
- Private Grünfläche
- Dachbegrünung
- Spielfläche
- Dichte Strauch- und Heckenvegetation
- Bäume

## Zugänglichkeit und Binnenklima

Die Hausgärten sind mit dem Rundweg des Parks verbunden. Zäune innerhalb des Quartiers sind verboten, zwischen den Hausgärten befinden sich aber dichte Hecken. Der südliche Teil des Grundstücks, der von einem anderen Investor entwickelt wurde, ist durch einen Zaun abgegrenzt. Von außen ist der Park auf keiner Seite des Grundstücks zugänglich. Die geschlossene Blockrandbebauung, Zäune, Tore und die Schallschutzmauer umgrenzen den Innenbereich und können je nach Wetterlage im Inneren des Blocks ein drückendes Binnenklima entstehen lassen. Die zurückgesetzten Gebäude und begrünten Vorgärten entlang der Schwiebusser Straße werten das Straßenbild auf und verbessern die Besonnung und Belichtung der gegenüberliegenden Bebauung. Eine weitere Grünvernetzung in den Stadtteil gibt es nicht, zumal öffentliche Grünräume in unmittelbarer Umgebung nicht vorhanden sind. Einige Bewohnerinnen und Bewohner nutzen die umliegenden alten Friedhofsanlagen als Spazierwege. Das Tempelhofer Feld als nahe gelegener sehr großer Freiraum wird weniger in die alltägliche Freizeit einbezogen.

2 FALLSTUDIEN

# Nutzung

### Lebensqualität für die Bewohnerschaft

Die privaten Freibereiche – Balkon oder Terrasse und Hausgärten – haben für die Bewohnerschaft eine große Bedeutung. Dies wird an ihrer Gestaltung und Pflege deutlich. Der Übergang von den privaten Erdgeschossgärten zu den gemeinschaftlichen Hausgärten ist kaum merklich und darf auch nicht durch Zäune abgegrenzt werden. In fast jedem Hausgarten gibt es Pflanzbeete, Kompoststellen, Sitzgruppen und dichte Sträucher. Unterschiedlich gelöst sind die Fahrradabstellbereiche je Haus. In manchen Häusern befinden sie sich im Vorgartenbereich, in anderen in den Hausgärten, eine Baugruppe hat einen Fahrradkeller. Die Balkone sind häufig mit vielen Blumenkübeln und Rankpflanzungen gestaltet und offensichtlich intensiv genutzt. Mit dem Blick von den Balkonen auf die Baumkronen fühlen sich die Bewohnerinnen und Bewohner inmitten von Grün.[22] An der Friesenstraße sind die Fassaden an einigen Stellen begrünt, auch Pflanzkübel vor den Eingangsbereichen schaffen eine lebendige Atmosphäre im Straßenraum.

Auch bei der Gestaltung des Gemeinschaftsparks stehen nicht primär ökologische Aspekte im Vordergrund, sondern die Bedürfnisse der Bewohnerschaft. Ein gemeinsames Projekt zur Mitgestaltung, das war die Vorstellung der Landschaftsarchitektin bei ihrem Entwurf. Kleine Konzerte, Sommerfeste, Kindergeburtstage oder Hochzeiten finden im Gemeinschaftspark statt. Dabei hat sich der Weidenpavillon bewährt, den die Bewohnerschaft unter fachmännischer Anleitung gemeinsam errichtet hat. Ein mit Rosen beranktes altes Mauerrelikt gibt dem Park Atmosphäre. Neben mobilen Sonnenliegen haben die Jugendlichen einen Bauwagen, der gemeinsam gestaltet und als Rückzugsort dienen soll. Besonders genutzt wird der Park von den Familien mit Kindern. Für die kleineren Kinder gibt es einen großen Sandbereich, für die etwas Älteren ein Klettergerüst und Spielgeräte. Der alte Baumbestand spendet Schatten, sodass der große Sandspielbereich von Familien und Kindern gut genutzt werden kann. Aber eigentlich ist der ganze Park ein großer Spielplatz, wie eine Bewohnerin feststellt. Die Kinder verstecken sich in den Hecken, besuchen Freunde in einem benachbarten Haus und nutzen die Wiese für ihre Spiele. Im Gebüsch sind Kriechtunnel entstanden, die deutlich zeigen, dass die Kinder sich nicht auf die vorgesehenen Spielbereiche beschränken. Für die Eltern bietet der Park die Möglichkeit, ihre Kinder allein spielen zu lassen, sie können nicht ohne Weiteres weglaufen, denn die einzigen Ein- und Ausgänge sind über die Treppenhäuser zu erreichen.

### Bewirtschaftung

Für die Pflege der Hausgärten ist jede Hausgemeinschaft selbst zuständig. Hier wird auf das Engagement von den Bewohnerinnen und Bewohnern gesetzt. Für die gemeinschaftliche Parkfläche hat sich eine Arbeitsgruppe gebildet, die einmal im Jahr die Fläche begeht und notwendige Instandhaltungsmaßnahmen festlegt.

Für die Pflege des Parks gibt es einen eigenen Bewirtschaftungsplan, an dem sich alle Eigentümerinnen und Eigentümer finanziell beteiligen. Für die Bewässerung der Anlagen wurde ein Grundwasserbrunnen hergestellt, für den 40 m tief gegraben werden musste. Auch wenn es schätzungsweise 10 bis 15 Jahre dauern

Blick in einen dicht bewachsenen Hausgarten im Juli 2020

Die Balkone sind auch intensiv begrünt und genutzt

2.7 STADTQUARTIER FRIESENSTRAßE

Der Übergang von der privaten Terrasse in den Hausgarten ist fließend

Die Hausgärten werden gemeinsam von der Bewohnerschaft ausgestattet und genutzt

wird, bis sich diese Investition rechnet, haben sich die Bewohnerinnen und Bewohner für den Brunnen entschieden. Über den Park verteilt und in jedem Hausgarten gibt es Wasserentnahmestellen. Somit muss für die Bewässerung des Grüns kein Trinkwasser verwendet werden. Die Bewässerung der Hausgärten wird ohne feste Regeln von unterschiedlichen Bewohnerinnen und Bewohnern übernommen, für den Gemeinschaftspark gibt es zusätzlich ein beauftragtes Gartenunternehmen.

**Freiraumbeauftragte und regelmäßige Treffen ersetzen feste Regeln**

Beteiligung und Diskussionen sind Teil des Projekts Stadtquartier Friesenstraße. Bei der Gestaltung des Gemeinschaftsparks fanden viele und zeitintensive Treffen statt. Dabei waren die Diskussionen unter den Bewohnerinnen und Bewohnern des Quartiers durchaus kontrovers und mühsam: An welche Stelle kommt der Spielbereich? Wo wird das Trafohäuschen platziert? Wo wird das Klettergerüst aufgestellt? Schnell wurde deutlich, dass alle Aktivitäten möglichst weit weg vom Wohnen, also am südlichen Rand des Grundstücks, verortet werden sollen.[23]

Im Gegensatz zu den gestalterischen Grundsätzen, die in den nachbarschaftlichen Vereinbarungen festgesetzt wurden, gibt es keine von Anfang an festgelegten Regeln für die Nutzung und Gestaltung der gemeinschaftlichen Freiräume und das Zusammenleben. Bei regelmäßigen Quartierstreffen werden Übereinkünfte bezüglich des Freiraums getroffen und Konflikte besprochen. Es gibt die Möglichkeit, Anträge für Regeln zu stellen, wenn es sonst keine andere Lösung gibt. Für einzelne Themen

Es werden vielfältige Pflanzgefäße verwendet

Spielen und Klettern im gemeinschaftlichen Innenbereich

## 2 FALLSTUDIEN

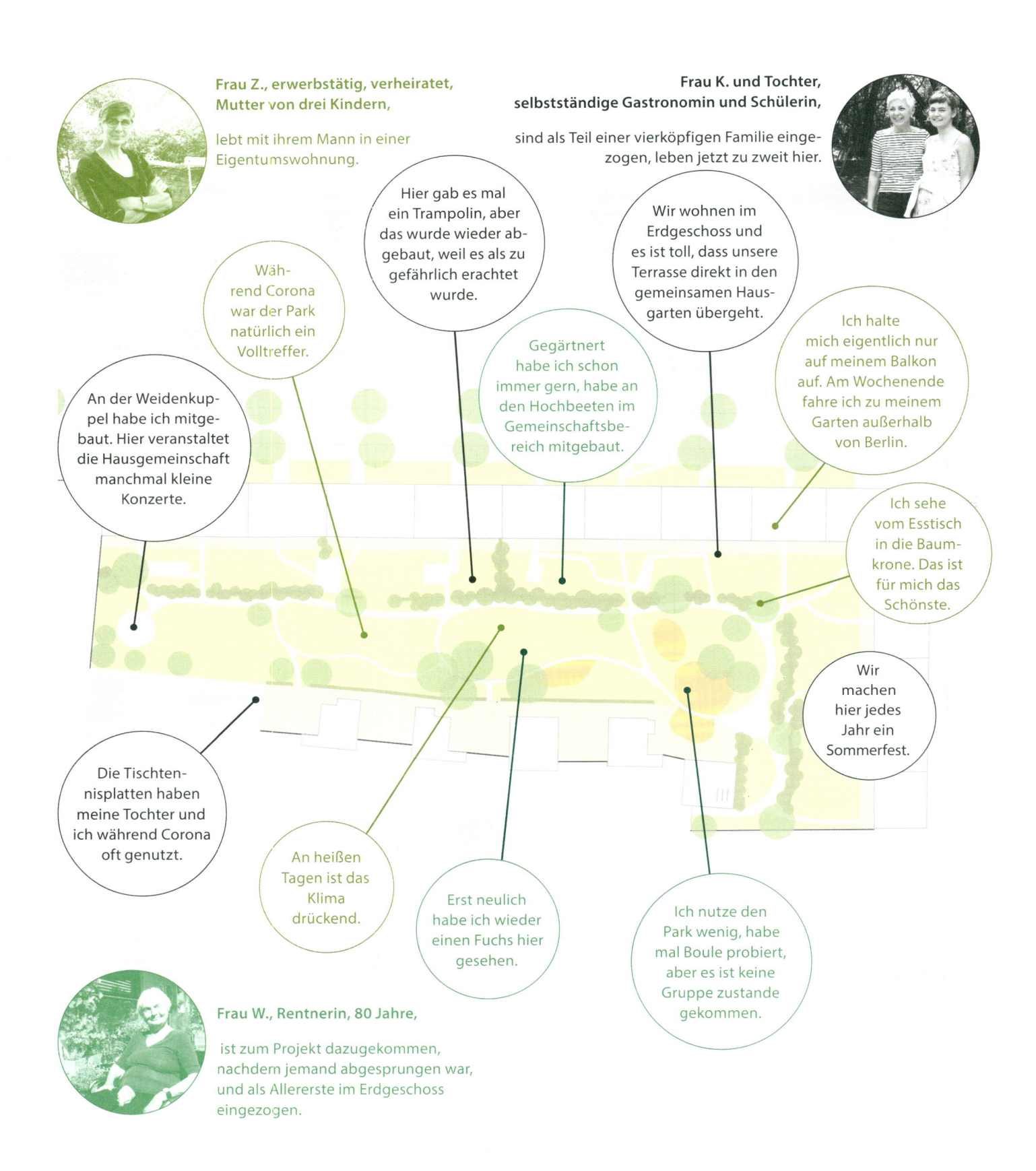

**Frau Z., erwerbstätig, verheiratet, Mutter von drei Kindern,** lebt mit ihrem Mann in einer Eigentumswohnung.

**Frau K. und Tochter, selbstständige Gastronomin und Schülerin,** sind als Teil einer vierköpfigen Familie eingezogen, leben jetzt zu zweit hier.

**Frau W., Rentnerin, 80 Jahre,** ist zum Projekt dazugekommen, nachdem jemand abgesprungen war, und als Allererste im Erdgeschoss eingezogen.

- Während Corona war der Park natürlich ein Volltreffer.
- Hier gab es mal ein Trampolin, aber das wurde wieder abgebaut, weil es als zu gefährlich erachtet wurde.
- Wir wohnen im Erdgeschoss und es ist toll, dass unsere Terrasse direkt in den gemeinsamen Hausgarten übergeht.
- An der Weidenkuppel habe ich mitgebaut. Hier veranstaltet die Hausgemeinschaft manchmal kleine Konzerte.
- Gegärtnert habe ich schon immer gern, habe an den Hochbeeten im Gemeinschaftsbereich mitgebaut.
- Ich halte mich eigentlich nur auf meinem Balkon auf. Am Wochenende fahre ich zu meinem Garten außerhalb von Berlin.
- Ich sehe vom Esstisch in die Baumkrone. Das ist für mich das Schönste.
- Wir machen hier jedes Jahr ein Sommerfest.
- Die Tischtennisplatten haben meine Tochter und ich während Corona oft genutzt.
- An heißen Tagen ist das Klima drückend.
- Erst neulich habe ich wieder einen Fuchs hier gesehen.
- Ich nutze den Park wenig, habe mal Boule probiert, aber es ist keine Gruppe zustande gekommen.

2.7 STADTQUARTIER FRIESENSTRAßE

Die Bewohnerschaft hat den Weidenpavillon gemeinsam errichtet

werden „Beauftragte" ernannt, die sich um die Umsetzung der Vereinbarungen kümmern. Zum Beispiel muss der Sandbereich abends abgedeckt werden, damit die Katzen aus dem Quartier die Spielfläche nicht verunreinigen. Eine Bewohnerin erzählte uns von einem mobilen Trampolin, das regelmäßig versetzt werden musste. Das Zusammenleben zeichnet sich dadurch aus, dass immer wieder neu verhandelt wird und sich alle einbringen können.[24]

# Resümee

Das Stadtquartier Friesenstraße zeigt, wie die doppelte Innenentwicklung im Rahmen einer Blockrandbebauung gelingen kann. Die Idee, im Inneren des Blocks einen großzügigen Grünraum herzustellen, liegt wohl auf der Hand, dennoch ist die Entwicklung des Projekts aus den gegebenen Rahmenbedingungen und den selbst gewählten Zielen etwas Besonderes. Entscheidend für das städtebauliche Konzept waren wirtschaftliche und rechtliche Faktoren sowie der örtliche Bezug der Beteiligten.

Für die eigens gegründete private Entwicklungsgesellschaft bestand ein beträchtliches finanzielles Risiko. Um eine möglichst geringe Entwicklungsdauer zu erreichen, setzten sich die Gesellschafterinnen und Gesellschafter dafür ein, das Konzept auf der Basis des § 34 BauGB zu entwickeln. Damit war baurechtlich die mögliche Dichte festgelegt und es stand fest, den Innenhof von vornherein freizuhalten. Nicht unbedeutend war auch die Entwicklung des Wohnungsmarktes. Zusätzlicher Wohnraum wurde dringend benötigt. Auch aus diesem Grund unterstützte das Bezirksamt die Parzellierung des Grundstücks zur Bebauung durch verschiedene Bauherren – Baugemeinschaften für selbst genutztes Wohnungseigentum, eine Genossenschaft und gewerbliche Unternehmen. Eigeninitiative, Mitbestimmung und ein aktives Miteinander der Bewohnerinnen und Bewohner waren wichtig.

## 2 FALLSTUDIEN

Die ökologischen Zielsetzungen zur Entwicklung des Grünraums gefielen den Beteiligten, planungsrechtlich spielten sie zur damaligen Zeit noch keine so große Rolle. Über das Freiraumkonzept mit einem großen Gemeinschaftspark wird die wohnungs- und siedlungsnahe Freiraumversorgung auf dem privaten Grundstück hergestellt. Mit durchschnittlich 14 m² gemeinschaftlichem Grün pro Einwohnerin bzw. Einwohner übersteigt der Versorgungsgrad die heute geforderten 13 m² öffentliche Grünflächen (6 m² wohnungsnah, 7 m² siedlungsnah).

Dass der grüne Innenbereich für die Bewohnerschaft eine besondere Qualität darstellt, steht außer Frage. Er bietet überdurchschnittlich viel Freiraum im gesamtstädtischen Vergleich und ermöglicht vielfältige Nutzungen für unterschiedliche Altersgruppen. Die höheren Kosten für den Freiraum sind ein fair kalkulierter Aufwand, den man sich gemeinschaftlich leistet. Die damit verbundenen Qualitäten ließen eine homogene, gut situierte Bewohnerschaft zusammenkommen. Nachbarschaftsrechtliche Vereinbarungen verbieten Zäune im Inneren des Blocks, von außen gibt es für Nichtbewohnerinnen und -bewohner keinen Zugang. Aufgrund der geschlossenen Bebauung bleibt das üppige Grün privat. Für die Grünvernetzung in den Stadtteil oder für übergeordnete Grünraumstrategien auf der Ebene der Landschaftsplanung spielt der geschützte Freiraum keine Rolle. Ökologisch betrachtet wurde hier ein hohes Grünvolumen geschaffen, der Boden wurde stark entsiegelt und die Dächer sind extensiv begrünt. All diese wichtigen Aspekte könnten einen weitreichenderen Effekt auf das Klima und die Natur der Stadt haben, wenn sie in ein größeres Konzept eingebunden wären. Regenwassermanagement, Grünraumvernetzung und das Ermöglichen von Kaltluftströmen können nicht allein von privaten Akteurinnen und Akteuren geleistet werden. Vor allem die wichtige Grünraumvernetzung für den Biotopverbund und für das Kleinklima kann nur mit der Stadtplanung entwickelt werden.

---

1  Senatsverwaltung für Stadtentwicklung und Umwelt: Strategie Stadtlandschaft Berlin. Natürlich urban produktiv. Berlin 2014. http://www.berlin.de/senuvk/umwelt/landschaftsplanung/strategie_stadtlandschaft/download/Strategie-Stadtlandschaft-Berlin.pdf (Zugriff am 30.03.2022)

2  Landschaft Planen & Bauen; Becker Giseke Mohren Richard: Der Biotopflächenfaktor als ökologischer Kennwert. Grundlagen zur Ermittlung und Zielgrößenbestimmung. Auszug. Berlin 1990.

3  Im Radius von 500 m erreichbar und ab einer Größe von 0,5 ha

4  Im Radius von 1500 m erreichbar und ab einer Größe von 10 ha

5  Senatsverwaltung für Stadtentwicklung (Hrsg.): Stadtentwicklungskonzept Berlin 2020. Statusbericht und perspektivische Handlungsansätze. Berlin 2004, S. 115

6  Ebd. S. 75

7  Ebd. S. 76

8  Ebd. S. 75

9  Gottfriedsen, H.: Berliner Parks und Plätze – Aspekte der Planung, des Baus und der Pflege für die öffentliche Hand. In: Informationen zur Raumentwicklung 11/12/2004, S. 687–693

10  Senatsverwaltung für Stadtentwicklung (Hrsg.): Stadtentwicklungskonzept Berlin 2020. Statusbericht und perspektivische Handlungsansätze. Berlin 2004.

11  Senatsverwaltung für Stadtentwicklung und Umwelt: Stadtentwicklungsplan Klima. KONKRET. Klimaanpassung in der Wachsenden Stadt. Berlin 2016. https://www.stadtentwicklung.berlin.de/planen/stadtentwicklungsplanung/download/klima/step_klima_konkret.pdf (Zugriff am 30.03.2022), S. 1

12  Senatsverwaltung für Stadtentwicklung und Umwelt: Berliner Strategie zur Biologischen Vielfalt. Begründung, Themenfelder und Ziele. Berlin 2012. https://www.berlin.de/sen/uvk/_assets/natur-gruen/biologische-vielfalt/publikationen/biologische_vielfalt_strategie.pdf (Zugriff am 30.03.2022), S. 24

13  Senatsverwaltung für Stadtentwicklung und Wohnen: Versorgung mit öffentlichen, wohnungsnahen Grünanlagen (Ausgabe 2017). 2017. https://www.berlin.de/umweltatlas/_assets/nutzung/oeffentliche-gruenanlagen/de-texte/kb605.pdf (Zugriff am 30.03.2022)

14  Senatsverwaltung für Stadtentwicklung und Umwelt: Berlinstrategie. Stadtentwicklungskonzept Stadtentwicklungskonzept Berlin 2030. Berlin 2015. https://stadtentwicklung.berlin.de/planen/stadtentwicklungskonzept/download/strategie/BerlinStrategie_de_PDF.pdf (Zugriff am 30.03.2022), aktualisiert 2016 und 2021

15  Der Regierende Bürgermeister von Berlin – Senatskanzlei: Berlinstrategie 3.0. Solidarisch, nachhaltig, weltoffen. Berlin 2016. https://www.stadtentwicklung.berlin.de/planen/stadtentwicklungskonzept/ (Zugriff am 30.03.2022), S. 55

16  Ebd., S. 56 und S. 5

17  Fokusgruppengespräch 16.07.2020

18  Ebd.

19  UmweltBank AG. 2014. https://www.umweltbank.de/_Resources/Persistent/7/e/8/d/7e8ded8038ffbb335021ae24a9339f96a5a403aa/BU71.pdf (Zugriff am 30.03.2022)

20  Fokusgruppengespräch 16.07.2020

21  Ebd.

22  Bewohnerspaziergang 16.07.2020

23  Fokusgruppengespräch 16.07.2020

24  Bewohnerspaziergang 16.07.2020

# Stadtquartier Friesenstraße, Berlin

The Friesenstraße urban quarter shows how a dual inner-city development can succeed in the context of city block development. The idea of creating a large green space inside the block may well be obvious, but the challenging site characteristics and the self-imposed goals elevate the development project. Economic and legal factors, as well as the need to connect all stakeholders, were decisive for the urban development concept.

There was a considerable financial risk involved for the specially founded private development company. In order to achieve the shortest possible development timeline, the shareholders advocated basing the concept on Section 34 of the German Building Code. Thus, the potential density was determined directly in the development control process rather than in the binding local development plan process and it was a certainty that the courtyard would be kept open from the outset. The development of the housing market was also significant. Additional living space was urgently needed, and because of this, the local planning authority also supported the subdivision of the site for development by various builders – building cooperatives for owner-occupied housing, a cooperative and commercial enterprises. Personal initiative, co-determination and active cooperation of the residents were vital.

The ecological objectives for the development of the green space appealed to the stakeholders; such objectives did not play a major role in terms of planning law at the time. The supply of residential open space was established on the private property using the open space concept of a large community park. With an average of 14 $m^2$ of community green space per resident, the provisioning exceeded the 13 $m^2$ of public green space required today (6 $m^2$ close to housing, 7 $m^2$ close to the development).

There is no question that the green courtyard is treasured by residents. It offers an above-average amount of open space compared to the city as a whole and allows for a variety of uses for different age groups. The higher cost of open space is a fairly calculated expense that is affordable collectively. Its design has allowed a homogeneous, well-off resident population to come together. Neighbourhood covenants prohibit fences inside the block, and there is no access from the outside for non-residents. The gated aspect means that the lush areas of greenery remain private. However, private open space does not play a role in green connectivity into the district or in higher-level green space strategies at the landscape planning level. From an ecological perspective, a high volume of greenery has been created here, the soil remains largely unsealed and the roofs have been extensively greened. All of these important aspects could have had a more far-reaching effect on the climate and nature of the city, had they been integrated into a larger concept. Storm water management, green space connectivity, and the facilitation of cold air flows cannot be accomplished by private actors alone. Above all, the important networking of green space for the biotope and for the microclimate can only be developed via urban planning.

## 2.8 TRIEMLI-SIEDLUNG
*ERSATZNEUBAU MIT GEMEINSCHAFTLICHEM GRÜNEM INNENHOF*

ZÜRICH, ALBISRIEDEN – KREIS 9

## 2 FALLSTUDIEN

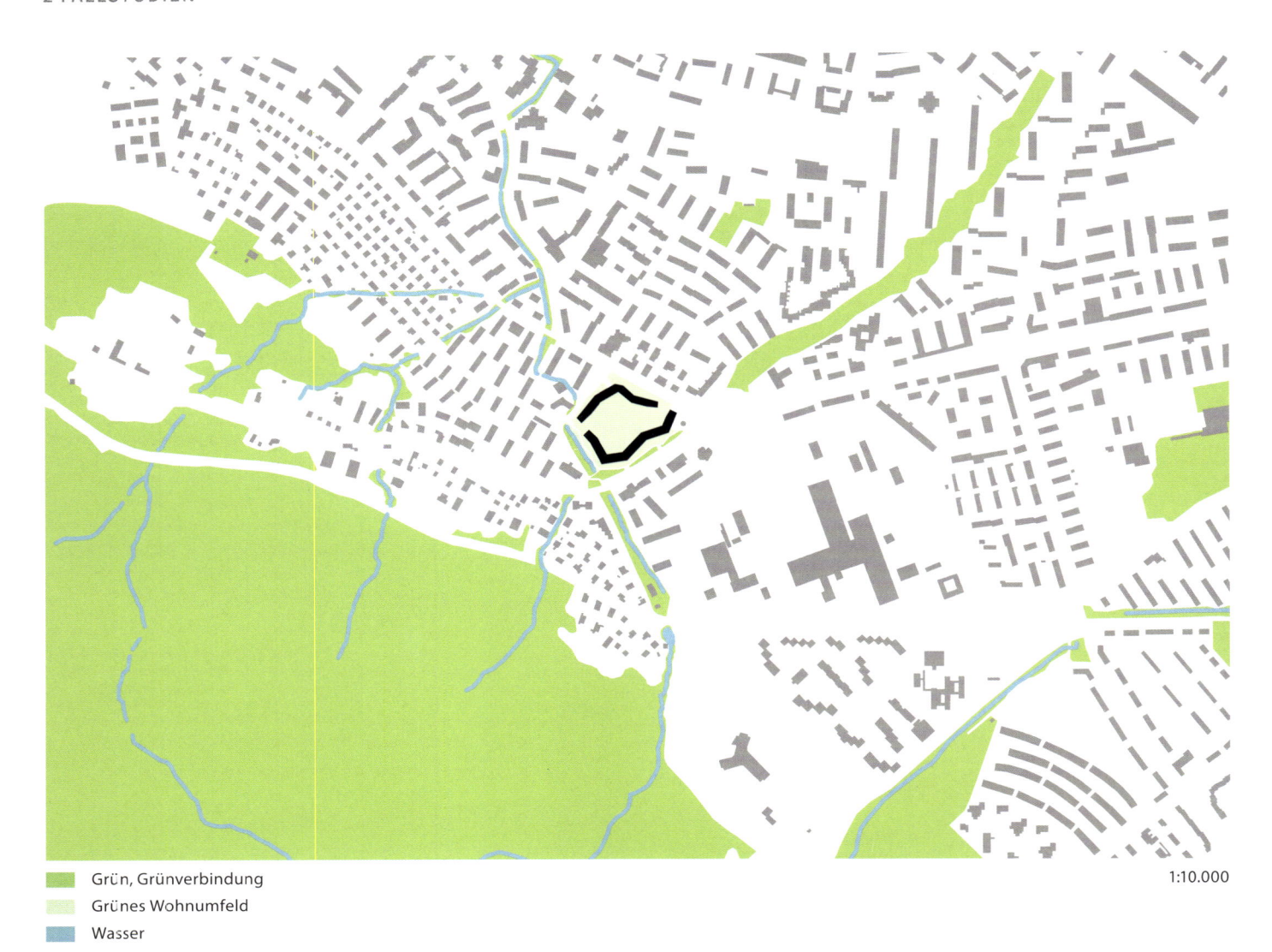

■ Grün, Grünverbindung
■ Grünes Wohnumfeld
■ Wasser

1:10.000

**GRÖSSE**
Grundstücksfläche: ca. 1,8 ha
davon Freifläche: ca. 1,36 ha

**PLANUNGS- UND ENTSTEHUNGSZEIT**
seit 2004   hausinterne Planung der Baugenossenschaft Sonnengarten
2006        Wettbewerb Ersatzneubauten
2007–2012   Realisierung Ersatzneubauten
2017        Gartenband im begrünten Innenhof

**ART DER PLANUNG**
Wettbewerbsverfahren für Ersatzneubauten und Grünflächen

**AKTEURINNEN UND AKTEURE**
**Bauherr:** Baugenossenschaft Sonnengarten
**Landschaftsarchitektur:** mavo Landschaften, Zürich
(ehemals vi.vo.architektur.landschaft)
**Architektur:** von Ballmoos Krucker Architekten, Zürich

**STÄDTEBAU UND HAUSTYPEN**
- 6-geschossige Blockbebauung, nach Nordosten sowie Westen geöffnet
- ca. 200 Wohn- und Nutzungseinheiten, davon ca. 192 Genossenschaftswohnungen für 499 Bewohnerinnen und Bewohner (324 Erwachsene und 175 Kinder); überwiegend größere Wohnungen mit mehr als 100 m² sowie 8 1,5-Zimmer-Wohnungen und 42 2,5-Zimmer-Wohnungen
- außerdem Pflegewohnungen, Hort, Atelier, Gemeinschaftsraum
- 154 Tiefgaragenstellplätze im Untergeschoss und einige Besucherstellplätze
- hohe Geschossflächenzahl (GFZ) von ca. 1,9; fast 36.000 m² Geschossflächen (GF)*
- Wohndichte: ca. 111 Wohn- und Nutzungseinheiten pro ha Grundstücksfläche

\* mavo GmbH. https://mavo.la/ (Zugriff am 24.06.2020); von Ballmoos Krucker Architekten AG. www.vbk-arch.ch (Zugriff am 30.03.2022)

## Länderkontext Schweiz

Die Schweiz setzt im Bereich der gebauten Umwelt sowie der Grün- und Freiflächenplanung auf eine Aufgabenteilung zwischen Bund, Kanton und Gemeinden. Der Bund stellt dabei im Rahmen der Gesetzgebung die Grundsätze der Raumplanung auf, wobei ein Gegenstromprinzip zur Anwendung kommt. Die mit Planungsaufgaben betraute Behörde achtet stets darauf, den nachgeordneten Behörden nötige Ermessensspielräume zu lassen. Entsprechend dem Subsidiaritätsprinzip werden somit die Ziele der Raumplanung auf möglichst tiefer Entscheidungsstufe umgesetzt. Von zentraler Bedeutung im hier relevanten Kontext ist gemäß Art. 1 Raumplanungsgesetz (RPG) das Ziel, den Boden haushälterisch zu nutzen und die Siedlungsentwicklung nach innen zu lenken, unter Berücksichtigung einer angemessenen Wohnqualität, entsprechend dem Leitbild der kompakten Stadt.

Die Verantwortung für die Raumplanung liegt gemäß Bundesverfassung bei den Kantonen. Das Planungs- und Baugesetz (PBG) bildet z. B. im Kanton Zürich die rechtliche Grundlage für die Raumplanung. Der kantonale Richtplan wiederum ist das zentrale Instrument zur strategischen Steuerung der Raumentwicklung. Im Kanton Zürich sind dabei die 162 Gemeinden in insgesamt elf Planungsgruppen zusammengeschlossen. Diese sind für die Erarbeitung der regionalen Richtpläne verantwortlich, die vom Regierungsrat festgesetzt werden. Der Rahmen des kantonalen Richtplans wird hier differenziert, unter Berücksichtigung regionaler Bedürfnisse.

Die Gemeinden unterscheiden in der Nutzungsplanung zwischen Bau-, Landwirtschafts- und Schutzzonen. Für die Bauzonen werden die zulässigen Nutzungen und das Maß der Ausnutzung festgelegt. Zur Nutzungsplanung gehört im Kern die Bau- und Zonenordnung (BZO). Sie bestimmt für das gesamte Stadtgebiet parzellenscharf und außenverbindlich die Ausnutzbarkeit der Baugrundstücke und die Anforderungen an Begrünung von Gebäuden sowie Freiflächen. Weitere Festlegungen können durch Erschließungs-, Baulinien- und Gestaltungspläne sowie Sonderbauvorschriften erfolgen. Die Nutzungsplanung ist dabei außenwirksam gegenüber Grundstückseigentümerinnen und -eigentümern.

Zusätzlich zu den vorgenannten Planungen ist zu erwarten, dass einige sektorale oder auch nur behördenverbindliche Planungsdokumente eine – mitunter indirekte – Wirkung auf die Stadt- und Freiraumentwicklung haben. Beispielsweise ist seit 2007 der Masterplan Umwelt in Zürich das Steuerungsinstrument des Stadtrats für die städtische Umweltpolitik. Er nennt die zentralen Herausforderungen, bündelt die Umweltziele und legt für die Zielerreichung relevante Handlungsschwerpunkte fest. Er wird alle vier Jahre überprüft und aktualisiert. Dieser Plan bezieht sich zwar ausschließlich auf die Entwicklung öffentlicher Freiflächen, allerdings wird damit auch die Messlatte für private Flächenentwicklungen mitbestimmt. Gleichermaßen von Bedeutung erscheint der „Methodenbeschrieb" für „Die Freiraumversorgung der Stadt Zürich und ihre Berechnung", der ebenfalls behördenverbindlich ist. Die Stadt Zürich hat sich dabei das Ziel gesetzt, der Wohnbevölkerung und den Beschäftigten zur alltäglichen Erholung im Quartier ein angemessenes und gut fußläufig erreichbares Freiraumangebot zu bieten, das pro Einwohnerin bzw. Einwohner 8 m² und pro dort beschäftigter Person 5 m² öffentlich zugänglicher, nutzungsoffener Freifläche beinhalten soll. Die Definition „öffentlicher Zugänglichkeit" in diesem Dokument lässt einen gewissen Interpretationsspielraum zu, sodass unter Umständen auch die privaten, aber nicht abgeschlossenen Freiflächen der nachfolgenden Fallstudien in Basel und Zürich einbezogen werden könnten.

## Ausgangslage

Zu Beginn der planerischen Überlegungen für das Quartier Triemli steckten die grün- und freiraumbezogenen formellen Vorgaben der Stadt Zürich noch in den Kinderschuhen. Im Rahmen verschiedener neuer Stadtteilentwicklungen auf Industriebrachen in Zürich-Nord, -Süd und -West wurden diese Themen verstärkt diskutiert und fanden nach und nach ihren Niederschlag in städtischen Dokumenten sowie in der Planungspraxis.[1] Der Fokus lag dabei allerdings zunächst auf städtischen Grünräumen. Ein Ergebnis dieser Entwicklung ist der Masterplan Umwelt der Stadt Zürich, der – allerdings erst seit dem Jahr 2007 – konkrete Zielsetzungen für öffentliche Grünflächen vorgibt.

Im Rahmen der vorgenannten Stadtentwicklung wuchs das Bewusstsein, auch zunehmend private Grün- und Freiflächen einzubeziehen und quantitativ sowie qualitativ zu reglementieren.[2] Dabei traf die Stadt Zürich in ihrer gesamtstädtischen Bau- und Zonenordnung (BZO) außenverbindliche quantitative Regelungen zur Grüngestaltung von Gebäuden und Freiflächen auf privaten Baugrundstücken (siehe dazu auch nachfolgende vertiefende Ausführungen zu Planungsinstrumenten). Bedingt durch den rechtlichen Rahmen der BZO muss bei Städtebau- und Hochbauprojekten eine diesbezügliche Auseinandersetzung zwingend stattfinden.

In Zürich entwickelte sich über die vergangenen Jahrzehnte eine hohe Planungskultur, die sich insbesondere im verstärkten Einsatz von Wettbewerbsverfahren zur Generierung von hochwertigem Städtebau und qualitätsvoller Architektur widerspiegelt.[3]

## 2 FALLSTUDIEN

Insbesondere große Immobilienbesitzer und Projektentwickler haben offensichtlich erkannt, dass sie im Dialog mit der Stadt Zürich ambitioniertere Projekte realisieren können, wenn sie bereit sind, den Mehraufwand von Testplanungen und Wettbewerben zu tragen.[4] Das Quartier Triemli ist ein gutes Beispiel dafür und fügt sich damit in das Leitbild der kompakten Stadt ein, das auch vom rahmensetzenden schweizerischen Raumplanungsgesetz vorgegeben wird.

### Städtebaulicher Kontext

Das Baugrundstück befindet sich in integrierter Lage am westlichen Siedlungsrand des Stadtgebiets von Zürich, in unmittelbarer Nähe des Bus- und Straßenbahnknotens Triemliplatz, am Rand des Stadtteils Albisrieden. Im Nordosten wird die Fläche von der Triemlistraße begrenzt, im Südosten von der Birmensdorferstraße. Beide Straßen haben einen lebendigen und urbanen Charakter. Dies bedingt allerdings auch eine hohe Belastung durch Straßenverkehrslärm. Die Westseite des Baugrundstücks grenzt an bestehende Siedlungsteile aus den 1940er-Jahren. In der Nachbarschaft finden sich frei stehende Einfamilienhäuser ebenso wie verdichtete Einfamilienhausstrukturen und Geschosswohnungsbau, aber auch Sondernutzungen wie das Stadtspital Triemli, eine Tankstelle mit Supermarkt und Beherbergungsbetriebe.

### Umgebungsbezug, Klima

Der Klimawandel hat bereits heute spürbare Folgen für die Stadt Zürich, wobei die Veränderungen und die Folgewirkungen vielfältig sind: Einerseits treten heiße Sommer mit langen Hitzeperioden und damit einhergehenden Gesundheitsbelastungen auf, andererseits erhöhen intensivere und häufiger auftretende Regenfälle das Risiko für Überschwemmungen.[5]

Im Quartier Triemli ist die Topografie des Geländes durch den Uetliberg geprägt, wobei städtebauliches und landschaftsarchitektonisches Konzept diese explizit aufnehmen.

Das öffentliche Wegenetz wird durch einen frei zugänglichen Hauptweg durch den Innenhof des Triemli-Quartiers ergänzt, der nun die Rossackerstraße mit dem Triemliplatz verbindet. Die Ausrichtung der Haupteingänge der jeweiligen Gebäude zu den öffentlichen Verkehrsflächen unterstützt dabei auch eine klare Adressbildung. Die unterschiedlich gestalteten Grünbereiche zwischen Baublock und öffentlichen Verkehrsflächen schaffen in diesem Kontext einerseits einen Pufferbereich zum Straßenverkehr und vermitteln andererseits zur Nachbarbebauung. Dabei wurden, wo dies möglich war, alte Bäume erhalten. Unterschiedliche Bepflanzungen sorgen für an das Umfeld angepasste Stimmungen, wie beispielsweise Schwarzkiefern an der Südseite, deren sommerlicher Duft eine fast mediterrane Atmosphäre schafft. Gleichzeitig haben die Pflanzungen eine positive Wirkung auf das Kleinklima, wobei allerdings die bislang bestehende Baumkronenüberdeckung noch nicht überall ausreichend Schatten an heißen Sommertagen spendet. Die zwei Öffnungen des Baublocks in Hauptwindrichtung haben eine große Bedeutung für das Klima im Blockinnenbereich und entfalten eine spürbare Durchlüftungswirkung. Die Luftqualität wird dabei durch Baumfilter unterstützt. Entlang des Kellerweges im Westen grenzt ein naturnah erhaltener und gestalteter Bachlauf an.

Über Knicke und Abstaffelungen vermitteln die sehr großmaßstäblichen Gebäude zur teilweise deutlich kleinteiligeren Bebauung in der Umgebung.

Blockrand an der Birmensdorferstraße – urbane städtebauliche Dichte schützt vor Straßenverkehrslärm im Innenhof

Innenhof – hohe städtebauliche Dichte mit effizienter Flächennutzung schafft Platz für Grün

# Planung

## Akteurinnen und Akteure

Zentrale Akteurin ist die Baugenossenschaft Sonnengarten, die als Grundstückseigentümerin aus eigenem Antrieb dieses Projekt der doppelten Innenentwicklung initiierte. Ursächlich waren dafür einerseits die in die Jahre gekommene Substanz der ursprünglichen Siedlung aus den 1940er-Jahren wie auch das Ziel, durch eine höhere Flächeneffizienz mit entsprechender städtebaulicher Dichte eine größere Anzahl an Wohnungen im angespannten Züricher Wohnungsmarkt zur Verfügung stellen zu können. Beides sind originäre Aufgaben einer Wohnungsbaugenossenschaft.

Den Rahmen insbesondere für die quantitativen, aber auch teilweise für die qualitativen Anforderungen an die privaten Grün- und Freiflächen setzte die Stadt Zürich (vgl. BZO). Die Baugenossenschaft nutzte die Möglichkeiten innerhalb dieses Rahmens, um eine höhere städtebauliche Dichte auf Basis des ausgleichenden Elementes Grün- und Freiraum zu realisieren. Die Ausgestaltung und Qualitäten im Detail wurden allerdings auch maßgeblich durch die Bewohnerschaft geprägt. Dies erfolgte mitunter auch im Rahmen einer kontroversen Diskussion zwischen Bewohnerschaft und Genossenschaftsverwaltung.

## Finanzierung

Das Baugrundstück befand sich bereits zum Zeitpunkt der Planung im Eigentum der Baugenossenschaft Sonnengarten. Die Finanzierung des Projekts erfolgte über zwei Bausteine, wobei einerseits 65 Prozent Bankkredite und andererseits 35 Prozent Eigenkapital eingesetzt wurden.[6]

## Planungsinstrumente

Im Zuge der Planung und Realisierung der Triemli-Siedlung kam eine Mischung aus formellen und informellen Planungsinstrumenten zum Einsatz. Wichtigstes formelles Instrument war die Bau- und Zonenordnung (BZO) Zürich (in der für die Planung maßgeblichen Fassung von 2005). Die Baugenossenschaft Sonnengarten beteiligte sich im Vorfeld nicht direkt als betroffene Grundstückseigentümerin an den formellen Planungsverfahren der Stadt Zürich. Eine solche Beteiligung erfolgt jedoch indirekt über einen Verband, der die Interessen von Wohnungsbaugenossenschaften vertritt.[7]

Probleme und übermäßige Einschränkungen bezüglich der Geschossflächenzahl, Anzahl der Vollgeschosse oder Gebäudehöhe wurden seitens des Bauherrn nicht gesehen, da die rahmensetzende BZO einige Flexibilität hinsichtlich der städtebaulichen Dichte beinhaltet. In diesem Kontext strebte die Baugenossenschaft die maximal planungsrechtlich zulässige bauliche Ausnutzung an – also den größten anzunehmenden Planungsfall.[8] Das hier relevante Baugrundstück ist laut BZO Zürich der Wohnzone W4 zugeordnet.[9] Die BZO sah damit für das Baugrundstück eine Ausnützungsziffer von 130 Prozent vor (anrechenbare Baugrundstücks-/Landfläche × Ausnützungsziffer = maximale Bruttogeschossfläche). Ferner waren maximal vier Vollgeschosse sowie ein anrechenbares Untergeschoss und ein anrechenbares Dachgeschoss bei einer Gebäudehöhe von maximal 14,7 m als zulässig festgesetzt. Allerdings sind im Zuge der sogenannten Arealüberbauung eines Baugrundstücks auf Basis eines einheitlichen städtebaulichen Konzepts bestimmte Überschreitungen dieser städtebaulichen Kennzahlen möglich. Diese Überschreitungsmöglichkeiten wurden im vorliegenden Fall genutzt. In der hier relevanten festgesetzten Wohnzone W4 wurden dabei Überschreitungen der Geschossflächenobergrenzen ermöglicht sowie bis zu sieben Vollgeschosse und bis zu 25 m hohe Gebäude zulässig.

Nicht nur die realisierte städtebauliche Dichte wurde durch die Rahmensetzungen der BZO geprägt, sondern auch Umfang und teilweise die Qualität der realisierten Grün- und Freiflächen. So gelten gemäß Art. 11 der BZO 2005 für die Wohnzone W4 der Triemli-Siedlung weiterhin folgende planungsrechtliche Regelungen zu „Begrünung; Spiel- und Ruheflächen; Gärten":
- Flachdächer sind, soweit sie nicht als Terrassen genutzt werden, in allen Zonen zu begrünen, wenn dies zweckmäßig sowie technisch und wirtschaftlich zumutbar ist.
- Bei der Erstellung von Hauptgebäuden sind in Wohnzonen

Adressbildung und Vermittlung zur Nachbarschaft durch Orientierung der Wohnungseingänge zur Erschließungsstraße und Grünstreifen mit Baumpflanzung

mindestens zwei Drittel (…) der nicht mit Gebäuden überstellten Parzellenfläche zu begrünen.
- Ein der Art der Überbauung entsprechender Teil ist als Spiel- oder Ruhefläche oder als Freizeit- oder Pflanzgarten herzurichten.

Die Formulierungen dieser Regelungen drücken einerseits die zwingende Verbindlichkeit aus („sind … zu begrünen"), andererseits eröffnen sie durch eine relativ geringe Festsetzungstiefe sowie den Ansatz der „offenen Bücher" eine gewisse Flexibilität. So kann beispielsweise ein „Freizeit- oder Pflanzgarten" in sehr unterschiedlicher Form erstellt werden und damit jeweils die Anforderungen der BZO erfüllen. Weiterhin wird auf die technische und wirtschaftliche Zumutbarkeit abgestellt, sodass ein Projektentwickler auf Basis seiner offengelegten Bücher beispielsweise die Grenzen der finanziellen Zumutbarkeit begründen kann.

## Planungsverfahren

Die Planung der Triemli-Siedlung erfolgte im Rahmen eines mehrstufigen Prozesses, bei dem unterschiedlich intensive partizipative Bausteine und Wettbewerbsverfahren für die Grün- und Freiflächengestaltung des Innenhofs maßgeblichen Einfluss auf die entstandenen Qualitäten hatten.

Frühzeitig im Planungs- und Genehmigungsprozess eingebunden wurden Mitglieder des Vorstandes der Genossenschaft ebenso wie Bewohnerinnen und Bewohner sowie ein Vertreter der Stadt Zürich aus dem Bereich Bauaufsicht, der für die Genehmigung des Vorhabens zuständig war.[10] Durch diese Zusammensetzung wurden insbesondere zwei Ziele verfolgt: einerseits von Anfang an die originären Interessen der (zukünftigen) Bewohnerinnen und Bewohner einzubinden und andererseits möglichst frühzeitig eine Einschätzung der Genehmigungsbehörde zu erhalten.[11] Beides war offensichtlich relativ erfolgreich, da zwar etliche Auflagen und Nacharbeiten mit der Baugenehmigung zu erfüllen waren, dies aber die Grundzüge der Planung nicht berührte.[12] Im Wesentlichen bedeutete dies, dass die Landschafts- und Hochbauarchitekten das Projekt lediglich technisch weiter detaillieren und die Auflagen abarbeiten mussten.

Bereits im Vorfeld des Bezuges brachte sich die Stadt Zürich u. a. auch über zwei Quartierskoordinatorinnen ein, die gemeinsam mit den Bewohnerinnen und Bewohnern – u. a. im Rahmen von World Cafés bei einem Einzugsworkshop – an den Vorstellungen für die zukünftige Quartiersentwicklung arbeiteten.[13] In der Folge wurde ein Wettbewerb zur Optimierung der Freiflächengestaltung hausintern angestoßen und koordiniert – gemeinsam mit den Bewohnerinnen und Bewohnern. Dabei wurde von der Baugenossenschaft – auf Wunsch und unter reger Mitwirkung von Bewohnerinnen und Bewohnern – eine sogenannte erweiterte Baukommission eingerichtet. Die Zusammenarbeit zwischen Bewohnerschaft und Genossenschaftsverwaltung war mitunter von Herausforderungen geprägt. Dabei wurde aus Bewohnersicht u. a. die traditionell eher konservative Haltung der Genossenschaft als Hürde erlebt, gerade wenn es darum ging, innovative Ideen umzusetzen.[14] Auch stellte die Ergebnissicherung der internen Workshops eine zunächst ungeklärte Frage dar, die kooperativ zu überwinden war.

## Ziele und Zielkonflikte bei der Planung

Im Rahmen der Planung traten wenige klassische Zielkonflikte auf, wie u. a. zwischen Freizeitnutzungen einerseits und ökologischen Belangen andererseits. Dieser spezifische Konflikt wurde durch spezielle Pflanzmischungen je nach Intensität der geplanten Nutzung adressiert. Ferner sollten die natürlichen Bodenfunktionen und Schichtungen so weit wie möglich erhalten werden, was in Widerspruch zu einer Probebohrung im Kontext einer Geothermie stand. Um diesen Eingriff auszugleichen, wurden nach der Exploration die ursprünglichen Bodenschichtungen, beraten durch einen Geologen, bestmöglich wiederhergestellt.

Der klassische Konflikt zwischen Kinder- und Sportaktivitäten gegenüber dem Ruhebedürfnis im Innenhof wurde durch unterschiedliche räumliche Zonen berücksichtigt. Ferner wird im Bereich der befestigten Flächen durch abgestimmte – z. B. extraraue – Beläge darauf abgezielt, dass bestimmte Nutzungen – wie etwa das Skaten – nicht gefördert werden. Zudem wird Kinderspielen räumlich konzentriert z. B. durch ein Wasserspiel und entsprechende Möblierung.

Allerdings entsprach das ursprüngliche landschaftsarchitektonische Konzept noch nicht gänzlich den Wünschen der Bewohnerinnen und Bewohner. Diese wollten weitergehend einbezogen werden und eigene Ideen einbringen, wie beispielsweise Flächen und Pflanzkisten für Urban Gardening. Die Innenhofgestaltung wurde daher in mehreren Phasen fortentwickelt, um diese Bewohnerwünsche zu realisieren.

Auf Bewohnerinitiative hin nachträglich realisierte Pflanzkästen

# Entstandene Grün- und Freiräume

Das Gesamtkonzept entstand in enger Abstimmung zwischen Städtebau, Hochbau und Landschaftsarchitektur. Mit über 100 Wohneinheiten pro Hektar ist die städtebauliche Dichte des Quartiers als hoch zu bezeichnen. Diese Dichte wird durch eine relativ hohe Geschossflächenzahl (GFZ) von circa 1,9 erzielt, wobei verteilt auf maximal sechs Vollgeschosse (ohne das zusätzliche Untergeschoss mit Tiefgarage einzubeziehen) fast 36.000 m² Geschossflächen (GF) realisiert wurden. Durch dieses Bauen in die Höhe konnte die Fläche des Baugrundstücks sehr effizient genutzt werden. Die damit einhergehende vergleichsweise geringe Grundflächenzahl (GRZ) von weniger als 0,3 – also weniger als 30 Prozent überbauter Baugrundstücksflächen – erlaubt großzügige gemeinschaftliche Freiräume.[15]

Der terrassierte, weitgehend begrünte Innenhof nutzt die natürliche Topografie des von Süden nach Norden stark abfallenden Geländes und umfasst Außenräume von unterschiedlichen räumlichen Qualitäten sowie Nutzungen. Dieser eingefasste, ruhige „Stadtgarten" ist identitätsstiftendes Hauptelement der Siedlung.[16] Auf der Blockaußenseite liegt zwischen öffentlichen Straßenverkehrsflächen und Bebauung auch ein begrünter Bereich mit privaten Erschließungswegen zu den einzelnen Gebäudeeingängen. Den Bewohnerinnen und Bewohnern stehen ca. 13.600 m² gemeinschaftlich zu nutzende Freiflächen auf dem Baugrundstück zur Verfügung, was einem Verhältnis von über 27 m² privater Freiflächen pro Einwohnerin/Einwohner entspricht.

### Grünräume – „Natur"

Die Ost-West-Öffnung und Durchlässigkeit der offenen Blockbebauung fördern die Durchlüftung und damit ein angenehmes Klima im Blockinnenbereich. Große Bäume wurden nach Möglichkeit erhalten. Um dies zu gewährleisten, wurde der Innenhofbereich für die Tiefgaragennutzung und weitere Infrastrukturen nur minimal unterbaut. Es wurde eine Mischung aus einheimischen Gartengehölzen mit vielen Strauchpflanzungen gewählt, um insbesondere Insekten und kleineren Vögeln Lebensraum zu geben. Der tatsächliche Erfolg dieser Maßnahmen müsste im Rahmen

Nutzen der herausfordernden Topografie durch verschiedene Ebenen mit Spielwiesen und Kletteranlage

## 2 FALLSTUDIEN

eines Monitorings allerdings noch nachgewiesen werden. Die bisherigen Pflanzmaßnahmen zeigen sowohl im Blockinnenbereich als auch in den Randzonen entlang der Erschließungsstraßen noch ungenutzte Potenziale für weitere Baumpflanzungen sowie auch für Gehölzpflanzungen als „Zwischenschicht".[17]

Eine zentrale Herausforderung bleibt der lehmhaltige Boden mit schlechten Eigenschaften bezüglich des Wassermanagements, wobei dieser zu den meisten Zeiten des Jahres entweder zu feucht oder zu trocken ist.[18] Dennoch wurde eine Versickerung vor Ort angestrebt. Am Rand des Baugrundstücks entstand ein neuer Hochwasserschutzdamm, der mit dem Hochwasserschutzkonzept des Tiefbauamtes der Stadt Zürich für die Erschließungsstraßen abgestimmt wurde.[19] Trotz dieser Hochwasserschutzmaßnahmen ist der Bereich rund um den Bachlauf relativ naturnah gestaltet oder belassen und bietet damit wichtige Habitate, insbesondere im Bereich der dort gelegenen städtischen Flächen. Bei den entstandenen Blühstreifen ist eine gewisse Sukzession feststellbar, die durch entsprechende Pflegemaßnahmen aufgefangen werden könnte. Ein Umweltmonitoring, das solche Maßnahmen automatisch auslösen würde, ist allerdings nicht vorgesehen.

### Grünräume – „Mensch"

Die Öffnungen des Baublocks und damit die Eingangssituation des Innenhofes werden von Grün geprägt. Insbesondere im Osten, an der Triemlistraße, schaffen Zitterpappelpflanzungen eine besondere Atmosphäre durch das Zusammenspiel von Sonnenlicht und Laub sowie durch die Bewegung und Geräusche der Blätter im Bereich der Durchlüftungsachse.

Angestrebt wurde eine Balance zwischen Öffentlichkeit und Privatheit, wobei die Eingänge und Erschließungen der Wohnungen zu den öffentlichen Straßenverkehrsflächen orientiert sind und nicht zum gemeinschaftlich genutzten Innenhof. Der private Weg durch den offenen Innenhof schafft eine informelle Verbindung für die benachbarten Quartiere, ohne dass ein formelles Wegerecht oder Ähnliches festgelegt wäre.

Der Innenhofbereich ist in seiner Gesamtheit zur gemeinschaftlichen Nutzung vorgesehen. Die sonst häufig übliche Zuordnung von privaten Grünbereichen zu Erdgeschosswohnungen ist abgesehen von kleinen Freisitzen nicht vorgesehen. Allerdings zeigt die Umsetzung unterschiedliche räumliche Bereiche, einschließlich Nischen, für unterschiedliche Nutzungs- und Ruheansprüche der Bewohnerinnen und Bewohner.

Der Anteil multifunktional nutzbarer Wiesenflächen überwiegt dabei. Ein besonderer Erfolgsfaktor des landschaftsarchitektonischen Konzepts ist das Schaffen von unterschiedlichen kleinen Rückzugsräumen. Dadurch kann man „Geselligkeit leben" und gleichzeitig gibt es Bereiche mit – im positiven Sinne – „eingeschränkter sozialer Kontrolle" sowie ausreichend Privatsphäre.[20] Die Höhendifferenz von ca. 20 m auf dem Baugrundstück wurde durch zwei Ebenen mit Spielwiesen und u.a. einer Kletterwand, einer schiefen Wasserspielfläche sowie Klettergerüsten gestaltet.

In zentraler Lage befindet sich ein befestigter Platz, der auch als städtebauliches Gelenk für die Durchwegung des Innenhofes fungiert. Er bietet Sitzmöglichkeiten, teilweise unter Sonnenschirmen, sowie verschiedene Kinderspielanlagen von Sandkästen bis zu einem Wasserspiel. Dieser Platz vermittelt gemeinsam mit den angrenzenden offenen Wiesen und Rasenbereichen ein Gefühl der Weite und bietet dabei einen spannenden Kontrast zu den beschriebenen Rückzugsräumen. Zudem bildet dieser das soziale Herzstück für größere Bewohnerfeste.

Zu den Erschließungsstraßen wurde eine Vorgartenzone angelegt, die zur Nachbarschaft und der näheren Umgebung vermittelt. Dabei finden sich unterschiedliche Gestaltungen und Bepflanzungen mit „Bachseite", „Waldseite" und Bereiche mit Wiesen sowie Strauchpflanzungen. Ebenfalls von Bedeutung ist die Integration des aus den 1940er-Jahren stammenden Cafés an der Ostseite des

Pavillon als Treffpunkt

Nischen in Gehölzen dienen Kindern als Versteck und Rückzugsort

2.8 TRIEMLI-SIEDLUNG

Keine vollständige Barrierefreiheit – Treppenanlagen machen dabei mitunter Umwege erforderlich

Sonnenschirme spenden zusätzlichen Schatten

neuen Quartiers, gegenüber dem Triempliplatz. Hier entstand ein wichtiger Treffpunkt, gerade auch für die älteren Bewohnerinnen und Bewohner.[21]

Ein Problem des Freiraums hinsichtlich der Nutzung durch die Bewohnerschaft besteht an heißen Sommertagen durch die teilweise zu spärlichen oder noch nicht ausreichend großen Bäume, sodass nicht ausreichend Baumschatten gespendet wird. Als temporäre Lösung wurden große Sonnenschirme ergänzt.

An anderer Stelle ist zu erkennen, dass Baumpflanzungen teilweise zu nah an den Fassaden erfolgt sind, sodass eine übermäßige Verschattung von einzelnen Wohnungsteilen oder gar Bauschäden zu befürchten sind. Ein Versetzen dieser Bäume oder ein Rückbau mit Ersatzpflanzung an anderer Stelle könnte zur Lösung beider genannter Probleme beitragen. Trotz des intelligenten Umgangs mit der Topografie konnte keine vollständige Barrierefreiheit erreicht werden.

## Nutzung

In der Triemli-Siedlung wohnen viele Familien, die die Freiflächen im Blockinnenbereich rege nutzen.[22] Kinder und Familien bilden in diesem Kontext neue und intensive soziale Netzwerke aus.[23] Ältere Bewohnerinnen und Bewohner sind hier zwar weniger stark beteiligt, dennoch wird auch von dieser Gruppe die demografische Mischung als positiv empfunden.[24] Zudem hat sich eine Seniorengruppe etabliert, die sich monatlich zu gemeinsamen Aktivitäten trifft.[25]

Die Bewohnerinnen und Bewohner, organisiert in einer Siedlungskommission, beeinflussten die Entwicklung der Grün- und Freibereiche maßgeblich. Während das ursprüngliche landschaftsarchitektonische Konzept eine relativ homogene Gestaltung und sehr weitgehende Multifunktionalität vorsah, wünschten sich die Bewohnerinnen und Bewohner mehr Möglichkeiten, diese Flächen aktiv mitzugestalten und zu nutzen. Im Ergebnis entstanden mehrere Standorte für Urban Gardening im Innenhofbereich, im Bereich des Bachlaufs und entlang der Birmensdorferstraße. Diese nachträglich etablierten Flächen und insbesondere die Pflanzkästen für Urban Gardening wirken eher improvisiert und stehen damit in deutlichem Kontrast zum insgesamt sehr klaren landschaftsarchitektonischen Konzept. Die Aneignung durch die Bewohnerschaft wird hierbei sehr deutlich.

Im Rahmen der Coronakrise und der dadurch bedingten Kontaktverbote sowie Schließungen öffentlicher Infrastrukturen, auch von Spiel- und Sporteinrichtungen, kam es zu einer erhöhten Nutzungsintensität im Innenhofbereich, wodurch auch kleinere Nutzungskonflikte entstanden. Von Kindern und Jugendlichen wurde ein informeller *Pumptrack* (Mountainbike-Parcours) etabliert, der im Konflikt mit anderen sozialen Nutzungen sowie mit der Erhaltung der Pflanzungen und Grünanlagen insgesamt stand. Jedoch erfolgten während des Pandemie-Sommers 2020 keine formellen Absperrungen und es wurde keine generelle „Übernutzung" der Freiflächen festgestellt.[26] Lediglich die teilweise intensive Nutzung der Wiesenflächen – beispielsweise durch Fußballspiel – führte zu zeitweisen Sperrungen und erforderlichen Teilsanierungen mit strapazierfähigem Rollrasen.[27]

Abends kam es, aber nur selten, zu Lärmbelästigungen durch soziale Nutzungen im Innenhofbereich, beispielsweise im Rahmen

2 FALLSTUDIEN

Grün- und Freifläche im
Untersuchungsgebiet pro Person

**27,3 m²**
privat – gemeinschaftlich genutzt

**Nutzung und Funktion**
- Grünverbindung
- Erholung/Freizeit
- Gebäudebezogene Freiräume
- Spielen
- Plätze
- Gewässer

**Ökologie und Klima**
- Klimawirksame Flächen
- Biotopvernetzung
- Naturnahe Bepflanzung
- Hohes Grünvolumen/Baumbestand
- Extensive Dachbegrünung
- ⟨···⟩ Durchlüftung

**Infrastruktur und Technik**
- Straße
- Rad- und Fußweg
- Fußweg
- Retention

## 2.8 TRIEMLI-SIEDLUNG

- Öffentliche Grünfläche
- Gemeinschaftlich genutze private Grünfläche
- Urban Gardening
- Spielfläche
- Topografielinien
- Bäume
- Gewässer

von Grillabenden. Die gemeinschaftliche Nutzung der Innenhofflächen ist auch charakterisiert durch regelmäßige Feste und Aktivitäten, wie ein Sommerfest. Während des Tagzeitraums ist durch Kinderspiel und Sport zu bestimmten Zeiten ein höherer Lärmpegel feststellbar, der in Konflikt mit der Suche nach Ruhe stehen kann.[28] Die ruhigsten Grünbereiche sind entlang des Bachlaufs im Südwesten zu finden.

Für die gemeinschaftlichen Grünflächen ist ein kollektives Verantwortungsbewusstsein der Bewohnerschaft festzustellen. Dieses äußert sich beispielsweise darin, dass die Erdgeschossbewohnerinnen und -bewohner informell die Bewässerung von Pflanzen im Umfeld ihrer jeweiligen Wohnung übernehmen.[29]

2 FALLSTUDIEN

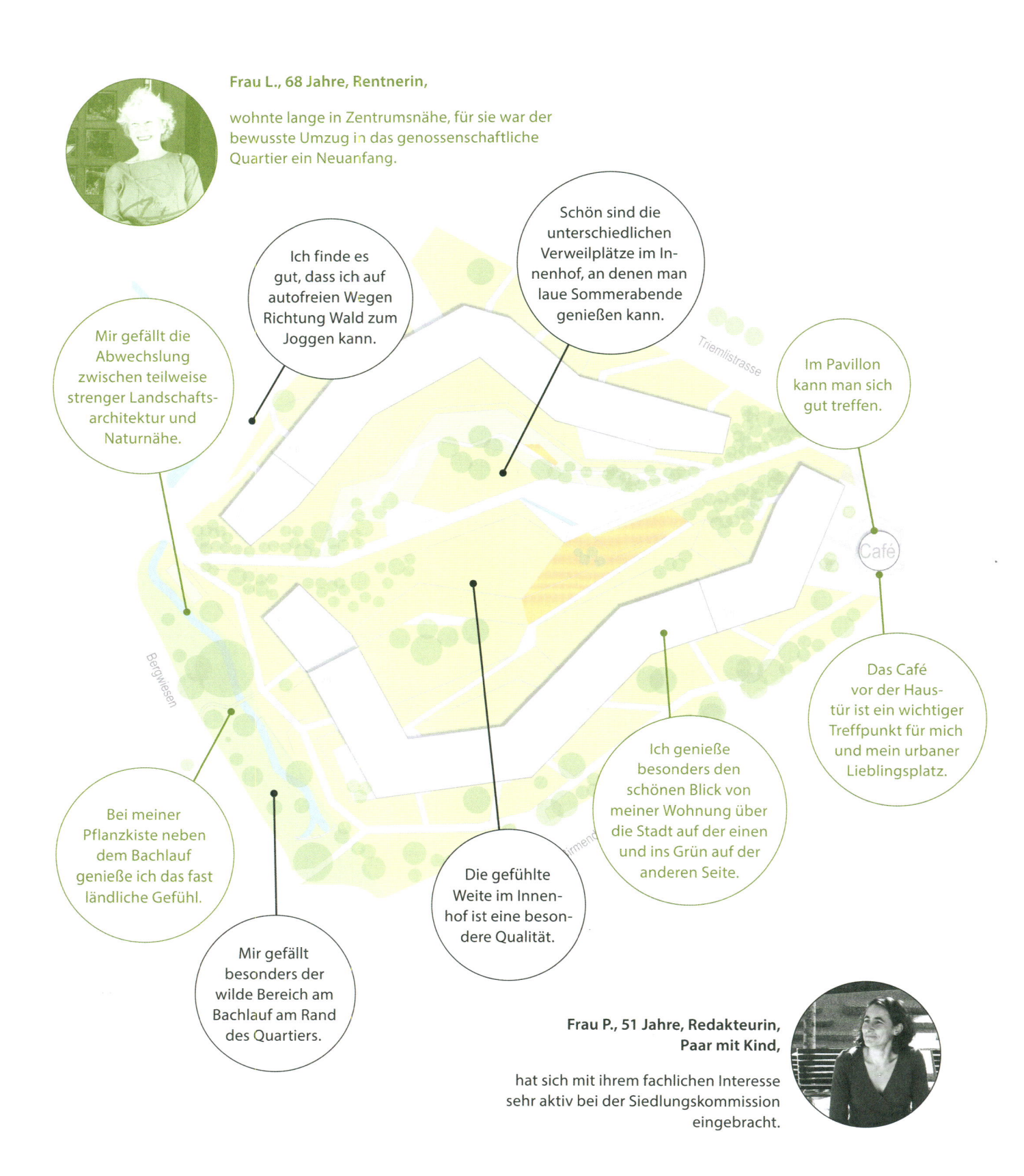

**Frau L., 68 Jahre, Rentnerin,**

wohnte lange in Zentrumsnähe, für sie war der bewusste Umzug in das genossenschaftliche Quartier ein Neuanfang.

- Ich finde es gut, dass ich auf autofreien Wegen Richtung Wald zum Joggen kann.
- Schön sind die unterschiedlichen Verweilplätze im Innenhof, an denen man laue Sommerabende genießen kann.
- Im Pavillon kann man sich gut treffen.
- Mir gefällt die Abwechslung zwischen teilweise strenger Landschaftsarchitektur und Naturnähe.
- Das Café vor der Haustür ist ein wichtiger Treffpunkt für mich und mein urbaner Lieblingsplatz.
- Bei meiner Pflanzkiste neben dem Bachlauf genieße ich das fast ländliche Gefühl.
- Ich genieße besonders den schönen Blick von meiner Wohnung über die Stadt auf der einen und ins Grün auf der anderen Seite.
- Die gefühlte Weite im Innenhof ist eine besondere Qualität.
- Mir gefällt besonders der wilde Bereich am Bachlauf am Rand des Quartiers.

**Frau P., 51 Jahre, Redakteurin, Paar mit Kind,**

hat sich mit ihrem fachlichen Interesse sehr aktiv bei der Siedlungskommission eingebracht.

2.8 TRIEMLI-SIEDLUNG

Strapazierte Spielwiese durch intensive Nutzung

# Resümee

Das Triemli-Quartier mit seinen rund 200 Wohneinheiten auf ca. 1,8 Hektar Nettobauland, das zwischen 2004 und 2017 geplant und realisiert wurde, weist eine akteursbezogene und eine physische Besonderheit auf: eine Genossenschaft als Eigentümerin und Bauherrin sowie eine ausgeprägte Topografie.

Im Rahmen der insgesamt komplexen Akteurs- und Prozessstruktur profitierte die Triemli-Siedlung von klaren Eigentumsverhältnissen und damit einhergehenden relativ eindeutigen Verantwortlichkeiten sowie von einem ebenfalls klaren und anspruchsvollen planungsrechtlichen Rahmen, der hohe städtebauliche Dichte mit eindeutigen Anforderungen an Grünstrukturen verbindet. Sowohl die Baugenossenschaft Sonnengarten als auch die Bewohnerschaft sowie auch die Stadt Zürich haben dabei einen hohen Anspruch an Städtebau-, Architektur- und Freiraumqualität, der sich auch in der Umsetzung zeigt.

Der partizipative Planungsprozess, unter Einbeziehung der (bereits weitgehend bekannten) zukünftigen Bewohnerinnen und Bewohner, sowie die Kombination von informellen und formellen Planungsinstrumenten, einschließlich Wettbewerbsverfahren, haben ebenfalls große Bedeutung für die erzielte hohe städtebauliche Qualität sowie die Architektur- und Freiraumqualität. Eine weitere Stärke in diesem Kontext war das iterative Vorgehen bei Planung und Umsetzung, sodass ein „lernendes System" zur Optimierung der Freiraum- und Grüngestaltung entstehen konnte. Die nachträglichen Interventionen, beispielsweise für Urban Gardening, führten zu interessanten Kontrasten in der Gestaltung und zur spürbaren Aneignung, wobei Improvisation und klare Formensprache aufeinandertreffen. Die vollständige Ausrichtung auf gemeinschaftliche Flächennutzung spiegelt den genossenschaftlichen Gedanken wider und unterstützte in diesem Fall auch das Zusammenwachsen der Bewohnerschaft in diesem neuen Stadtquartier. Dabei zeigt sich ebenfalls deutlich das kollektive Verantwortungsbewusstsein der Bewohnerinnen und Bewohner für den Freiraum. Letzterer bietet dafür eine starke Mischung von Freiraumnutzungen für unterschiedliche Zielgruppen mit einer sehr hohen Nutzungsqualität und -vielfalt. Dabei ist eine

## 2 FALLSTUDIEN

hohe Nutzungsdichte im Blockinnenbereich zu erkennen. Die in diesem Kontext erwartbaren Zielkonflikte konnten weitgehend erfolgreich aufgelöst werden.

Besonders positiv fällt die räumliche Weite als eigenständige Qualität auf, die die bauliche Dichte kompensiert und gleichzeitig erst durch die relativ hohe Geschossflächenzahl mit effizienter Ausnutzung des Baugrundstücks ermöglicht wird. Dazu gehören auch die gute Durchlüftung durch Öffnungen der Blockbebauung in Hauptwindrichtung sowie das intelligente Ausnutzen der anspruchsvollen Topografie mit terrassierten Bereichen unterschiedlicher Freiflächennutzungen. Es ist festzustellen, dass eine gute Balance zwischen Privatheit und Öffentlichkeit gefunden wurde, die durch die Orientierung der Wohnungseingänge zur jeweiligen Erschließungsstraße sowie die gemeinschaftliche Nutzung des Blockinnenbereichs, bei dauerhaft offener Durchwegung, getragen wird.

Zukünftige Herausforderungen bestehen insbesondere darin, dass die BZO der Stadt Zürich kein Monitoringkonzept beinhaltet, wodurch die ökologische Qualität der Maßnahmen bislang nicht systematisch erfasst wird. Als Konsequenz können damit auch Zielkonflikte zwischen Freizeitnutzungen und ökologischen Maßnahmen kaum aufgelöst werden. Auch wird der verbleibende geringe Zielkonflikt zwischen dem Ruhebedürfnis der Bewohnerinnen und Bewohner einerseits sowie dem Bedarf an Kinderspiel- und Sportaktivitäten andererseits noch weitergehend zu adressieren sein. Dies ist vor dem Hintergrund der standortbedingten Verkehrs- und Lärmbelastung von besonderer Bedeutung, da nur der Blockinnenbereich Schutz vor dem Straßenverkehrslärm bietet.

Es ist festzustellen, dass die rahmensetzenden Planungsdokumente der Stadt Zürich fortentwickelt wurden. Dabei sind u. a. in der aktuellen BZO mehr teilörtliche Bereiche festgelegt, in denen mindestens die Hälfte der nicht überbaubaren privaten Baugrundstücksflächen zu begrünen ist.[30] Ferner wurden mit der letzten Revision des regionalen Richtplans Planungsrichtwerte zur Freiraumversorgung im Kapitel „Erholung" als Ziel behördenverbindlich verankert und mit Annahme der Grünstadtinitiative 2017 ging die Freiraumsicherung auch in die Gemeindeordnung ein.[31] Damit sind Planungsrichtwerte für die Erreichbarkeit und Quantität von öffentlichen Grün- und Freiflächen in Abhängigkeit von Wohn- und Arbeitsplatzdichte als Rahmen für die zukünftige Stadtentwicklung etabliert.

---

1 Vgl. Langmeier, R.: Nachhaltige Entwicklung Zürich West. Statusbericht 2004 aus Sicht der Stadt Zürich. Zürich 2004
2 Vgl. E-Mail von Herrn Gerber, Stellvertretender Leiter Fachbereich Umweltpolitik, Stadt Zürich, 08.03.2021
3 Vgl. Interview mit Frau Voser, mavo landschaften, 03.06.2020
4 Ebd.
5 Stadt Zürich. www.stadt-zuerich.ch/gud/de/index/departement/strategie_politik/umweltpolitik/klimapolitik/klimaanpassung.html (Zugriff am 30.03.2022)
6 Vgl. Interview mit Herrn Tobler, Geschäftsführer, Baugenossenschaft Sonnengarten, 26.05.2020
7 Ebd.
8 Ebd.
9 Bau- und Zonenordnung (BZO) der Stadt Zürich (hier in der Fassung: Gemeinderatsbeschluss vom 23. Oktober 1991 mit Änderungen bis 21. Dezember 2005)
10 Vgl. Interview mit Herrn Tobler, Geschäftsführer, Baugenossenschaft Sonnengarten, 26.05.2020
11 Ebd.
12 Ebd.
13 Vgl. Interview mit Frau Papazoglou, Bewohnerin, 27.07.2020
14 Ebd.
15 mavo GmbH. https://mavo.la/ (Zugriff am 24.06.2020); von Ballmoos Krucker Architekten AG. www.vbk-arch.ch (Zugriff am 30.03.2022)
16 von Ballmoos Krucker Architekten AG. www.vbk-arch.ch (Zugriff am 30.03.2022)
17 Vgl. Interview mit Frau Papazoglou, Bewohnerin, 27.07.2020
18 Vgl. Interview mit Herrn Tobler, Geschäftsführer, Baugenossenschaft Sonnengarten, 26.05.2020
19 Vgl. Interview mit Frau Voser, mavo landschaften, 03.06.2020
20 Vgl. Interview mit Herrn Tobler, Geschäftsführer, Baugenossenschaft Sonnengarten, 26.05.2020
21 Vgl. Interview mit Frau Laquerbe, Bewohnerin, 27.07.2020
22 Vgl. Interview mit Frau Papazoglou und Frau Laquerbe, Bewohnerinnen, 27.07.2020
23 Ebd.
24 Vgl. Interview mit Frau Laquerbe, Bewohnerin, 27.07.2020
25 Ebd.
26 Vgl. Interview mit Frau Papazoglou, Bewohnerin, 27.07.2020
27 Vgl. Interview mit Frau Papazoglou, Bewohnerin, 05.07.2021
28 Ebd.
29 Ebd.
30 Vgl. Stadt Zürich: BZO-Teilrevision 2014 gemäss GRB vom 30.11.2016. 2016. https://www.stadt-zuerich.ch/content/dam/stzh/hbd/Deutsch/Staedtebau_und_Planung/Weitere%20Dokumente/Planung/BZO_RR_Revision/BZO/GRB%2020161130_W%202014_0335-BZO-Teilrevision%202014_Bauordnung.pdf (Zugriff am 30.03.2022)
31 Vgl. Beschluss Regierungsrat vom 21. Juni 2017; RRB, 576/2017 und Gemeindeordnung Art. 2

# Triemli-Siedlung, Zürich

The Triemli quarter, with approximately 200 residential apartments on about 1.8 hectares of net building land, which was planned and constructed between 2004 and 2017, has one special stakeholder-related feature and one special physical feature: a cooperative as the owner and developer as well as a distinctive topography.

Within the framework of the complex stakeholder and process structure, the Triemli development benefited from clear ownership relationships and the associated responsibilities, as well as from an equally clear and demanding planning law framework that combines high urban density with unambiguous requirements for green areas. Both the Sonnengarten building cooperative and the residents, as well as the city of Zürich, have high standards for urban development, architecture and open spaces, which are also reflected in the implementation.

The participatory planning process, involving the (already largely known) future residents, as well as the combination of informal and formal planning instruments, including competition procedures, were also of great importance for the high quality of urban planning achieved, and for the standard of the architecture and open spaces. Another strength here was the iterative approach to planning and implementation, so that a "learning system" for optimising open space and green design could be created. Subsequent interventions, for example for urban gardening, led to interesting contrasts in design and the actual usage of space, where improvisation meets a clear design language. The absolute focus on communal land use reflects the cooperative idea and in this case has also contributed to the residents getting to know each other better in this new urban quarter. This also clearly demonstrates the residents' collective sense of responsibility for the open space, which offers a variety of high-quality and diverse uses for different target groups. High density of use is evident in the courtyards of the housing block. The conflicting goals expected in this context were in large part resolved successfully.

What particularly stands out as a positive aspect is the expanse of space – which compensates for the structural density and at the same time is only made possible by the relatively high number of storeys and efficient utilisation of the building plot. This includes good air flow through openings in the block in the predominant wind direction as well as intelligent use of the challenging topography, with terraced areas for different types of open space use. It is clear that a good balance between privacy and public space has been attained, which is supported by the orientation of the apartment entrances to the respective access road as well as the common use of the block's courtyard, with a permanently open passageway.

The fact that Zürich's building and zoning code does not include a monitoring concept – which means that the ecological quality of the measures has not yet been systematically recorded – presents particular challenges for the future. As a consequence, conflicts of objectives between recreational uses and ecological measures are difficult to resolve. The remaining conflict of interests between the residents' need for quiet and the need for children's play areas and sports activities will also have to be further addressed. This is particularly important in the context of site-related traffic and noise pollution, as only the courtyards of the block provide protection from traffic noise.

It should be noted that the framework-setting planning documents of the city of Zürich have since been developed further. The current building and zoning code specifies, among other things, more local areas in which at least half of the private land not to be built on is to be landscaped.[1] Furthermore, with the latest revision of the regional guideline plan, planning guidelines for the provision of open space were anchored in the Recreation chapter as a binding goal for the authorities, while with the adoption of the Green City Initiative in 2017, open space protection has also been incorporated into the municipal regulations.[2] This establishes planning guidelines for the accessibility and quantity of public green and open spaces, depending on residential and workplace density, as a framework for future urban development.

---

1   Cf. Stadt Zürich, Teilrevision der Bau- und Zonenordnung, Art. 11 and 43a, GR Nr. 2014/335, 2016
2   Cf. Beschluss Regierungsrat, 21 June 2017; RRB, 576/2017 and Gemeindeordnung Art. 2

# BESTEHENDE QUARTIERE –
## QUARTIERSAUFWERTUNG DURCH FREIRÄUME UND GRÜNVERNETZUNG

## 2.9 TÅSINGE PLADS
*KLIMAANPASSUNG IM QUARTIER DURCH REGENWASSERMANAGEMENT UND NEUE GRÜNRÄUME*

KOPENHAGEN, ØSTERBRO

## 2 FALLSTUDIEN

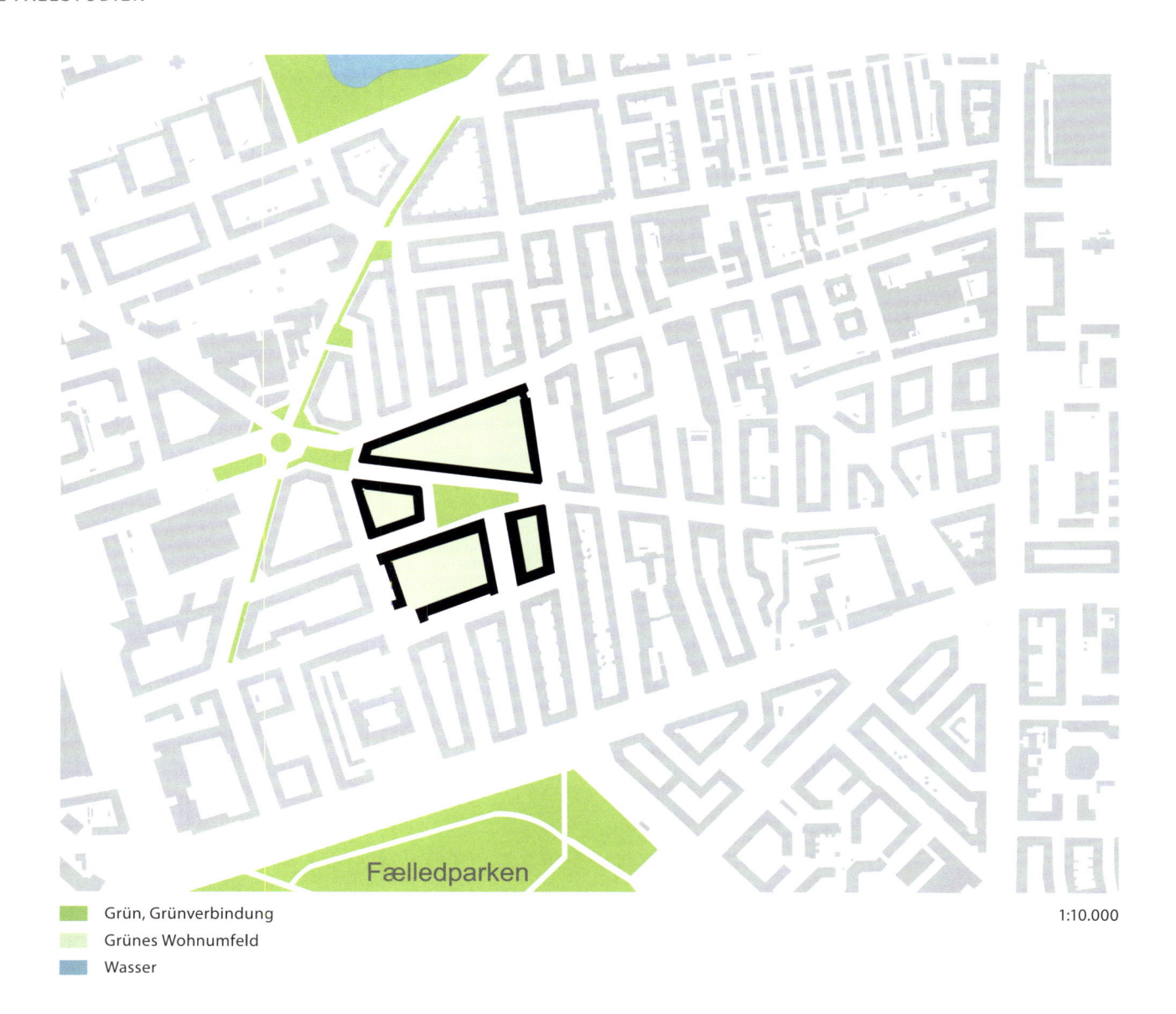

- Grün, Grünverbindung
- Grünes Wohnumfeld
- Wasser

Fælledparken

1:10.000

### GRÖSSE
Sanierungsgebiet St. Kjelds: ca. 150 ha
integriert in das Quartier ist der
Tåsinge Plads – ursprünglich versiegelte Parkplatzfläche: 2.000 m²

### PLANUNGS- UND ENTSTEHUNGSZEIT
| | |
|---|---|
| Juli 2011 | 1.000-jähriges Starkregenereignis in Kopenhagen |
| August 2011 | Klimaanpassungsplan Kopenhagen |
| August 2012 | *Skybrudsplan* (Wolkenbruch-Plan) |
| Dezember 2012 | Masterplan Klimaquartier Østerbro |
| 2013 | freiraumplanerischer und technischer Realisierungswettbewerb |
| 2013–2015 | Bauzeit Tåsinge Plads |

### ART DER PLANUNG
Masterplan „Klimaquartier Østerbro",
Freiraumplanerischer und technischer Realisierungswettbewerb

### AKTEURINNEN UND AKTEURE
**Auftraggeber:** Stadtverwaltung Kopenhagen
**Ausführender Betrieb:** HOFOR
**Masterplan:** Planungsbüro Tredje Natur
**Wettbewerbsteam:** GHB Landscape Architects, Orbicon (Ingenieurbüro); Malmos A/S (Garten- und Landschaftsplaner); FELD studio for digital crafts, Via Trafik (Beratung und Planung); Urban renewal office Skt. Kjelds

## Länderkontext Dänemark

Seit der Reform des dänischen Planungssystems 2007 liegt in Dänemark die räumliche Gesamtplanung in den Händen der Kommunen. Diese wurden durch die Reform deutlich vergrößert, während die Kreisebene komplett abgeschafft wurde. Übergeordnete Ziele werden weiterhin auf nationaler Ebene formuliert und beschlossen und an die Kommunen in Form von Planungsrichtlinien weitergegeben. Die strategische Ausrichtung und die Zielsetzungen der Kommune müssen in jeder Legislaturperiode von der Verwaltung in Form von Kommunalplänen, dem wichtigsten Steuerungselement der Raum- und Flächennutzung, erarbeitet und an die Regierung übermittelt werden. Die Kommunalpläne legen Ziele und Handlungsfelder fest und verorten strategische Maßnahmen in „Fokusgebieten". Siedlungsbezogene Vorhaben werden in lokalen Entwicklungsplänen, ähnlich dem deutschen Bebauungsplan, konkretisiert.

Die umfassende Planungsbefugnis der Kommunen und ihre Verpflichtung, mit jeder neuen Legislaturperiode einen Kommunalplan zu erstellen, politisieren die Stadtentwicklung. Gleichzeitig werden Ziele systematisch umgesetzt. Eine übergreifende räumliche Regionalplanung gibt es seit der Reform 2007 und dem Wegfall der Kreise nicht mehr. Stattdessen wurden anstelle der Kreise zwar fünf Regionen definiert, deren Befugnis beschränkt sich jedoch auf strategische Empfehlungen, die in dem „Regionalen Entwicklungsplan" unverbindlich dargestellt werden. Für die Hauptstadtregion wird die strategische Ausrichtung deutlich stärker auf nationaler Ebene gesteuert, insbesondere durch die Fortschreibung des „Fingerplanen" (deutsch: Finger-Plan), der die Siedlungsentwicklung der Hauptstadtregion entlang der S-Bahn-Achsen definiert.[1] Die Konzentration auf Kopenhagen als das wirtschaftliche Zentrum des Landes spiegelt sich in Großprojekten wie der Öresundbrücke sowie in der Erschließung weiterer Siedlungsflächen wie dem neuen Stadtviertel Ørestad wider.

## Ausgangslage

### Kopenhagen: Grün- und klimafreundliches Wachstum

In der Begründung zur Wahl Kopenhagens als „Grüne Hauptstadt Europas 2014" heißt es, dass die Stadt auf den Gebieten Mobilität, $CO_2$-Reduktion und Lebensqualität vorbildlich handelt. Klima und Umwelt spielen seit vielen Jahren auf allen Planungsebenen – von der strategischen Planung über die Quartiersentwicklung bis hin zu einzelnen Architekturprojekten – eine große Rolle. Auf nationaler Ebene wird die Klimaanpassung seit 2008 als künftiges Handlungsfeld für die Kommunen benannt. Auf den Prognosen von zunehmenden Starkregenereignissen und dem Ansteigen des Meeresspiegels beruht die Empfehlung, Risikoanalysen durchzuführen und Abwasserkapazitäten auszubauen.

In dem Klimaaktionsplan von 2009 formuliert Kopenhagen das ambitionierte Ziel, bis 2025 die erste $CO_2$-neutrale Hauptstadt der Welt zu werden. Dem Plan liegen Studien zugrunde, die das Ziel als realistisch einstufen.[2] Damit hat die Stadtverwaltung den internationalen Wettbewerb um die Vorreiterrolle in grüner und klimafreundlicher Stadtentwicklung aufgenommen und macht entsprechende Vorgaben für zukünftige Stadtentwicklungsprojekte. Als zielführend wird u. a. eine verdichtete Siedlungsstruktur genannt.[3]

Der Kommunalplan von 2011 setzt den Schwerpunkt auf eine klimafreundliche, „grüne" Entwicklung der Stadt durch $CO_2$-Neutralität, emissionsfreie Mobilität und umweltfreundliche Technologien. Erst der Klimaanpassungsplan von 2012 legt die Annahme zugrunde, dass der Klimawandel nur noch teilweise aufzuhalten ist. Wichtig ist es, auf eine klimafreundlichere Lebensweise hinzuarbeiten, durch Maßnahmen im Bereich Mobilität, Energie und Umweltbildung. Ebenso wichtig wird für die Stadt nun auch die Vorbereitung auf extreme Wetterlagen durch Risikomanagement und eine verstärkte Widerstandsfähigkeit. Auf der Grundlage von Risikokarten sollen frühzeitig Aufgaben erkannt und vorrangige Projekte identifiziert werden. Das Abwassersystem soll langfristig durch die Umstellung von einem Misch- auf ein Trennsystem verbessert werden,[4] darüber hinaus sollen sogenannte *Buffer Zones* (Parks, Sportfelder, Freiräume) Wasser temporär aufnehmen und das kontrollierte Einleiten in das Kanalsystem ermöglichen. Dafür war bereits ein Pilotprojekt[5] angedacht, aber noch bevor die Strategie publiziert wurde, brachen 2011 und 2012 mehrere Starkregen nacheinander über Kopenhagen herein und verschärften unmittelbar die Notwendigkeit solcher Maßnahmen. Binnen einer Stunde fielen 100 mm Niederschlag. Zum Vergleich: Das Dänische Meteorologische Institut spricht von Starkregen bei einer Niederschlagsmenge von 15 mm innerhalb von 30 Minuten. Als direkte Reaktion wurde kurz darauf der *Skybrudsplan* (Wolkenbruch-Plan) mit hoher Dringlichkeit und konkreten Handlungsanweisungen erstellt. Der Wolkenbruch-Plan ist nicht nur konkreter in Bezug auf notwendige Maßnahmen, er revidiert in Teilen auch die Strategie, die im Klimaanpassungsplan beschrieben wurde. Es wird auch prognostiziert, dass durch Innovationen im Bereich Regenwassermanagement neue Wirtschaftszweige entstehen.

## 2 FALLSTUDIEN

**Der Stadtteil Østerbro**

Der Stadtteil Østerbro liegt im Nordosten von Kopenhagen. Er entstand in den 1920er-Jahren in Form einer großräumigen Blockrandbebauung mit freien Innenhöfen. Staat und Kommunen betrieben eine aktive Wohnungspolitik, günstige Kredite für Investorinnen und Investoren förderten die Schaffung neuen Wohnraums. Teil der Regulierung war es, im Innenbereich der Blocks große grüne Bereiche für Spiel und Aufenthalt zu schaffen, sodass diese bis heute frei von verdichtenden Baustrukturen und Hinterhäusern sind. Østerbro gilt als familienfreundlich, ist durch eine intensive Wohnnutzung mit stellenweisen gewerblichen Nutzungen in den Erdgeschossen, eine gute Anbindung an das Zentrum sowie die Lage am Hafen im Osten geprägt. Der größte städtische Park *Fælledparken* liegt ebenfalls in Østerbro. Während die Innenhöfe der Blockrandbebauung großzügig und überwiegend als Grünfläche gestaltet sind, gibt es außerhalb der Blocks im öffentlichen Raum nur wenige Plätze zum Aufenthalt. Besondere Aufmerksamkeit bekommt Østerbro in den letzten Jahren durch das Stadtentwicklungsprojekt Nordhavn. Hier entsteht auf einer künstlich erweiterten Landzunge das derzeit größte Stadtentwicklungsprojekt in Skandinavien.

Obwohl der Stadtteil Østerbro insgesamt als relativ wohlhabend gilt, wurde das strukturschwächere Quartier St. Kjelds von 2009 bis 2015 als Sanierungsgebiet ausgewiesen. Das bedeutet im dänischen Kontext, dass sich fünf Jahre lang ein Team vor Ort um investive und nicht investive Maßnahmen zur Verbesserung der sozialen Infrastruktur und des öffentlichen Raums gekümmert hat. Finanziert wurde das Projekt aus städtischen und staatlichen Mitteln. Ziel des Programms ist es, die Lebensqualität für die Bevölkerung zu erhöhen und den Stadtteil wachstumsorientiert zu entwickeln.[6] Der Schwerpunkt liegt vor allem auf Gemeinwesenarbeit und Investitionen in die soziale Infrastruktur und den öffentlichen Raum. Außerdem spielte es eine wichtige Rolle, dass die Risikoanalysen, die im Zuge des Wolkenbruch-Plans durchgeführt wurden, Østerbro als durch Überflutungen besonders gefährdet bewerteten.

## Planung

Østerbro ist als erstes klimaresilientes Quartier ein Modellprojekt. Die Maßnahmen zur Klimaanpassung, mit dem Schwerpunkt Regenwassermanagement, wurden von der Stadt nach den dramatischen Starkregenereignissen 2010 und 2011 zügig auf den Weg gebracht. Die gesamtstädtische Strategie wird mit dem Projekt Tåsinge Plads zunächst in kleinerem Maßstab erprobt – ein mutiges Experiment und ein Lernprozess für alle Beteiligten. Die Erkenntnisse, die hier im Laufe der Planung, der Realisierung und des alltäglichen Gebrauchs erarbeitet werden, fließen in die gesamtstädtische Strategie ein und helfen, die zukünftigen Planungen zu verbessern und zu ergänzen.

### Akteurinnen und Akteure

Das Abwassermanagement der Stadt Kopenhagen ist Aufgabe des Versorgungsunternehmens HOFOR, das im Eigentum mehrerer Kommunen (u. a. Kopenhagen) ist, aber unabhängig von der Stadt wirtschaftet. Finanziert wird seine Tätigkeit u. a. durch Abwassergebühren. Das Unternehmen ist verantwortlich für das unterirdisch verlaufende Kanalsystem, in dem Abwasser und Oberflächenwasser derzeit in einem Mischsystem zusammenkommen. Für die Einführung eines Trennsystems mit einem separaten Regenwassermanagement ist das Unternehmen ein unverzichtbarer Partner. Wesentliche Neuerung ist die künftig oberirdische Ableitung des Regenwassers. Sie macht das Regenwassermanagement nicht nur sichtbar, sie verleiht dem öffentlichen Raum auch zusätzliche Funktionen und gestalterische Elemente. Das Aushandeln der Zuständigkeiten und der Finanzierung zwischen Stadt und Versorgungsunternehmen war eine der großen Leistungen des Projekts.

Wichtig an diesem Standort war auch die Zusammenarbeit mit dem Quartiersmanagement des Stadtteils. Dieses begleitete das Infrastrukturprojekt mit einem Beteiligungsprozess und über das Sanierungsprogramm wurden 50 Prozent der nötigen finanziellen Mittel für das Projekt zur Verfügung gestellt.

Eine besondere Rolle nahmen in dem Projekt die Planerinnen und Planer und Ingenieurinnen und Ingenieure ein. Während sie in anderen Fällen auf Grundlage eines etablierten Planungssystems und städtischer Vorgaben arbeiten, fungierten sie hier auch als Beraterinnen und Berater der Stadt. Die Planung beruhte nicht auf Vorgaben, sondern sollte Machbarkeiten aufzeigen und innovative Lösungen entwickeln.

Für die erfolgreiche Umsetzung des Wolkenbruch-Plans ist langfristig auch die Unterstützung und Mitwirkung vonseiten der privaten Eigentümerinnen und Eigentümer wichtig. Diese wiederum werden von HOFOR unterstützt, wenn sie sich mit eigenen Maßnahmen beteiligen, beispielsweise die Dachentwässerung aufrüsten. Künftig muss bei Neubauvorhaben für das Regenwassermanagement durch Versickerungs- und Rückhaltemaßnahmen und auch durch Dachentwässerungen gesorgt werden. Die Stadtverwaltung hat hierfür ein Handbuch zum Regenwassermanagement herausgegeben.

Reduzierte Verkehrsflächen zugunsten des Grüns

Intensiv bepflanzte Straßenräume

## Wolkenbruch-Plan, Masterplan, freiraumplanerischer Wettbewerb

Die Starkregenereignisse haben gezeigt, dass Regenwassermanagement zu einer Kernaufgabe der nächsten Jahrzehnte werden muss. Mit dem Wolkenbruch-Plan soll die grün-blaue Infrastruktur der Stadt entwickelt und Klimaanpassung in die Stadtentwicklung integriert werden. Dem Wolkenbruch-Plan liegt die Entscheidung zugrunde, welche Überschwemmungsrisiken die Stadt Kopenhagen im Falle eines Starkregenereignisses in Kauf nimmt. Daraus ergeben sich die Maßnahmen und Handlungsempfehlungen für das städtische Abwassersystem. Richtgröße ist nun eine maximale Anstauhöhe von 10 cm bei einem 100-jährigen Starkregenereignis. Damals war das Abwassersystem nur für zehnjährige Starkregenereignisse ausgelegt.[7] Das Schwammstadt-Prinzip – die Absicht, große Wassermengen über Grün- und Freiflächen versickern zu lassen, anstatt sie abzuführen, so wie es im Klimaanpassungsplan vorgesehen war – wurde durch die Erfahrung des Starkregenereignisses als unzureichend erkannt.[8] Als zusätzliche Maßnahme sieht der Plan vor, überschüssiges Regenwasser vor allem oberirdisch mit dem Gefälle über Straßen und Wasserläufe und an einigen Stellen über zusätzliche Tunnel Richtung Hafen abfließen zu lassen.[9] Dieses Prinzip wurde mit dem Modellprojekt „Klimaquartier Østerbro" getestet.

2015 wurden die Ziele des Wolkenbruch-Plans in den Kommunalplan integriert.[10] Innerhalb der sieben Wassereinzugsgebiete Kopenhagens sollen in Zusammenarbeit der Stadt mit dem Versorgungsunternehmen insgesamt 60 Masterpläne erarbeitet werden, die standortbezogen optimale Lösungen für das Regenwassermanagement aufzeigen.[11]

Den Masterplan für Østerbro entwickelte das Kopenhagener Büro Tredje Natur (Dritte Natur), das für experimentelle Ansätze und seine Erfahrungen in klimaangepasster Stadtentwicklung bekannt ist. Der Masterplan weist einzelne Plätze im Stadtteil aus, die sowohl für das Regenwassermanagement als auch für die Bewohnenden des Stadtteils zusätzliche Funktionen übernehmen können und sollen. Einer davon ist der Tåsinge Plads, eine vormals versiegelte, informell von den Anwohnenden als Parkplatz genutzte Fläche. Ferner wird eine grüne Achse im Zuge der Hauptstraße das Rückgrat des Quartiers bilden, hier werden Verkehrsflächen reduziert und begleitende Grünflächen sowie eine neu strukturierte und intensiv bepflanzte Straßenkreuzung, bei der nun vor allem auch der Fuß- und Radverkehr Priorität hat, angelegt. Das Vorhaben widersprach dem Planungssystem rechtlich zwar nicht,[12] die Überlagerung von Grünfläche und technischer Infrastruktur als Flächennutzung sowie die Kennzeichnung von „Wolkenbruch-Straßen" war jedoch neu und wurde nachträglich in den Flächennutzungsplan der Stadt aufgenommen.[13]

Ein Planungswettbewerb zum Tåsinge Plads führte Ingenieurleistungen, Freiraumplanung und Gestaltung in interdisziplinären Teams zusammen, um realistische Vorschläge für die funktionale und gestalterische Umsetzung des Vorhabens zu bekommen.

## Finanzierung und Wirtschaftlichkeit

Die Finanzierung von Stadtentwicklungsprojekten erfolgt in Dänemark immer in Abhängigkeit vom Zweck der Maßnahme und vom erwarteten Mehrwert. Investitionen in öffentliche Grün- und Freiräume müssen durch fehlendes Angebot oder Defizite im Wohnumfeld gerechtfertigt sein, damit sie finanziert werden. Das Wassermanagement und die Instandhaltung des Kanalsystems finanziert sich aus den Abwassergebühren, die in dem Preis pro Kubikmeter Wasser an HOFOR gezahlt werden und für Investitionen in die notwendige Infrastruktur vorgesehen sind. Diese bestand ganz wesentlich aus dem traditionellen unterirdischen Kanalsystem. Die

2 FALLSTUDIEN

**Nutzung und Funktion**
- Grünverbindung
- Erholung/Freizeit
- Gebäudebezogene Freiräume
- Platz

**Ökologie und Klima**
- Naturnahe Bepflanzung

**Infrastruktur und Technik**
- Straße
- Rad- und Fußweg
- Fußweg
- Retention
- Wolkenbruch-Straße

2.9 TÅSINGE PLADS

- ■ Öffentliche Grünfläche
- ■ Gemeinschaftlich genutze private Grünfläche
- ■ Spielfläche
- ⁄⁄⁄⁄ Platz mit Spielelementen
- ⁄⁄⁄⁄ Wassersensitive Bepflanzung
- ⌒ Höhenlinien

N  0  10  20

Untersuchung des neuen „dualen" Regenwassermanagements unter Kostenaspekten zeigte, dass eine oberflächige Entwässerung wirtschaftlicher sein kann als die Erneuerung und Erweiterung des unterirdischen Systems.[14] Daher musste aus Sicht der Stadt eine Kofinanzierung für die oberirdischen Bestandteile – Flächen und Ausgestaltung – der Regenwasserableitung erreicht werden. Die Entwicklung des Tåsinge Plads bot die Möglichkeit, ein gemeinsames Finanzierungskonzept zu erarbeiten. Hinzu kamen hier die Fördermittel aus dem Sanierungsprogramm. „Das war vorher noch nie ausprobiert worden. Es war ein neuer Weg zu arbeiten und zu denken", erklärt der Projektleiter bei der Stadtverwaltung. Die Gesamtkosten der Umgestaltung beliefen sich auf etwa 16 Mio. Euro, wovon 50 Prozent über das Sanierungsprogramm, 25 Prozent über die Stadt und 25 Prozent über HOFOR finanziert wurden.[15]

Aussagen über Investitionskosten bei anderen Projekten lassen sich daraus nicht ableiten, sie hängen unmittelbar von der zu erwartenden ortsabhängigen Menge an Regenwasser ab, da sich daraus das Konzept und die Maßnahmen entwickeln. Standortgegebenheiten wie Versickerungsflächen, Gefälle und Erreichbarkeit des nächstgrößeren Wasserkörpers beeinflussen den Aufwand. Zusätzliche Nutzungsqualitäten und Gestaltungselemente werden standortabhängig diskutiert. So setzt sich auch die Finanzierung jedes einzelnen Projekts innerhalb des Klimaquartiers Østerbro individuell zusammen.[16]

Die Finanzierung und die Zuständigkeit werden jeweils vertraglich geregelt. Das gilt auch für die Teilung der Kosten von Instandhaltung und Pflege. Man hofft, dafür bald auch über verlässliche Erfahrungswerte zu verfügen. Für das Versorgungsunternehmen bleibt die gesetzliche Richtlinie gültig, dass die Instandhaltung pro Jahr nicht mehr als 1 Prozent der Herstellungskosten betragen darf. Sollen Projekte auf privaten Flächen realisiert werden, werden diese von HOFOR gefördert.

2 FALLSTUDIEN

Platz mit Sitzgelegenheiten und Spielelementen

Verknüpfung mit dem bestehenden Quartier

### Beteiligung

Im Rahmen des Sanierungsprogramms spielte die Beteiligung der Öffentlichkeit in dem Quartier bereits vor Projektbeginn eine Rolle. Das Sanierungsmanagement hatte Bedarfe und Defizite in der Nachbarschaft erhoben und mit ersten nicht investiven Projekten die soziale Infrastruktur des Quartiers in der Fokus genommen. Der Nachbarschaftsplan, als operatives Instrument, definiert Ziele und Maßnahmen für die Verbesserung der Lebensqualität und die Steigerung der Attraktivität des Quartiers. Im Vordergrund stand von Beginn an die Aufenthaltsqualität der öffentlichen Räume. Untersucht wurde auch der Sanierungsbedarf im Baubestand, hier sollte schwerpunktmäßig investiert und modernisiert werden. Die Überlagerung des Sanierungsgebiets mit dem Klimaquartier war Absicht: Beide Projekte arbeiteten zwar grundsätzlich unabhängig voneinander, konnten sich in dem Prozess aber unterstützen und befruchten. Das Büro des Sanierungsmanagements konnte über die Zeit die Bürgerschaft zum aktuellen Projektstand informieren. Für die festgestellten städtebaulichen und freiräumlichen Defizite konnten Lösungsmöglichkeiten entwickelt und Finanzmittel mobilisiert werden. Das Sanierungsmanagement beteiligte die Bewohnerinnen und Bewohner an der Planung des Tåsinge Plads und organisierte die gemeinsame Entwicklung von einzelnen Gestaltungselementen. So konnten z. B. die für das Quartier wichtigen Musikräume in zwei ehemaligen Bunkern unter dem Tåsinge Plads realisiert werden. Darüber hinaus wurde gemeinsam mit der Bewohnerschaft ein Outdoor-Möbelstück entwickelt.

## Entstandene Grün- und Freiräume

### Gestaltungsprinzipien und Zonierung

Prinzip des Regenwassermanagements sind das Versickern und verzögerte Abfließen des Wassers mit dem Gefälle zum nächstgrößeren Wasserkörper. Dafür wurde die gesamte Stadt nach Höhenunterschieden in sieben Wassereinzugsgebiete eingeteilt. Tåsinge Plads ist das erste von 300 Projekten des Wolkenbruch-Plans, an dem dieses Prinzip – noch im Kleinen – umgesetzt wurde. Der Platz liegt etwas höher als seine Umgebung. So besteht hier bereits ein natürliches Gefälle, das aber noch durch zusätzliche Geländemodellierung verstärkt wird.

Das Niveau der örtlichen Bodenfeuchtigkeit ist Ausgangspunkt für die Gestaltung und das Pflanzkonzept. So gilt der höchste Punkt, hier der Tåsinge Plads, als trockene Zone, das nächsttiefere Niveau als halb trockene Zone und so weiter bis zu einer feuchten Zone am tiefsten Punkt. Das Wasser wird mit dem Gefälle längs der Straße in die tiefer gelegene Zone, im Konzept auch als Regenwald bezeichnet, abfließen. Dort kann sich das Wasser bis zu 40 cm anstauen und langsam versickern. Es handelt sich also um ein Retentionsbecken. Pflanzstreifen entlang der Straße sind mit einem speziellen filternden Substrat befüllt und mit salzresistenten Arten bepflanzt. Damit soll eine

Sogenannter Regenwald – Retentionsbecken am tiefsten Punkt des Platzes

Dichte Vegetation im tiefer gelegenen Teil des Platzes

Kontamination des Grundwassers durch salzhaltiges Straßenwasser im Winter verhindert werden.

Auch die Dachentwässerung der umliegenden Häuser wird vollständig auf den Platz und in unterirdische Tanks geleitet und gereinigt, um sie für die Wasserspiele auf dem Platz zu nutzen. In den Boden integrierte Pumpen befördern das Wasser stellenweise an die Oberfläche, wenn man über den Plattenbelag geht – ein beliebtes Spiel für Kinder. Die Entwässerung des Platzes fügt sich ein in das Wassermanagement der gesamten Nachbarschaft. Wenn die Aufnahmekapazität der Tanks und des 40 cm abgesenkten Beckens in der feuchten Zone überschritten wird (voraussichtlich einmal alle 500 Jahre), dann greifen die „Wolkenbruch"-Straßen ein, die das Wasser zum Hafen ableiten.

## Pflanzen und Tiere

Die Idee, ein funktional durchdachtes Abwassersystem mit den Ansprüchen einer umweltgerechten und auch dem städtischen Rahmen gemäßen Bepflanzung zusammenzubringen, legt bereits ein grobes Konzept fest. Aufgrund der Unterschiede der Bodenfeuchtigkeit ist nicht jede Bepflanzung überall möglich. Dennoch entspricht die Bepflanzung im Ganzen einem Querschnitt der landestypischen Vegetation Dänemarks. Vom höher gelegenen, trockenen Teil des Freiraums fällt eine Rasenfläche ab. Hier wurden Kiefer, Eiche und Zierapfel gepflanzt; darunter, in dem halb trockenen Teil Ahorn, Esche, Flieder und Beerensträucher; in dem noch tiefer liegenden feuchten Bereich sieht das Konzept eine deutlich dichtere Vegetation vor, die auch Wasser vertragen kann. Zum Beispiel kommt die Kombination von Mehlbeere, Felsenbirne, Erle, Johannisbeere, Liguster und diversen Gräsern gut mit Schatten und feuchtem Boden zurecht. Hier hat sich in der Praxis eher herausgestellt, dass es im Jahresverlauf auch zu trocken für die Pflanzen sein kann und die Einstufung als feuchte Zone nicht mehr zutrifft. Ein paarmal musste daher bereits die Bepflanzung erneuert werden.[17] Die saisonale Vielseitigkeit der Anpflanzungen bietet ein breites Futterangebot für Vögel und Insekten. Langfristig soll durch den Pflanzenmix eine wachsende Biodiversität erreicht werden und eine für die Stadt ungewöhnlich „wilde" Natur entstehen.[18] Besonders wurde darauf geachtet, die Randstreifen robust und resistent zu bepflanzen. Der spezielle Bodenaufbau, der im Winter die Filterung von salzhaltigem Straßenwasser bewirken soll, stellt leider nicht das bestgeeignete *Pflanzsubstrat* dar. Die Stadtverwaltung hat mittlerweile auch Bedenken gegen diese Lösung, denn sie begrenzt die Möglichkeiten der Bepflanzung und ist aufwendig in der Unterhaltung.

## Anpassung an Starkregen

Ziel des Wolkenbruch-Konzepts ist es, das Wasser bei Starkregenereignissen so lang wie möglich lokal aufzufangen und kontrolliert versickern oder abfließen zu lassen. Die tiefer gelegenen Zonen innerhalb eines Einzugsbereichs werden dadurch vor Objektschäden geschützt.

Die Planerinnen und Planer haben die Aufnahmekapazität des Retentionsbeckens, in der tiefer gelegenen Zone des Platzes, für unterschiedliche Regenintensitäten berechnet und es danach konzipiert. Das Becken mit einer Tiefe von 40 cm und einer Fläche von ca. 900 m² soll nach den Berechnungen zu 10 Prozent bei üblichen Regenereignissen, zu 30 Prozent bei Regenereignissen, die im Schnitt alle 25 Jahre vorkommen, und zu 40 Prozent bei 100-jährigen Starkregenereignissen gefüllt sein und das Wasser langsam versickern lassen. Bei Starkregenereignissen mit einer höheren Intensität wird das Becken überlaufen und das Wasser wird über das Straßennetz mit dem Gefälle zur nächsten

2 FALLSTUDIEN

Randstreifen mit spezieller Filtererde

Retentionsfläche fließen. So entsteht das System aus Auffangflächen und Abflusswegen. Die letzte Instanz innerhalb des dem Gefälle folgenden Netzes sind sogenannte Wolkenbruch-Tunnel, die das gesammelte Wasser dann in das Hafenbecken leiten. Für die Abflussrohre entlang des Platzes haben sich die Planerinnen und Planer eine Lowtech-Lösung überlegt, wie das Abfließen verlangsamt werden kann. Durch einen geringeren Rohrquerschnitt wird auf natürliche Weise das Kanalsystem entlastet. Dies unterstützt die Zielsetzung, für das Funktionieren des Platzes keine zusätzliche Energie aufzuwenden.

## Nutzung

Der Stadtverwaltung ist bewusst, dass sie mit dem Regenwassermanagement öffentliche Flächen mit einer Zusatzfunktion belegt und dass damit ein Konflikt mit den Erholungs- und Freizeitnutzungen und den Anforderungen des Verkehrs drohte.[19] Deshalb lautet die Prämisse bei allen Projekten, die im Kontext des Wolkenbruch-Plans entstehen, dass die Plätze anschließend mehr Nutzungsqualitäten aufweisen müssen als zuvor. Tåsinge Plads war vor der Umgestaltung eine zum großen Teil versiegelte Parkplatzfläche. Daher gab es hier die Chance, durch die Umgestaltung überhaupt erst eine wohnungsnahe Grünfläche und damit diesen wirklichen Mehrwert für die Nachbarschaft zu schaffen. Dabei wurden keine Parkplätze weggenommen, sie wurden lediglich neu angeordnet.[20] Die obersten Ziele sind Regenwassermanagement und eine Erholungsfunktion für die Bewohnerschaft. In diesem Rahmen lassen sich natürlich noch weitere Ziele verfolgen, wie eine Reduktion des Hitzeinsel-Effekts. Wichtig für das Verständnis der Vielzweckanlage Tåsinge Plads und solche komplexen Infrastruktur- und Umweltkonzepte sind auch die dort aufgestellten Informationstafeln. Damit erfüllt der Platz auch den Anspruch an eine niederschwellige Umweltbildung.

Die Projektbeteiligten sind sich einig, dass die dänische Kultur stärker auf Vertrauen in die Nutzer als auf Verbote und Anweisungen setzt. Auch wenn Teile des Platzes ganz explizit für das Regenwassermanagement genutzt werden, gibt es keine Zäune oder Verbotsschilder, selbst nicht für den Fall, dass sich das Wasser in Teilbereichen bis zu 40 cm anstauen kann. Ein angemessenes Verhalten soll durch die Qualität und lenkende Wirkung der Gestaltung und eine verständliche Zonierung hergestellt werden. In dem

Flächennutzungsplan ist die Fläche jetzt gleichzeitig als Grünfläche und als Versickerungsfläche gekennzeichnet.

### Bewirtschaftung

Für die Instandhaltung und die Pflege der Grünräume ist die Stadt verantwortlich. Alle Arbeiten zur Instandhaltung der hydraulischen Anlagen und des Oberflächenbelags übernimmt das Versorgungsunternehmen HOFOR. Die Kosten für die Bewirtschaftung werden zu Beginn eines Projekts zwischen der Stadtverwaltung und dem Versorgungsunternehmen ausgehandelt. Dabei ist es projektabhängig, etwa je nach Gestaltung und Grünvolumen, wie die Kosten und deren Verteilung auf die Träger kalkuliert werden – Grundsatz ist jedoch immer, so wenig Unterhaltungskosten wie möglich zu haben.[21] Das Prinzip, Oberflächenwasser gleichzeitig oder vorrangig für die Bewässerung zu nutzen, hat auch für das Versorgungsunternehmen wirtschaftliche Vorteile, denn die Kosten sinken, wo ein möglichst großer Teil des Niederschlagswassers lokal verwertet oder behandelt werden kann.[22]

Aufgrund der komplexen Grünanlagen, die ja oft klar unterschiedliche Ökotope darstellen, haben die Landschaftsarchitektinnen und -architekten ein Pflegehandbuch erarbeitet. Besonders pflegeintensiv sind die Randzonen, in denen das Straßenabwasser gefiltert wird. Das Filtersubstrat sollte regelmäßig auf den Grad der Kontamination getestet werden, um die Funktion zu sichern und den Bestand der Pflanzungen nicht zu gefährden. Schließlich ist auch die Bewirtschaftung dieser Flächen ein Lernprozess für alle Beteiligten. Mit jedem weiteren Projekt des Wolkenbruch-Plans wächst die Erfahrung und auch das Bewusstsein für den Pflegeaufwand, der dann schon bei der Planung mit bedacht werden kann.

# Resümee

Tåsinge Plads zeigt, wie auch auf einer kleinen Fläche Umweltfunktion und Nutzungsqualität vereinbar sind. Kopenhagen wird in Zukunft voraussichtlich häufiger von Starkregenereignissen betroffen sein. Die Integration dieser Erkenntnis in die Stadtentwicklung von heute ist Teil der vorausschauenden und fortschrittlichen Planungskultur in Kopenhagen. Ein Starkregenereignis wie 2011, das die Stadt unter Wasser setzte, war da nur noch der Katalysator für die Umsetzung einer sich bereits entwickelnden Strategie zur Klimaanpassung. Konkret führte es zu dem Entschluss, das Regenwassermanagement der gesamten Stadt langfristig von einem Misch- in ein Trennsystem umzubauen. Dem dänischen Planungssystem, das Kommunen mit großer Planungs- und Entscheidungsbefugnis ausstattet, ist es zu verdanken, dass das Vorhaben schnell in Angriff genommen werden konnte. Die Entscheidung wurde auch wesentlich von einer aufschlussreichen Kosten-Nutzen-Rechnung beeinflusst, der zufolge die Verluste, vor allem zu erwartende Objektschäden, bei Beibehaltung des alten Abwassersystems höher wären als die Investitionen in die Entwässerungsanlagen nach dem neuen Konzept. Die Stadtverwaltung ergriff die Initiative, suchte sich Partner und nahm das nötige Geld in die Hand. Die Kombination des Regenwassermanagements mit der Schaffung und Erhaltung städtischer Freiräume soll in Zukunft gleichzeitig die Lebensqualität im wohnungsnahen Umfeld verbessern und die Resilienz ganzer Stadtteile in Bezug auf Wetter und Klima erhöhen. Mit dem Modell des Klimaquartiers Østerbro schuf sich die Verwaltung 2011 den Rahmen einer ersten Implementierung. Durch eine Vorreiterrolle beim Thema Wasser und Grün in der Stadt erlangt Kopenhagen auch internationale Aufmerksamkeit.

Der Standort für das erste Klimaquartier wurde aufgrund seiner ausgeprägten Empfindlichkeit gegen Starkregenereignisse ausgewählt. In dem Modellprojekt wurde auch die langfristige Zusammenarbeit in sogenannten gemischten Projekten zwischen Versorgungsunternehmen und Stadtverwaltung ausgehandelt. Beide werden sich somit auch künftig die Planung, Finanzierung und Bewirtschaftung aufteilen.

Bis es zur Umgestaltung des ehemaligen Parkplatzes kommen konnte, wurde ein großes Paket an Vorarbeit geleistet, das war wegen der Komplexität des Vorhabens auch unverzichtbar. Die Stadt verlässt sich bei der Planung auf die Ideen und Beratung der interdisziplinären Expertenteams. Für Außenstehende dürfte auf den ersten Blick kaum erkennbar sein, dass es sich bei der Neugestaltung des Platzes zugleich um ein Stück innovative technische Infrastruktur handelt. Aus den neuen zusätzlichen Funktionen, die der Tåsinge Plads zu erfüllen hat, resultieren weder Zäune noch eine mindere Gestaltung. Vielmehr ist es gelungen, hohe Aufenthalts- und Nutzungsqualitäten zu erreichen. Die Stadtverwaltung tut ein Übriges, den Menschen, die hier vorbeikommen oder verweilen, mit Schautafeln den Sinn und die Funktionsweise der Anlagen einschließlich aller Umweltaspekte nahezubringen. Die Kopenhagener sind es gewohnt, dass der öffentliche Raum niederschwellig zur aktiven Nutzung einlädt, und so wurden auch bei der Gestaltung des Tåsinge Plads Elemente integriert, die den spielerischen Umgang mit dem Thema Wasser fördern. Hält man sich vor Augen, dass es hier um eine Fläche von nur 2.000 m² geht, ist die Fülle und Dichte an Gestaltelementen und Funktionen außergewöhnlich. Eine besondere Tragweite hat das Projekt gewiss dadurch, dass die Stadt Kopenhagen ein Beispiel dafür gibt, wie jenseits planerischer und technischer Routine städtische Infrastruktur den Anforderungen aus dem Klimawandel angepasst werden kann.

## 2 FALLSTUDIEN

1. Priebs, A.: Dänemark: Regionalentwicklung statt Regionalplanung. https://www.ssoar.info/ssoar/bitstream/handle/document/33700/ssoar-2012-priebs-Danemark_Regionalentwicklung_statt_Regionalplanung.pdf?sequence=1&isAllowed=y&lnkname=ssoar-2012-priebs-Danemark_Regionalentwicklung_statt_Regionalplanung.pdf (Zugriff am 07.04.2022)
2. Ramboll Group A/S: Kopenhagen – CO2-neutral bis 2025. https://de.ramboll.com/projects/rdk/copenhagencarbonneutral (Zugriff am 07.04.2022)
3. The City of Copenhagen: Copenhagen Climate Plan. The short version. Kopenhagen 2011
4. The City of Copenhagen: Regnvandshåndtering. http://planer.kk.dk/dk/spildevandsplan-2018/maalsaetninger/regnvandshaandtering/ (Zugriff am September 2021)
5. The City of Copenhagen: Copenhagen Climate Plan. The short version. Kopenhagen 2011
6. The City of Copenhagen: Integrated Urban renewal in Skt. Kjeld's. A neighbourhood in motion. Kopenhagen 2011
7. The City of Copenhagen: Cloudburst Management Plan 2012. Kopenhagen 2012. https://en.klimatilpasning.dk/media/665626/cph_-_cloudburst_management_plan.pdf (Zugriff am 07.04.2022)
8. Grau, D.; Porst, H.: Gewappnet für Wolkenbrüche. In: Garten + Landschaft 11/2014, S. 17–21
9. City of Copenhagen, Amt für Technik und Umwelt: Cloudburst Management Plan, S. 7. Kopenhagen, 2012 The City of Copenhagen: Cloudburst Management Plan 2012. Kopenhagen 2012. https://en.klimatilpasning.dk/media/665626/cph_-_cloudburst_management_plan.pdf (Zugriff am 07.04.2022), S. 7
10. The City of Copenhagen: Kommuneplan 2015. Kopenhagen 2015
11. The City of Copenhagen: Regnvandshåndtering. http://planer.kk.dk/dk/spildevandsplan-2018/maalsaetninger/regnvandshaandtering/ (Zugriff am September 2021)
12. Fokusgruppengespräch 07.10.2020
13. Planportal (kk.dk)
14. ARGE Urbanizers, Berlin/plan zwei Hannover: Grün in der Stadt. Für eine lebenswerte Zukunft. Internationale Beispiele für grüne Städte zum Weißbuchprozess. Expertise. Berlin 2018. https://www.bbsr.bund.de/BBSR/DE/forschung/programme/exwost/Forschungsfelder/2015/weissbuch-gruen-in-der-stadt/downloads/gids-kurzexpertise-internationale-beispiele.pdf?__blob=publicationFile&v=3 (Zugriff am 07.04.2022)
15. Ministry of Environment of Denmark. www.klimatilpasning.dk (Zugriff am 07.04.2022)
16. Fokusgruppengespräch 05.10.2020
17. Fokusgruppengespräch 14.09.2020
18. The Rethink Water Network; Danish Water Forum: Rethinking urban water for new value in cities. Sustainable solutions for integrated urban water management. Kopenhagen 2013. https://urban-waters.org/sites/default/files/uploads/docs/rethinking_urban_water_for_new_value_in_cities_0.pdf (Zugriff am 07.04.2022)
19. Fokusgruppengespräch 14.09.2020
20. Fokusgruppengespräch 05.10.2020
21. Ebd.
22. State of Green. https://stateofgreen.com/en/ (Zugriff am 30.03.2022)

# Tåsinge Plads, Copenhagen

Tåsinge Plads shows how environmental function and quality of use are compatible even in a small area. Copenhagen is expected to be more frequently affected by heavy rainfall events in the future. Integrating this insight into urban development today is part of Copenhagen's forward-thinking and progressive planning culture. A heavy rainfall event like the one experienced in 2011, which flooded the city, was in fact only the catalyst for implementing an already evolving climate adaptation strategy. Specifically, it led to the decision to convert the storm water management system for the entire city from a combined system to a sanitary sewer system over the long term. Thanks to the Danish planning system, which gives municipalities a great deal of planning and decision-making power, the project got underway quickly. The decision was also significantly influenced by an insightful cost–benefit calculation, according to which the losses, especially anticipated property damage, would be higher if the old sewage system was retained in place of making the investment in the sewer facilities in accordance with the new concept. The city administration took the initiative, looked for partners and raised the necessary funds. In the future, combining storm water management with the creation and preservation of urban open spaces is expected to simultaneously improve the quality of life in the areas around the neighbourhood and increase the resilience of entire districts to weather and climate events. Using the model of the Østerbro Climate Quarter, the administration created the framework for initial implementation in 2011. Copenhagen is also gaining international attention thanks to its pioneering role in the matters of water and greenery in cities.

The site for the first Climate Quarter was selected because of its distinct vulnerability to heavy rainfall events. The model project also negotiated long-term cooperation in mixed projects between the utility company and the city council. The two will continue to share planning, financing and management tasks in the future.

A large amount of preparatory work had to be done before the former car park could be redesigned, and this was indispensable due to the complexity of the project. The city relied on the ideas and advice of the interdisciplinary teams of experts for planning work. To outsiders, it may not be apparent at first glance that the redesign of the square is also a piece of innovative technical infrastructure. The new additional functions that Tåsinge Plads has to fulfil have been achieved without the use of any fences or inferior design elements. On the contrary, it has been possible to achieve excellent facilities and relaxation areas. The city is doing its part to explain to visitors and passers-by the purpose and function of the systems, including all environmental aspects, using information boards. Copenhagen's residents are used to easily accessible public spaces that invite active use, and so the design of Tåsinge Plads also incorporates elements that encourage a playful approach to water. Considering that it is an area of only 2,000 m², the quantity and density of design elements and functions is extraordinary. The project has special significance, as, with it, the city of Copenhagen has provided an example of how urban infrastructure can be adapted to the requirements of climate change beyond the usual planning and technical aspects.

## 2.10 TRAVERTINPARK

*NEUER PARK IN EINEM SIEDLUNGSGEBIET DER 1920ER-JAHRE*

STUTTGART, HALLSCHLAG

2 FALLSTUDIEN

Friedhof
Friedhof

■ Grün, Grünverbindung
■ Grünes Wohnumfeld
■ Wasser

1:10.000

# Ausgangslage

**Der Stadtteil Hallschlag**

Die Wohnsiedlung Hallschlag entstand ab den 1920er-Jahren auf einer Anhöhe über dem Neckartal als Antwort auf die damalige Wohnraumknappheit. Jahrzehntelang war der Hallschlag vor allem als „Arme-Leute-Stadtteil" bekannt. Die fehlenden räumlichen und funktionalen Verbindungen zu anderen Stadtteilen, die monotone Baustruktur und viele soziale Problemlagen trugen zu diesem Image bei.

Nach vorbereitenden Untersuchungen wurde der Hallschlag im Jahr 2007 in das Programm „Soziale Stadt" aufgenommen. Ein Fokus der Stadtentwicklung lag von Anfang an auf der Aufwertung des öffentlichen Raums und den wohnortnahen Grünräumen innerhalb des Stadtteils.[1] Das Grün im gartenstadtähnlichen Hallschlag war von jeher ein Plus, das es zu stärken galt. Die Mittel der „Sozialen Stadt" waren begrenzt und die Verbesserungen im öffentlichen Raum versprachen den meisten Mehrwert.[2] Der Hallschlag war zwar umgeben von Grün, innerhalb des Gebietes waren die Freiflächen jedoch so in die Jahre gekommen, dass sie weder hohe ökologische noch besondere Nutzungsqualitäten boten. Insbesondere waren die Grünflächen zwischen den Gebäudescheiben mit kurz gemähten artenarmen Rasen und „kaputt gepflegten" Hecken nicht klar in öffentlich und privat getrennt. Sie wurden daher nur wenig genutzt.[3] Nach dem Leitbild der

## 2.10 TRAVERTINPARK

**GRÖSSE**
Sanierungsgebiet ca. 70 ha
Travertinpark: ca. 2,2 ha

**PLANUNGS- UND ENTSTEHUNGSZEIT**

| | |
|---|---|
| 2006 | Masterplan Neckar mit Travertinpark, Verband Region Stuttgart |
| 2006 | Voruntersuchung Stuttgart-Hallschlag zur Aufnahme in das Bund-Länder-Programm „Soziale Stadt" |
| seit 2007 | „Soziale Stadt"-Gebiet Stuttgart-Hallschlag |
| 2008 | Mehrfachbeauftragung Freiraumkonzept |
| seit 2008 | Gebäudesanierung, Abriss und Neubau, siedlungsbezogene Freiräume, Neuordnung Verkehrskonzept |
| 2010 | Fertigstellung 1. Bauabschnitt Travertinpark |
| 2014 | Fertigstellung 2. Bauabschnitt Travertinpark |
| 2020 | Rahmenplan Hallschlag |

**ART DER PLANUNG**
Masterplan Neckar, Freiraumkonzept und Rahmenplan Hallschlag im Rahmen der „Sozialen Stadt" Stuttgart-Hallschlag

**AKTEURINNEN UND AKTEURE**
*Stadtteil Hallschlag:*
Vorbereitende Untersuchungen: ORplan Architektur und Städtebau, Stuttgart
**Freiraumplanung:** lohrberg Stadtlandschaftsarchitektur, Stuttgart
**Rahmenplan Hallschlag:** Arbeitsgemeinschaft aus den Planungsbüros ORplan Architektur und Städtebau, Stuttgart, R+T Verkehrsplanung, Darmstadt, und lohrberg Stadtlandschaftsarchitektur, Stuttgart

**Sanierung, Neubau:** SWSG Stuttgarter Wohnungs- und Städtebaugesellschaft mbH, GWG-Gruppe Gesellschaft für Wohnungs- und Gewerbebau Baden-Württemberg AG, Bau- und Heimstättenverein Stuttgart eG, Wohnbau Neckar u. a.
**Stadtteilmanagement mit Bürgerbeteiligung:** Weeber+Partner, Institut für Stadtplanung und Sozialforschung, Stuttgart/Berlin

*Travertinpark:*
**Masterplan Neckar:** Verband Region Stuttgart
**Freiraumplanung:** Landschaftsarchitekten Schmid, Treiber und Partner Landschaftsarchitekten, Leonberg, Landschaftsarchitekten Welsner + Welsner, Nürtingen

**STÄDTEBAU UND HAUSTYPEN**
- modernisierte Zeilengebäude mit 3 bis 4 Vollgeschossen und ausgebautem Satteldach aus den 1920er-Jahren
- modernisierte Zeilengebäude im Westen durch 3- bis 4-geschossigen Neubau zu Blockrandbebauung mit Punkthäusern im Innenbereich ergänzt
- 2 Hochhausscheiben im Nordosten, ehemalige Daimler-Siedlung
- ca. 3.500 Wohneinheiten insgesamt
- Wohnungsbestand der SWSG:
  2008: 1.827 Wohneinheiten, davon 452 gefördert
  2022: 1.973 Wohneinheiten, davon 602 gefördert und 68 für Menschen mit mittlerem Einkommen
- im Süden ehemaliges Römerkastell mit Gewerbe und Büroeinheiten, große Parkplatzflächen im Innenbereich

doppelten Innenentwicklung wurde gleichzeitig der Gebäudebestand – zum Großteil im Besitz der städtischen SWSG – durch Neubau ergänzt und modernisiert. Mit einem sehr ganzheitlichen ressortübergreifenden Handlungskonzept hat sich der Hallschlag mittlerweile zu einem geschätzten Stadtteil entwickelt.

## Klima und übergeordnete Grünplanung

Das Stuttgarter Klima ist geprägt durch seine großräumige Lage im Neckarbecken mit milden Temperaturen (Jahresmittel 10 °C), wenig Niederschlägen und vermehrten heißen Tagen im Sommer. Zudem sorgt die Kessellage der Stuttgarter Innenstadt dafür, dass der vertikale Abtransport von Schadstoffen, insbesondere an kalten Tagen, eingeschränkt wird und sich dadurch ein negativer Effekt auf die Lufthygiene einstellt.[4, 5] Mit einer übergeordneten Klimaanpassungsstrategie hat die Region Stuttgart schon frühzeitig auf die klimatischen Bedingungen und die hohe Vulnerabilität der Region reagiert. Die Abteilung Stadtklimatologie des Amtes für Umweltschutz der Landeshauptstadt Stuttgart erhebt kontinuierlich Klimadaten und pflegt diese in Informationssysteme wie den Klimaatlas ein. Konkrete Maßnahmen, wie die aktive Planung der Kaltluftschneisen zur nächtlichen Kühlung, werden in die Stadtentwicklungsplanungen integriert. So geht die u-förmige Kaltluftschneise – das „Grüne U" – in Stuttgart bereits auf die 1920er-Jahre zurück. In Stuttgart-Bad-Cannstatt, wozu der Hallschlag gehört, bildet das „Cannstatter U" ein Pendant – hierzu zählt auch der neu entstandene Travertinpark, der Teil des Landschaftsparks Region Stuttgart sowie des Masterplans Neckar ist.[6]

## Der Travertinpark

Die neue Parkanlage hat viele Besonderheiten, auch aufgrund der herausragenden geologischen, kulturhistorischen und ökologischen Bedeutung des Standortes. Der heutige Travertinpark liegt auf einem ehemaligen Industriegelände, das bereits in den 1980er-Jahren von der Stadt Stuttgart erworben wurde. Konkrete Entwicklungspläne gab es damals aber nicht, da das Areal noch als Steinbruch zum Abbau von wertvollem Travertin bewirtschaftet wurde.

Die im Bad Cannstatter Neckartal und unterem Nesenbachtal verbreiteten Travertinschichten bergen zahlreiche paläontologische und archäologische Funde, die wertvolle Einblicke über die Pflanzen, Tiere und Menschen in der Eiszeit geben. Als Naturstein wurde der Stein schon von den Römern abgebaut. Seine Hochzeit hatte der Travertinabbau in Stuttgart Mitte des 20. Jahrhunderts.

Nach Auslaufen des Pachtvertrags in einem Teil des Steinbruchgeländes leitete die Stadt eine Umwidmung von einer

## 2 FALLSTUDIEN

> *„Das Stuttgarter Travertinvorkommen ist einzigartig in Deutschland."\* Sie sind Quellgebiet des Stuttgarter Mineralwassers – das zweitgrößte Vorkommen in Europa – und Grundlage für die geschätzte Stuttgarter Kur- und Badetradition. Schließlich sind die Travertinsteinbrüche interessanter Teil der Industriegeschichte. Als Naturstein wurde der Stein schon von den Römern abgebaut, bis zum Ende des 19. Jahrhunderts in schwerer, körperlicher Arbeit. Seit dem 20. Jahrhundert wurden neue maschinelle Arbeitstechniken für den Steinabbau und die Steinbearbeitung erfindungsreich entwickelt. Von den 1920er-Jahren bis 1945 war der Travertin schließlich als hochwertiger, polierfähiger Naturstein in Mode, deutschlandweit und international. Travertin hat auch das Stuttgarter Stadtbild geprägt: Bedeutende Gebäude, einige der schönsten, wurden mit diesem Stein gebaut.*

\* Landeshauptstadt Stuttgart, Garten-, Friedhofs- und Forstamt in Verbindung mit der Abteilung Kommunikation: Ausstellungstafeln im Park, Zitate und Informationen

Informationstafeln im Travertinpark

wirtschaftlich genutzten zu einer Grünfläche ein, die als Grabungsschutzgebiet gekennzeichnet bleibt. Da Baurecht auf dieser Fläche vorhanden war, wurden auch Überlegungen zur Entwicklung eines Wohn- und Gewerbegebiets angestellt. Diese wurden aber wieder verworfen.

Heute ist der Travertinpark mit dem ehemaligen Steinbruchgelände für die Bevölkerung nicht nur geschichtsträchtiger Naherholungs- und Naturerlebnisraum, sondern auch ein Ort für Umweltbildung, Jugendfreizeit und gemeinsames Gärtnern in den interkulturellen Bürgergärten.

# Planung

### Stadtentwicklung und Landschaftsplanung

Zu Beginn war der Travertinpark kein Bestandteil des „Soziale Stadt"-Gebiets. Die Planungen im Stadtteil und im Travertinpark liefen zunächst parallel. Der Masterplan „Landschaftspark Neckar" des Verbands Region Stuttgart aus dem Jahr 2006 zeigte die Potenziale des Geländes für Naherholung und Ökologie im regionalen Landschaftsgefüge auf. Die Chance, mit dem Travertinpark auch einen siedlungsnahen und ökologisch hochwertigen Freiraum für den Hallschlag herzustellen, wurde von den Fachämtern und dem Gemeinderat schnell erkannt. Eine Vertreterin des Verbands Region Stuttgart bestätigt: „Zum einen geht es immer um die Verbesserung der Naherholung und zum anderen um ökologische Gründe. Und das hat man bei diesem Projekt zusammenführen können. Deswegen hat das auch so eine große Bedeutung."[7] Nachträglich wurde der Travertinpark in das Fördergebiet aufgenommen.[8] So war gesichert, dass der Park ein öffentlicher Park für den Stadtteil wird.

Obwohl ein Masterplan keine rechtlichen Festlegungen schafft, wurde der Travertinpark als Ganzes nicht baurechtlich gesichert.[9] Allerdings steht das Areal aufgrund von Funden aus der Römerzeit unter Grabungsschutz. Außerdem wurde im Zuge eines B-Plan-Verfahrens (Rappensteinstraße) der Travertinpark als Ausgleichsfläche für den baulichen Eingriff festgesetzt.

### Ganzheitliche Planung der Freiräume im Stadtteil

Um die siedlungsnahen Freiräume im Hallschlag neu zu ordnen, lobte das Amt für Stadtplanung und Wohnen 2008 einen Wettbewerb für ein Freiraumkonzept als Mehrfachbeauftragung aus. Dabei arbeitete es eng mit der Stuttgarter Wohnungs- und Städtebaugesellschaft (SWSG) zusammen. Ziel war vor allem, die öffentlichen Räume, Straßen, Plätze und Naturräume aufzuwerten und in allen Bereichen für mehr Aufenthaltsqualität zu sorgen. Die Projektleitung der Stadt Stuttgart ist überzeugt, dass diese

Innenhöfe der Wohnungsgesellschaften

Innenhöfe der Wohnungsgesellschaften

Herangehensweise wesentlich zum Erfolg der „Sozialen Stadt" und zur Realisierung vielfältiger öffentlicher Räume beigetragen hat. Durch das ganzheitliche Konzept konnten die einzelnen Bausteine sukzessive abgearbeitet werden, ohne das große Ganze aus den Augen zu verlieren.

Innerhalb der einzelnen Baublöcke haben die Wohnungsunternehmen, insbesondere die städtische SWSG und die GWG, im Zuge von Modernisierung und ergänzendem Neubau, auch das halböffentliche und private Grün aufgewertet. Allgemeingültige Planungshinweise der SWSG werden bei jedem Bauvorhaben situativ überprüft und an örtliche Gegebenheiten angepasst. Ziel ist es, das Bestmögliche für Mensch und Natur in eine Balance mit Herstellungsaufwand und Pflege zu bekommen und so für Zufriedenheit mit dem Wohnumfeld zu sorgen.[10] Umfassendere Beteiligung von Bewohnerinnen und Bewohnern bei der Freiraumgestaltung der Wohnanlagen gab es nur vereinzelt. Bei Neubau und ergänzendem Neubau ist die Mieterschaft noch nicht da, bei Sanierungen ist ein möglicher Umzug der bestehenden Mieterschaft ein sensibles Thema.

Nach zwölf Jahren ist das Freiraumkonzept weitgehend umgesetzt. Für die weitere Stadtteilentwicklung hat das Amt für Stadtplanung und Wohnen eine Rahmenplanung für die nächsten 15 Jahre auf den Weg gebracht. Sie soll die Errungenschaften des Freiraumkonzepts weiterführen und verstetigen. Dabei geht es vor allem darum, die Freiräume weiter zu vernetzen. Ein großer Gewinn wird die Verwandlung der Straße „Auf der Steig" in eine verkehrsberuhigte grüne Achse sein. Sie stellt direkt den Anschluss an den Travertinpark aus dem Wohngebiet her. Im Rahmenplan werden darüber hinaus auch Verkehr, Wohnen und Soziales thematisiert. Der Rahmenplan Hallschlag ist ein Gemeinschaftswerk, er wurde seit Herbst 2018 von einer interdisziplinären Arbeitsgemeinschaft von Fachleuten aus Stadt-, Verkehrs- und Landschaftsplanung in Kooperation mit der Stuttgarter Wohnungs- und Städtebaugesellschaft (SWSG) und der GWG-Gruppe erarbeitet.

### Finanzierung

Der Verband Region Stuttgart, der seit 1994 für die Landschafts- und Regionalverkehrsplanung zuständig ist, hat auch finanzielle Möglichkeiten, Teilprojekte zu fördern. Er finanzierte den ersten Bauabschnitt des Travertinparks mit.

Der zweite Bauabschnitt konnte über die Städtebauförderung (60 Prozent Bund und Land, 40 Prozent Landeshauptstadt Stuttgart) realisiert werden. Außerdem förderte u. a. die Baden-Württemberg Stiftung sowie der Verfügungsfonds der „Sozialen Stadt" Projekte vor Ort im Park („Natur im Hallschlag", Bürgergärten Hallschlag, Aktionen und Veranstaltungen). Die Kosten für die Planung und Gestaltung des Parks beliefen sich insgesamt auf rund 820.000 Euro.

### Bürgerbeteiligung

Mit der Aufnahme ins Programm „Soziale Stadt" entstanden auch vorteilhafte Ausgangsbedingungen für die Planung der Grün- und Freiflächen im Hallschlag. Es standen Fördermittel zur Verfügung und es gab die verbindliche Auflage, die Bewohnerschaft zu beteiligen. Das Institut für Stadtplanung und Sozialforschung Weeber+Partner wurde 2007 mit dem Stadtteilmanagement beauftragt, dazu gehörte es auch, ein Stadtteilbüro zu betreiben. Unter dem Motto „Zukunft Hallschlag" baut die Stadtteilentwicklung seitdem darauf auf, die Menschen vor Ort als wesentliche Akteurinnen und Akteure zu gewinnen – engagierte Einzelne, Vereine, Initiativen, Kirchengemeinden, öffentliche Einrichtungen und die Wirtschaft im Quartier.

Nachdem das Freiraumkonzept gemeinsam von Fachleuten und Bewohnerschaft ausgewählt wurde, organisierte das Stadtteilmanagement eine umfassende Bürgerbeteiligung für die verschiedenen Nutzergruppen von der Planung bis zur Realisierung. Da der Travertinpark erst nachträglich in das Förderprogramm

## 2 FALLSTUDIEN

aufgenommen wurde, war die Bürgerbeteiligung im ersten Bauabschnitt weniger umfangreich. Von Anfang an wurden jedoch gern besuchte Rundgänge angeboten. Im Rahmen der Bürgerbeteiligung ist im Zusammenhang mit den archäologischen Funden aus der Römerzeit eine aktive Gruppe „Geschichte" entstanden. Sie befasste sich auch mit der Historie des Travertingeländes und seiner Bedeutung für den Stadtteil.

In Kooperation von Stadt, Verband Region Stuttgart, den Wohnungsunternehmen und der Bewohnerschaft sind vielfältige Freiräume mit hoher Qualität entstanden. Eine besondere Erfolgsgeschichte der Beteiligung sind die „Bürgergärten", die am westlichen Eingang des Travertinparks bereits seit 2008 in Gemeinschaftsinitiative entstanden sind und mittlerweile von einem eingetragenen Verein organisiert werden. Auf 25 Parzellen und einer Gemeinschaftsfläche stehen den Menschen im Stadtteil, darunter viele mit Migrationshintergrund, Flächen zum Gärtnern und Beisammensein zur Verfügung, die in Wohnungsnähe häufig fehlten.

## Entstandene Grün- und Freiräume

Die unterschiedlichen Maßstabsebenen der Freiräume – gestaltete Innenhöfe, Quartiersplätze und Stadtteilpark und deren räumliche Verknüpfung durch Grünachsen, Fußgänger- und Radwegenetz – bieten eine große Bandbreite an Freiraumqualitäten für die Bewohnerschaft. Während im Siedlungsbereich die Nutzungsqualitäten im Vordergrund der Planung standen, waren es im Travertinpark die Ökologie und der Artenschutz. Im südlichen Bereich des Parks, der durch steile Hänge und Wald geprägt ist, liegt ein Schwerpunkt bei den Angeboten für Kinder und Jugendliche.

### Grüner Stadtteil mit altem Baumbestand

Mit den großzügig dimensionierten Freibereichen zwischen den Zeilenbauten aus den 1920er-Jahren, den mittlerweile groß gewordenen Bäumen und den als Abstandsgrün weitgehend ungestalteten Wiesen ist der Hallschlag ein sehr grüner Stadtteil. Die alten Bäume tragen zu einem angenehmen Stadtklima, auch an heißen Sommertagen, bei. Eine Bereicherung der Fauna im Hallschlag ist die wild lebende Papageien-Population, die einst aus dem städtischen Zoo entwichen ist und sich in den hohen Baumkronen eingenistet hat.

Gleichwohl gab es bislang wenige Freiflächen mit Aufenthaltsqualität, die Grünflächen zwischen den Zeilenbauten waren nicht klar zugewiesen und wurden daher nur teilweise durch die Bewohnerinnen und Bewohner genutzt. Die fehlende Gestaltung der Freiräume hat auch die Akzeptanz der Bewohnerschaft beeinflusst und zu vielen Verboten und Konflikten geführt. Mit dem erklärten Planungsziel, Grün- und Freiräume mit Aufenthaltsqualitäten und klarer Zuweisung zu schaffen, wurde das Freiraumkonzept mit ambitionierter Bürgerbeteiligung entwickelt.

Bei den neu gestalteten wohnungsnahen Freibereichen wird deutlich, wie komplex die Anforderungen und Vorschriften an die Freibereiche heutzutage sind. Private, für die Anwohnerinnen und Anwohner gemeinschaftliche und öffentliche Flächen werden durch Hecken, bauliche Einfassungen und Markierungen klar unterschieden. Die privaten Freianlagen der Wohnblocks werden funktional gestaltet. Vorausschauend wird versucht, Konflikten

Bürgergärten im Travertinpark

Freibereiche der Bestandszeilengebäude

2.10 TRAVERTINPARK

Industriedenkmäler im Travertinpark

bei der Nutzung und Bewirtschaftung, aus Mieter- und Vermieterperspektive, vorzubeugen. Reinigungsaufwand, Gartenpflege, Abnutzung, Vandalismus und erhöhtes Allergierisiko sind nur einige Aspekte, die bei der Planung berücksichtigt werden. Dazu bestimmen baurechtliche Vorschriften – wie Barrierefreiheit, überdachte Fahrradstellplätze – den Freiraum zusätzlich in seiner Gestalt. Planungshinweise fördern ökologische Qualitäten und Biodiversität. Ein häufiges Gestaltungselement sind die 1,6 m hohen Hainbuchenhecken zur Abgrenzung der privaten Grundstücke, sie dienen – wenn sie dicht geworden sind – als Brut- und Nistplätze für Vögel und sind Lebensraum für Insekten. Mit den Fachplanern individuell abzustimmen sind bei jedem Bauvorhaben z. B. Vegetationsschutz, Oberbodenschutz, situative Prüfung von Fassadenbegrünung, extensive Dachbegrünung, Pflanzeninseln und Hochstammqualitäten in nutzungsintensiven Bereichen wie Spielplätzen. Starke Veränderungen gibt es in den Neubauquartieren auch wegen der Tiefgaragen, die nur begrenzte Möglichkeiten für Baumpflanzungen bieten. Wo immer möglich, wird der alte Baumbestand im Zuge der Modernisierungen jedoch erhalten.[11]

Der Unterschied zwischen den bereits modernisierten und zu Wohnblöcken ergänzten Zeilenbauten zu den Bestandsgebäuden mit ungestalteten Außenanlagen ist deutlich sichtbar. Neu geschaffene Sitzgelegenheiten und Spielplätze schaffen Möglichkeiten der Begegnung, die Zonierung in gemeinschaftlich und privat sorgt für eine klare Flächenzuweisung. Dennoch wird die Gestaltung der Freiflächen im Zuge von Gebäudesanierung und Neubau teilweise kritisch gesehen, sei es, weil die Bewohnerinnen und Bewohner sich über Jahrzehnte die ungestalteten großzügigen Grünflächen um ihre Wohngebäude angeeignet haben oder weil die Pflanzen in den neuen Anlagen noch nicht sehr üppig gewachsen sind und zunächst wenig Atmosphäre bieten.

Die kleinteiligere Struktur ist aber auch der Preis der Nachverdichtung, um weitere dringend benötigte Wohnungen, insbesondere für Familien mit Kindern und barrierefrei für Menschen mit Behinderungen, zu schaffen. Vielfach geschätzt wird die meist weiterhin offene Durchwegung durch die Höfe, die abwechslungsreiche Spazierwege und Abkürzungen erlaubt.

## Umwidmung und Renaturierung einer Steinbruchlandschaft

Es gibt einen Spielplatz, Rad- und Spazierwege, Bänke und viel Grün. Und doch unterscheidet sich der Travertinpark von vielen anderen Stadtparks. Man wollte möglichst wenig im Naturraum eingreifen und mit den vorhandenen Strukturen und Wegenetzen arbeiten. Auf dem gesamten Gelände zeugt der sichtbare Travertin an Hängen und durch verteilte Gesteinsblöcke von dem hier im Steinbruch industriell abgebauten Kalkstein. Auch in den Sitzbänken ist Travertin verarbeitet. Behutsame Wegeführungen, Informationstafeln und eine Naturbeobachtungsstelle für Kinder machen den Ort und seine Entwicklung erfahrbar.

Auch sollten Elemente der Arbeit im Steinbruch als Industriedenkmale erhalten werden. Das in die Gestaltung integrierte Material, belassene typische Geländeformen, vereinzelte Maschinenteile und erhaltene Gleistrassen verbinden die Geschichte des Ortes mit seiner Gegenwart. Die Spielgeräte auf dem Spielplatz im Süden mit der Aussichtsterrasse scheinen sich optisch mit den industriellen Elementen aus Zeiten des Steinbruchbetriebs zu verbinden.

Einen Park auf ehemaligem Industriegelände zu realisieren und Elemente für die Erholungs- und Freizeitnutzung zu transformieren, das ist mit planerischem Aufwand bis ins Detail und nicht zuletzt einem gewissen Haftungsrisiko verbunden. Das ehemalige Steinbruchgelände weist große Geländesprünge auf, die alten Maschinenteile bergen Verletzungsrisiken. „Ich kann Ihnen sagen, wir hatten viele, viele Stunden lang das Thema Sicherheit diskutiert", erzählt der ehemalige Leiter des Grünflächenamtes.[12] Von Bürgerseite werden die Geländer in der Parkgestaltung teilweise bedauert. Bewohnerinnen und Bewohner erinnern sich an ihre Jugend zurück, in der sie unbeobachtet auf dem Gelände spielen konnten und einen großen eigenen „Abenteuerspielplatz" vorfanden. Durch die Gestaltung und Ordnung ist der Park an vielen Stellen besser einsehbar geworden. Für Jugendliche, die auch unbeobachtet sein wollen, ist das ein Nachteil. Die Atmosphäre und Nutzergruppen des Parks haben sich zwar verändert, die Entwicklung der Fläche war aber alternativlos. Das Gelände wäre ein dichter und zugewachsener Wald geworden, nicht nur negativ für die Zugänglichkeit und Sicherheit. Auch die Eidechsen und Bienenpopulationen wären deutlich zurückgegangen.[13]

## Erhaltung der bewegten Topografie

Die Topografie des ehemaligen Steinbruchs wurde weitestgehend belassen und ist Teil der Parkgestaltung. Einige Böschungen und Abhänge des Parks werden nur über Treppen oder steile Wege erschlossen. Für Personen mit Kinderwagen oder Kinderfahrzeugen,

Topografie im Travertinpark

Steinbruch

## 2.10 TRAVERTINPARK

Blick vom Travertinpark Richtung Stadtgebiet

Über die Römerstaffel erreicht man den Travertinpark von Süden aus

Gebrechliche und Rollstuhlbenutzer sind dies Barrieren, sie können den Park nur auf den ebenen Wegen durchqueren. Die starke Topografie und nicht einsehbare Räume führten bei der Planung auch zu Befürchtungen, dass hier Vandalismus stattfindet. Bislang ist dies in diesen Bereichen jedoch nicht überdurchschnittlich bemerkbar.

Zwei weite ebene Flächen an den beiden Haupteingängen sind jedoch vielfältig nutzbar. Unter den großen, schattenspendenden Bäumen treffen sich viele Mütter mit ihren Kindern und für Spazierende und Hundebesitzerinnen und -besitzer bietet der Park ausgewiesene Wege. Bei der Bürgerbeteiligung kam der Wunsch nach Kleingartenanlagen auf. Das war aus Platz- und topografischen Gründen aber nicht realisierbar. Daraufhin entstanden die Bürgergärten, die als Gemeinschaftsgarten den zur Verfügung stehenden Raum gut nutzen können. Es sollte auch ein Ort der kulturellen Begegnung für Menschen unterschiedlicher Herkunft und ein Platz für umweltpädagogische Projekte für Kinder und Jugendliche werden. Als positiver Nebeneffekt entsteht durch die regelmäßige Nutzung und Bewirtschaftung eine soziale Kontrolle innerhalb des Parks.

### Grün- und Wegevernetzung, Blickbeziehungen

Wie dargestellt, ist die bessere Vernetzung und Anbindung des Hallschlags mit den umliegenden Quartieren wichtiges Ziel der Stadtteilentwicklung, um seine bisher isolierte Lage auf dem Höhenrücken zu überwinden. Als Teil des Landschaftsparks Neckar trägt der Travertinpark dazu wesentlich bei. Der hier auf dem ehemaligen Güterbahndamm neu entstandene Fuß- und Radweg bietet eine komfortable Rad- und Fußwegverbindung nach Nordwesten. Die im Süden neu geschaffene sehr markante Römerstaffel – mit 175 Stufen – wird über den Travertinpark erreicht und bindet den Hallschlag an die U-Bahnstation Kraftwerk Münster in der Talsohle an. Der Name der Treppe wurde im Bürgergremium aus 47 Vorschlägen ausgewählt. „Auf dem Hallschlag lassen sich an vielen Stellen Zeugnisse der Römer finden, die dort die Wiege Stuttgarts gelegt haben. Nicht zuletzt halte das Gremium den Namen für passend, weil Fußgängerinnen und Fußgänger beim steilen Aufstieg das Römerkastell im Blick hätten."[14] Die Müllverbrennungsanlage ist nicht zu übersehen und wird von manchen Fremden als störend empfunden, während die Menschen im Stadtteil an die dramatische Silhouette gewöhnt sind. Weiter im Süden reicht der Weg durch die Weinberge bis in die Neckarvorstadt.

Von den hoch gelegenen Stellen auf dem grünen Band, das den Hallschlag insgesamt umgibt, wird auch die Stadtlandschaft erfahrbar. Es gibt drei „Panoramablicke" in drei Himmelsrichtungen: nordwestlich zu der Hochhaussilhouette eines benachbarten Stadtteils, nach Nordosten in das weitere ehemalige Steinbruch- und Industriegelände, der spektakulärste Ausblick auf dem Plateau im Süden erlaubt einen weiten Blick ins Neckartal. Dies ist auch eine beliebte Station für Yoga oder Gymnastik mit Ausblick oder einen Rundgang mit Besucherinnen und Besuchern, zumal hier auch Infotafeln zur Ortsgeschichte aufgestellt sind.

### Ökologische Qualität sichern

Mit dem erklärten Ziel, den Travertinpark in seiner Gestalt möglichst zu belassen, hat sich die Stadt nicht für den kostensparendsten Weg entschieden, denn die Pflege des Parks ist aufwendig. „Man muss gezielt in Handarbeit die Sträucher und den Wildwuchs zurückdrängen".[15] Einmal die Woche begeht Fachpersonal der Stadt den Travertinpark und führt Instandhaltungsarbeiten durch. „Das ist wahrscheinlich teurer als der Unterhalt einer ganz normalen Grünanlage."[16] Pflegt man nicht sorgfältig und regelmäßig, wuchert die Bepflanzung und einzelne Pflanzen und Tierarten

## 2 FALLSTUDIEN

**Grün- und Freifläche im Untersuchungsgebiet pro Person**

ca. 15,5 m² gesamt

**ca. 7,9 m²**
privat – gemeinschaftlich genutzt

**ca. 7,6 m²**
öffentlich

**Nutzung und Funktion**
- Grünverbindung
- Erholung/Freizeit
- Gebäudebezogene Freiräume
- Spielen
- Plätze
- Gewässer

**Ökologie und Klima**
- Klimawirksame Flächen
- Biotop
- Hohes Grünvolumen/Baumbestand
- Extensive Dachbegrünung
- ⟨⋯⟩ Durchlüftung

**Infrastruktur und Technik**
- ─── Straße
- ─ ─ Rad- und Fußweg
- ⋯⋯ Fußweg
- ▨ Retention
- ▨ Solar-/PV-Anlage

2.10 TRAVERTINPARK

Legende:
- Öffentliche Grünfläche
- Gemeinschaftlich genutze private Grünfläche
- Private Grünfläche
- Spielfläche
- Sportfläche
- Gewässer
- Höhenlinien
- Weinberg

bekommen nicht mehr genügend Licht. Die stärkere Besonnung von Schotterflächen, Wegen und Hängen begünstigt den Lebensraum für Eidechsen und Insekten. Auch die alten Gleistrassen und die Gestaltung mit dem Travertinstein fördern die Artenvielfalt und Biodiversität im Park. Die Zauneidechse und die Wildbienen finden hierdurch besonders gute Bedingungen vor.

Ein Beispiel für den notwendigen sensiblen Umgang mit Pflanzen und Tieren, ohne die Nutzungsqualitäten einzuschränken, ist die bedarfsgesteuerte LED-Beleuchtungsintensität im Travertinpark vor allem zum Schutz der Fauna. Wird der Weg nachts gerade nicht benutzt, so gibt es eine Grundbeleuchtung. Bewegungssensoren an den Lichtmasten erkennen das Profil von Menschen und senden ein Signal, worauf die Lichtintensität Leuchte für Leuchte angehoben wird, sodass der Weg sicher begangen werden kann.[17] Weiterführende Maßnahmen wie heller poröser Bodenbelag auf den Wegen wurde vonseiten des Naturschutzes empfohlen, das war allerdings für die Instandhaltung des Parks und die schweren Gartenbaufahrzeuge nicht praktikabel.

Einen Mehrwert für die Klimaanpassung des Stadtteils bringt der ehemalige Steinbruch auch. Das Regenwasser kann sich im ehemaligen Steinbruch sammeln und lässt temporär einen Naturteich entstehen.

## Nutzung

**Mehr Wohnqualität durch private Freiräume**

Früher hatten im Hallschlag nur wenige Wohnungen einen Balkon, eine Terrasse oder einen privaten Gartenbereich am Haus. Heutzutage wird das von Mieter- und Eigentümerschaft überwiegend erwartet. Solche privaten Freiräume werden nunmehr zahlreich im Zuge von Neubau oder Modernisierung geschaffen. Die Möglichkeit, sich niederschwellig an der frischen Luft aufzuhalten, bringt nicht nur Vorteile für Gesundheit, Wohlbefinden und Freizeitgestaltung. Vom Balkon oder der Terrasse aus entsteht auch Teilhabe am Gemeinschaftsleben. Wenn sich die Menschen hier aufhalten, werden sie von außen sichtbar. Sie können Blick- oder Grußkontakte aufnehmen. Vielfältige nonverbale oder auch verbale Kommunikation über Balkon und Terrasse generiert auch Nachbarschaft.

**Freiräume für viele Tätigkeiten und Nutzergruppen**

Mit der Wegevernetzung im Rahmen des Freiraumkonzepts, dem Travertinpark und seiner weiträumigen Einbindung im Landschaftspark Neckar haben sich die wohnungsnahen Freizeit- und Erholungsmöglichkeiten der Bewohnerschaft im Hallschlag merklich verbreitert. Drei besondere Aspekte sind dabei:

Natur beobachten und erleben: Die Natur beobachten kann man in vielen Grünanlagen; in der freigelegten, wild bewachsenen Steinbruchlandschaft im Travertinpark ist dies ungemein spannender und schöner geworden. Dazu werden auch Informationen und Aktionen zur Umweltpädagogik angeboten.

Spazieren gehen: Viele Menschen gehen sehr regelmäßig eine kurze Runde um den Block oder durch das Quartier, um sich an der frischen Luft zu entspannen, dem Hund Bewegung zu verschaffen oder dem Kind im Kinderwagen zur Ruhe zu verhelfen. Das ist im Hallschlag nunmehr sukzessive auch abseits von Straßen angenehmer und vielfältiger möglich. Längere Spazierwege oder Fahrradausflüge sind durch die durchgängigen Wege im Grünen ohne Anfahrt mit Auto, Bus oder Bahn niederschwellig möglich – das trägt auch zum Klimaschutz bei. Besonders beliebt sind solche kleinen Ausflüge mit Familie, Freunden und Besucherinnen und Besuchern. Mit der zukünftig geplanten aufgewerteten grünen Achse „Auf der Steig" wird die Distanz von den westlichen Quartieren zum Travertinpark noch weniger ins Gewicht fallen, auch umgekehrt in der anderen Richtung von den östlich gelegenen Wohnungen zu den Sportanlagen und Spazierwegen am Westrand des Hallschlags.

Treffpunkte im Freien: Um auch ohne Verabredung zusammenzusitzen und zu reden, sind Treffpunkte für das soziale Leben sehr wichtig. Ein bedeutender Ort ist das neu entstandene Einkaufszentrum im Römerkastell, für das allerdings nach Aussage des Rahmenplans „eine attraktive und klimafreundliche Gestaltung unter Einhaltung der denkmalpflegerischen Anforderungen" noch angestrebt wird.[18] Wichtige Treffpunkte im Grünen sind auch die größeren Spielplätze, wo im Idealfall ohne Verabredung genügend Kinder ähnlichen Alters und auch Eltern zusammenkommen.

Der im Travertinpark neu angelegte Spielplatz in Verbindung mit der Aussichtsterrasse mit Blick ins Neckartal ist dafür ein gutes Beispiel. Dieser ist durch seine vielfältigen Funktionen und Besonderheiten für unterschiedliche Besucherinnen und Besucher und Anlässe anziehend. Er ist Spielplatz, Aussichtsterrasse, bietet historische Artefakte der Steinbruchvergangenheit und Besucherinfos. Er liegt an den weiträumigen Fuß- und Radwegen, gleich nebenan befindet sich das „Mauga Nest", eine Einrichtung der Kinder- und Jugendarbeit für 5- bis 14-Jährige mit Abenteuerspielplatz am steilen Abhang im Wald. Der Ort wird auch gern von Sportbegeisterten zum Training besucht (teilweise werden die Industriedenkmäler dafür genutzt). Es finden hier gelegentlich kleinere Konzerte mit besonderer Atmosphäre statt.

## Resümee

Lange Zeit galt der Stadtteil Stuttgart-Hallschlag als sehr einfache Wohnlage und soziales Problemgebiet. Als Arbeiterviertel vor den Toren der Stadt sprach man ihm geringes Entwicklungspotenzial zu. Ebenso unterschätzt wurde das unzugängliche und nicht einsehbare Steinbruchgelände am Ostrand der Siedlung. Ein großer weißer Fleck, von dem man nicht genau wusste, was sich im Inneren abspielte. Heute gibt der hier entstandene Travertinpark dem Stadtteil nicht nur einen vielseitigen Freiraum, er stiftet mit seiner besonderen Lage und markanten Gestaltung auch Identität für die Bewohnerschaft und setzt den Stadtteil als Baustein des regionalen Grünzugs in Wert.

Die Stadtteilentwicklung wurde hier in einem mehrjährigen Prozess Stück für Stück vorangetrieben. Zusammen mit der Entwicklung des Gebäudebestands und ergänzendem preisgünstigen Neubau für die zahlreichen Wohnungssuchenden wurden auch die Grünflächen wesentlich verbessert. Diese „doppelte

## 2.10 TRAVERTINPARK

**Frau T., Ende 30, verheiratet, 2 Kinder,**

ist 2014 mit ihrer Familie in eine Mietwohnung gezogen. Ihr Mann ist im Hallschlag aufgewachsen.

- Die wild bewachsene Wiese nutzen wir zum Picknicken oder Schmetterlingfangen.
- Der Weg durch den Park ist ideal zum Laufradfahren für meinen dreijährigen Sohn.
- Da unten werfen wir Steine ins Wasser. Das ist aufregend für die Kinder, auch wenn der Zugang eigentlich nicht gewünscht ist.
- Der kleine Spielplatz vor der Wohnung ist gut, wenn man noch mal schnell abends ein bisschen rauswill mit den Kindern.
- In den Innenhöfen lernt man sich kennen!
- Unter den großen Bäumen treffen sich im Sommer Eltern mit Kleinkindern aus dem ganzen Stadtteil.
- Die Treppe zum Aussichtspunkt wird in das Sportprogramm integriert und dient so als natürliches Sportgerät.
- Hier am Aussichtspunkt sitze ich gern auf der Bank und schaue ins Neckartal.

**Frau M., im Ruhestand, alleinlebend,**

ist 2015 mit ihrem Mann in eine Eigentumswohnung gezogen.

Innenentwicklung" setzt sich aus vielen einzelnen Bausteinen zusammen. Rahmen für diese Entwicklung schafft das Bund-Länder-Programm „Soziale Stadt", innerhalb dessen die Stadt und die Wohnungsbauunternehmen agieren konnten. Im Unterschied zu einem Investorenprojekt konnte man sich hier die nötige Zeit nehmen und mit einer kontinuierlichen Projektsteuerung geduldig auf das größere Ziel hinarbeiten, den Stadtteil im Gesamten, in seiner Bausubstanz und den Freiräumen, aufwerten.

Dass der Travertinpark bereits zu Beginn des Programms der „Sozialen Stadt" entwickelt wurde, setzte ein deutliches Zeichen, welchen hohen Stellenwert die Verantwortlichen dem siedlungsnahen Freiraum und dem Thema Umweltgerechtigkeit beimaßen. Es war aber auch ein glückliches Zusammenkommen von städtischen und regionalen Interessen. Mit seiner Lage am Siedlungsrand des Stadtteils entspricht der Travertinpark einer im Regionalplan vorgesehenen, strukturgebenden Grünzäsur, die Nähe zum Neckar macht ihn zu einem Teilprojekt des Landschaftsparks. Vereint wurden die Interessen in dem hohen Anspruch an den Artenschutz. Die Nutzbarmachung des Geländes wurde in vielen Details mit Rücksicht auf die vorhandenen Strukturen hergestellt. Naturbelassene Materialien, ökologische Nischen, alter Baumbestand, Biotopflächen und eidechsenfreundliche Beleuchtungstechnik schmälern nicht die hohe Aufenthaltsqualität und Nutzbarkeit des Parks. Die überörtliche Verknüpfung durch den Fuß- und Radweg und den Anschluss an den öffentlichen Nahverkehr binden den Park in das Stadtgefüge ein und öffnen ihn für Besucherinnen und Besucher. Dies trägt auch zu der Wahrnehmung und dem positiven Imagewandel des Hallschlags bei.

Innerhalb des Siedlungsbereichs nahmen sich die Wohnungsbaugesellschaften einzelne Baublöcke nacheinander vor, um diese zu sanieren, baulich nachzuverdichten und die wohnungsnahen Freiräume und Innenbereiche der Baublöcke aufzuwerten. Ihr Charakter hat sich zum Teil wesentlich verändert. Sie wirken nun nicht mehr so großzügig und grün wie früher, das wird auch bedauert. Nicht zuletzt beeinflussen vielfältige Ansprüche und Zwänge der Landesbauordnung die Gestaltung wesentlich und nehmen viel Platz in den ohnehin schon dichten Baublöcken ein. Auch die ökologischen Qualitäten werden dadurch eingeschränkt. 1,5 m breite Gehwege, Feuerwehrzufahrten und Eingangsbereiche führen zu mehr Versiegelung, baurechtlich vorgeschriebene Nebengebäude, wie überdachte Fahrradabstellplätze, nehmen eine große Fläche ein. Somit sind die gemeinschaftlichen Freiräume vor allem Funktionsräume. Die Spielplatzbereiche und vereinzelte Pflanzbeete zonieren die Innenhöfe, schaffen es aber nicht, diese auch atmosphärisch aufzuladen, zumindest solange die Pflanzen noch klein sind.

Geschätzt wird die Verknüpfung der einzelnen Höfe durch eine durchgängige Wegeführung. Fußgängerfreundlichkeit zeichnet den ganzen Stadtteil aus. Es gibt stets die Möglichkeit, einen verkehrsberuhigten Weg abseits stärker befahrener Straßen zu nehmen. Dies trägt auch dazu bei, dass die Bewohnerschaft den Stadtteil als familien- und generationenfreundlich wahrnimmt. Der neue Rahmenplan Hallschlag zeigt Ziele und Maßnahmen für die kommenden 15 bis 20 Jahre auf. Die Grünvernetzung innerhalb des Stadtteils ist weiterhin ein Entwicklungsschwerpunkt. Ankerpunkt hierfür ist der Travertinpark. Er umschließt einen großen Teil der Siedlung und soll in der Mitte durch den Stadtteil als markante verkehrsberuhigte grüne Achse weitergeführt werden.

Beharrlichkeit und Zusammenarbeit von vielen Beteiligten über viele Jahre sind die Stichworte, die die Strategien zur Entwicklung des Hallschlags am besten charakterisieren.

1 Fokusgruppengespräch 18.05.2020
2 Ebd.
3 Telefoninterview SWSG 15.06.2020
4 Landeshauptstadt Stuttgart: Das Klima von Stuttgart. Stuttgart 2006. https://www.stadtklima-stuttgart.de/stadtklima_filestorage/download/Flyer-Das-Klima-von-Stuttgart.pdf (Zugriff am 30.03.2022)
5 Ministerium für Verkehr und Infrastruktur Baden-Württemberg: Städtebauliche Klimafibel. Hinweise für die Bauleitplanung. Stuttgart 2012. https://www.stadtklima-stuttgart.de/stadtklima_filestorage/download/Klimafibel-2012.pdf (Zugriff am 30.03.2022)
6 Verband Region Stuttgart. https://www.region-stuttgart.org/landschaftspark/ Verband Region Stuttgart: Landschaftspark Region Stuttgart. https://www.region-stuttgart.org/landschaftspark/ (Zugriff am 30.03.2022); Verband Region Stuttgart: Masterplan Neckar. https://www.region-stuttgart.org/landschaftspark/planen/masterplan-neckar (Zugriff am 30.03.2022)
7 Christine Baumgärtner, Fokusgruppengespräch 18.05.2020
8 Ebd.
9 Ulrike Bachir, Fokusgruppengespräch 18.05.2020
10 Telefoninterview SWSG, 15.06.2020
11 Ebd.
12 Fokusgruppengespräch 18.05.2020
13 Ebd.
14 Stuttgarter Zeitung: Römer-Staffel findet Gefallen. https://www.stuttgarter-zeitung.de/inhalt.treppe-zum-hallschlag-roemer-staffel-findet-gefallen.39aad637-b260-4ba5-81a7-c583260a61ee.html (Zugriff am 30.03.2022)
15 Fokusgruppengespräch 18.05.2020
16 Ebd.
17 Degen, H. J.: Der Travertinpark. In: Hallo Hallschlag 5/2021, S. 34–35
18 Landeshauptstadt Stuttgart; ORPLAN: Rahmenplan Hallschlag. Kurzbericht zu den Planungsergebnissen. Stuttgart 2021. https://www.zukunft-hallschlag.de/files/2021-09/bericht-rahmenplan_final_klein.pdf (Zugriff am 30.03.2022), S. 16

# Travertinpark, Stuttgart

For a long time, Stuttgart's Hallschlag district was seen as a very poor residential area with many social problems. As a working-class neighbourhood on the outskirts of the city, it was considered to have little potential for development. Equally underestimated was the inaccessible quarry site on the eastern edge of the settlement, which was blocked from view. This was essentially a big white hole, and no one knew exactly what was going on inside. Today, the Travertinpark created here not only provides the district with a versatile open space, but its special location and striking design also create a point of identity for residents and enhance the value of the district as an integral part of the regional green belt.

The district has been developing here incrementally, in a process spanning several years. Along with the redevelopment of the existing building stock and supplementary new-build affordable housing for the numerous people seeking apartments, the green spaces have also been significantly improved. This "dual inner-city development" consists of many individual housing blocks, the framework for which was provided by the federal programme, Soziale Stadt. It is within this that the city and construction companies have been able to operate. This means that, in contrast to a private sector development, time constraints were less of an issue and, with continuous project management, it was possible to work steadily towards the larger goal of upgrading the building stock and open spaces of the district as a whole.

It was a clear signal of the high value the stakeholders attached to both the inclusion of open space close to the development and the issue of environmental justice that Travertinpark was developed at the very beginning of the Soziale Stadt programme. It was also a happy alignment of urban and regional interests. With its location on the edge of the district, Travertinpark corresponds to a structured green area, as provided for in the regional plan, while its proximity to the Neckar River makes it a sub-project of the Neckar Landscape Park. These different interests were also united in terms of the need for protection of species in the area. Many details relating to the usability of the site take existing structures into consideration. There is no incongruity at all between the natural materials, ecological niches, old trees, biotope areas and lizard-friendly lighting technology and the role of the park as a premium relaxation and recreational area. The park is linked to neighbouring districts via pedestrian and cycle paths, while the connection to the public transport system integrates the space into the urban infrastructure, opening it up to other visitors, which in turn also contributes to the positive perception, and the changing image, of Hallschlag.

Within the residential area, the housing associations took on individual housing blocks one by one in order to carry out structural refurbishments and to upgrade both open spaces and courtyards of the housing blocks close to the apartments. In some cases, the character of the housing has changed significantly. Regrettably, it does not seem as spacious and green as it did before the works. Last but not least, the wide variety of requirements and constraints imposed by the state building code significantly influenced the design and account for a lot of space in the already dense housing blocks. This has also reduced the opportunity for ecological elements. Building code requirements such as 1.5 m-wide pavements, fire access routes and entryways result in more sealed surfaces, and adjacent structures, such as covered bicycle parking, take up a large area. Therefore, the communal open spaces are primarily functional. The playground areas and individual planting beds create zones in the courtyards, but do not manage to enhance the atmosphere, at least while the plants are still small.

The linking of the individual courtyards through a continuous path is valued – the whole district is characterised by its pedestrian friendliness, and there is always the option to take a quiet route away from busy roads. This also contributes to residents perceiving the district as a family- and multi-generational-friendly area. The new framework plan for Hallschlag sets out goals and measures for the coming 15 to 20 years. The networking of green spaces within the district continues to be a focus of the development, and the Travertinpark is the anchor point for this. It encompasses a large part of the residential area and will continue to fulfil this role in the middle of the district, as a prominent slow-traffic green pathway.

Perseverance and collaboration among many stakeholders over many years are the keywords that best characterise the strategies for the Hallschlag development.

3 THEMEN IM QUERSCHNITT

3 THEMEN IM QUERSCHNITT

# 3.1 Lebensqualität

### Urbanes Grün und Lebensqualität

*Wohnungsnahe Grünflächen sind für die Lebensqualität und das Wohlbefinden der Menschen, die in dicht bebauten Stadtquartieren leben, arbeiten oder unterwegs sind, außerordentlich wichtig.*

Das Grün ist als Symbol für das Leben in unserer Kultur, in Kunst und Gebräuchen tief verankert. Die damit verbundenen Wertschätzungen prägen bis heute die Leitbilder für das Wohnen, auch für das Wohnen in der Stadt. Die meisten Menschen schätzen das Grün in ihrer Umgebung sehr, beachten es aufmerksam und suchen die Grünanlagen oft auf.[1] Schon vor der Coronakrise haben Studien festgestellt,[2] dass Grünflächen für die Stadtbevölkerung wichtiger werden. Die repräsentative Forsa-Studie von 2021 ergab, dass die Bedeutung von Grünflächen seit dem ersten Lockdown weiter zugenommen hat. Die überwiegende Mehrheit wünschte sich auch mehr Freianlagen und Parks.[3] Auch private Freiräume – Terrasse, Garten und Balkon – gehören zu den verbreiteten Wohnwünschen, vermehrt auch nach Corona.[4]

Lebensqualität ist ein Sammelbegriff für all jene Faktoren, die die Lebensbedingungen und das Wohlbefinden von Menschen prägen.[5] Er berücksichtigt objektive Gegebenheiten genauso wie Faktoren der subjektiven Zufriedenheit. Der Begriff wird nicht einheitlich verwendet. Die Statistikämter in Europa sowie internationale Arbeitsgruppen (z. B. aus Großbritannien, Österreich und Italien) haben intensiv daran gearbeitet, ein Bündel von Indikatoren der Lebensqualität für den Vergleich zwischen Ländern zu definieren. Der Prozess ist noch nicht abgeschlossen. Ein 2014 entwickeltes OECD-Konzept zur Lebensqualität wurde für die städtische und regionale Ebene weiterentwickelt[6] und von Schweizer Statistikerinnen und Statistikern erweitert, um die Standortattraktivität von Städten besser abzubilden.[7] Eurostat veröffentlicht seit 2017 online verfügbare Daten für die meisten Aspekte von Lebensqualität (Regions and Cities Illustrated). Die sehr umfassenden Indikatoren der amtlichen Statistiken sind jedoch für kleinräumige und auf Grün- und Freiräume bezogene Vergleiche wenig geeignet.

Für die lokale Ebene – auch für ein Stadtquartier – werden die Beiträge des urbanen Grüns zur Lebensqualität mit den gebräuchlichen Dimensionen der Nachhaltigkeit[8] – sozial, ökonomisch, ökologisch – beschrieben.[9] Die unmittelbaren Beiträge sind die gesundheitlichen.[10] Nach der Definition der Weltgesundheitsorganisation umfasst Gesundheit das körperliche, psychische und soziale Wohlbefinden eines Menschen. Das entspricht auch einem großen Teil der Indikatoren von Lebensqualität. Somit benennen zahlreiche Studien ihr Thema als „gesundheitsbezogene Lebensqualität".[11] Was die Lebensqualität und das subjektive Wohlbefinden der Deutschen am meisten prägt, hat das Statistische Bundesamt in einer mit allen verfügbaren Daten groß angelegten statistischen Studie analysiert.[12] Das Ergebnis ist nicht überraschend: Die Zufriedenheit mit dem gesundheitlichen Befinden stand herausragend an erster Stelle.[13]

Die Bedeutungen und Wirkungen von Stadtgrün für die Lebensqualität und die Aspekte, die dabei wichtig sind, sind vielschichtig:
- *Es vermittelt Kontakt zur Natur* – Gelegenheit für Entspannung, Kontemplation, Anregungen der Sinne, Erleben von Wetter

Berlin: Ausblick ins Grüne

München: Alter Baumbestand schafft schattige Bereiche und Atmosphäre

## 3.1 LEBENSQUALITÄT

und Jahreszeiten, Wohlbefinden, Muße, Aussicht auf Grün, lebendiges und belebtes Grün
- *Es regt dazu an, sich zu bewegen, zum Spielen* – zu Fuß gehen, spazieren gehen, abwechslungsreiche, wohnungsnah erreichbare Wege, attraktives Wegenetz, Möglichkeiten für Bewegungsspiele und Sport, Berücksichtigung der Altersgruppen (Kinder, Jugendliche, Menschen mit Behinderungen)
- *Es verbessert das Klima und die Umwelthygiene* – Wärme und Kühle, Sonne und Schatten, Luft, Ruhe
- *Es fördert Kommunikation und Stadtteilleben* – informelle Kontakte, wenn man im Stadtteil unterwegs ist, Treffpunkte, Feste, gemeinschaftliche Aktionen und Aktivitäten
- *Es schafft Identität und Wohnwert für das Quartier* – prägnantes Image und Ortsbild, Identifikation der Quartiersbevölkerung, Attraktivität für Besucherinnen und Besucher, gute Wohnlagen, eine „gute Adresse"

In urbanen Quartieren ist wohnungsnahes Grün meist nur in bescheidenem Umfang vorhanden, typischerweise fehlt es in den Wohnlagen für die wenig Begüterten. Mit weiterem Wohnungsbau im Rahmen der Innenentwicklung der Städte steigt die Zahl der Menschen, die die Freiflächen nutzen möchten, dagegen entfällt oftmals auch bislang vorhandenes Grün, es ist im Wettbewerb der Ziele und Interessen oft in der schwächeren Position. Die obige Aufzählung der Wirkungen von Stadtgrün verdeutlicht, welch enormer Wert ihm zuzuschreiben ist. Das sollte das Engagement beflügeln und auch zu einer angemessenen Finanzierung (z. B. der Pflegekosten) und zur planerischen Sicherung von qualifizierten Grünflächen dienen.

Die Beispiele und Vergleiche dieser Studie – überwiegend aus sozial gemischten urbanen Stadtquartieren, Neubau und Bestand – zeigen diskussionswürdige ökologische, soziale und planerische Konzepte, viele bewundernswerte Lösungen, aber auch Schwachstellen mit „Luft nach oben".

### Wohnen mit der Natur, Grün direkt am Haus

*Für Grün im Freiraum bei der Wohnung – im Innenhof und in der Wohnstraße – zu sorgen, ist eine Schlüsselaufgabe besonders dort, wo die Bebauung dichter und höher wird. Denn Kontakt zur Natur trägt wesentlich zum psychischen und körperlichen Wohlbefinden bei und sollte auch vom Fenster aus, auf Balkon und Terrasse gegeben sein.*

Auch in seinen eigenen vier Wänden will man sich nicht von der Umgebung beziehungslos abgeschnitten fühlen. Mit dem Blick nach draußen oder einem Schritt auf den Balkon orientiert man sich über das Wetter, den Kleidungsbedarf und balanciert die eigene Stimmung. Man erlebt den Tages- und Jahresrhythmus. Dabei ist insbesondere der Ausblick auf den Himmel und auf üppiges oder bemerkenswertes Grün wichtig.[14] Auch der Blick in die Weite oder die Möglichkeit, vom Haus aus das umgebende Leben zu spüren, kann das Lebensgefühl sehr bereichern. Solche Möglichkeiten bieten sich aber kaum, wenn der Straßenraum belastet ist oder Tiefgaragen so geplant sind, dass nirgends ein kräftiger Baum gepflanzt werden kann.

Bei den Innenhöfen unterliegt die Gestaltung vielen Zwängen und Ansprüchen, u. a. geht es um Barrierefreiheit, Fahrradabstellplätze, Garagenzufahrten, Müllstandorte, Brandschutz und um die Spielbereiche. Dennoch gelingt es in einigen Projekten besser als in anderen, den Höfen einen individuellen Charakter zu geben und lebendiges Grün zu schaffen. Besonders hervorzuheben sind die Beispiele München, Heilbronn, Hamburg und Boulogne-Billancourt. Weil die Höfe als so wichtig angesehen werden, wird hier auch bei der Herstellung und Pflege der Freiräume nicht übermäßig gespart. Die Innenhöfe im Agfa-Areal in München und die im Neckarbogen in Heilbronn wurden jeweils von verschiedenen Landschaftsarchitekten nach einem individuellen Motiv gestaltet, ihre Individualität und Unverwechselbarkeit wird auch von den Bewohnerinnen und Bewohnern als wertvoll empfunden.

Hamburg: Hochwertig gestaltete Innenhöfe

München: Schön bepflanzte Innenhöfe

Hallschlag: Nach der Sanierung hat jede Wohnung einen privaten Balkon

Heilbronn: Gemeinschaftliche Dachterrasse im Neckarbogen

Beim Tarpenbeker Ufer in Hamburg zieht sich ein einheitliches Bild durch alle Innenhöfe. Durch die Verpflichtung zu einer maximalen Begrünung werden hier trotz Unterbauung mit Tiefgaragen üppige Pflanzbeete und grüne Vorzonen geschaffen, die eine beeindruckende Pflanzenvielfalt bieten.

Le Trapèze in Boulogne-Billancourt ist durch die wesentlich höhere und dichtere Bebauung und die Nutzungsmischung in den Blöcken ein Sonderfall. Bewundernswert ist die zum Teil massive Vegetation in den sehr engen Innenhöfen, auch mit Bäumen, hohen Büschen, dichten Bambuspflanzungen und Farnen. Das bietet auch Schutz vor Einblicken aus gegenüber oder höher liegenden Wohnungen. Durch das üppige Grün entsteht in den Innenhöfen eine angenehme, beinahe intime Atmosphäre. Für Spiel- und Aufenthaltsbereiche ist es hier allerdings oft zu eng. Die unteren Geschosse werden durch das dichte Grün teilweise verschattet, andererseits vom Betrieb in den Höfen abgeschirmt. Es wäre noch genauer zu untersuchen, inwieweit diese Gegebenheiten für die Lebensqualität bereits abträglich sind oder die Enge anderweitig kompensiert ist. Auch in der Bebauung des Elephant Park in London sind die Innenhöfe für Spiel- und Aufenthaltsbereiche zu beengt.

Die Innenhöfe bieten Chancen, auch blühende Stauden und Gehölze zu pflanzen, die Nahrung und Lebensraum für Insekten und Vögel bieten. Damit können sie auch zur Freude bei der Naturbeobachtung beitragen. Ob die Freibereiche stattdessen nur pflegeleicht bewirtschaftete Abstandsflächen sind, hängt von den Nutzungsrechten ab.

- Häufig sind den Wohnungen im Erdgeschoss auf der Innenhofseite private Terrassen und auch kleinere Bereiche als private Gärten zugeordnet. Das bringt viel Wohnwert mit sich, insbesondere wenn ansehnliche, gliedernde Bepflanzungen etwas Distanz schaffen. Die angrenzenden Freiflächen zur Mitte werden dann meist gemeinschaftlich bewirtschaftet und genutzt.
- In anderen Beispielen ist der ganze Innenhof für eine gemeinschaftliche Nutzung vorgesehen. So gelingen auch reichhaltigere Bepflanzungen, besonders wenn Landschaftsplanungsbüros beteiligt sind. Beispiel sind die schönen Pappelhaine und Gehölzgruppen in Triemli in Zürich. Nachteilig ist es in manchen Beispielen, wenn bei ausschließlich gemeinschaftlicher Freiraumnutzung in den Wohnhöfen kaum abgegrenzte Loggien vor den Wohnzimmern im Erdgeschoss wenig Wohnwert als privaten Freiraum und wenig Sicherheitsgefühl bieten.
- Dreistufig untergliedert hat man das Grün bei der Bebauung in der Berliner Friesenstraße mit privater Terrasse und Garten für die Erdgeschosswohnungen im jeweiligen Haus, dann einem Garten für die gesamte Hausgemeinschaft und in der Mitte des Blocks einem großen offenen Grünbereich mit Bäumen, Spielarealen und Aufenthaltsflächen für alle Häuser zusammen. Diese auch für das Zusammenleben der Hausgemeinschaften interessante Lösung war aufgrund eines intensiven kooperativen Planungsprozesses und des geräumigen Innenhofs möglich.

Unabhängig von der privaten oder gemeinschaftlichen Nutzung der Freiflächen in den Innenhöfen spielt es für deren Qualitäten aber auch eine große Rolle, welchen Charakter die Beteiligten – die Eigentümerinnen und Eigentümer und die Hausgemeinschaften – hier erwarten: aufgeräumt und pflegeleicht oder etwas chaotisch lebendig nach Gusto der einzelnen Haushalte im Erdgeschoss oder biologisch vielfältig und ästhetisch ansprechend. In einigen Fällen haben sich Bewohnergruppen dafür eingesetzt, auch selbst etwas pflanzen und pflegen zu dürfen, um vielfältigen Lebensraum für Pflanzen und Tiere zu schaffen. Die damit verbundene Meinungsbildung und der Austausch über die Qualitäten der Grünflächen können dann auch den Zusammenhalt in der Nachbarschaft fördern, wenn die Vorstellungen der Beteiligten nicht allzu kontrovers sind.

Balkone, Loggien, Dachgärten, Dachterrassen, ebenerdige Terrassen, Privatgärten vor den Wohnungen – sie alle bieten

Aufenthalt unter freiem Himmel, den die Bewohner und Bewohnerinnen von der Wohnung aus betreten können. Schon Hans Paul Bahrdt – Verfasser des Klassikers der deutschen Stadtsoziologie „Humaner Städtebau" – hat 1961 gefordert: „Zur privaten Wohnung gehört eigentlich der Privatraum unter freiem Himmel."[15] Knapp 50 Jahre später, 2009, wurde noch festgestellt, dass diese Forderung im Wohnungsbau eher stiefmütterlich berücksichtigt werde, obwohl doch der private Freiraum für die meisten Befragten neben der Wohnfläche Qualitätskriterium Nummer eins sei.[16] Und wie ist das heutzutage, im verdichteten, urbanen Städtebau bei den zuvor dargestellten Fallbeispielen? Balkone, die mehr oder weniger gut nutzbar sind, haben so gut wie alle Neubauwohnungen. In Stuttgart-Hallschlag bekommen endlich mehr Wohnungen Balkone. Dachterrassen für gemeinschaftliche oder private Nutzung werden noch nicht sehr häufig, aber zunehmend angeboten. Die Investierenden von Le Trapèze in Boulogne-Billancourt, vom Münchener Agfa-Gelände, in Heilbronn und London haben bei diesen Außenräumen bereits vielfältige Angebote gemacht.

Eine besondere Herausforderung bleibt die Erdgeschosszone. In den meist nicht geräumigen Höfen werden die gemeinschaftlichen Flächen meist so ambitioniert wie möglich gestaltet. Eher kontrovers, manchmal auch nachrangig wird in den Beispielen jedoch die Frage behandelt, wie viel Platz, Privatheit und Gestaltungsspielraum in den Erdgeschossen für private Terrassen und private Pflanzstreifen erwartet wird und geboten werden soll. Es ist offensichtlich, dass die Vermittlung zwischen privaten und gemeinschaftlichen Freiräumen häufig mehr Platz bräuchte. So führt ein gemeinschaftlich genutzter Spielbereich direkt neben einer privaten Terrasse zwangsläufig zu Ärgernissen in der Nachbarschaft. Aber es gibt auch engagierte Bemühungen, bei dem Nebeneinander von gemeinschaftlichen und privaten Freiflächen möglichst viel Qualität zu gewährleisten (z. B. im Agfa-Areal).

Laut Wohnwunschbefragungen, die allerdings nicht auf spezifische Standorte spezialisiert sind, wünscht sich eine große Mehrheit der Haushalte sowohl einen eigenen Garten als auch wohnortnahe öffentliche Grünflächen.[17] Die Ergebnisse der Versuche, die Prioritäten weiter zu präzisieren, interpretierten die Autorinnen und Autoren mit dem Hinweis, es werde „von allem ein bisschen" gewünscht. Private Gärten lassen sich nicht ohne Weiteres durch öffentliche Grünflächen substituieren und umgekehrt, weil sie unterschiedliche Funktionen erfüllen, die auch je nach Lebenssituation unterschiedlich bedeutend sind.

**Kontakt zur Natur im Quartier: Natur erlebbar machen, Atmosphäre schaffen**

*Vielfach werden in der Literatur die positiven Wirkungen auf den psychischen und körperlichen Zustand beschrieben, wenn Menschen im Quartier oft in der Natur sein können, diese sinnlich erleben, hier die Zeit und Ruhe finden, um bei sich zu sein.*

Die Vorstellung, dass die Menschen in enger Verbundenheit und Wechselwirkung mit der Natur leben, beschäftigt die Gebräuche im Alltag, die Kunst und Philosophie seit Jahrhunderten.[18] Charakteristisch für die heutigen Haltungen ist das Utilitaristische: Natur ist danach primär Ressource, die es zu beherrschen und systematisch auszunutzen gilt. Damit einher gehe auch ein entfremdetes Verhältnis zur Natur und wenig Empfänglichkeit für Naturerlebnisse – die Natur verstumme, sie lasse die Menschen kalt.[19] Nach dem Philosophen und Soziologen Hartmut Rosa kommt es darauf an, dass die Menschen die Natur als eigenständiges und unverfügbares Gegenüber wahrnehmen, damit sich berührende Resonanzerfahrungen einstellen können. Auf solche wechselseitigen emotionalen Beziehungen zur Natur (wie auch zu anderen Menschen und generell zur Welt) sind sie angewiesen, um zu sich selbst zu kommen und ein erfülltes Leben zu haben.[20] Die beiden vielleicht wichtigsten Resonanzsphären der Moderne seien Musik und Natur.[21]

Entsprechend der Kultur, den Milieus und den persönlichen Prioritäten wird Natur auf vielfältige Weise erlebt: Die Menschen können sie als befreiend, als Refugium und Gegensphäre zur Gesellschaft erleben.[22] Oder – entsprechend den Formulierungen der deutschen Klassiker – ihre Schönheit und Erhabenheit dient der naturästhetischen kontemplativen Erbauung.[23] Oder sie sind von ihrer wundersamen Urwüchsigkeit fasziniert. Die Meinungen, ob sich die Wertschätzung von Natur in den Freiräumen auch in Umweltbewusstsein und Umwelthandeln umsetzt, sind geteilt. Weitgehend Einigkeit besteht jedoch, dass sich eine solche Beziehung weniger über kognitive Lernprozesse und rationale Einsichten ergibt, sondern eher aus praktischen Tätigkeiten und emotional bedeutsamen Erfahrungen.[24] Es sind oft auch banale sinnliche Wahrnehmungen, die Gefühle auslösen: Wenn man barfuß über die Wiese läuft; wenn im Wald die Blätter rauschen, man den Wald riecht und Vogelgezwitscher hört; wenn einem beim Joggen der Wind um den Kopf bläst.

Die Konzepte für die urbanen Freiräume in den Beispielen, die Naturerlebnissen, Naturbeobachtung und dem „Naturgenuss" Raum geben, und auch die Projekte der Umweltpädagogik in den größeren Grünanlagen und Parks sind vielfältig. Meist sind sie entsprechend der derzeitigen ökologischen Naturästhetik aus den natürlichen Gegebenheiten der Orte entwickelt, die sie möglichst wenig verändern und oft auch an herausragenden Stellen berührend inszenieren.[25]

- Beispiele dafür sind der Travertinpark mit dem Steinbruchgelände in Stuttgart-Hallschlag und der Park Basel-Erlenmatt, bei dem die charakteristischen Schottermaterialien den Bezug zum ehemaligen Güterbahnhof lebendig halten. In Triemli in Zürich wurde die Topografie aufgenommen und in eine markante Freiraumgestaltung umgesetzt.
- Nach Möglichkeit werden für Beschaulichkeit und Naturerleben Wasserbiotope mit ihren Pflanzen und Tieren in die Gestaltung einbezogen – Bäche, Teiche, Tümpel, Flüsse. Liebenswerte Beispiele sind die lauschig gestalteten Areale

## 3 THEMEN IM QUERSCHNITT

Basel: Kinder bewundern die Natur

Heilbronn: Ruhebänke mit Aussicht aufs Wasser

Stuttgart: Die Bürgergärten Hallschlag

mit den Biotopen um den Bachlauf in Le Trapèze in Boulogne-Billancourt. Die hier vorhandenen Sitzgelegenheiten werden auch gern zum Lesen, für Gespräche und für Ruhepausen genutzt. Viel Lebendiges zu sehen gibt es an den renaturierten Uferabschnitten des Neckarkanals in Heilbronn.
- Die Möglichkeit, Aussichtspunkte zu schaffen, wird gern genutzt. Wo es Aussicht gibt, fehlen meist nicht eine Bank und Leute, die diesen Platz genießen. Gymnastik- oder Yogabeflissene finden sich hier gern ein, auch ohne dass eine besondere Ausstattung geboten ist.
- Es gibt viele andere Orte, wo Menschen besonders gern mit der Natur verweilen – oft unter alten Bäumen, an einem Teich oder Bachlauf. Nach wie vor sind auch Blumenrabatten attraktiv, die heutzutage meist mit dauerhaften Anpflanzungen gestaltet sind. Etwas Besonderes ist es, im Erlenmatt-Areal in Basel eine Wildkräuterböschung oder die Ruderalflur mit den großen Eselsdisteln zu bewundern.

Überwiegend sind solche beschaulichen Orte für eher ruhige Beschäftigungen geeignet und beliebt. Im günstigen Fall legt die Gestaltung selbst ein rücksichtsvolles Verhalten gegenüber Pflanzen, Tieren und Ruhe suchenden Menschen nahe. Oftmals muss dies aber auch erst verständlich gemacht werden. Über Infotafeln, bildende Unternehmungen, Bürgerbeteiligung und Besuche von Schulklassen wird Naturerziehung angeboten, z. B. in Le Trapèze in Boulogne-Billancourt, am Tåsinge Plads in Kopenhagen, Erlenmatt in Basel, Elephant Garden in London und Neckarbogen in Heilbronn. Dabei wird gelernt, warum bestimmte Zonen der Natur überlassen werden, warum manche Orte nicht betreten werden dürfen – weil dort z. B. Vögel nisten oder bestimmte Pflanzenarten sonst nicht wachsen. Immer wieder gibt es an weniger einsehbaren Orten aber auch Probleme mit Vandalismus. Im Le Trapèze in Boulogne-Billancourt wurden Staketenzäune umgetreten, im Travertinpark Sitzbänke auseinandergenommen, der naturnahe Hain im Agfa-Areal wurde zertreten und vermüllt. Eine geringe Einsehbarkeit und Besucherfrequenz machen die Bereiche auch für Zerstörungen anfällig. Hilfreich sind Ansätze, die etwas mehr soziale Kontrolle mit sich bringen. So tragen z. B. die Mitglieder der Bürgergärten im Stuttgarter Travertinpark zu mehr Kommunikation und informellem Schutz in dem etwas abgelegenen Gelände bei. Wenn Vandalismus überhandnimmt, ist eine genauere Ursachenanalyse notwendig, um Abhilfe zu schaffen, z. B. durch soziale Maßnahmen zugunsten der Verursachenden (z. B. Street Work), Umplanungen, die die Nutzung verbessern, soziale Kontrolle ermöglichen oder die Robustheit erhöhen.

### Anregung für Bewegung: Einbindung der Freiräume in „grüne" Wegenetze

*Urbane Grünflächen tragen wesentlich dazu bei, dass sich die in den Quartieren lebenden Menschen gern und viel bewegen. Dazu sollten sie die Grünflächen auf kurzen, angenehmen Wegen möglichst zu Fuß erreichen können. Auch in Bezug auf die Freizeitangebote sind Mobilität und Gesundheit vermehrt zusammenzudenken.*

Bewegung, viel zu Fuß gehen, das ist für Menschen aller Altersgruppen – für ihr körperliches, psychisches und soziales Befinden – geradezu ein Zaubermittel, sowohl zur Gesundheitsvorsorge als auch als Therapie. Die Wirksamkeit gegen Depressionen, Diabetes, Herz-Kreislauf-Schwäche, Übergewicht, Schlafstörungen und vieles andere ist vielfach nachgewiesen. Zu Fuß gehen ist die nachhaltigste Art der Fortbewegung, keine Emissionen, kein Ressourcenverbrauch und als Spaziergang an der frischen Luft im Grünen sogar ein Vergnügen. Nach einer älteren empirischen Untersuchung in Halle[26] werden die Wohngebietsparks hauptsächlich von wenig mobilen Bevölkerungsgruppen mit relativ viel Freizeit genutzt: Kinder, Mütter mit kleineren Kindern und ältere Menschen, insbesondere Rentnerinnen. Jugendliche benutzen die Wohngebietsparks in den Abendstunden als Treffpunkte. Diese ältere verallgemeinernde Analyse wird jedoch nicht der Vielfalt der Personen und Grüppchen gerecht, die sich in den Grünräumen der Wohngebiete zu den unterschiedlichen Jahreszeiten, Tageszeiten und Wochentagen Bewegung verschaffen. Ausdrücklich nennen möchten wir die Väter, die zunehmend auch mit dem Kinderwagen unterwegs sind, die Älteren, die oft ziemlich weite Spaziergänge machen, die Jogger und Joggerinnen und, nicht zu vergessen, die vielen Menschen unterschiedlichsten Alters mit Hund,[27] immerhin 21 Prozent der Haushalte hatten 2020 einen. Auch die Fortbewegungsarten sind vielfältig: bummeln, wandern, joggen, im Rollstuhl fahren, den Kinderwagen schieben, den Hund an der Leine führen, mit Kinderrädchen und Rollern fahren, auch Rad fahren, das nicht selten in Grünanlagen und auf Spazierwegen ermöglicht werden muss. Um alles zu berücksichtigen und die Interessenkonflikte auszugleichen, wenden die Planenden einige Mühe auf und in unseren Fallbeispielen finden sie meist akzeptable Kompromisse. Schwierig bleibt allerdings das Ziel Barrierefreiheit, hier sind vor allem in den naturnah gestalteten Bereichen die Möglichkeiten begrenzt.

Entwicklungsfähig ist in urbanen Quartieren die Einbindung der Freiräume in ein optimales „grünes", zumindest angenehmes Wegenetz. Anzustreben sind:
- kurze Wege zu den Grünflächen für möglichst viele Menschen aus der Umgebung,
- ausreichend große oder vernetzte Grünflächen auch für längere Spaziergänge,
- entsprechend den sehr unterschiedlichen Kräften der Spazierengehenden, kurze oder längere Wege zurückzulegen, Grünflächen mit mehreren Aus- und Eingängen und möglichst auch Anschlüssen an Bus oder Bahn für den Hin- oder Rückweg, um den motorisierten Individualverkehr in der Freizeit zu vermeiden.

Vor allem die Nähe der Grünanlagen zu den Wohnungen ist auch ein Beitrag zur Umweltgerechtigkeit, wenn die Menschen aus den etwas abseits vom Grün liegenden, meist weniger privilegierten Wohnlagen zu Fuß in die Grünlagen gelangen können.

Die Planenden in den Fallbeispielen haben intensiv daran gearbeitet und arbeiten weiterhin daran, die Wegeverbindungen zu den Grünanlagen zu optimieren. In Elephant Park und South Gardens in London, dem Agfa-Areal in München und dem Erlenmatt-Areal in Basel wurden z. B. durch die Vernetzung von bestehenden und neuen Grünflächen und die Durchlässigkeit der Blöcke für Fußgänger weiträumige Grünverbindungen entwickelt, die auch den Menschen in benachbarten Quartieren zugutekommen. Die Stadt München hat in ihrem Konzept „Freiraum München 2030" Leitlinien für „Grüne Wege/Freiraumachsen" entwickelt: „Das Grüne Wegenetz in München … vernetzt die Stadtteile und Wohnquartiere als Quellorte für die Erholungssuchen mit den Grünräumen als Zielorte. Wesentlich ist, dass die grünen Wege klar erkennbar sind, die Durchgängigkeit gewährleistet ist und die Bevölkerung sich eingeladen fühlt, diese zu nutzen. Einige der Verbindungen sind bereits vorhanden, andere müssen erst noch entwickelt und ausgebaut werden." Für die Umsetzung sei eine umfassende Aufwertung des Straßenraumes als Aufenthalts- und Bewegungsraum für Fußgängerinnen und Fußgänger, Joggende und Radfahrende notwendig, um das grüne Wegenetz zu entwickeln.[28] Nicht nur in München muss vor allem für den Wohnungsbestand mit langem Atem auf der Basis langfristiger Konzepte gearbeitet werden, um dies schrittweise zu realisieren. Beispiel ist die geplante zentrale grüne Achse durch das Wohnquartier in Stuttgart-Hallschlag, die bis zu dem seitlich zum Stadtteil gelegenen Travertinpark reichen wird. Günstiger sind die Voraussetzungen in den Neubauquartieren, die ohnehin ein verkehrsberuhigtes Wegenetz mit Alleen haben und die auch mit Buslinien dezentral erschlossen sind.

### Anregung für Bewegung: Spielareale für Kinder und Jugendliche und für alle

*Kindern und Jugendlichen fehlt häufig und zunehmend Bewegung im Freien. Nahe gelegene öffentliche Freizeitorte wie Parks und Grünflächen fördern nachweislich und wesentlich ihre Bewegungsaktivität.[29] Es lohnt sich, vielseitige, kreativ ausgestattete große Spielareale anzubieten, die auch altersübergreifend als Treffpunkte anziehend sind.[30]*

Kinder spielen in letzter Zeit weniger im Freien.[31] Es erübrigt sich nicht, wiederholt darauf hinzuweisen, wie schädlich es für

Heilbronn: Fußgängersteg am Neckar

München: Fahrradverbindung durchs Quartier

## 3 THEMEN IM QUERSCHNITT

die Gesundheit und Entwicklung der Kinder ist, wenn sie sich nicht ausreichend bewegen. Besonders für die kleinen Kinder ist es wichtig, sich und die Welt über Bewegung zu erfahren. Rutschen, wippen, schaukeln wird oft zu Unrecht von Planenden als etwas eintönig abqualifiziert. Die Grundschulkinder trainieren bei ihren Bewegungsspielen die benötigte komplexere Körperbeherrschung. Das gilt auch für Teenies und Jugendliche, deren praktizierte Bewegungsformen etwas stärker dem Zeitgeist unterliegen; gern trainieren sie ihre Künste an zentralen Orten; sehen und gesehen werden ist auch für sie wichtig. Für alle Altersgruppen gilt, dass die Orte sich auch als Treffpunkte eignen müssen. Erwachsene, die als Begleitung oder Aufsicht zum Spielplatz kommen, sollten hier gleichfalls einen angenehmen Aufenthalt haben.

Bei den einbezogenen Beispielen zeigt sich, dass die städtebaulichen Konzepte im Vorteil sind, die eine große Fläche für einen Park freihalten, dafür aber die Wohnbebauung verdichten. So wurde es bei der Mehrzahl unserer Fallbeispiele gelöst. Die zentralen, meist sehr kreativ ausgestatteten Spielareale in den Parks sind lebendig, sehr gut besucht und sind auch Treffpunkte für andere Altersgruppen. Weniger überzeugend sind oft die Lösungen für die dezentralen Freiflächen in den teilweise engen Innenhöfen der Häusergruppen. Das gilt z. B. für öde angelegte Aufenthaltsbereiche, die nur mit Wackelreifen und einer Rutsche für Kleinkinder, nicht einmal mit einer freundlichen Sitzgelegenheit ausgestattet sind. Diese dienen wohl eher nur der lästigen Pflichterfüllung, einen Kinderspielplatz anzubieten. Aber es liegen auch liebevoll gestaltete Kleinkinderspiel- und Aufenthaltsbereiche brach, weil es vor Ort zu wenige Kinder gibt, allein spielen wenig Spaß macht und sie für die Erwachsenen zu wenig Privatheit bieten. Evaluation und ressortübergreifende Neuausrichtungen könnten nicht nur für dieses Thema, sondern auch zur Optimierung der Spiel- und Sportangebote für Teenies und Jugendliche beitragen. Zu den bemerkenswerten Beispielen gehört die Dirtbike-Anlage für Mountainbikerinnen und Mountainbiker und ihr Publikum in München, sie kann auch relativ problemlos wieder verändert werden, sollte dieser Sport einmal aus der Mode kommen. In Boulogne-Billancourt wurde für den zweiten Bauabschnitt ein großer Mangel an offenen Sportmöglichkeiten festgestellt und es wurde ein ganzes Areal mit diesen Funktionen gestaltet. In Basel-Erlenmatt wurde sehr zentral ein für allerlei Ball- und Bewegungssport flexibel nutzbarer offener Platz mit Plattenbelag angelegt. Mit den benachbarten Wasserspielen und den künstlerisch gestalteten Versteck- und Kletterbereichen fungiert diese Zone geradezu als Magnet und Treffpunkt für viele. Allerdings ist der hier unvermeidliche Lärm für die nahe gelegenen Wohnungen auch ein Konfliktpunkt. Die viel beschworene Mehrfachnutzung und „multicodierte" Gestaltung bleibt in der Praxis bei diesem Thema noch zu abstrakt; das Zusammenwirken der Ressorts und der Lehren für die Frei- und Grünräume, für Kinder und Jugend, Sport und Gesundheit, auch für gastronomische Angebote ist noch entwicklungsfähig.

### Die großen Wiesen – unverzichtbar

*Fast alle vorgestellten Beispiele bieten eine große Freizeitwiese. Sie ist ein wesentlicher Beitrag zur Lebensqualität, Lebensfreude und Gesundheit der Bevölkerung im Quartier. Zunehmend sind Wiesengelände auch Teil ambitionierter Maßnahmen für mehr Klimaresilienz z. B. als Retentionsflächen für Starkregen.*

Die Wiesen werden gern und vielseitig genutzt, zum Federballspielen, zum Picknick, für ein Sonnenbad, Mittagspausen, Geburtstagsfeste, Kindergartengruppen, Spiel und Spaß mit den Hunden und vieles mehr. Sie sind für unterschiedliche Konstellationen geeignet. Man sieht die Leute frei verteilt auf der Fläche, gesellig als kleine oder größere Gruppe beieinander, allein mit Kopfhörer im Baumschatten oder als Paar im Gespräch. Manchen reicht für den Besuch auch der Blick auf ihr „sattes Grün", besonders schön anzusehen, wenn das Gelände etwas modelliert ist und Himmel und

Boulogne-Billancourt: Spielbereich im Park

München: Bewegungsparcours im Weißenseepark

## 3.1 LEBENSQUALITÄT

Bäume eine stimmungsvolle Atmosphäre bieten. Rasenflächen sind kein Beitrag zur Biodiversität, gleichwohl möchte man sie für die Lebensqualität in urbanen Quartieren nicht missen. Die Pflege von Liegewiesen ist allerdings aufwendig. Sie werden mit Abfällen oder durch Hunde und andere Tiere verunreinigt, durch intensiven Gebrauch, Hitze und Trockenheit strapaziert. So müssen sie im Sommer meist bewässert werden, vielfach mit Trinkwasser, weil das gesammelte Regenwasser nicht ausreicht. In Verbindung mit der wichtiger werdenden Klimaanpassung werden sie zunehmend Teil eines komplexen und im Quartier ganzheitlich geplanten Regenwassermanagements mit Retentionsflächen für Starkregen und Reservoiren für Hitzeperioden.

Für den Erlenmattpark in Basel hat die Landschaftsplanung einen alternativen Weg gewählt. Das Freiraumkonzept ist ökologisch an der ursprünglichen Beschaffenheit des Geländes ausgerichtet. In den für Aufenthalt und Freizeit gedachten Zonen beim Eingangsbereich gibt es robusten, naturnahen Schotterrasen und für den Aufenthalt sind Stühle und Bänke zur Verfügung gestellt. Auch die Wiesen in Triemli in Zürich und im Elephant Park in London sind nur teilweise als Liegewiesen angelegt. Andere Bereiche werden temporär als Wildblumenwiesen gepflegt und bieten damit insbesondere Insekten eine attraktive Nahrungsquelle.

### Klimaverbesserung und Umwelthygiene: Mehr Aufenthaltsqualität für Gesundheit und Wohlbefinden

*Mit der dichteren Bebauung in den urbanen Quartieren werden Klima und Umwelthygiene – Licht und Luft, Sonne und Schatten, Wärme und Kühle, Ruhe und Lärm – wieder zur Messlatte für die Qualität der Konzepte. Es gilt, die Potenziale von Grün zur Klimaanpassung verstärkt zu nutzen. Dazu gehören Fassaden- und Dachbegrünung, eine optimale Durchlüftung von Quartieren, die Sicherung von Standorten auch für große Bäume. Ein intensiver Wissenstransfer erscheint noch nötig, um alle Möglichkeiten zu nutzen.*

Konsequente Umsetzung der klimatischen und umwelthygienischen Anforderungen beim Wohnen in der Stadt gehört seit 100 Jahren zu den Grundlagen im Städte- und Wohnungsbau. Das gewachsene Gesundheitsbewusstsein der Bevölkerung verstärkt die Bedeutung von Klimaanpassung, Luftreinhaltung und Lärmschutz. Aus den Erfahrungen mit den Qualitäten und Potenzialen der Freiräume der Fallbeispiele möchten wir nur zwei Aspekte herausstellen: die Durchlüftung der Baublöcke und der Quartiere insgesamt sowie die Bedeutung der Bäume für die Atmosphäre und Aufenthaltsqualität bei heißem Wetter.

Höhe, Dichte und Anordnung der Bebauung prägen die Durchlüftung und das Binnenklima. In vielen Projekten wurden die Neubauten in unterschiedlich stark aufgelösten Blockrandstrukturen mit Innenhöfen angelegt. Im Tarpenbeker Ufer in Hamburg bestehen sie z. B. aus vier einzelnen Baukörpern, im Münchener Agfa-Areal sind es zusammenhängende u-förmige Gebäude mit Durchbrüchen im Erdgeschoss. Bei hohen Gebäuden und weitgehend geschlossener Blockrandbebauung kann im Sommer ein drückendes Binnenklima entstehen. So ist es z. B. in der Berliner Friesenstraße, wo die siebengeschossige Bebauung in L-Form an keiner Stelle unterbrochen wird. Angenehm ist das Klima in den Innenhöfen des Tarpenbeker Ufers, wo zusätzlich zu der Blocköffnung abgekühlte Luft von der Tarpenbek durch das Quartier zirkulieren kann. Auch in der Triemli-Siedlung in Zürich wirkt sich die beidseitige Öffnung des Blocks positiv auf das Binnenklima aus, hier weht ein angenehmer Wind. In Stuttgart-Hallschlag lassen die aufgelockerte Zeilenbebauung und die hohen, straßenbegleitenden Bäume im Sommer ein angenehmes Klima entstehen. Es wird versucht, bei der Nachverdichtung der Blöcke möglichst viele alte Bäume zu erhalten, was mit der Neuordnung der Bebauung nur begrenzt möglich ist. Die im kostengünstigen Wohnungsneubau zunächst spärliche Begrünung wird für die zukünftig stärker geschlossene Bauweise

London: Nature Trail im Elephant Park

München: Dirtbike-Anlage

wenig Ausgleich schaffen. Wie die klimatischen Situationen im hochverdichteten Le Trapèze in Boulogne-Billancourt zu bewerten sind, müsste eine detaillierte Untersuchung zeigen: Die Blöcke sind sehr groß, zum Teil auch im Inneren bebaut, aber sie sind aufwendig dicht und mit relativ hohen Pflanzen begrünt. Auch Fassaden- und Dachbegrünungen wurden realisiert.

Mit verstärktem Wissenstransfer für die Praxis könnten die Vorteile, die begrünte Fassaden und Dächer für Klima, Biodiversität, Gestaltung und auch für die Möglichkeiten der Bewohnerschaft zum Gärtnern bringen, noch mehr genutzt werden.

Bäume, insbesondere alter Baumbestand, spielen eine wichtige Rolle für Kühle, Behaglichkeit und Naturerleben. Bei den Konversionsflächen, wie dem Agfa-Areal, Le Trapèze in Boulogne-Billancourt und Neckarbogen in Heilbronn, gab es vorher keine Bäume. Bei den beiden Ersten wurde der Boden vollständig erneuert. Die neu gepflanzten Bäume werden Jahrzehnte brauchen, um ausreichend Schatten zu spenden und die Atmosphäre zu prägen. Aufgrund der in Neubauquartieren häufig vorgesehenen Tiefgaragen ohne Vorkehrungen für Baumstandorte fehlen Flächen, wo Bäume auch groß werden können.

Der Mangel an geeigneten Baumstandorten ist oft generell problematisch. In München werden daher z. B. mit Gestaltungsrichtlinien Vorgaben zur Anzahl und Größe der Bäume und zu den Hecken in den Innenhöfen gemacht. Frühzeitige Klärungen – auch im Masterplan und in den Ausschreibungen – helfen, Qualitätsstandards für die Freiflächen, die Bepflanzung und andere Maßnahmen zur Klimaanpassung zu sichern.

**Sozialer Zusammenhalt und gesellschaftliche Teilhabe: Grünanlagen und urbane Plätze für Kommunikation und Stadtteilleben**

*In Neubauquartieren reichen Einzugsbereich, Nutzungsmischung auch mit Arbeitsplätzen, Einkaufen und Gastronomie oft nicht aus, um eine urbane Mitte zu tragen. Schule und Kindertagesstätten können dazu einen Beitrag leisten.*

Die Bedeutung der Grünanlagen als Treffpunkte wurde bereits angesprochen. Spaziergänge und Aufenthalt im Grünen bieten vielfältige Gelegenheiten für zufällige oder gewünschte informelle Kontakte auch zwischen Menschen, die sich bisher kaum kennen. Eigene urbane Plätze bieten die Neubauquartiere überwiegend nicht an, die dazugehörigen Läden, Gaststätten und Dienstleistungen befinden sich meist benachbart im Zentrum des Stadtteils. Ein ambitionierter Ansatz, auch in einem nicht sehr großen Konversionsquartier einen lebendigen Quartiersmittelpunkt zu schaffen, wurde im Erlenmatt-Areal in Basel (1.500 Wohnungen, 800 Arbeitsplätze) realisiert. Im Übergang zum bestehenden Altbauquartier wurden zwei große Plätze angelegt, die als Bindeglied zwischen Alt und Neu dienen. In den Erdgeschossen der sie umgebenden Häuser wurden, soweit es Nachfrage gibt, Gastronomie, Läden und Büros untergebracht. In den umfangreichen weiteren

Zürich: Café im Rondell

Erdgeschossflächen tragen eine Kindertagesstätte und andere familienergänzende Betreuungsangebote und eine benachbarte Schule zur Entstehung einer lebendigen Quartiersmitte bei. Im Hochsommer sind auch die Wasserbecken ein Magnet nicht nur zum Planschen für die Kinder. Im Übrigen werden diese Plätze aber auch kritisiert: zu kahl, zu viel Stein, unwirtlich, auch weil die Bäume noch klein sind.

Sehr bereichernd ist es, wenn in den Parks auch eine Cafeteria oder ein Bistro mit Außensitzplätzen eingerichtet werden kann, wo man zusammensitzen, sich stärken und ausruhen kann. Damit kann auch eine gepflegte und sichere Toilette angeboten werden. Aus Sorge, keine Pächterin bzw. keinen Pächter zu finden, weil der Umsatz nicht ausreicht, wegen potenziellen Ärgers durch übermäßige Geselligkeit, die die Nachbarschaft stört, oder aus anderen Gründen gibt es das in Parks oft nicht. Anders im Erlenmatt-Areal in Basel und in der Triemli-Siedlung in Zürich sowie im Le Trapèze von Boulogne-Billancourt: Bei den beiden Erstgenannten wurden alte Gebäude umgenutzt. In Erlenmatt ist es die ehemalige Bahnhofkantine. In Triemli befindet sich das Café im Rondell ebenfalls in einem historischen Gebäude, es wird durch einen Verein der Quartiersbewohnerschaft unterstützt. Das prägt auch die örtliche Identität. In Le Trapèze in Boulogne-Billancourt gibt es nicht weit entfernt auch andere gastronomische Angebote. Die Cafeteria am Park – mit einer Außenterrasse und einem weiten Blick über die Grünanlage – liegt günstig an der Straße bei einer Bushaltestelle. Die Cafeteria dient auch als Conciergerie zur Vermittlung von nützlichen Diensten für die Haushalte im Stadtteil, wie z. B. Paketannahme, Ausführen von Hunden, Änderungsschneiderei, Bügeln, kleine handwerkliche Arbeiten, Geburtstagsfeiern. Synergien zwischen Park und gastronomischen Erdgeschossnutzungen bestehen auch in Elephant Park und South Gardens in London. Auch die unmittelbare Umgebung des neuen Parks z. B. in der Sayer Street bietet ein neues und vielfältiges Gastroangebot.

## 3.1 LEBENSQUALITÄT

Boulogne-Billancourt: Cafeteria und Conciergerie am Park

### Sozialer Zusammenhalt und gesellschaftliche Teilhabe: Beteiligung für mehr Miteinander und schöne Grünanlagen

*Mit vielfältigen Formen der Beteiligung können Menschen unterschiedlicher kultureller und sozialer Hintergründe gewonnen werden, sich für das Grün im Quartier zu interessieren und einzusetzen.*

Vor Bezug der Neubauquartiere hat die zukünftige Bewohnerschaft meist wenig Möglichkeiten, sich an der Planung der Grünanlagen zu beteiligen. Für ein Wohnen mit der Natur von Anfang an werden die Außenanlagen normalerweise möglichst frühzeitig angepflanzt. Man könnte aber auch für eine „Kultur der Mitwirkung" Spielräume für später offenlassen. Bewohnerinnen und Bewohner interessieren sich häufig sehr dafür, was vor und hinter ihrem Haus und in den Anlagen im Quartier wächst. So gibt es oft Personen oder Gruppen, die sich gewinnen lassen oder von sich aus darauf drängen, sich um die Grünanlagen zu kümmern oder selbst zu gärtnern. Bei solchen eher konkreten Gegenständen oder praktischen Formen der Beteiligung sind auch die unterschiedlichsten sozialen Milieus und Geschlechter meist gern dabei. Vielfältige Formen einer Beteiligung wurden bei den Fallbeispielen praktiziert, z. B.:

- Eine intensive professionell moderierte Bürgerbeteiligung gab es bei dem Planungsprozess zur Aufwertung des Münchener Weißenseeparks: Zwischen Baureferat und Bürgerschaft wurde u. a. bei Bürgerschaftsversammlungen vieles besprochen. Eine Initiative aus der Bürgerschaft betreut ein Feuchtbiotop, eine andere kümmert sich um die Dirtbike-Anlage der Mountainbikerinnen und Mountainbiker zusammen mit Jugendlichen.
- Einen Verein zum Management der multikulturellen Bürgergärten haben die Aktiven im Travertinpark in Stuttgart-Hallschlag gegründet. Die Initiativen und Vorbereitungen dazu fanden im Rahmen der Bürgerbeteiligung zum Programm der „Sozialen Stadt" statt.
- In einem intensiven gemeinsamen Beratungs- und Entscheidungsprozess haben die Bewohner und Bewohnerinnen ihre Grünanlage in Berlin-Friesenstraße geplant und die Regelungen für die Bewirtschaftung entwickelt. Sie haben auch einen Weidenpavillon für die Zusammenkünfte der Nachbarschaft gebaut.
- Jedes Jahr findet ein Projekt „urbanes Gärtnern" von Kindern im Neckarufer-Areal in Heilbronn statt. Es wird durch eine Stiftung betreut. Außerdem gibt es hier gemeinschaftlich genutzte Dachgärten.
- Mit unterschiedlichen Beteiligungsformaten in den verschiedenen Planungsetappen, später organisiert in einer Siedlungskommission, haben sich die zukünftigen Haushalte von Anfang an bei der Freiflächengestaltung in Zürich-Triemli eingemischt. Bei dem Projekt handelt es sich um den Ersatzneubau einer Baugenossenschaft, die einziehenden Haushalte waren teilweise vorab bekannt. Sie beeinflussten die Entwicklung der Grün- und Freibereiche wesentlich, u. a. auch mit den Flächen und Pflanzkisten für urbanes Gärtnern. Der genossenschaftliche Kontext und die Beteiligungsprozesse unterstützen es, dass sich gemeinsames Verantwortungsbewusstsein für die Freiräume und Kontakte in der Bewohnerschaft entwickeln.
- Elephant Park und South Gardens in London ist ebenfalls eine Neubebauung nach Abriss der nicht mehr sanierbaren Gebäude. Jetzt bieten einige Dächer die Möglichkeit zum Gärtnern. Außerdem wurde während der Bauphase Urban Gardening als Zwischennutzung etabliert, organisiert durch die Freiwilligenorganisation der Mobile Gardeners. Ihre Projekte belegen anschaulich, wie gemeinschaftliches Gärtnern das Miteinander der Menschen im Quartier fördert: „We recognised the value of gardening as a way of strengthening the community and improving even unremarkable and temporary opportunities in the landscape."[32]

### Fazit

Identität und Wohnwert des Quartiers: Grünflächen prägen gute Wohnlagen. Grün im Stadtquartier ist wesentlicher Teil der Lebensqualität und zugleich Statussymbol für schönes, gesundes und bevorzugtes Wohnen und für die Freizeit. Eine gute Wohnlage fördert auch die Identifikation der Bevölkerung mit dem Stadtquartier. Um seine Wirkung zu entfalten, muss das Grün auch deutlich erkennbar und erlebbar sein und immer wieder Vorrang vor anderen Interessen haben.

Das waren Kriterien für die Auswahl der Freiraumkonzepte, die für diese Studie im Kontext der doppelten Innenentwicklung als vielversprechend gesehen wurden. Alle sind darauf angelegt, Image und Ortsbild in diesem Sinne zu prägen.

Fast alle versuchen, ein Optimum zwischen einer möglichst dichten Bebauung und hochwertigen Grünflächen zu realisieren. Meist haben die Häuser vier bis sieben Stockwerke und sind in relativ engen Zeilen oder Blöcken zusammengerückt. Demgegenüber steht dann ein großer zusammenhängender Grünraum, als Park oder auch als große Wiese wie in der Züricher Triemli-Siedlung.

Die Parks werden so angelegt, dass möglichst viele Wohnungen von der Lage am Park profitieren. Im Agfa-Areal in München liegt der Park als breiter Streifen am Rande der Neubauflächen, benachbart zu dem Altbauquartier. Das wird damit auch aufgewertet. In Le Trapèze in Boulogne-Billancourt verläuft der Park nicht einseitig entlang des Flusses, was nahegelegen hätte, sondern erstreckt sich zwischen der neuen Bebauung, sodass an zwei Seiten die Häuser direkt am Park liegen und das Flussufer eine weitere hervorragende Wohnlage bietet. Der Park in Basel-Erlenmatt und der Elephant Park in London knüpfen an einem zentralen Punkt an den Bestand an.

Die hochwertigen Grünflächen sind in diesen Beispielen auch erkennbar für alle sozialen Schichten geplant. Aufgrund der Lage der Gebiete in einem populären Stadtteil und sozialer Vorgaben zum Wohnungsbauprogramm ist die Bewohnerschaft sozial gemischt, zum Teil auch überdurchschnittlich kinderreich.

Die verschiedenen Grünräume sind überwiegend multifunktional, die Wertschätzung ist ihnen sicher, gleich mit welchen Motiven und Aktivitäten die Menschen sie aufsuchen und sich hier aufhalten.

1 Malottki, C. von; Sabelfeld, R.: Grün als Wohnwunsch. In: Stadtforschung und Statistik 2/2021, S. 44–51
2 Zum Beispiel: WHO Regional Office for Europe: Urban green spaces and health. A review of evidence. Kopenhagen 2016. https://www.euro.who.int/__data/assets/ pdf_file/0005/321971/Urban-green-spaces-and-health-review-evidence. pdf (Zugriff am 23.06.2022)
3 Bundesverband Garten-, Landschafts- und Sportplatzbau e. V. (BGL): Forsa-Studie Urbanes Grün ist „Sehnsuchtsort" für Menschen, 2021, www.gruen-in-die-Stadt.de/informieren, (Zugriff 28.12.2021)
4 haustec.de: Wohnwünsche: Terrasse, Garten und Balkon sind Deutschen jetzt wichtig. https://www.haustec.de/management/panorama/wohnwuensche- terrasse-garten-und-balkon-sind-deutschen-jetztwichtig (Zugriff am 23.06.2022)
5 Garcia Diez, S.: Indikatoren zur Lebensqualität. Vorschläge der europäischen Expertengruppe und ausgewählte nationale Initiativen. In: Wirtschaft und Statistik 6/2015, S. 11–21, hier: S. 11ff.
6 OECD: How's Life in Your Region? Measuring Regional and Local Wellbeing for Policy Making. Paris 2014. https://www.oecd.org/regional/how-s-lifein-your-region-9789264217416-en.htm (Zugriff am 24.06.2022)
7 Dimensionen der Lebensqualität für Städte und Regionen: Einkommen & Arbeit, Wohnsituation, Gesundheit, Bildung, Qualität der Umwelt, Persönliche Sicherheit, Bürgerbeteiligung, Work-Life-Balance, Infrastruktur & Dienstleistungen, Mobilität, Kultur & Freizeit
8 Deutscher Bundestag: Abschlußbericht der Enquete-Kommission „Schutz des Menschen und der Umwelt – Ziele und Rahmenbedingungen einer nachhaltig zukunftsverträglichen Entwicklung". Berlin 26.06.1998. https://dserver.bundestag.de/btd/13/112/1311200.pdf (Zugriff am 24.06.2022), S. 18
9 BMUB: Grün in der Stadt – für eine lebenswerte Zukunft, 2025, S. 12ff.
10 WHO Regional Office for Europe: Urban green spaces and health. A review of evidence. Kopenhagen 2016. https://www.euro.who.int/__data/assets/pdf_file/0005/321971/Urban-green-spaces-and-health-review-evidence. pdf (Zugriff am 23.06.2022)
11 Otto, C.; Ravens-Sieberer, U.: Gesundheitsbezogene Lebensqualität. (letzte Aktualisierung am 24.03.2020). 2020. https://leitbegriffe.bzga.de/alphabetisches- verzeichnis/gesundheitsbezogene-lebensqualitaet/ (Zugriff am 26.06.2022)
12 Oltmanns, E.: Einflussfaktoren des subjektiven Wohlbefindens. Empirische Ergebnisse für Deutschland. In: Wirtschaft und Statistik 3/2016, S. 84–95
13 Bedeutsam waren weiterhin die ökonomischen Aspekte: das Einkommen, keine Sorgen um die eigene wirtschaftliche Situation, keine Arbeitslosigkeit. Auch eine dauerhafte Partnerschaft erhöht die Lebenszufriedenheit – Faktoren, die hier nicht Thema sind.
14 Weeber+Partner: Erfahrungen aus den Bürgerbeteiligungen zur Gestaltung von Wohnhöfen in Berlin-Marzahn von xxx bis xxx sowie im Scharnhauser Park sowie ältere Studien: Licht, Luft, Sonne, Wärme und gesundes behagliches Wohnen, 1986 sowie Balkone, kostengünstig und funktionsgerecht 1999, beide im Auftrag des Bundesministeriums für Raumordnung, Bauwesen und Städtebau
15 Zitiert nach: Hentschel, A.: Nutzeransichten. Wohnarchitektur aus Sicht ihrer Nutzer. Berlin 2009, S. 113
16 Ebd.
17 Malottki, C. von; Sabelfeld, R.: Grün als Wohnwunsch. In: Stadtforschung und Statistik 2/2021, S. 44–51
18 Picht, G.: Der Begriff der Natur und seine Geschichte, 2. Aufl. Stuttgart 1990
19 Wils, J.-P. (Hrsg.): Resonanz. Im interdisziplinären Gespräch mit Hartmut Rosa. Baden-Baden 2019.
20 Rosa, H.: Resonanz. Eine Soziologie der Weltbeziehung, 5. Aufl. Berlin 2021, S. 455ff.
21 Ebd., S. 460
22 Vgl. Safranski, R.: Romantik. Eine deutsche Affäre. München 2007
23 siehe Rosa, H., 2021, S. 468ff. im Sinne Burkes, Kants oder Schiller
24 siehe Rosa, H., 2021, S. 461
25 Böhme, G.: Atmosphäre. Essays zur neuen Ästhetik. Frankfurt am Main 1995; Böhme, G.: Für eine ökologische Naturästhetik. Frankfurt am Main 1989
26 Breuste, J.; Breuste, I.: Nutzung und Akzeptanz von Grünflächen und naturbelassenen Landschaftsräumen im Stadtgebiet. Untersuchungen in Halle/Saale. In: Verhandlungen der Gesellschaft für Ökologie 24/1995, S. 379–384
27 Industrieverband Heimtierbedarf e. V., Haushaltsrepäsentative Befragung 2020, Basis 7 Tsd. Haushalte
28 bgmr Landschaftsarchitekten GmbH: Konzeptgutachten Freiraum München 2030. Entschleunigung – Verdichtung – Umwandlung. Entwurf, Stand Dezember 2015. Berlin 2015. https://stadt.muenchen.de/dam/jcr:38cecb80-7c6a-46dc-a525-3669bb8b70e6/FRM2030_WEB.pdf (Zugriff am 30.03.2022)
29 Mutz, M.; Albrecht, P.; Müller, J.: Die Nutzung von öffentlichen Spielplätzen und ihr Beitrag zur täglichen Bewegungsaktivität von Kindern im Grundschulalter. In: Diskurs Kindheits- und Jugendforschung / Discourse Journal of Childhood and Adolescence Research 1/2020, S. 87–102
30 Hüsken, K.; Alt, C.: Freizeitaktivitäten zwischen sechs und 17 Jahren. Der Einfluss der Lebenslage auf die ausgeübten Freizeitaktivitäten. In: Hünersdorf, B. (Hrsg.): Spiel-Plätze in der Stadt. Sozialraumanalytische, kindheits- und sozialpädagogische Perspektiven, Bielefeld 2015, S. 48–66
31 Im Vergleich zu 2002
32 Mobile Gardeners: Origins. https://www.mobilegardeners.org/#origins (Zugriff am 20.01.2022)

# Summary

Identity and residential quality of the urban quarter: green spaces are a feature of good residential areas. Greenery in urban quarters is essential for quality of life and at the same time it is a status symbol: it stands for beautiful, healthy and desirable housing and for recreational opportunities. A good residential area also encourages its residents to identify with the urban quarter. In order to achieve this effect, the green spaces must be easy to identify, must be experienced as a green space, and must always take precedence over other interests.

These were the criteria for selecting the open space concepts that were considered promising for this study in the context of dual inner-city development. All of them have been designed to shape the perception of the urban quarter as well as the urban quarter itself.

Almost all of the case study areas attempt to achieve an optimal balance in terms of achieving a development that is as dense as possible but also contains high-value green areas. Most have buildings that are four to six storeys high, grouped together in relatively tight rows or blocks. These are complemented by a large adjacent green space, such as a park or a large meadow, as can be seen at the Triemli housing development in Zürich.

The parks are designed so that as many apartments as possible benefit from the placement of the park. At the Agfa site in Munich, for example, the park is a wide strip on the edge of the new housing, neighbouring the area where the old buildings are situated, thus adding value to both quarters. At Le Trapèze in Boulogne-Billancourt, the park does not run along one side of the river, which would have been the obvious choice; instead, it extends between the new buildings so that both sides of the development lie adjacent to the park, with the riverbank offering another outstanding residential location. The park in Basel-Erlenmatt and Elephant Park in London tie in with the existing building stock at a central location.

The high-quality green spaces in these examples have also been clearly planned for all strata of society. Due to the areas' locations in popular parts of the city, and the requirements of social housing programmes, there is a mix of residents and in some instances an above-average number of children.

The various green spaces are predominantly multifunctional, ensuring that they are highly valued by all those who visit them and spend time there, regardless of the reason for their visit and the activities they pursue.

3 THEMEN IM QUERSCHNITT

# 3.2 Freiraumqualität

**Grün weiterdenken – auch in urbanen Neubauquartieren**

*Die Freiräume in urbanen Stadtteilen können und sollen auch dazu beitragen, nachhaltige urbane Ökosysteme zu schaffen, dabei Lebensräume für eine vielfältige Pflanzen- und Tierwelt zu bieten sowie die Auswirkungen der zunehmend bedrohlichen Klima- und Wettersituation abzumildern.*

Die Funktionen der Freiräume in der Stadt für die Gesundheit und Freizeit der hier lebenden Menschen standen in der Stadtplanung bislang im Vordergrund. Sie sind besonders in dicht bebauten Stadtquartieren sehr wichtig. Freiraumqualität bedeutet heute jedoch auch, die Konzepte so weiterzuentwickeln, dass auch die umfassenderen Anforderungen und Potenziale mit Blick auf Ökologie einschließlich Biodiversität und Klimaanpassung erfüllt werden. Die Aufgabe, hohe Freiraumqualität zu erreichen und langfristig zu sichern, wird damit wesentlich komplexer.

Das Ziel eines ganzheitlich ausgerichteten Umgangs mit der Natur – auch im Rahmen der Stadtentwicklung – ist nicht neu.[1] Die Novelle des Bundesnaturschutzgesetzes hat 2010 die auf die Freiräume bezogenen Aufgaben umfassend und anschaulich benannt: „(1) Natur und Landschaft sind aufgrund ihres eigenen Wertes und als Grundlage für Leben und Gesundheit der Menschen auch in Verantwortung für die künftigen Generationen im besiedelten und unbesiedelten Bereich […] so zu schützen, dass 1. die biologische Vielfalt, 2. die Leistungs- und Funktionsfähigkeit des Naturhaushalts […] sowie 3. die Vielfalt, Eigenart und Schönheit sowie der Erholungswert von Natur und Landschaft auf Dauer gesichert sind." Immer weniger können wir es uns dabei leisten, die Potenziale der besiedelten Bereiche und der Stadtnatur für die Erhaltung und Förderung der natürlichen Lebensgrundlagen außer Acht zu lassen, auch nicht in den dicht bebauten urbanen Neubaugebieten, wo die Spielräume dafür wesentlich kleiner sind.

Nachhaltige städtebauliche Entwicklung ist auch im Baugesetzbuch verankert. Dort heißt es: „Die Bauleitpläne sollen eine nachhaltige städtebauliche Entwicklung, die die sozialen, wirtschaftlichen und umweltschützenden Anforderungen auch in Verantwortung gegenüber künftigen Generationen miteinander in Einklang bringt, und eine dem Wohl der Allgemeinheit dienende sozialgerechte Bodennutzung unter Berücksichtigung der Wohnbedürfnisse der Bevölkerung gewährleisten. Sie sollen dazu beitragen, eine menschenwürdige Umwelt zu sichern, die natürlichen Lebensgrundlagen zu schützen und zu entwickeln sowie den Klimaschutz und die Klimaanpassung, insbesondere auch in der Stadtentwicklung, zu fördern, sowie die städtebauliche Gestalt und das Orts- und Landschaftsbild baukulturell zu erhalten und zu entwickeln. Hierzu soll die städtebauliche Entwicklung vorrangig durch Maßnahmen der Innenentwicklung erfolgen."[2]

Das aktuelle Leitbild der doppelten Innenentwicklung fordert dazu auf, die nicht besiedelte Landschaft zu schonen. Dafür sollen die Städte im Inneren intensiver und dichter genutzt werden, um z. B. die dringend benötigten Wohnungen zu schaffen. Vor allem ist es aber auch ein Aufruf, dabei mehr Gewicht auf das Grün zu legen und dieses explizit in Wert zu setzen. Welche Prioritäten den einzelnen Aspekten der städtebaulichen und Freiraumentwicklung

Basel: Breite Naturschutzfläche in der Mitte des Quartiers

Boulogne-Billancourt: Ausblick von den Balkonen in den Park und zur Seine

dabei beigemessen werden können, ist unterschiedlich. Die beispielhaft in unsere Untersuchung einbezogenen Neubauquartiere zeigen, dass dies wesentlich auch von den örtlichen Voraussetzungen sowie den Auffassungen der Beteiligten abhängt.

## Gratwanderung zwischen Verdichtung und dem notwendigen Platz für die Freiräume

*Grundlegend für jedes Vorhaben doppelter Innenentwicklung sind die Entscheidungen zur Dichte der (Wohn-)Bebauung einerseits und der Größe sowie Verteilung der Freiräume andererseits. Der Vergleich einiger Kennwerte der vorgestellten Beispiele zeigt, wie vielfältig die Gegebenheiten und Lösungswege für die Wohnungs- und Freiraumentwicklung sind. Alle hier vorgestellten Beispiele von Neubauquartieren haben mindestens 100 Wohneinheiten pro Hektar Nettowohnbauland realisiert und gelten damit als dicht bebaut. Dennoch streuen die Kennwerte der Wohndichte und der Freiflächen bei den Beispielen erheblich.*

Bei den Berechnungen zur Dichte unserer Fallstudien haben wir uns an der Studie des Nachbarschaftsverbandes Karlsruhe „Beispiele für Wohndichten" orientiert, die einen Vergleich der Dichten in unterschiedlich strukturierten Wohngebieten ermöglicht.[3] Für die andere Seite – den Flächenanteil der Freiräume – haben wir die öffentlichen und die gemeinschaftlich genutzten privaten Flächen einbezogen. Dazu gehören die Parks, die Innenhöfe und auch besonders umfangreiches Grün in den Straßenräumen. Diese Flächen wurden zur Einwohnerzahl (Personen) in Bezug gesetzt. Fassaden- und Dachbegrünungen und die Freiräume in benachbarten Quartieren wurden bei den Kennwerten nicht berücksichtigt.[4]

Drei der großen neuen Stadtquartiere auf Konversionsflächen – mit Arealflächen ab 10 Hektar – haben vergleichsweise sehr hohe Wohndichten bezogen auf das Nettowohnbauland realisiert: South Gardens in London ca. 229 WE/Hektar, Le Trapèze in Boulogne-Billancourt ca. 227 WE/Hektar, das Erlenmatt-Areal in Basel ca. 191 WE/Hektar und das Agfa-Areal in München 161 WE/Hektar. Auf dem jeweiligen Gelände im Rahmen einer Innenentwicklung möglichst viele Wohnungen zu realisieren, war angesichts der großen Nachfrage vorrangig wichtig.

Bei der hohen Wohndichte überrascht es nicht, dass Le Trapèze in Boulogne-Billancourt mit 6,7 m² je Person wenig Freiflächen aufweist. Die beiden anderen Konversionsprojekte – das Erlenmatt-Areal in Basel und das Münchener Agfa-Areal – haben mit 26,6 bzw. 20,5 m² pro Person vergleichsweise viel Freifläche.

Bei den beiden kleineren Projekten auf Blockebene mit Arealflächen unter 2 Hektar liegen die Wohndichten bei 118 WE/Hektar im Stadtquartier Friesenstraße in Berlin und bei 111 WE/Hektar in der Triemli-Siedlung in Zürich. Die Freiflächen pro Person betragen 15 m² (Berlin) bzw. 27 m² (Zürich).

Sehr hohe Wohndichten pro Hektar Nettowohnbauland ergeben sich vor allem in Zusammenhang mit einer höheren Geschossigkeit. In der Bevölkerung sind jedoch bei Mehrfamilienhäusern niedrigere Gebäude mit bis zu fünf Geschossen deutlich beliebter; höhere Häuser werden eher selten gewünscht.[5] Um die Menschen nicht zu verschrecken und Akzeptanz für die Verdichtung im Rahmen der Innenentwicklung zu erreichen, wird z. B. in den Berliner Entwicklungskonzepten mit abmildernden Worten eine „stadtverträgliche Verdichtung" oder eine „Verdichtung mit Augenmaß" anvisiert.[6] Im Planungsprozess in Hamburg für das Neubauquartier Tarpenbeker Ufer wurde kontrovers über eine verträgliche Bebauungsdichte für das mit 14 Hektar große Gebiet gestritten. Im Ergebnis wurde ein Mittelweg gewählt. Die Gebäude sind vier- bis fünfgeschossig, die Wohnungsdichte ist mit 100 WE/Hektar Nettowohnbauland im Vergleich zu den anderen großen Neubauquartieren weniger hoch. Je Person stehen 13 m² Freiflächen zur Verfügung, das ist nicht besonders viel. Durch den Freiraumverbund im „Grünen Netz Hamburg" werden die Freiflächen jedoch wesentlich erweitert.

Im Pariser Großraum und auch in London sind die Menschen eher gewohnt, Wohnungsangebote in dicht stehenden hohen Häusern zu akzeptieren. Die Architektinnen und Architekten haben in Boulogne-Billancourt mit den Balkonen und Terrassen vor allem in den oberen Geschossen der Gebäude abwechslungsreiche Silhouetten geschaffen. Zum Wohnwert tragen die vielen freien Wohnlagen mit Aussicht oder Durchblick auf Park, Fluss und Baumalleen bei. Das mildert die städtebaulichen Dichten und Höhen in der Wahrnehmung ab. Außerdem wurden mit dem ökologischen Programm auch bei den Freiflächen Akzente gesetzt. Auch das Londoner Beispiel ist speziell: Das kleine Neubauquartier mit 2,6 Hektar Bruttobauland hat mit ca. 229 WE/Hektar eine sehr hohe Wohndichte, obwohl es auch dreigeschossige Bebauung beinhaltet. Die hier traditionelle Bauweise wurde für den Neubau beibehalten. Zusätzlich wurde jedoch im Quartier ein 16-geschossiges Wohnhochhaus gebaut. Ähnlich hohe Gebäude sind auch im weiteren Umfeld zahlreich.

Vergleichsweise viel Freifläche pro Person kommt – unabhängig von der gewählten Wohndichte – vor allem aufgrund geringer Verkehrs- und Erschließungsflächen zustande. Einige Quartiere sind weitgehend autofrei geplant, der Stellplatzschlüssel ist niedrig, die Stellplätze sind teilweise gebündelt angeordnet. Dementsprechend wird für den Autoverkehr wenig Fläche benötigt. Wenn die soziale und gewerbliche Infrastruktur überwiegend nutzungsgemischt in größeren Gebäuden integriert ist, werden weniger Flächen versiegelt. Das markanteste Beispiel für solche flächensparenden Ansätze ist das Erlenmatt-Areal in Basel.

Eine vergleichende quantitative Betrachtung der Kennwerte zur Wohndichte und zur Größe der Freiräume ist für das Verständnis der Konzepte und Lösungen aufschlussreich. Über die Qualitäten der Freiräume ist damit noch nicht viel gesagt. Schon die örtlichen Gegebenheiten sind sehr unterschiedlich, ebenso die Ziele und Erwartungen, die an die Projekte geknüpft sind. Immer stärker sollen sie auch ein überzeugender Beitrag zur Ökologie, einschließlich Biodiversität und Klimaanpassung, sein. Am besten gelingt das, wenn sie zusammen mit einer „Mehrgewinnstrategie" mit den klassischen Aufgaben der Grünflächen für Gesundheit und

## 3 THEMEN IM QUERSCHNITT

Heilbronn: Durchbrüche in den Blocks ermöglichen Blick ins Grüne

Lebensqualität der Menschen im Quartier verbunden sind. Das Leitbild des Preises zum Neuen Europäischen Bauhaus, „beautiful, sustainable, together", sollte erst recht für die grünen Freiräume gelten.[7] Die vorgestellten und im Folgenden erläuterten Beispiele haben dazu einiges zu bieten. Die Projekte wurden allerdings überwiegend vor mehr als zehn Jahren geplant, es ist daher auch der Zeit geschuldet, wenn es neben überzeugenden Lösungen in einigen Bereichen auch noch „Luft nach oben" gibt.

### Klimaanpassungsmaßnahmen – ortsspezifisch und möglichst einfach

*In Deutschland und auch in Europa haben in den letzten Jahren die Extremwetterlagen zugenommen – sowohl im Sommer (längere Hitze- und Trockenperioden, aber auch Starkregenereignisse) als auch im Winter (Abnahme strenger Fröste sowie Zunahme an Stürmen und Orkanen) – und sie halten länger an.[8] Mit welchen Strategien und Klimaanpassungsmaßnahmen die Städte darauf reagieren, variiert sehr, auch weil die Städte sehr unterschiedlich betroffen sind.*

Schon beim Thema der Niederschlagsmengen – sie sind u. a. relevant für die für das Stadtklima so wichtigen Bäume – unterscheiden sich die in dieser Studie betrachteten deutschen Städte erheblich: So betrug die Niederschlagsmenge im Jahr 2020 in München 962 Liter pro m², in Hamburg 668 Liter pro m², in Stuttgart 592 Liter pro m² und in Berlin fiel mit 478 Litern pro m² im Jahr 2020 nur halb so viel Regen wie in München.[9] Demgegenüber stehen veränderte Niederschlagszahlen in diesen Städten im Vergleich zu den Vorjahren.[10] So hatte es im Jahr 2008 in Hamburg mit 806 Litern pro m² und in Berlin mit 563 Litern pro m² noch deutlich mehr geregt als 2020.[11] Nach dem Szenarium „starker Wandel" der deutschen Vulnerabilitätsstudie von 2015 ist je nach Region in Deutschland mit einem Rückgang der Niederschlagsmengen in „naher Zukunft" bis zum Jahr 2030 von 5 bis 10 Prozent zu rechnen. In „ferner Zukunft" bis zum Jahr 2085 sogar mit einem Rückgang von 20 bis 30 Prozent.[12] Dementsprechend reagieren die Städte beispielsweise, indem sie neue Baumarten aus süd- und südosteuropäischen Ländern anpflanzen, die einen deutlich geringeren Bedarf an Wasser haben. So sind z. B. die Hänge-Birke und die gemeine Esche deutlich resilienter in Bezug auf Hitze- und Trockenstress als die Silber-Weide, Schwarz-Erle und Schwarz-Pappel.[13] Ebenso ist es in vielen deutschen Städten mittlerweile notwendig, Bäume im Sommer zu bewässern, um starke Schäden zu vermeiden und sie langfristig auch als Schattenspender zu bewahren.

Die hohe Versiegelung in Städten und urbanen Quartieren führt bei hochsommerlichen Temperaturen zu einer starken Erwärmung. Durch die Versiegelung fließt einerseits das Regenwasser ungehindert in die Kanalisation ab und trägt nicht mehr zur kühlenden Verdunstung im Boden bei, andererseits nehmen Materialien wie Stein, Beton und Asphalt mehr Wärme auf und speichern diese länger als Grün- und Freiflächen und erhöhen so die thermische Belastung. Die tagsüber aufgenommene Wärme wird zeitversetzt nachts wieder abgegeben und verhindert eine nächtliche Abkühlung der Luft. Da es nach der oben zitierten Vulnerabilitätsuntersuchung in ferner Zukunft in Deutschland zu einer Zunahme der Anzahl der Tropennächte auf bis zu zehn pro Jahr kommen könnte, ist dies besonders relevant.[14] Das Phänomen verstärkt sich durch hohe Gebäudedichten mit viel Oberfläche. Kommen noch Abwärme von Verkehr und Kühlprozessen hinzu sowie eine geschlossene Bauweise, die den Luftaustausch verhindert, kommt es schon jetzt zu Temperaturunterschieden zwischen Stadt und Land von bis zu 10 Grad Celsius.[15]

Das menschliche Wohlbefinden wird durch die Temperatur der Umschließungsflächen gesteuert. Hitzestress beim Menschen wird daher eher durch Wärmestrahlung umschließender Flächen als durch die tatsächliche Lufttemperatur verursacht. Deshalb ist es so bedeutsam, die Flächen an Fassaden von Gebäuden, auf dem Boden etc. in dicht bebauten urbanen Quartieren abzukühlen, sodass sie möglichst wenig Strahlungswärme abgeben. Dies kann durch grüne, wasserdurchlässige Bodenbeläge, bewachsene Fassaden oder durch Bäume erfolgen. Die Krone von Bäumen bietet je nach Beschaffenheit einen effektiven Sonnenschutz. Der Schatten der Bäume sorgt beim sommerlichen Spaziergang durch eine Allee dafür, dass die Strahlungstemperatur geringer ist – man fühlt sich wohl. Zusätzlich geben Bäume auch Feuchtigkeit ab, doch da sich die Baumkrone in der Regel oberhalb des menschlichen Gesichtsfeldes befindet, fühlt der Mensch diese Transpirationskühle nicht so direkt.

Nach einer Studie der Eidgenössischen Technischen Hochschule Zürich unterschieden sich die von Satelliten gemessenen Oberflächentemperaturen von Grünzonen (sowohl mit Bäumen als auch ohne Bäume) und bebauten Gebieten in europäischen Städten erheblich. So waren beispielsweise in Wien mit Bäumen bepflanzte Gebiete im Sommer im Durchschnitt um 11 Grad Celsius kühler als bebaute Flächen und baumlose Grünflächen um 5,5 Grad.[16] Gerade bei nicht mit Bäumen bepflanzten Wiesen spielt dabei der Feuchtezustand des Bodens eine erhebliche Rolle: Bewässerte Wiesen sind der nächtlichen Kühlung zuträglich, trockene Wiesen tragen nur geringfügig mehr zur nächtlichen Kühlung bei als versiegelte Flächen, da keine Verdunstungskühle abgegeben wird.[17]

Das Anpflanzen von Bäumen und die Herstellung grüner ökologischer Korridore mindern die Überhitzung durch Verschattung und Verdunstungskühle. Einen ähnlichen Effekt haben Fassadenbegrünungen. Ebenso bedeutsam sind die kleinen grünen Höfe und Quartierparks in Wohnungsnähe und im unmittelbaren Wohnumfeld. Das Grün ist dann besonders wirksam, wenn Grünflächen, großes Grünvolumen, Fassadenbegrünung und Dachbegrünung das Quartier durchziehen. Es ist der kühlende Effekt des Kleinklimas, der den Bewohnerinnen und Bewohnern das Umfeld an Hitzetagen erträglich macht. Eine differenzierte Betrachtung der Evapotranspirationsleistungen unterschiedlicher Baumarten nimmt sich das aktuelle Forschungsprojekt „BlueGreenStreets" der HafenCity Universität Hamburg zum Ziel.[18] Innovative technische Lösungen, die mehr Abkühlung im Stadtraum bieten, zeigt das Projekt „Kühle Meile" in Wien auf, wo neben Baumpflanzungen auch sogenannte Kühlbögen effektiv für Abkühlung sorgen.[19]

Der neue Stadtteil Elephant Park in London ist durch kleinere Grünzüge mit der umliegenden Gegend verknüpft. Ein umfangreiches Baumpflanzungskonzept über den Stadtteil hinaus trägt

Boulogne-Billancourt: Die Fassade der École de Biodiversité (links) ist teils begrünt und bietet Nischen für Vögel, Fledermäuse und Insekten

Boulogne-Billancourt: Fassadenbegrünung

## 3 THEMEN IM QUERSCHNITT

Berlin: Das hohe Grünvolumen hat eine kühlende Wirkung auf den Block

München: Kinder spielen im Schatten einer Baumallee

Heilbronn: Grün- und Solardach im Neckarbogen

zu Beschattung im Sommer und zur Verbesserung des Kleinklimas bei. Größere zusammenhängende Grünflächen sind für die Luftabkühlung förderlich. Im Münchener Quartier Agfa-Areal wurde dies im Freiraumkonzept berücksichtigt: Die realisierte große, zentrale und für alle zugängliche Wiese trägt auch zu einem hohen Grünflächenanteil pro Einwohnerin bzw. Einwohner bei. Sie wurde auf Grundlage eines städtebaulichen Vertrags vom Investor hergestellt und an die Stadt übergeben – ein gutes Beispiel dafür, wie auch Investorinnen und Investoren zur Klimaanpassung beitragen können.

Im Quartier Le Trapèze in Boulogne-Billancourt übernehmen die grünen, mit Bäumen bepflanzen Biodiversitätskorridore gleich mehrere Funktionen: Sie spenden der Bevölkerung Kühle und Schatten an heißen Sommertagen, sodass man sich angenehm im Quartier fortbewegen kann. Sie dienen als Trittsteinbiotope, um die verschiedenen Grünflächen und Parks miteinander zu vernetzen, und sie fungieren als „Regenwasserkanäle", sollte es bei Starkregen zu einer Überflutung kommen. Die zentrale Wiese des Parc de Billancourt wird im Sommer bewässert – einerseits, damit der Rasen einladend grün für die Bevölkerung bleibt, andererseits auch, damit er seinen kühlenden Effekt entfalten kann. Reicht das in einem unterirdischen Regenrückhaltebecken gesammelte Wasser dazu nicht aus, wird im Sommer auch mit Trinkwasser gegossen – ein ungelöster Zielkonflikt, den die Planenden gern vermieden hätten.[20]

Im Quartier Basel-Erlenmatt wurde von Anfang an, schon bei der Auslobung des städtebaulichen Wettbewerbs, die Forderung funktionierender Frischluftbahnen bis in die bestehenden Quartiere hinein konsequent umgesetzt. Dabei wurde der überörtliche Landschaftsraum über den neuen großen zentralen Park des Quartiers bis an die Bestandsbebauung herangeführt. Der Park ist explizit so gestaltet, dass Luftströme fließen können.

In Berlin-Friesenstraße hat das hohe Grünvolumen des Blocks eine kühlende Wirkung auf das Kleinklima des Quartiers. Jedoch führt die – dem geschlossenen Baublock geschuldete – fehlende Durchlüftung dort an sehr heißen Tagen dennoch zu einem gewissen Hitzestau, da die Frischluftzufuhr fehlt. Anders ist die Situation in der Züricher Siedlung Triemli. Der von zwei Seiten geöffnete Block lässt den Wind durch das Quartier fließen und die Blätter der im Inneren der beiden zueinander stehenden u-förmigen Häuserscheiben gepflanzten Pappeln rascheln. Der neu gepflanzte Baumbestand spendet Schatten, auch die extensiven Wiesen tragen zur Kühlung bei.

Anders als in den Fallstudien mit Neubauquartieren, die durch kompakte Blockrandbebauung mit Innenhöfen gekennzeichnet sind, wurde das Quartier Hallschlag in Stuttgart in den 1920er- bis 1940er-Jahren in einer Zeilentypologie angelegt. Die durchlässige Struktur wirkt sich positiv auf die Durchlüftung des Quartiers aus. Die großzügigen Rasenflächen zwischen den Gebäuden begünstigen die Vor-Ort-Versickerung von Regenwasser. An sehr heißen Tagen tragen sie jedoch nur in den durch Bäume und Gebäude verschatteten Bereichen zur Kühlung bei. Der wertvolle alte Baumbestand wurde, wo es möglich war, auch in den Bereichen mit ergänzter Bebauung erhalten. Als Ersatz für die Pflanzen, die den neu entstandenen Gebäuden weichen mussten, hat die städtische Wohnungsbaugesellschaft SWSG neues Grün angepflanzt. Dabei steht das Grün in den Innenhöfen in Konkurrenz zu den ebenfalls notwendigen Fahrradabstellanlagen, Spielbereichen für Kinder, Flächen für Mülltonnen und rollstuhlgerechten Wegen im Sinne einer inklusiven Quartiersgestaltung. Es gilt auch bei Nachverdichtung, im Sinne der doppelten Innenentwicklung Voraussetzungen für ein gutes Klima trotz Neubau sicherzustellen und an den strategisch wichtigen Stellen den Freiraum zu qualifizieren. Im Hallschlag wurde eine grüne Achse, die sich durch den Stadtteil zieht, ausgebildet, es wurden Frischluftschneisen freigehalten und der Travertinpark wurde als „Grüne Lunge" des Stadtteils zugänglich gemacht.

Neu geschaffene Dachbegrünungen haben auf das Temperaturempfinden des Menschen nur einen geringen Einfluss, dafür leisten sie aber einen wichtigen Beitrag für den Artenschutz, die Retention und das allgemeine Stadtklima. Sie stehen dabei teilweise in Konflikt mit Solardächern, doch auch hier gibt es mittlerweile intelligente Lösungen, die beides miteinander vereinen und möglich machen. Der Bundesverband Gebäudegrün hat dazu 2020 ein Handbuch mit Planungshinweisen herausgegeben.[21] Die Konkurrenz um die Fläche setzt sich mittlerweile jedoch auf dem Dach fort.

## 3.2 FREIRAUMQUALITÄT

### Wassermanagement und blaue Infrastruktur – von Low- bis Hightech

*Neue, dichte Wohnquartiere und ergänzender Neubau erhöhen in der Regel die Versiegelung in den Städten, wodurch Raum für natürliche Prozesse wie die Retention und Speicherung von Wasser verschwindet.[22] Um diese Herausforderungen in besonders gefährdeten Städten anzugehen, sind Lösungen an der Oberfläche und im Untergrund, teilweise auch kombiniert, notwendig.[23]*

Ziel eines oberflächigen Regenwassermanagements ist es, sich dem natürlichen Wasserhaushalt eines Ortes bestmöglich anzunähern. Dazu gehört es, Oberflächenwasser, das idealerweise vom örtlichen Kanalnetz abgekoppelt ist, bereitzustellen und so Verdunstung zu ermöglichen und das Grundwasser anzureichern. Ökologisch besonders sinnvoll ist an vielen Standorten dabei die Regenwasserversickerung in offenen Gräben, da dabei das Wasser nicht nur zwischengespeichert, sondern auch gereinigt wird. Eine Wiese kann z. B. als offene Retentionsfläche dienen und gleichzeitig als Spielraum genutzt werden. Der Umgang mit Regenwasser im Untergrund beinhaltet sowohl den Einbau von Regenrückhaltebecken bzw. Rigolen, Pumpenanlagen, Zisternen sowie technischen Bauwerken zum Filtern und langsamen Abgeben des Regenwassers in Trockenperioden als auch den Umstieg von einem Misch- zu einem Trennsystem.[24]

Der Umgang mit dem Wasser auf Quartiersebene ist mit dem gesamtstädtischen Wassermanagement verzahnt. Bei Starkregenereignissen sind vor allem bestehende Mischsysteme schnell überlastet. Das Trennsystem ermöglicht dagegen, Schmutzwasser und Regenwasser in getrennten Kanälen abzuführen. Es hat dabei den großen Vorteil, dass durch die Vermeidung der Aufbereitung des Regenwassers in der Kläranlage die Abwasserreinigung wesentlich gründlicher und kostengünstiger erfolgen kann. Die Gesamtmenge des anfallenden Abwassers ist bei Trennsystemen damit wesentlich geringer. Zugleich kann in einer Trennkanalisation mit wesentlich kleineren Rohren gearbeitet werden, die passend auf die zu erwartende Abwassermenge ausgelegt und mit einem Zuschlag versehen sind, der vor Überlaufen bei Starkregen schützt.

In den von uns betrachteten Bespielen sind verschiedene Lösungen von komplexen technischen Systemen mit Multifunktionsbauwerken bis hin zu Lowtech-Lösungen mit wasserspeichernden Bodenaufbauten, Bepflanzungen, offenen Wasserflächen und Wiesen zum Einsatz gekommen. Dies hängt u. a., wie eingangs erwähnt, von den Ausgangsbedingungen der Städte und Quartiere und auch von den finanziellen Rahmenbedingungen, den Akteurskonstellationen, den Vorgaben und nicht zuletzt vom politischen Willen ab. Grundsätzlich wurde von den Expertinnen und Experten jedoch empfohlen, soweit möglich, den Einsatz technischer Bauten auf ein Minimum zu begrenzen und möglichst einfache Lösungen zu präferieren, nach dem Prinzip „keep it simple".

### Technische Lösungen der blauen Infrastruktur

Kann das Regenwasser nicht vor Ort versickern, muss es abgeführt werden. Der Wasserfluss folgt dabei dem Gefälle. Hier besteht bereits eine erste Steuerungsmöglichkeit der Planenden, die Wassereinzugsgebiete zu berechnen und Retentionsflächen an geeigneter Stelle vorzusehen. Fließt das Regenwasser mit dem Gefälle in den nächsten Wasserkörper, wie beispielsweise einen Fluss, muss gewährleistet sein, dass die Wasserqualität nicht beeinflusst wird. Dies ist gegebenenfalls mit Reinigung und Filterung des Regenwassers verbunden und macht das Regenwassermanagement zu einer komplexen Aufgabe.

Bei den untersuchten Fallstudien kamen vor allem in Kopenhagen, Heilbronn, Hamburg und Boulogne-Billancourt eher aufwendige technisch-innovative Lösungen zum Regenwassermanagement zum Einsatz, die jeweils auf die ortsspezifischen Gegebenheiten abgestimmt sind. In der Regel agiert hier die Kommune gemeinsam mit dem städtischen Versorgungsunternehmen

Kopenhagen: Grüne Achse entlang des Tåsinge Plads

Kopenhagen: Waldartiger Raum in der Mitte des Kreisverkehrs

als treibende Kraft. Die Lösungsansätze, die zumeist Landschaftsgestaltung und technische Infrastruktur kombinieren, gehen häufig aus interdisziplinären Wettbewerbsverfahren hervor. Ob als Klimaquartier, als ÉcoQuartier oder unter dem Slogan der Bundesgartenschau das besondere Augenmerk auf die grün-blaue Infrastruktur gelegt wurde – die Planung von blauer Infrastruktur ist interdisziplinär und hat noch in vielen Fällen Modellcharakter.

In Kopenhagen wurde nach einem sintflutartigen Regenereignis im Juli 2011, das so nur alle 100 Jahre stattfindet, eine „Wolkenbruch-Strategie" erarbeitet und ein insgesamt 35 Quadratkilometer großer Hochwasserschutzplan erstellt. Er bezieht sowohl die Risiken von Starkregenereignissen als auch die eines steigenden Meeresspiegels mit ein. Vorgesehen ist langfristig die Transformation des gesamten städtischen Kanalsystems Kopenhagens von einem Misch- auf ein Trennsystem. Die Umsetzung nahm mit der Ausschreibung des Klimaquartiers Østerbro als Modellprojekt seinen Anfang und erfolgt sukzessive. Es wurden zunächst geeignete Bestandsquartiere mit Freiräumen zum Anstauen und Speichern von Wasser als auch für den Abfluss des Niederschlagswassers identifiziert. In einem solchen Quartier liegt der Tåsinge Plads. Zu den Maßnahmen zählen der Einbau eines unterirdischen Rigolensystems sowie eine oberirdische, wassersensible Gestaltung von Plätzen und Straßenrandbereichen, die temporär überflutbar sind. Die grünen Randstreifen der Straßen filtern mit einem speziellen Bodenaufbau das Eintreten des von den Straßen verschmutzten Regenwassers ins Grundwasser. Bei besonders großen Niederschlagsmengen fungieren die abgesenkten Straßen als „Regenwasserkanäle", die das Niederschlagswasser ins Hafenbecken leiten. Somit erfolgt die Entwässerung weitestgehend an der Oberfläche.

In Heilbronn-Neckarbogen wird das anfallende Regenwasser des Quartiers ebenfalls nicht in die Kläranlage geleitet, sondern zur Speisung der in das Areal integrierten künstlichen Seen – Karls- und Floßhafensee – aufbereitet.[25] Dazu wurde ein sich gut in die Landschaft einfügendes technisches „Multifunktionsbauwerk" mit einem speziellen Filter errichtet. Die beiden Seen sind über eine Zirkulationsleitung unterirdisch miteinander verbunden. In regenreichen Perioden werden die Seen allein von Regenwasser gespeist. Es wird in einem System von Rohrleitungen gesammelt und in einen Retentionsbodenfilter gepumpt. Eine Filterschicht aus Schilf und Sand reinigt das Wasser und bindet alle Schad- und Feststoffe, sodass das Wasser der Seen klar ist und nicht veralgt.

Im Quartier Le Trapèze in Boulogne-Billancourt wurde ebenfalls ein sehr ausgeklügeltes Regenwassermanagement entwickelt.[26] Das anfallende Regenwasser wird auf den Dächern der Gebäude und in den Innenhöfen der Macro-Lots gesammelt und von dort über – als Regenwasserkanäle fungierende, bepflanzte und seitlich der Straßen verlaufende – Mulden zum Park geleitet. Dort wird es den permanenten Gewässerbereichen zugeführt und von Schilfpflanzen nochmals gefiltert. Ein Teil des Regenwassers wird an zwei Stellen des Parks, im Westen und im Osten, in einem unterirdischen Regenrückhaltebecken gespeichert und in Trockenperioden

Boulogne-Billancourt: Grüne Achse mit Mulden für Starkregen

zur Bewässerung der Wiesen und Pflanzen genutzt. In Regenperioden wird das durch die Pflanzen gereinigte Wasser der Seine zugeführt. Bei Hochwasser des Flusses dient der Park andererseits aber auch als Überflutungsbereich.

Im Hamburger Quartier Tarpenbeker Ufer wurde das Wassermanagement in gesonderten Anlagen zum Bebauungsplan zur Auflage gemacht. Darin wurden detaillierte Vorgaben zur Oberflächenentwässerung sowie zum Hochwasserschutz getroffen: „Das auf den Grundstücken anfallende Niederschlagswasser ist zu versickern, sofern es nicht gesammelt und genutzt wird. Ausnahmsweise kann das anfallende Niederschlagswasser in den Bereichen, in denen aufgrund von Bodenverunreinigungen nur eine Rückhaltung, aber keine Versickerung möglich ist, in die Tarpenbek eingeleitet werden. […] Regenwasserrückhaltungen sind für das hundertjährige Regenereignis auszulegen und können ober- oder unterirdisch in wasserundurchlässigen Bauwerken erfolgen." Ein aufwendiger Tiefgaragenaufbau, der als Anstauebene für das Regenwasser genutzt wird, und die Gründächer der Gebäude dienen zusammen der Rückhaltung und Verdunstung des Regenwassers. Im Starkregenfall wird das Wasser gedrosselt in die Tarpenbek abgeleitet. An der tiefsten Stelle des Quartiers befindet sich ein Regenrückhaltebecken. Außerdem sind alle Wege mit wassergebundenen Belägen hergestellt worden.

*Lowtech-Lösungen*

Nicht in allen Fallstudien wurde das Regenwassermanagement mit umfangreichen technischen Einbauten gelöst. In München, Berlin und Basel fungieren die großen entsiegelten Flächen, also offene Wiesen oder Schotterhabitate, als Retentions- und Versickerungsflächen nach dem Prinzip der „Schwammstadt". Dass das Regenwasser länger im Boden bzw. an der Oberfläche gehalten wird, trägt zur Kühlung des Quartiers durch Verdunstung im Sommer bei.²⁷ In Basel-Erlenmatt beispielsweise kann das Wasser nach einem starken Regen in vertieften Mulden und Freizeitanlagen eine Zeit lang stehen bleiben. Teilweise spielte das Regenwassermanagement in der Planungsphase aber auch noch keine große Rolle. Die blau-grüne Infrastruktur ist erst in den letzten Jahren vermehrt in den Fokus gerückt.

In Hamburg führte das umfangreiche und differenzierte Umweltgutachten, das durch die starke Umweltgesetzgebung Hamburgs wichtiger Baustein der Bauleitplanung ist, zu entsprechenden Festsetzungen im Bebauungsplan und Entwässerungskonzepte wurden Anlagen des städtebaulichen Vertrags. In vielen Projekten wurde extensive Dachbegrünung als Regenrückhaltemaßnahme angelegt. In einigen Städten sind Dachbegrünungen auf einer strategischen Ebene verankert, wie beispielsweise in Hamburg seit 2014,²⁸ andere Städte wie Berlin verfolgen eine eher lose Zielformulierung.²⁹

### Grünvernetzung und Ökosystemleistungen

*Die Vernetzung grüner Strukturen untereinander ist wichtig. Sie ist auf kommunaler oder regionaler Ebene planbar. Sie bildet Biodiversitätskorridore für Pflanzen und Tiere im Stadtraum aus und ist auch eine notwendige Voraussetzung dafür, dass Grünflächen im Sinne der Ökosystemleistungen ihre Effektivität zur Verbesserung des Klimas bzw. zur Abminderung von Klimafolgeeffekten entfalten können.*

Die Wichtigkeit der Grünvernetzung wird in der neuen Leipzig-Charta 2020 betont: „Die transformative Kraft der Städte trägt zum Kampf gegen die Erderwärmung und zu einer hohen Umweltqualität bezüglich Luft, Wasser, Boden und zu einer nachhaltigen Flächennutzung bei. […] Städte sind dazu aufgerufen, gefährdete Ökosysteme und die dort lebenden Arten zu schützen und zu ihrer Regenerierung beizutragen. Wo hochwertige grüne und blaue Infrastrukturen Extremwetterereignisse abmildern können, sollten Kommunen auf naturbasierte Lösungen zurückgreifen. Gut gestaltete und unterhaltene sowie vernetzte grüne und blaue Infrastrukturen bilden die Grundlage für ein gesundes Lebensumfeld. Sie erhöhen die Anpassungsfähigkeit von Städten an den Klimawandel und tragen zur Entwicklung der Biodiversität bei."³⁰ „Eine nachhaltige, widerstandsfähige Stadtentwicklung ist eingebettet in den weiteren Kontext einer Region oder von Metropolräumen und beruht auf einem komplexen Netzwerk funktionaler Abhängigkeiten und Partnerschaften. Die Territoriale Agenda 2030 beschreibt dies mit dem Begriff funktional zusammenhängender Räume. […] Dies gilt unter anderem für […] grüne und blaue Infrastrukturen, Materialströme, lokale und regionale Ernährungssysteme sowie für die Energieversorgung."³¹

Das Konzept der Ökosystemleistungen versucht, die Beiträge von Ökosystemen zu erfassen, die den Menschen einen direkten oder indirekten Nutzen bringen und zum menschlichen Wohlergehen beitragen. Um eine Gesamtwertung der multidimensionalen Leistungen von urbanen Grünflächen zu erzielen, werden die entsprechenden Ökosystemleistungen identifiziert, quantifiziert und ökonomisch bewertet und abschließend zusammengefasst.³²

Die Autorinnen und Autoren des Forschungsprojekts GartenLeistungen³³ zählen hierzu bereitstellende Ökosystemleistungen wie z. B. Nahrungsmittelproduktion, die in unserem Forschungsprojekt nicht vertieft untersucht wurde. Außerdem werden auch regulierende Ökosystemleistungen dazugerechnet, wozu Wasserregulation, Kohlenstoffregulation, Luftschadstoffrückhaltung und Temperaturregulation gehören, sowie kulturelle Ökosystemleistungen, zu denen u. a. auch Bildungsangebote zählen. Um diese multifunktionale Aufgabe zu erfüllen, ausreichend Ressourcen zu generieren und funktionsfähig zu sein, müssen die Grünflächen dafür eine bestimmte Größe aufweisen und eine räumliche Vernetzung bieten.³⁴

Bezogen auf unsere Fallstudien sind es die Beispiele, bei denen Grünflächen im Quartier nicht isoliert angelegt wurden, sondern im Kontakt mit großen Parkanlagen stehen oder in eine gesamtstädtische Grünplanung eingebunden wurden. Hier haben die kommunalen Entscheidungsträger die Weichen frühzeitig gestellt und mithilfe von strategischen Planungen eine Grundlage für eine nachhaltige und widerstandsfähige Stadtentwicklung gelegt: Zum Beispiel schaffen das Grünleitbild der Stadt Heilbronn³⁵, das Konzeptgutachten der Stadt München „Freiraum München 2030"³⁶, das Freiraumkonzept Basel³⁷, das neue Grünbuch der Stadt Zürich³⁸ wichtige Voraussetzungen für diese über das Quartier hinausgehende Grünvernetzungsplanung.

Die Stadt München schafft dafür einen umfassenden Rahmen der Freiraumentwicklung mit dem Konzeptgutachten Freiraum 2030. Die vernetzten Grünflächen, wie auch im Agfa-Areal realisiert, sind ein wichtiger Baustein darin. Auch im Quartier Heilbronn-Neckarbogen spielt das bewährte gesamträumliche Grünleitbild der Stadt Heilbronn eine große Rolle. Konzepte, Leitbilder, Rahmenpläne machen deutlich, dass sie, sind sie in einen räumlich größeren Kontext der städtischen Freiraumentwicklung eingebettet, eine solide Grundlage weiterer Grünentwicklungen und Grünvernetzungen darstellen.

Einen sehr strategisch-gestalterischen Ansatz verfolgt die Stadt Basel. Für das Quartier Basel-Erlenmatt wurde schon im Zonenplan der Stadt Basel gefordert, dass ökologische Anforderungen in bauliche Entwicklungsmaßnahmen zu integrieren sind. Die Integration von Naturschutz- und Naturschonzonen in die neuen Freiräume ist Teil der Grünzonensystematik der Stadt, diese Zonen machen einen erheblichen Flächenanteil aus. Sie fungieren als „abgestufte Natur" in unterschiedlicher Intensität und werden in die Gestaltung der Freiräume wahrnehmbar einbezogen.

In der Zürcher Siedlung Triemli werden die Freiflächen an eine überörtliche naturnahe Grünverbindung Richtung Uetliberg angebunden. Bewohnerinnen und Bewohner können den naturnahen Bachlauf neben dem Quartier unmittelbar erleben. Biodiverse Strukturen sind im Innenhof mit eingeplant und umgesetzt. Die extensiven Wiesenböschungen und die Pappelhaine sowie die

Hamburg: Naturnaher Bereich an der Tarpenbek

Boulogne-Billancourt: Naturnahe Fläche mit Insektenhotel

ausladend gestalteten Eingangsbereiche an den Außenseiten ermöglichen einen Biotopverbund mit dem Döltschibach.

**Naturnahe Bereiche, Biodiversität und Artenschutz**

*Naturnahe Bereiche haben in der Freiraumentwicklung eine wichtige Aufgabe; sie tragen zu einer hohen Qualität und zu einer Vielfalt der Lebensräume bei – gerade in hochverdichteten urbanen Quartieren. Sie bilden eine gute Voraussetzung für einen artenreichen Lebensraum und bieten auch Rückzugsorte für die Natur mit geringer Störungsintensität durch Freizeitnutzungen. Dabei spielt es für die Pflanzen und Tiere keine Rolle, ob es sich um private oder öffentliche Flächen handelt.*

Natürliche und naturnahe zusammenhängende Flächen dienen als räumliches und funktionales Netzwerk der Erholungsvorsorge, ermöglichen Zugang zu denselben, tragen zu einem gesunden Wohnumfeld bei und stärken die Biodiversität.[39] Sie ermöglichen auch einen emotionalen Zugang zum Grün durch das Wohlbefinden, die Atmosphäre und durch die Nähe zur Natur, die der Mensch in Flussauen, in waldartigen Bereichen und in naturnah gestalteten Parkanlagen erleben kann.

Auf europäischer Ebene wird die Forderung nach mehr Raum für die Natur in unserem Leben deutlich. Im Rahmen der EU-Biodiversitätsstrategie[40] ist die Begrünung städtischer Räume ein wichtiges Ziel. Ökologisch wertvolle städtische Ökosysteme sollen als gesunde Ökosysteme gestärkt und in Form von grünen Infrastrukturen und naturbasierten Lösungen systematisch in die Stadtplanung einbezogen werden. Doch es braucht Fachwissen, Ressourcen und die richtige Pflege, um diese – in der Stadt ungewohnten – „wilden" grünen Bereiche richtig zu erhalten und zu pflegen.

Seit dem Volksbegehren 2019 „Rettet die Bienen" wird auch von der Bevölkerung mehr und mehr eine höhere Artenvielfalt in den Städten gefordert. Oft rückte die Biodiversität bei der Planung zugunsten von Aufenthaltsflächen und den Nutzungsqualitäten für die Bewohnerinnen und Bewohner jedoch noch in den Hintergrund. Eine definierte Mindestgröße an naturnahen Flächen, als ökologische Trittsteine, könnte für noch mehr Beachtung der Ökologie sorgen. Dazu können auch für den Menschen weniger attraktive Flächen wie Fassaden, Dächer und Verkehrsflächen zur Begrünung genutzt werden.

Naturnahe Uferbereiche wie im Hamburger Tarpenbeker Ufer, der naturnahe Hain in München oder der ehemalige Steinbruch im Travertinpark im Hallschlag bieten besondere ökologische Nischen. Im direkten Wohnumfeld spielt die Beschaffenheit der Grünräume die entscheidende Rolle. Die Zeilenbebauung des Stuttgarter Stadtteils Hallschlag hat einen ähnlichen Grünflächenanteil wie das Fallbeispiel aus Berlin, jedoch unterscheiden sich die beiden Beispiele stark in der Beschaffenheit der Grünflächen. Während die Zeilentypologie durch eine homogene Begrünung mit nur wenig unterschiedlichen Baumarten gekennzeichnet ist, findet sich im Stadtquartier Friesenstraße ein hohes Grünvolumen mit vielfältiger Bepflanzung auf relativ kleinem Raum. Dies hat auch Auswirkungen auf den Lebensraum für Tiere.

Ökologische Qualität wird nicht nur in der Fläche erreicht, sondern kann auch durch vergleichsweise kleine Maßnahmen im direkten Wohnumfeld verbessert werden: Heckenstrukturen, bodengebundene Rankpflanzen an Fassaden, teilentsiegelte Innenhöfe und straßenbegleitende Blühstreifen sind einige Beispiele, die sich auch in den untersuchten Fallstudien finden. Teilweise werden sie von den Kommunen durch Freiflächengestaltungssatzungen oder als Festsetzung im Bebauungsplan eingefordert. Langfristig wird die ökologische Qualität jedoch nur durch regelmäßige und fachgerechte Pflege erhalten. Dabei ist auch auf die richtige Jahreszeit zu achten und teilweise muss die Pflege in Handarbeit erfolgen. Der damit verbundene Kostenaufwand

## 3.2 FREIRAUMQUALITÄT

München: Naturnahe Fläche im Agfa-Areal

Basel: Ruderalflur in Erlenmatt

muss im Projekt einkalkuliert werden. Dafür bedarf es neben ausreichend Zeit vor allem des nötigen Fachwissens und entsprechender finanzieller Mittel.

In Basel-Erlenmatt sind für die Pflege der naturgeschützten Bereiche des Parks im Inneren des Areals zwei Gärtner und ein Biologe zuständig, die darauf achten, dass die „Zielarten" weiterwachsen können und nicht von anderen Arten verdrängt werden. Die Naturschutz- und Naturschonflächen und die gleichzeitig intensive Erholungsnutzung führen dort zu einem sehr aufwendigen Pflege- und Bewirtschaftungskonzept. Die Pflegekosten werden die ersten fünf Jahre aus einem Mehrwertabgabefonds finanziert, im Anschluss übernimmt sie die Stadt selbst.

Ebenfalls herausfordernd stellt sich die Pflege des Travertinparks im Quartier Hallschlag in Stuttgart dar. Mit dem Ziel, den Travertinpark in seiner Gestalt möglichst zu belassen, entschied sich die Stadt nicht für den kostensparendsten Weg, denn die Pflege des Parks ist aufwendig. Nur durch den gezielten Rückschnitt von Brombeeren und anderen Gehölzen kann verhindert werden, dass eine Art dominiert, und auch langfristig eine Artenvielfalt gewährleistet werden. Wöchentliche Begehungen durch Fachpersonal sind dazu notwendig. Die stärkere Besonnung von Schotterflächen, Wegen und Hängen begünstigt den Lebensraum für Eidechsen und Insekten. Auch die alten Gleistrassen und die Gestaltung mit dem Travertinstein fördern die Artenvielfalt und Biodiversität im Park. Ein besonderes Beispiel für den notwendigen sensiblen Umgang mit Pflanzen und Tieren, ohne die Nutzungsqualitäten einzuschränken, ist die bedarfsgesteuerte LED-Beleuchtungsintensität im Travertinpark zum Schutz der Fauna: Wird der Weg nachts gerade nicht benutzt, gibt es eine Grundbeleuchtung. Bewegungssensoren an den Lichtmasten erkennen das Profil von Menschen und senden ein Signal, woraufhin die Lichtintensität angehoben wird und der Weg sicher begangen werden kann.[41]

Die Umsetzung solcher natur- und artenschutzrechtlicher Anforderungen erfolgt in der Regel über die Bebauungsplanung als formelles planerisches Instrument. Darüber hinaus bedarf es jedoch mehr und mehr des Engagements sowie einer entsprechenden positiven Haltung von Politik und Gesellschaft. Das Zusammenspiel unterschiedlichster Akteurinnen und Akteure ist erforderlich, um die Qualitäten und Funktionen einer urbanen Ökosystemleistung zu gewährleisten und die Widerstandsfähigkeit zu stärken.

### Fazit

*Die Bedeutung von Grün in der Stadt für die Freiraumqualität*

Grün in der Stadt wird von vielen Menschen sehr geschätzt.[42] Gerade bei der derzeitigen starken Bautätigkeit unter der Prämisse „Innen- vor Außenentwicklung" muss das verbleibende urbane Grün jedoch „doppelt qualifiziert" werden, um den Verlust an Freifläche zu kompensieren. Nur dann ist das Prinzip „Innenentwicklung im Sinne einer nachhaltigen Stadtentwicklung" erfolgreich.[43]

Dabei unterscheiden sich die Ausgangsbedingungen und die sich stellenden Herausforderungen in den Quartieren erheblich. Die in dieser Studie untersuchten Fallbeispiele liegen alle in wachsenden Städten mit begrenzten Spielräumen und hohem Entwicklungsdruck auf einzelne Flächen. Sie wurden zumeist auf Konversionsarealen und in verschiedenen Maßstäben – vom Block zum Stadtquartier – entwickelt, teilweise auch als ergänzender Neubau im Bestand. Auch in ihren klimatischen Ausgangsbedingungen unterscheiden sie sich.[44] Bei den einen ist der Handlungsdruck hinsichtlich einer Klimafolgenanpassung bereits stark erkennbar, da dort Extremwetterereignisse zunehmen, unter denen Mensch und Natur leiden. Die anderen stehen dabei noch am Anfang und haben sich mehr den Artenschutzthemen und der Biodiversität gewidmet. Trotz der unterschiedlichen Vorzeichen sind die Herausforderungen überall groß: Es gilt, eine angemessene Dichte und Kompaktheit zu finden und dabei soziale, ökologische und wirtschaftliche Aspekte abzuwägen. Häufig hat dabei bislang das wirtschaftliche Argument überwogen. Doch das Klima kann nicht mehr ignoriert werden und spätestens die Coronapandemie hat verdeutlicht, wie wichtig wohnortnahe Grün- und Freiräume für den Menschen und seine Gesundheit sind. Unsere Fallbeispiele zeigen unterschiedliche Herangehensweisen auf. Allen gemeinsam ist die Verzahnung von Freiraum und gebautem Raum. Denn eine intelligente Innenentwicklung beinhaltet heute die Aufwertung und insbesondere auch die Vernetzung von Grün- und Freiräumen. So nimmt die Lebens- und die Freiraumqualität in den Städten zu und sie bleiben als Lebensort für Mensch, Flora und Fauna attraktiv.

Das bestehende planerische Instrumentarium muss für diese Aufgabe weiterentwickelt werden. Wichtig ist, dass sich die Akteurinnen und Akteure – Kommunen, Wohnungsunternehmen, Planende – der vielfältigen Bedeutungen des urbanen Grüns bewusst werden. Auch die blaue Infrastruktur – das Wasser und der Umgang damit – gilt es in den Blick zu nehmen und weiterzuentwickeln. Ihr Potenzial ist, genauso wie das des vertikalen Grüns, in Deutschland noch nicht ausgeschöpft, hier gibt es noch Luft nach oben.

Das Grün hat auch einen wirtschaftlichen Aspekt. Das Konzept der Ökosystemleistungen versucht, die Beiträge von Ökosystemen zu erfassen, die den Menschen einen direkten oder indirekten Nutzen bringen und zum menschlichen Wohlergehen beitragen.[45] In eine naturnahe grün-blaue Infrastruktur zu investieren ist oft wirtschaftlicher, als aufwendige technische Lösungen herzustellen, wie z. B. zum Schutz vor Hochwasser oder zur Abmilderung von Hitzeeffekten.

Die Qualifizierung von Grün ist nicht nur in Verbindung mit Neubauvorhaben auf Konversionsflächen wichtig. Auch bei Nachverdichtung im Bestand ist eine Aufwertung bedeutsam, wie unsere Fallbeispiele im Bestand gezeigt haben. Einen alten Baumbestand, gewachsene naturnahe Strukturen, Potenziale in unterentwickelten Restflächen gilt es zu erhalten bzw. in Wert zu setzen. Oft sind sie klimatisch wirksam und bilden die Grundlage zum Erhalt des innerstädtischen Naturhaushalts. Es empfiehlt sich, Ziele und Vorgaben zur Qualifizierung bestehender Grünstrukturen zu definieren und Landschafts- und Flächennutzungsplanung frühzeitig einzubeziehen. So kann Nachverdichtung zum Ausgangspunkt einer Qualifizierung der vorhandenen Freiräume eines Gebietes werden und damit die doppelte Innenentwicklung gelingen.

1 Auch im Baugesetzbuch sind die Ziele einer nachhaltigen städtebaulichen Entwicklung, dabei auch der Schutz der natürlichen Lebensgrundlagen, Klimaschutz und Klimaanpassung, der Vorrang der Innenentwicklung mit mehreren Novellierungen ausführlich herausgestellt (§ 1 Abs. 5 BauGB). Siehe auch Michael Krautzberger BauGB Novelle 2013 und BauGB Novelle 2011, www.krautzberger.info.

2 § 1 Abs. 5 BauGB

3 Nachbarschaftsverband Karlsruhe: Beispiele für Wohndichten. Karlsruhe 2018. https://www.nachbarschaftsverband-karlsruhe.de/b4/wohndichten/HF_sections/content/ZZnD61xZj2Yq9j/ZZnD62aHku4gjH/180528%20Brosch%C3%BCre%20Wohnungsdichte.pdf (Zugriff am 22.06.2022). Von der gesamten Arealfläche haben wir mithilfe vorliegender Daten und cad-gestützter Messungen die Nettowohnbauflächen ermittelt. Die öffentlichen Grünflächen, die Sonderbauflächen z. B. für Schulen und anderes, die Hauptverkehrsstraßen sowie die Flächen für Gewerbe wurden herausgerechnet, die gemischt genutzten Flächen z. B. für Arbeiten und Wohnen wurden anteilig berücksichtigt. Ergebnis sind zum Teil Circa-Werte, insbesondere weil die Informationen zu den gemischt genutzten Flächen nicht immer optimal detailliert waren.

4 Ausführungen zu Orientierungswerten siehe z. B.: Böhm, J.; Böhme, C.; Bunzel, A.; Kühnau, C.; Landua, D.; Reinke, M.: Urbanes Grün in der doppelten Innenentwicklung. Bonn 2016. https://www.bfn.de/sites/default/files/BfN/service/Dokumente/skripten/skript444.pdf (Zugriff am 22.06.2022), S. 28ff.

5 Analyse & Konzepte: LBS West: Wohnwünsche 2017. 07.07.2017. https://www.lbs.de/media/presse/west_7/bildmaterial_9/LBS_Bericht_Wohnwuensche_2017.pdf (Zugriff am 22.06.2022), S. 66; Malottki, C. von; Sabelfeld, R.: Grün als Wohnwunsch. In: Stadtforschung und Statistik 2/2021, S. 44–51, hier: , S. 46; Hentschel, A.: Nutzeransichten. Wohnarchitektur aus Sicht ihrer Nutzer. Berlin 2009, S. 136

6 Der Regierende Bürgermeister von Berlin – Senatskanzlei: Berlinstrategie 3.0. Solidarisch, nachhaltig, weltoffen. Berlin 2016. https://www.stadtentwicklung.berlin.de/planen/stadtentwicklungskonzept/ (Zugriff am 30.03.2022), S. 56, S. 61

7 Preis European Bauhaus 2022

8 Vgl. hierzu: Deutscher Wetterdienst: Was wir heute über das Extremwetter in Deutschland wissen. 2021. https://www.dwd.de/DE/klimaumwelt/aktuelle_meldungen/210922/Faktenpapier-Extremwetterkongress_download.pdf?__blob=publicationFile&v=1 (Zugriff am 22.06.2022)

9 Statista GmbH: Anzahl der Regentage im Juni, Juli und August der Jahre von 1986 bis 2016 in ausgewählten Städten in Deutschland. https://de.statista.com/statistik/daten/studie/606703/umfrage/ (Zugriff am 22.06.2022)

10 Wobei diese Vergleichszahlen immer mit Bedacht zu interpretieren sind, da die Klimatologie eine auf lange Vergleichszeiträume angelegte Wissenschaft ist.

11 Statista GmbH: Städte in Deutschland mit der größten Niederschlagsmenge. https://de.statista.com/statistik/daten/studie/208954/umfrage/staedte-in-deutschland-mit-der-groessten-niederschlagsmenge/ (Zugriff am 22.06.2022)

12 Umweltbundesamt: Vulnerabilität Deutschlands gegenüber dem Klimawandel. Dessau-Roßlau 2015. https://www.umweltbundesamt.de/publikationen/vulnerabilitaet-deutschlands-gegenueber-dem (Zugriff am 22.06.2022), S. 71

13 Helmholtz-Zentrum Potsdam: Klimawandel: Bäume in der Stadt. https://www.eskp.de/klimawandel/stadtbaeume-935846/ (Zugriff am 15.03.2022)

14 Umweltbundesamt: Vulnerabilität Deutschlands gegenüber dem Klimawandel. Dessau-Roßlau 2015. https://www.umweltbundesamt.de/publikationen/vulnerabilitaet-deutschlands-gegenueber-dem (Zugriff am 22.06.2022), S. 74

15 Vgl. NABU: Stadtklima – Was ist das? Hintergrundinformationen zum Lokalklima in Städten. https://www.nabu.de/umwelt-und-ressourcen/ressourcenschonung/bauen/stadtklima/stadtklima.html (Zugriff am 04.04.2022)

16 Schwaab, J.; Meier, R.; Mussetti, G.; Seneviratne, S.; Bürgi, C.; Davin, E. L.: The role of urban trees in reducing land surface temperatures in European cities. In: Nature communications 1/2021, S. 6763

17 Technische Universität München: Leitfaden für klimaorientierte Kommunen in Bayern. Handlungsempfehlungen aus dem Projekt Klimaschutz und grüne Infrastruktur in der Stadt am Zentrum Stadtnatur und Klimaanpassung. München 2018. https://www.zsk.tum.de/fileadmin/w00bqp/www/PDFs/Berichte/180207_Leitfaden_ONLINE.pdf (Zugriff am 22.06.2022)

18 HafenCity Universität Hamburg: Blue Green Streets. https://www.hcu-hamburg.de/research/forschungsgruppen/reap/reap-projekte/bluegreenstreets/ (Zugriff am 11.04.2022)

19 Stadt Wien: „Kühlen Meile" Zieglergasse. 2019 wurde die Zieglergasse zur „coolen Meile" – Wiens erste klimaangepasste Straße. https://www.wien.gv.at/bezirke/neubau/umwelt/kuehlemeile.html (Zugriff am 11.04.2022)

20 Aussagen im Expertenkolloquium

21 Vgl. Bundesverband GebäudeGrün e. V.: BuGG-Fachinformation „Solar-Gründach". Berlin 2020. https://www.gebaeudegruen.info/aktuelles/news/details/planungshinweise-zur-kombination-solar-und-dachbegruenung-neu-bugg-fachinformation-solar-gruendach (Zugriff am 22.06.2022)

22 Die Abwasserbeseitigung, worunter auch der Umgang mit Niederschlagswasser gezählt wird, ist auf Bundesebene für jeden Grundstückseigentümer gesetzlich verpflichtend im Wasserhaushaltsgesetz verankert. Seit 2010 soll das Niederschlagswasser nach § 55 ortsnah, getrennt von sonstigen Abwässern versickert, verrieselt oder in ein größeres Gewässer abgeleitet werden. Die Länder haben eigene Abwassergesetzgebungen. Darüber hinaus ist der Umgang mit Abwasser und die entsprechende Flächenvorhaltung im BauGB in § 1 und § 9 gesetzlich verankert. Kommunale Satzungen konkretisieren den Umgang mit Ab- und Niederschlagswasser in Siedlungsbereichen gegebenenfalls weiter. http://www.naturnahe-regenwasserbewirtschaftung.info/ sowie http://www.gesetze-im-internet.de/whg_2009/BJNR258510009.html (Zugriff am 30.03.2022)

23 Grau, D.: Blau-grüne Zukunft. Holistisches Wassermanagement in der Stadt. In: Der Architekt 5/2020, S. 34–39, hier S. 34ff.

24 Hierbei wird Regenwasser von den Dach- und Verkehrsflächen getrennt vom übrigen häuslichen Schmutzwasser gesammelt und möglichst in ein nahes Gewässer geleitet. Da hierbei nach Starkregenereignissen deutliche Hochwässer in kleine Gewässer eingetragen werden können, bemüht man sich vor allem bei neueren Anlagen um Bauwerke zur Speicherung eines Teiles der Niederschläge in Regenrückhaltebecken oder in Regenrückhaltegräben. Ökologisch besonders sinnvoll ist die Regenwasserversickerung, möglichst in offenen Gräben, da sie neben einer Zwischenspeicherung des Wassers auch für dessen Reinigung sorgt. Vgl. Wikipedia: Trennsystem. https://de.wikipedia.org/wiki/Trennsystem (Zugriff am 30.03.2022)

25 Vgl. zu diesem Abschnitt Stadt Heilbronn: Wassermanagement im Stadtquartier Neckarbogen. https://www.heilbronn.de/umwelt-mobilitaet/abwasserbeseitigung/wassermanagement-neckarbogen.html (Zugriff am 22.03.2022)

26 Vgl. zu diesem Abschnitt Île Seguin – Rives de Seine. https://www.ileseguin-rivesdeseine.fr/ (Zugriff am 30.03.2022)

27 Zu beachten ist jedoch, dass nicht überall Niederschlagswasser einfach bis in das Grundwasser durchsickern darf. Je nach Bodenbelastung muss das Wasser gefiltert werden. Grundsätzlich gilt, dass sich Grundstückseigentümer für die lokale Versickerung eine Genehmigung einholen müssen. Gegebenenfalls kann dies dann aber mit einer Minderung der Abwassergebühren verbunden sein.

28 Als erste deutsche Großstadt hat Hamburg eine umfassende Gründachstrategie ins Leben gerufen. Deren Ziel ist es, mindestens 70 Prozent sowohl der Neubauten als auch der geeigneten zu sanierenden, flachen oder flach geneigten Dächer zu begrünen. Bis 2024 unterstützt die Behörde für Umwelt, Klima, Energie und Agrarwirtschaft das Projekt mit 3,5 Mio. Euro. hamburg.de GmbH & Co. KG: Gründachstrategie Hamburg. Es wird grün auf Hamburgs Dächern. https://www.hamburg.de/gruendach-hamburg/4364586/ (Zugriff am 30.03.2022)

29 Senatsverwaltung für Umwelt, Mobilität, Verbraucher- und Klimaschutz: 1.000 Grüne Dächer Programm. https://www.berlin.de/sen/uvk/natur-und-gruen/stadtgruen/stadtgruen-projekte/1-000-gruene-daecher/ (Zugriff am 22.06.2022)

30 Bundesinstitut für Bau-, Stadt und Raumforschung (BBSR) im Bundesamt für Bauwesen und Raumordnung: Neue Leipzig-Charta. Die transformative Kraft der Städte für das Gemeinwohl. Bonn 2021. https://www.bbsr.bund.de/BBSR/DE/veroeffentlichungen/sonderveroeffentlichungen/2021/neue-leipzig-charta-pocket-dl.pdf?__blob=publicationFile&v=3 (Zugriff am 22.06.2022)

31 Ebd. S. 13–14

32 Vgl. Stinner, S.; Bürgow, G.; Franck, V.; Hirschfeld, J.; Janson, P.; Kliem, L.; Lang, M.; Püffel, C.; Welling, M.: Den multidimensionalen Wert urbanen Grüns erfassen. In: Stadtforschung und Statistik 2/2021, S. 24–32, hier S. 28

33 https://www.gartenleistungen.de/. Das Projekt wird vom Bundesministerium für Bildung und Forschung (BMBF) im Rahmen der Fördermaßnahme „Ressourceneffiziente Stadtquartiere für die Zukunft (RES:Z)" gefördert. Laufzeit April 2019 bis Juni 2022

34 Vgl. hierzu auch Mertens, E.: Die resiliente Stadt. Landschaftsarchitektur für den Klimawandel. Basel 2021

35 http://www.gruenes-heilbronn.de/ (Zugriff am 11.04.2022)

36 Landeshauptstadt München: Konzeptgutachten Freiraum München 2030. Entschleunigung – Verdichtung – Umwandlung. München 2015

37 Bau- und Verkehrsdepartement des Kantons Basel-Stadt: Freiraumkonzept. https://www.planungsamt.bs.ch/planungsgrundlagen-konzepte/konzepte/freiraumkonzept.html (Zugriff am 11.04.2022)

38 Stadt Zürich: Das neue Grünbuch der Stadt Zürich. https://www.stadt-zuerich.ch/ted/de/index/departement/medien/medienmitteilungen/2019/juni/190613a.html (Zugriff am 11.04.2022)

39 Vgl. Bundesinstitut für Bau-, Stadt und Raumforschung (BBSR) im Bundesamt für Bauwesen und Raumordnung: Neue Leipzig-Charta. Die transformative Kraft der Städte für das Gemeinwohl. Bonn 2021. https://www.bbsr.bund.de/BBSR/DE/veroeffentlichungen/sonderveroeffentlichungen/2021/neue-leipzig-charta-pocket-dl.pdf?__blob=publicationFile&v=3 (Zugriff am 22.06.2022), S. 6

40 Europäische Kommission: Biodiversitätsstrategie für 2030. https://environment.ec.europa.eu/strategy/biodiversity-strategy-2030_de (Zugriff am 22.06.2022)

41 Zukunft Hallschlag: Stadtteilzeitung für den Hallschlag und Umgebung. 2012. https://www.zukunft-hallschlag.de/files/hallohallschlag_Ausdruck.pdf (Zugriff am 22.06.2022)

42 Malottki, C. von; Sabelfeld, R.: Grün als Wohnwunsch. In: Stadtforschung und Statistik 2/2021, S. 44–51

43 Vgl. Bundesamt für Naturschutz: Doppelte Innenentwicklung – Perspektiven für das urbane Grün. Empfehlungen für Kommunen. Bonn o. J. https://www.bfn.de/sites/default/files/BfN/planung/siedlung/Dokumente/dopi_brosch.pdf (Zugriff am 22.06.2022)

44 Umweltbundesamt: Vulnerabilität Deutschlands gegenüber dem Klimawandel. Dessau-Roßlau 2015. https://www.umweltbundesamt.de/publikationen/vulnerabilitaet-deutschlands-gegenueber-dem (Zugriff am 22.06.2022), S. 71

45 Vgl. Stinner, S.; Bürgow, G.; Franck, V.; Hirschfeld, J.; Janson, P.; Kliem, L.; Lang, M.; Püffel, C.; Welling, M.: Den multidimensionalen Wert urbanen Grüns erfassen. In: Stadtforschung und Statistik 2/2021, S. 24–32

## 3 CROSS-SECTIONAL TOPICS

# Summary

**The significance of greenery in cities for the quality of open space**

Green areas in cities are highly valued by many people.[1] However, especially with the current amount of intense construction activity under the premise of "interior over exterior development", the remaining urban green space must be "doubly qualified" to compensate for the loss of open space. Only then can the principle of "inner city-development in line with sustainable city development" be successful.[2]

The specific local conditions and the challenges that arise in the urban quarters differ considerably in this respect. The case studies examined in this study are all located in growing cities with limited flexibility and high development pressure on individual sites. They were mostly developed on converted sites and at various scales – from apartment blocks to urban districts – and in some cases as supplementary new constructions within existing urban areas. They also differ in their initial climate conditions.[3] In some cases, the pressure to adapt to the consequences of climate change is already very evident, as extreme weather events are increasing and both people and nature are suffering as a result. Others are still in the early stages of this process and have devoted more attention to species conservation issues and biodiversity. Despite the different indicators, the challenges everywhere are great: it is necessary to find an appropriate degree of density and compactness, balancing social, environmental and economic aspects. In the past, economic arguments often prevailed. But climate change can no longer be ignored, and the COVID-19 pandemic has also proven beyond doubt how important green and open spaces close to home are for people and their health. Our case studies demonstrate different approaches. They all have in common the interconnection of open space and built space. This is because intelligent inner-city development today includes the enhancement and, in particular, the networking of green and open spaces. This increases quality of life and open space within cities so they remain attractive as places to live for people, flora and fauna.

The existing planning instruments must be further developed to meet this objective. It is important that stakeholders – local governments, property companies and planners – are conscious of the significance of urban greenery in all its facets. Blue infrastructure – water and its management – must also be taken into consideration and developed further. Its full potential has not yet been tapped in Germany, as is the case with greening of roofs and facades, leaving much room for improvement.

Green spaces also have an economic aspect. The concept of ecosystem services attempts to determine the contributions made by ecosystems that can directly or indirectly benefit people and contribute to their well-being.[4] It is often more economical to invest in natural green and blue infrastructure than to develop expensive technical solutions such as flood protection or to mitigate the effects of high temperatures.

The assessment of the quality of green spaces is equally important in the context of new developments within existing urban areas as well as in urban intensification projects. Old trees, natural structures and the potential in underdeveloped remaining areas of sites are worth preserving and enhancing. They often have a positive effect on the local climate and form the basis for preserving the natural balance in inner-city areas. We recommend a careful definition of criteria for assessing the quality of existing green structures and of objectives for integrating landscape and land use planning at an early stage. Thus urban redevelopment and intensification can be the starting point for assessing the quality of existing open spaces in an area and for dual inner-city development to succeed.

---

1  Malottki, C. von; Sabelfeld, R.: Grün als Wohnwunsch. In: Stadtforschung und Statistik 2/2021, S. 44–51

2  Cf. Bundesamt für Naturschutz (Federal Agency for Nature Conservation): Doppelte Innenentwicklung – Perspektiven für das urbane Grün. Empfehlungen für Kommunen. 2017. https://www.bfn.de/sites/default/files/BfN/planung/siedlung/Dokumente/dopi_brosch.pdf (accessed on 30.03.2022)

3  Umwelt Bundesamt (Federal Environmental Agency): Vulnerabilität Deutschlands gegenüber dem Klimawandel. Dessau-Roßlau 2015. https://www.umweltbundesamt.de/publikationen/vulnerabilitaet-deutschlands-gegenueber-dem (accessed on 22.06.2022), p. 71

4  Cf. Stinner, S.; Bürgow, G.; Franck, V.; Hirschfeld, J.; Janson, P.; Kliem, L.; Lang, M.; Püffel, C.; Welling, M.: Den multidimensionalen Wert urbanen Grüns erfassen. In: Stadtforschung und Statistik 2/2021, pp. 24–32

# 3.3 Prozesse

### Akteurinnen und Akteure

*Das Zusammenwirken von öffentlichen und privaten Akteurinnen und Akteuren ist von zentraler Bedeutung für die Qualität des Städtebaus und des Freiraums. Ihre Rollen können dabei sehr unterschiedlich sein und reflektieren auch die jeweilige Planungskultur. Bottom-up-Bewegungen von Bewohnerinnen und Bewohnern können auch die Grün- und Freiräume deutlich beeinflussen.*

*Vielfältige und verschiedene Agierende in der Steuerung, Planung und Realisierung*

Viele verschiedene Akteurinnen und Akteure mit sehr unterschiedlichen Interessen sind an der Stadtentwicklung beteiligt, die harte bauliche und weiche grüne Flächennutzungen gleichermaßen beinhaltet. Sie sind dabei durch vielfältige Wechselwirkungen und Abhängigkeiten verbunden und lassen sich in einem pragmatischen Ansatz in drei Gruppen oder Einflussbereiche gliedern: Staat, Markt und Zivilgesellschaft.[1] Diese können noch ergänzt werden durch intermediäre Agierende, die keiner der vorgenannten Sphären eindeutig zuzuordnen sind, aber wesentliche moderierende oder verbindende Funktionen haben können.[2] Zu diesen zählen beispielsweise Genossenschaften, Entwicklungsgesellschaften und viele andere. Allen vorgenannten Akteurinnen und Akteuren stehen verschiedene Ressourcen zur Verfügung, mit denen sie auf unterschiedliche Weise Stadtentwicklung und Grün beeinflussen können. Zu nennen sind dabei insbesondere die Planungshoheit, Grundeigentum oder Kapital sowie damit verbunden auch technische Ressourcen oder privilegierte Informationen. Alle Agierenden sitzen zwar im gleichen „Boot" der Stadtentwicklung. Dieser Katalog verdeutlicht aber, dass die Vielfalt und offensichtlich auch ungleiche Verteilung der Ressourcen sehr unterschiedliche Möglichkeiten der Einflussnahme bedingen. Dadurch wird der Kurs hinsichtlich bestimmter Interessen oder spezifischer Ziele mit Flächenbezug beeinflusst. Der räumliche Bezug dieser vielfältigen Akteurinnen und Akteure wird dabei durch den englischen Begriff der „Stakeholder" verdeutlicht; viele Menschen haben Anteil an räumlicher Entwicklung. Diese Teilhabe kann sehr unterschiedlich ausgeprägt sein. Sie erfordert im Rahmen der (formellen) Planung ein ausgleichendes Element, um eine im Gesetzessinne gemeinwohlorientierte und nachhaltige städtebauliche Entwicklung zu erreichen. Die Agierenden, Instrumente und Prozesse sind dabei eng verbunden und müssen gleichzeitig differenziert betrachtet werden.

*Zusammenwirken öffentlicher und privater Agierender*

Unterschiedliche öffentliche und private Akteurinnen und Akteure ergreifen die Initiative zu städtebaulichen Projekten und zu den integrierten Grünstrukturen. Mal ist dies der Eigentümer oder die Eigentümerin, wie die Baugenossenschaft in der Triemli-Siedlung in Zürich, oder es ist die Kommune, wie dies bei den untersuchten Projekten in Heilbronn, München oder London-Southwark zu sehen ist. Die Beweggründe für diese Initiative können unterschiedlich sein. Sie haben aber regelmäßig eine Gemeinsamkeit in dem Bestreben, stadtplanerisch schwierige Situationen, insbesondere bedingt durch Brachflächen (z. B. in München), bauliche und soziale Problemlagen oder Missstände (z. B. in Berlin, London-Southwark, Stuttgart) oder durch den Klimawandel bedingte Probleme (z. B. in Kopenhagen), zu verbessern.

*Übergeordnete Orientierungswerte und Planungsprinzipien*

Unabhängig von der Initiative sind die Planungs- und Fachämter der Kommunen niemals reine Verwaltungsstellen, sondern gestalten auch regelmäßig Planungsprozesse. Sie verfolgen dabei auch strategische Ziele der Umweltgerechtigkeit, die explizit den Grün- und Freiraum umfassen. So werden in München beispielsweise quantitative Richtwerte für den vorzuhaltenden Freiraum pro Kopf festgelegt und in London-Southwark z. B. übergeordnete Planungsprinzipien definiert, die einen Nettoverlust der Biodiversität verhindern sollen.

*Unterschiedliche Rolle der Agierenden*

Die Rolle der öffentlichen und privaten Akteurinnen und Akteure ist sehr unterschiedlich und kann sich im Verlauf der regelmäßig langen Planungs- und Realisierungsprozesse verändern. Mitunter wird die Entwicklung stark durch die Kommune gesteuert und die Grünqualität in großer fachlicher Tiefe vorgegeben wie in München[3] und Hamburg[4]. Private Projektentwickelnde sind dadurch stärker auf die reibungslose Umsetzung der vorgegebenen Grünqualitäten und -quantitäten fokussiert. In anderer Konstellation, z. B. in Heilbronn, London-Southwark, Zürich oder Basel, sind die fachliche Tiefe und die Detaillierung der grünordnerischen Vorgaben geringer ausgeprägt. Die Projektentwickelnden und die Bauherrnschaft haben dabei größere Freiheiten bei der Gestaltung der grünen Freiräume. Anderseits haben die Bauaufsichtsverwaltungen in diesem Kontext – also bei wenig detaillierten Vorgaben in verbindlichen Planungsdokumenten – auch größere Ermessensspielräume:

Beim Interpretieren von weniger konkreten und eher weit gefassten planerischen Vorgaben kann somit die Anspruchshaltung der Bauaufsicht ebenfalls deutliche Auswirkungen auf die Grüngestaltung haben.[5] Bei niedrigem Anspruch und entsprechend geringen Anforderungen im Rahmen von Baugenehmigungsverfahren bleibt es weitgehend der Bauherrschaft überlassen, wie viel Grün in welcher Qualität geschaffen wird. Bei hohem Anspruchsdenken (z. B. in Basel) wird ein Baugesuch nur dann genehmigt, wenn eine hohe Grünqualität in ausreichendem Umfang nachgewiesen wird. Insofern ist ein direkter Zusammenhang mit der jeweils unterschiedlichen Regelungsbreite und -tiefe in den eingesetzten Planungsinstrumenten erkennbar (siehe dazu auch den nachfolgenden Abschnitt „Planungsinstrumente und -prozesse"). Effektives und kooperatives Zusammenwirken von öffentlichen und privaten Agierenden zur Optimierung der Qualität des Städtebaus und des Freiraums manifestiert sich beispielsweise in abgestimmten quantitativen sowie qualitativen grünordnerischen Zielen für öffentlichen Raum und private Grundstücksflächen.

*Bedeutung der zeitlichen Dimension der Projektverantwortung*

Ebenfalls von Bedeutung ist die zeitliche Dimension der Aufgaben, die die Akteurinnen und Akteure übernehmen. Dabei zeigt sich, dass Private mitunter dauerhaft die Pflege und das Management der öffentlichen oder gemeinschaftlichen Grün- und Freiflächen übernehmen. Beispielsweise übernimmt die Genossenschaft Sonnengarten in der Triemli-Siedlung in Zürich als Flächeneigentümerin die Pflege der Gemeinschaftsflächen; der Projektentwickler Lendlease in London-Southwark mit einem Flächenpachtvertrag über 999 Jahre stellt sowohl die Grünflächen auf den privaten Baugrundstücken her als auch den öffentlichen Park und übernimmt auch für beide die langfristige Pflege. Im Gegensatz dazu übernimmt an anderem Ort der Projektentwickler lediglich die erstmalige Herstellung von öffentlichen Grünflächen, die in der Folge an die Stadt übergehen und damit in deren dauerhafte Pflege wechseln, wie beispielsweise beim Agfa-Areal in München. Es gibt auch Mischformen. So werden im Quartier Tarpenbeker Ufer in Hamburg der grüne Wall sowie das Ufer durch die Gebäudeeigentümer gepflegt, während die Stadt den Park erstellt hat und diesen dauerhaft pflegt. Die private Projektentwicklung leistet gemäß städtebaulichem Vertrag im Gegenzug eine Zahlung an die Stadt. Es ist auch möglich, dass mehrere Private oder unterschiedliche Verwaltungseinheiten an Grünerstellung und Pflege beteiligt sind. Aufgrund der komplexen Freiraumgestaltung, die durch eine Überlagerung von Infrastruktur und Freiraum gekennzeichnet ist, wurden in Kopenhagen beispielsweise Zuständigkeiten und Pflegemaßnahmen in einem Vertrag zwischen der Stadt und den Stadtwerken geregelt. Die unterschiedliche Verantwortung, die jeweilige Anspruchshaltung und die finanzielle Leistungsfähigkeit der Akteurinnen und Akteure bestimmen dabei die langfristige Qualität von Grünflächen.

*Verständnis, Professionalität und Vertrauen als Basis effektiver Kooperation*

Die Zusammenarbeit zwischen privaten und öffentlichen Agierenden funktioniert regelmäßig dann gut, wenn diese auf einem Verständnis für die jeweils anderen Interessen, einem hohen Maß an Professionalität und Vertrauen basiert – mitunter durch positive Erfahrungen mit Planenden, Projektentwickelnden und Beteiligten in der Vergangenheit. Auch klare rahmensetzende Regelungen tragen dazu bei.[6] Dies gilt unabhängig von den vorstehend beschriebenen jeweils unterschiedlichen Rollen der öffentlichen und privaten Akteurinnen und Akteure. Peter Hall bricht in diesem Kontext eine Lanze für „strong city planning departments (or city agencies) with real planning powers and a willingness to take a positive lead (…). Willingness, even eagerness, (…) to engage with the private sector, or with citizen groups, in the subsequent, detailed development process. But they do so from a position of strength through their control of the master planning process."[7]

*Große Bandbreite an partizipativen und Bottom-up-Ansätzen*

Bottom-up-Initiativen der Bevölkerung können auch die Grün- und Freiräume beeinflussen. In der Triemli-Siedlung in Zürich regte die Bewohnerschaft, organisiert in einer Siedlungskommission, beispielsweise die Einrichtung von Urban Gardening an. In München wurde das Management einer Dirtbike-Anlage im Weißenseepark in privatem Engagement übernommen.[8] Teilweise sind diese Initiativen auch eine Kombination aus originärem Bottom-up-Ansatz und der Anregung oder auch direkter finanzieller Förderung durch Institutionen. So wurde in London-Southwark temporäres Urban Gardening durch die „Mobile Gardeners" und die Bewohnerschaft umgesetzt – gefördert u. a. vom privaten Projektentwickler. Im Erlenmatt-Areal in Basel wurden z. B. sogenannte Ambassadorenstellen ebenfalls vom Projektentwickler geschaffen. Sie unterstützen und koordinieren Bewohneraktivitäten, allerdings bezieht sich dies nicht auf diejenigen Teile des neuen Stadtquartiers, die außerhalb dieser Projektentwicklung liegen. Wie das Hamburger Beispiel zeigt, kann auch ein Quartiersmanagement Aktivitäten anregen und implementieren. Hilfreich ist dabei die private finanzielle Förderung durch den Projektentwickler, die beispielsweise die Einrichtung eines urbanen Gemeinschaftsgartens und eines Sharingangebots in Hamburg ermöglichte. Im Hallschlag in Stuttgart wurden die Bürgergärten durch öffentliche Mittel im Rahmen der „Sozialen Stadt" implementiert und gefördert.

Somit wird deutlich, dass frei organisierte Bottom-up-Aktivitäten den Vorteil größerer Inklusivität bieten und nicht von vornherein institutionelle Strukturen begrenzend wirken. Weiterhin stellt sich die Frage, ob extern initiierte Prozesse der Bewohnerbeteiligung von vornherein nicht immer einer gewissen Einflussnahme unterliegen und daher nicht gänzlich mit originären Bottom-up-Initiativen vergleichbar sind.

Es wurde über die Fallbeispiele hinweg offensichtlich, dass Bottom-up-Initiativen durchaus in Konflikt mit anderen Interessen der beteiligten öffentlichen und privaten Agierenden stehen können.[9] Das Auflösen solcher Probleme setzt entsprechende inhaltliche Flexibilität aller beteiligten Akteurinnen und Akteure, transparente Diskussions- und Entscheidungsprozesse sowie ausreichende Ressourcen voraus.

*Deutlicher Einfluss nationaler und lokaler Planungskultur*

Die nationale oder lokale Planungskultur beeinflusst das Rollenverständnis und die Zusammenarbeit zwischen den Agierenden deutlich.

In Deutschland, mit ausgeprägter Planungshoheit der Kommunen, nehmen diese regelmäßig eine zentrale Rolle bei der Planung und Steuerung ein. Aber es gibt dabei auch klare lokale Unterschiede: So ist beispielsweise in Hamburg und München eine starke Steuerung durch die Kommune feststellbar, die sich auch in detaillierten verbindlichen Planungsvorgaben äußert (dazu auch nachfolgende Hinweise zu Planungsinstrumenten und -prozessen). Andererseits verfolgt z. B. die Stadt Heilbronn eher einen Laissez-faire-Ansatz mit einem schlanken Bebauungsplan und damit größerer Flexibilität für Verhandlungen mit der Bauherrnschaft und den Investierenden.

Das andere Extrem zeigt sich in England, wo die Planungs- und Genehmigungsverwaltungen große institutionelle Ermessensspielräume haben. Im Rahmen der Genehmigungsverfahren findet daher ein Aushandlungsprozess statt, der von wechselhafter Transparenz geprägt ist. Lokale Gebietskörperschaften vertrauen dabei häufig bei großen Städtebauprojekten auf eine großen Projektentwicklung, die weitgehend und dauerhaft die Entwicklung übernimmt. Dadurch stehen sich häufig zwei starke Agierende gegenüber, die auch maßgeblich die Grünqualität bestimmen.

In Frankreich, in der Schweiz und in Dänemark finden sich Zwischenstufen dieser Positionen oder noch andere Ausprägungen. Dabei üben die Bauaufsichtsbehörden und Grünflächenämter in der Schweiz, wie beispielsweise das Bau- und Verkehrsdepartement des Kantons Basel-Stadt, im Rahmen der Genehmigungsverfahren ihr Ermessen dergestalt aus, dass sie die Angemessenheit von Grünquantität und -qualität im Vergleich zu anderen Vorhaben bewerten und entsprechende Anforderungen formulieren.[10]

Das Beispiel von Boulogne-Billancourt in Frankreich zeigt, wie der städtische Rat zu Anfang den Prozess der Brachflächenwiedernutzung direkt befördert hat. Nachdem er eine Entwicklungsgesellschaft etabliert hatte, hat er sich in der Folge auf eine stärker unterstützende Rolle konzentriert. Dies geschah allerdings auch auf der Basis starker, verbindlicher Planungsdokumente (siehe dazu auch nachfolgende Aussagen zu Planungsinstrumenten und -prozessen), welche die Steuerung der Flächenentwicklung insgesamt sowie die Entwicklung der integrierten Grünräume zum Gegenstand haben.

Die Kommunen in Dänemark haben eine umfassende Planungsbefugnis, ähnlich der deutschen Planungshoheit. Allerdings haben sie die Auflage, in jeder neuen Legislaturperiode einen Kommunalplan aufzustellen oder diesen grundlegend zu überarbeiten. Dadurch können die im Rahmen der Stadtentwicklung verfolgten Ziele stark von der tagespolitischen Diskussion beeinflusst werden. Gleichzeitig ist das Projekt in Kopenhagen ein gutes Beispiel für Public Private Partnership im Bereich von Projekten der (blauen) Infrastruktur. Allerdings steht das privat organisierte Versorgungsunternehmen im Eigentum der Stadt. Kennzeichnend sind in dieser Kooperation bilaterale Aushandlungsprozesse zu Verantwortlichkeiten und Kostenübernahme. Im Ergebnis ist interessant, dass Einigkeit darüber besteht, die langfristigen Pflegekosten gering zu halten. Dies kann zu innovativen und qualitätsvollen Lösungen für die Grünräume – hier im Kontext der Schwammstadt – führen.

**Planungsinstrumente und -prozesse**

*Die Kombination und das Zusammenwirken von informellen sowie formellen Planungsinstrumenten und -prozessen ist von zentraler Bedeutung für die Qualität des Städtebaus und des Freiraums. Diese Konstellationen sind in Abhängigkeit von der Akteursstruktur und der nationalen oder lokalen Planungskultur sehr unterschiedlich. Dabei können auch liegenschaftliche Instrumente eine wichtige Rolle spielen – insbesondere bei Flächeneigentum oder Zwischenerwerb durch die Kommune.*

Klare rahmensetzende Regelungen sind entscheidend für die Grün- und Freiraumqualität. Wenn dies durch die formellen Planungsdokumente nicht erfolgt, kann diese Lücke durch ergänzende vertragliche Regelungen oder Ähnliches geschlossen werden.

*Diversifizierung von Planungsinstrumenten*

Die Kombination von informellen sowie formellen Planungsinstrumenten ist bei den analysierten Projekten die Regel. Dabei wird meist der klassische Weg beschritten, alternative Lösungen für die planerischen Herausforderungen und besonders innovative Ideen durch Wettbewerbsverfahren oder ähnliche informelle Prozesse zu generieren. Diese guten Ideen müssen in der Folge durch formelle Planungsinstrumente rechtsverbindlich und außenwirksam umgesetzt werden, um eine entsprechende Realisierung zu garantieren.

Dieses „Grundmodell" wird aber mitunter variiert. Beispielsweise wurden beim Projekt South Gardens in London-Southwark zunächst über eine informelle Master- und Rahmenplanung erste Lösungsansätze und Planungsziele entwickelt, auch unter aktiver Einbeziehung der Bevölkerung. Erst auf dieser Basis erfolgte die formelle Rahmensetzung, die sodann noch weiter konkretisiert wurde – u. a. durch Einsatz von beschränkten Wettbewerbsverfahren.

Die Grünentwicklung im Beispiel Travertinpark in Stuttgart basiert in wesentlichen Teilen auch auf einem Masterplan – dem „Masterplan Neckar". Die in der Region Stuttgart stark ausgeprägte regionale Planungsebene spielte dabei eine besondere Rolle, eine solche ist in anderen Ländern so kaum zu finden. In England wurde die formelle regionale Planung beispielsweise fast vollständig abgeschafft.

*Transparenz und Verbindlichkeit als Basis für die Realisierung*

Eine weitere Variante ist das Anlegen von Öffnungsklauseln und Abweichungsmöglichkeiten in formellen Planwerken. Dies geschieht unter der Maßgabe, dass informelle Planungsinstrumente wie Wettbewerbe zur Qualitätssicherung eingesetzt werden, wenn von den Standardregelungen abgewichen werden soll. Dies ist beispielsweise in der Triemli-Siedlung in Zürich zu sehen.

Es ist auch denkbar, dass im Rahmen von geltendem Planungsrecht gemäß § 34 BauGB in einem kooperativen Verfahren zwischen Kommune und Privaten nach Planungslösungen ohne formelles Planungsverfahren gesucht wird. Dies gilt insbesondere für kleinere Projekte wie dem Stadtquartier Friesenstraße in Berlin. Wichtig erscheint auch in diesen Fällen, dass Transparenz und Verbindlichkeit garantiert sind. Letzteres kann z. B. durch begleitende vertragliche Regelungen erreicht werden, dazu gehören beispielsweise städtebauliche Verträge nach § 11 BauGB zwischen Kommune und Privaten.

*Hohe Planungssicherheit und hohe Anforderungen an das Grün durch fachliche Tiefe*

Alle im Rahmen dieses Projekts betrachteten formellen Planungsdokumente, wie beispielsweise der deutsche Bebauungsplan, der französische Plan Locale d'Urbanisme (PLU) oder die schweizerische Bau- und Zonenordnung, beinhalten Anforderungen an Grün- und Freiflächen. Die fachliche Breite und Tiefe dieser Regelungen zeigt jedoch große Unterschiede. Dies liegt teilweise an der jeweiligen Maßstabsebene, die zwischen gesamtörtlichen und teilörtlichen Vorgaben variiert, aber auch an der jeweiligen lokalen Planungskultur. Insbesondere bei den Bebauungsplänen in München auf teilörtlicher Ebene werden eine sehr hohe grünordnerische Festsetzungstiefe, hohe inhaltliche Anforderungen sowie Planungssicherheit erreicht.[11] Zudem verlangt der hier analysierte Münchener Bebauungsplan explizit das Erstellen eines Freiflächengestaltungsplans, der mit dem Bauantrag einzureichen ist.[12] Diese hohen Anforderungen sind insbesondere auch im Kontext der von der Landeshauptstadt München beschlossenen Orientierungswerte zur Grün- und Freiflächenversorgung nachvollziehbar.[13] In Hamburg wurde der Bebauungsplan durch einen sogenannten Funktionsplan vorbereitet, der auch für die Freiraumgestaltung bereits detaillierte Aussagen, u. a. zu Bodenbelägen und Bepflanzungen, trifft.

*Flexibilität durch späte Detaillierung im Planungsprozess*

Im Gegensatz dazu bevorzugt die Stadt Heilbronn einen eher schlanken Bebauungsplan,[14] u. a. weil sie keine potenziellen Investorinnen bzw. Investoren durch zu hohe Ansprüche abschrecken und eine größere Flexibilität in der Umsetzung erzielen möchte.[15]

Die Schweizer Beispiele basieren auf verbindlichen planerischen Regelungen für die gesamtörtliche Ebene. Bedingt durch diese Maßstabsebene sind die grünordnerischen Vorgaben zwangsläufig weniger detailliert.[16]

Noch weiter geht die Flexibilität im englischen Planungssystem, wo die formellen Planungsdokumente lediglich allgemeine grünordnerische Planungsprinzipien formulieren.[17] Abschließende Planungssicherheit und detaillierte Regelungen zu Umfang und Qualität von Grün- und Freiräumen werden erst in einem mehrstufigen Genehmigungsverfahren erreicht. Dabei wird in der Regel zunächst eine Rahmengenehmigung erteilt, die noch nicht alle inhaltlichen Anforderungen abschließend einschließt. In der Folge werden, normalerweise für einzelne Realisierungsabschnitte, detaillierte Genehmigungsanträge gestellt, die auch detaillierte grünordnerische Vorgaben beinhalten können.[18]

Das Beispiel von Boulogne-Billancourt in Frankreich zeigt, wie das frühe Etablieren von wesentlichen Leitplanken für die Flächenentwicklung im *Plan de Référence* durch den städtischen Rat eine strategische Steuerungsfunktion übernimmt, ohne die Entwicklung zu stark einzugrenzen. Das in der Folge festgelegte Entwicklungsgebiet (*Zone d'Aménagement Concerté* – ZAC) und die Gründung der Entwicklungsgesellschaft erfolgten sodann parallel zur Aufstellung des PLU. Dieses umfangreiche Planwerk erzeugt Außenverbindlichkeit mit hoher Festsetzungsbreite und -tiefe. Dadurch erfolgt eine sehr detaillierte planerische Steuerung der zukünftigen Flächennutzung, einschließlich der Größe von Grünflächen.

*Kaum lösbare Dichotomie zwischen Planungssicherheit und Gestaltungsfreiheit*

Für alle betrachteten Projekte und landesspezifischen Planungssysteme gilt: Je weniger detailliert – und damit je flexibler – die Planwerke ausgestaltet sind, desto größere Ermessensspielräume ergeben sich im Rahmen der Vorhabengenehmigung und desto höher ist meist auch der Bedarf an absichernden vertraglichen Regelungen. Sie sind erforderlich, um das gleiche Maß an Verbindlichkeit für eine hohe Qualität der Grün- und Freiräume zu erzeugen. Damit erfolgen diese Entscheidungen einerseits tendenziell später und flexibler im gesamten Prozess, was bei langen Projektlaufzeiten von Vorteil sein kann. Andererseits sind die vertraglichen Vereinbarungen und die behördeninternen Genehmigungsverfahren regelmäßig weniger transparent und damit auch weniger der öffentlichen Mitwirkung zugänglich.

Der Einsatz von Verträgen und Beteiligungsmodellen Privater an Infrastrukturfolgekosten und der Bereitstellung von bezahlbarem Wohnraum weist durchaus große Unterschiede auf. In England existiert ein durch nationale Vorgaben vereinheitlichtes System, das auch grüne Infrastruktur einbezieht.[19] Dagegen zeigt sich in Deutschland ein heterogenes Bild. Einzelne Städte erarbeiten jeweils eigene Kostenbeteiligungsmodelle wie die Sozialgerechte Bodennutzung in München oder das Stuttgarter Innenentwicklungsmodell. In anderen Städten findet sich keine systematische Kostenbeteiligung Privater und diese kommt allenfalls durch projektbezogene Einzelverträge zustande – mit entsprechenden Fragen der Transparenz und Gleichbehandlung.

*Kombination von Flächeneigentum und Planungskompetenz*

Hat eine Kommune neben der Planungskompetenz auch Flächeneigentum erlangt, gegebenenfalls durch Zwischenerwerb, können liegenschaftliche Instrumente eine wichtige Rolle zur Sicherung der Qualität von Grün- und Freiflächen spielen. Die Kommune kann im Zuge der Grundstücksvergabe eine geeignete Projektentwicklung durch Konzeptvergabe auswählen. Dafür wird regelmäßig eine interdisziplinäre Ausarbeitung der Konzepte gefordert, um Städtebau und Landschaftsarchitektur oder Grünplanung frühzeitig abzustimmen, wie dies beispielsweise beim Neckarbogen in Heilbronn verfolgt wurde. Weiterhin ist es denkbar, dass die Gemeinde eine Flächenvergabe in Erbpacht vornimmt, wie dies beispielsweise bei South Gardens in London-Southwark zu sehen ist. Damit verbleiben die Flächen dauerhaft im Eigentum der Stadt, wodurch auch ein zukünftiger Einfluss auf die Qualität von Grün- und Freiflächen möglich bleibt.

*Erweiterte Öffentlichkeitsbeteiligung durch informelle Planungsprozesse*

Alle betrachteten formellen Planungsverfahren sehen eine Öffentlichkeitsbeteiligung vor, teilweise in mehreren Stufen. Die Möglichkeiten der Beteiligung und damit der Einflussnahme auf die Qualität von Grün- und Freiflächen werden durch informelle Prozesse noch verstärkt. Dabei können insbesondere die Fragen „Wie soll unser Wohnumfeld wirklich aussehen? Was ist uns in diesem Zusammenhang wichtig?" direkt von der (zukünftigen) Bewohnerschaft erörtert und eigene Zielvorstellungen entwickelt werden. Voraussetzung dafür ist, dass dieser Personenkreis tatsächlich schon bekannt ist. Allerdings trägt dies auch zu längeren Planungs- und Realisierungszeiträumen bei, die es für die Öffentlichkeit nicht leicht machen, den Überblick zu behalten.

Insbesondere bei vielen Neubauprojekten besteht das Problem, dass die zukünftige Bewohnerschaft noch unbekannt ist. Damit können die Menschen, die die Grünflächen später nutzen, noch nicht in die Planungsverfahren einbezogen werden. Eine Ausnahme hiervon bildet lediglich die selbstnutzende Bauherrschaft wie z. B. Baugemeinschaften, die ihre eigenen privaten Freiflächen gestalten können. Dies ist allerdings mitunter stark gesteuert durch verbindliche Festsetzungen zu privaten Grünflächen.

Davon wiederum zu differenzieren ist die Öffentlichkeitsbeteiligung zu öffentlichen Freiflächen, z. B. beim Park im Tarpenbeker Ufer in Hamburg, beim Weißenseepark nahe dem Agfa-Areal in München und beim Travertinpark in Stuttgart. Diese öffentlichen Grünflächen betreffen meist nicht nur das direkte Wohnumfeld, sondern sind auf einen weiteren Einzugsbereich ausgelegt.

*Wichtige Schnittstelle zwischen informellen Prozessen und formellen Verfahren*

In formellen, rechtlich normierten Planungsverfahren ist die Verbindlichkeit der Ergebnisse eindeutig geregelt. Im Gegensatz dazu stellt sich im Kontext informeller Prozesse häufig die Frage, was mit erreichten (Zwischen-)Ergebnissen passiert.[20] Dies wird beispielsweise am Beispiel der Triemli-Siedlung in Zürich deutlich. Dort ging die Bewohnerschaft davon aus, dass Ergebnisse interner Workshops dokumentiert und umgesetzt werden. Aus der Perspektive anderer Beteiligter wurde eine solche eindeutige Verbindlichkeit jedoch nicht gesehen.

*Abschichtung in komplexen Planungsverfahren*

Bei großen städtebaulichen Projekten ist häufig viel Geduld von der Bauherrschaft (oder der Bewohnerschaft bei Ersatzneubauten) gefordert, da lange Planungs- und Genehmigungsverfahren mit einer deutlich verzögerten Umsetzung einhergehen.

Die Abschichtung und die sukzessive Detaillierung sowie eine Realisierung in kleineren Bauabschnitten oder auch Zwischennutzungen können dabei helfen, solche Probleme zu überwinden oder abzumildern. Gleichzeitig kann es auch positiv auf die Grünqualität wirken, wenn Grünflächen sukzessive umgesetzt werden und zumindest in Teilen zu einem sehr frühen Zeitpunkt zur Verfügung stehen. Allerdings entsteht dadurch dann eine Herausforderung, die zentralen Ideen nicht aus den Augen zu verlieren oder zu verwässern, wie beispielsweise das Anlegen eines neuen Parks in London-Southwark (Elephant Park) oder einer großen zentralen Grünfläche, wie sie im Agfa-Areal in München entstanden ist.

*Planung und Realisierung als lernendes System*

Es ist auch festzustellen, dass die Grün- und Freiflächen häufig erst im „harten Alltagstest" ihre großen Erfolgsfaktoren und Probleme preisgeben. Oft gibt es noch zu wenig Baumschatten, solange die neu gepflanzten Bäume noch relativ jung sind – z. B. auf dem Ella-Lingens-Platz im Agfa-Areal. Oder es wird deutlich, dass die Grünflächen zu wenige Möglichkeiten bieten, selbst tätig zu werden. Dies führte beispielsweise zum nachträglich eingerichteten Urban Gardening in der Triemli-Siedlung in Zürich.

*Planungskultur für Grün- und Freiräume durch strategischen Rahmen*

Übergeordnete strategische Planungen – beispielsweise auf der regionalen Ebene – spielten bei den betrachteten Beispielprojekten meist keine große Rolle oder hatten keinen direkten Einfluss. Eine Ausnahme zeigt der Travertinpark in Stuttgart. Der „Masterplan Neckar"[21] identifizierte den Travertinpark als wichtigen Grün- und Freiraum und der Verband Region Stuttgart beteiligte sich an der Finanzierung des ersten Bauabschnitts. Übergeordnete Planwerke und Konzepte trugen allerdings auch dazu bei, eine Planungskultur zu schaffen, die Grün- und Freiräume unterstützt.

*Einfluss von übergeordneten und kommunalen Klimakonzepten*

Bedingt durch die hier gewählte Forschungsmethode, die insbesondere realisierte Projekte mit einer gewissen Alltagserfahrung nach der Umsetzung in den Blick nahm, liegt die Erstellung der analysierten relevanten Planungsdokumente mit ihren teilweise langen Planungshorizonten schon einige Zeit zurück. Übergeordnete und kommunale Klimakonzepte spielten daher zur Zeit der Planung häufig noch keine Rolle. Es ist allerdings zu erwarten, dass solche übergeordneten Klimakonzepte zukünftig eine größere Bedeutung erlangen. In diesem Zusammenhang ist ebenfalls anzunehmen, dass fachliche Breite und Tiefe von verbindlichen Planungsdokumenten und/oder Verträgen auf der örtlichen und teilörtlichen Ebene weiterhin zunehmen werden. Diese müssen schließlich die komplexen Zusammenhänge und Wechselwirkungen von Grünqualität – auch als Ausgleich für hohe bauliche Dichte – abbilden und verbindlich regeln. Dies geschieht vor dem Hintergrund verschärfter Klimaschutzziele und Flächensparziele auf nationaler und europäischer Ebene.

**Fazit**

*Zur Rolle und Bedeutung von Agierenden, Planungsinstrumenten und -prozessen*

Kooperatives Zusammenwirken von öffentlichen und privaten Akteurinnen und Akteuren zur Optimierung der Qualität des Freiraums und von Grünstrukturen ist von zentraler Bedeutung. Dies manifestiert sich beispielsweise in abgestimmten und klaren grünordnerischen Zielen.

Die Zusammenarbeit zwischen privaten und öffentlichen Agierenden funktioniert regelmäßig dann gut, wenn diese auf einem Verständnis für die jeweils anderen Interessen sowie einem hohen Maß an Professionalität und Vertrauen basiert. Hilfreich sind dabei auch klare Verantwortlichkeiten und rahmensetzende Regelungen, die von allen Beteiligten akzeptiert werden. Dies gilt neben der Planungsphase auch für die Umsetzung und langfristige Pflege. In Bezug auf Letztere bestimmen die unterschiedliche Verantwortung, die jeweilige Anspruchshaltung und die finanzielle Leistungsfähigkeit der Agierenden die langfristige Qualität von Grünflächen. Zu beachten ist dabei stets, dass die nationale oder lokale Planungskultur das Rollenverständnis und die Zusammenarbeit zwischen den Agierenden beeinflusst. Unabhängig davon spielt häufig die Kommune eine Schlüsselrolle.

Von Bedeutung in der Akteurskonstellation ist auch, dass frei organisierte Bottom-up-Aktivitäten den Vorteil großer Inklusivität bieten und nicht von vornherein durch institutionelle Strukturen begrenzt sind. Es wurde über die Fallbeispiele hinweg offensichtlich, dass Bottom-up-Initiativen durchaus in Konflikt mit anderen Interessen der beteiligten öffentlichen und privaten Agierenden stehen können. Das Auflösen solcher Probleme setzt entsprechende inhaltliche Flexibilität aller Beteiligten, transparente Diskussions- und Entscheidungsprozesse sowie ausreichende Ressourcen voraus.

Die Kombination von informellen und formellen Planungsinstrumenten ist bei den analysierten Projekten die Regel. Transparenz und Verbindlichkeit als Basis für die Realisierung sind dabei von zentraler Bedeutung für die Qualität des Städtebaus und des Freiraums. Typischerweise werden alternative Lösungen für die planerischen Herausforderungen und besonders innovative Ideen durch Wettbewerbsverfahren oder ähnliche informelle Prozesse generiert. Diese guten Ideen müssen in der Folge durch formelle Planungsinstrumente rechtsverbindlich und außenwirksam umgesetzt werden, um eine entsprechende Realisierung zu garantieren. Aber auch andere Ansätze sind denkbar, beispielsweise das Anlegen von Öffnungsklauseln und Abweichungsmöglichkeiten in formellen Planwerken unter der Maßgabe, dass informelle Planungsinstrumente wie Wettbewerbe zur Qualitätssicherung eingesetzt werden, wenn von den Standardregelungen abgewichen werden soll. Lokale quantitative Standards oder Orientierungswerte für öffentliche und private Grünflächen bieten einerseits eine hilfreiche einheitliche Referenz, andererseits werden dadurch gegebenenfalls Innovationen gebremst, wenn sie nicht ambitioniert genug sind. Dabei ist allerdings auch zu beachten, dass realistische und differenzierte Ansätze in der Praxis erforderlich sind, da sonst die Gefahr besteht, dass Orientierungswerte regelmäßig nicht erreicht und Ausnahmen bzw. Befreiungen erforderlich werden, um Projekte zu realisieren.

Die Analyse der Fallstudien offenbarte auch für den Bereich Grün- und Freiraum die kaum lösbare Dichotomie zwischen Planungssicherheit und Gestaltungsfreiheit. Die damit zusammenhängende fachliche Breite und Tiefe von Regelungen zeigt große Unterschiede. So wird durch sehr hohe grünordnerische Festsetzungstiefe und hohe inhaltliche Anforderungen ein hohes Maß an Planungssicherheit erreicht, wodurch allerdings die Flexibilität in der Umsetzung eingeschränkt wird. Im Gegensatz dazu kann Flexibilität durch späte Detaillierung im Planungsprozess erreicht werden, wenn die formellen Planungsdokumente lediglich allgemeine grünordnerische Planungsprinzipien formulieren und detaillierte Regelungen zu Umfang und Qualität von Grün in ein (mehrstufiges) Genehmigungsverfahren verlagert werden. Dies kann allerdings zulasten der Transparenz und der Mitwirkungsmöglichkeiten der Öffentlichkeit gehen. Hat eine Kommune neben der

## 3.3 PROZESSE

Planungskompetenz auch Flächeneigentum erlangt, können liegenschaftliche Instrumente wie die Konzeptvergabe eine wichtige Rolle zur Sicherung der Qualität von Grün- und Freiflächen spielen.

Der Einsatz von Verträgen und Beteiligungsmodellen Privater an Infrastrukturfolgekosten einschließlich grüner Infrastruktur weist große nationale Unterschiede auf. In England existiert ein vereinheitlichtes System. Dagegen zeigt sich in Deutschland ein heterogenes Bild. Einzelne Städte erarbeiten jeweils eigene Kostenbeteiligungsmodelle. In anderen Städten findet sich keine systematische Kostenbeteiligung Privater und diese kommt allenfalls durch projektbezogene Einzelverträge zustande – mit entsprechenden Fragen der Transparenz und Gleichbehandlung.

Vor dem Hintergrund verschärfter Klimaschutzziele und Flächensparziele auf nationaler und europäischer Ebene ist zu erwarten, dass übergeordnete Klimakonzepte zukünftig eine größere Bedeutung erlangen. In diesem Zusammenhang ist ebenfalls anzunehmen, dass die fachliche Breite und Tiefe von verbindlichen Planungsdokumenten und/oder Verträgen weiterhin zunehmen werden.

Alle betrachteten formellen Planungsverfahren sehen eine Öffentlichkeitsbeteiligung vor, teilweise in mehreren Stufen. Die Möglichkeiten der Beteiligung und damit der Einflussnahme auf die Qualität von Grün- und Freiflächen werden durch informelle Prozesse noch verstärkt. Dabei ist allerdings zu beachten, dass teilweise die zukünftige Bewohnerschaft noch nicht bekannt ist und daher nicht systematisch in Beteiligungsprozesse einbezogen werden kann.

Zudem stellt sich im Kontext informeller Prozesse häufig die Frage, wie erreichte (Zwischen-)Ergebnisse im weiteren Planungsprozess berücksichtigt werden. Es ist also wichtig, klare Verknüpfungspunkte zu den rechtlich normierten Planungsverfahren herzustellen, in denen die Verbindlichkeit der Ergebnisse eindeutig geregelt ist.

Es ist ferner festzustellen, dass die Grün- und Freiflächen häufig erst im „harten Alltagstest" ihre großen Erfolgsfaktoren und Probleme preisgeben. Es erscheint daher erstrebenswert, die Planung und die Realisierung als lernendes System zu gestalten, in dem Raum und Flexibilität für diese Erfahrungen eingeplant sind.

Abschließend und zusammenfassend ist festzustellen, dass die unterschiedlichen Ansätze der Planungsverfahren und -dokumente, Aufbauorganisation, Kooperation und Beteiligung in den analysierten Projekten vielversprechende Möglichkeiten des wechselseitigen Lernens bieten. Dabei können und sollen innovative Ansätze aus den betrachteten Beispielen nicht einfach kopiert und an andere Standorte mit ähnlichen Problemlagen „verpflanzt" werden. Vielmehr geht es darum, die jeweiligen Lösungsansätze in ihrem Kontext zu verstehen, um daraus Lösungsmöglichkeiten abzuleiten, die für andere Standorte adaptiert werden können. Die Innovation besteht dabei ohne Zweifel im Verlassen der mitunter eingetretenen Pfade des eigenen Planungssystems und planerischen Handelns.

---

1 Vgl. Jakubowski, P. (Hrsg.): Effizientere Stadtentwicklung durch Kooperation? Abschlussbericht zum ExWoSt-Forschungsfeld "3stadt2 – Neue Kooperationsformen in der Stadtentwicklung". Bonn 2005

2 Vgl. Selle, K.: Was ist bloß mit der Planung los? Erkundungen auf dem Weg zum kooperativen Handeln, 2. Aufl. Dortmund 1996

3 Vgl. Bebauungsplan mit Grünordnung Nr. 1979 der Landeshauptstadt München, Tegernseer Landstraße/Chiemgaustraße

4 vgl. Bebauungsplan Groß Borstel 25 der Freien und Hansestadt Hamburg Groß Borstel 25

5 Vgl. Fokusgruppengespräch Erlenmatt-Areal Basel 05.08.2020 – Herr Kopf, Leiter der Stadtgärtnerei Basel

6 Vgl. Interview Simon Bevan, Southwark, 27.10.2020; Fokusgruppengespräch Agfa-Areal München 30.07.2020

7 Hall, P.: Good Cities, Better Lives. How Europe Discovered the Lost Art of Urbanism. Abingdon, Oxon 2014

8 Vgl. Fokusgruppengespräch Agfa-Areal München 30.07.2020

9 Vgl. Interview mit Frau Papazoglou, Triemli Siedlung, 27.07.2020

10 Vgl. Fokusgruppengespräch Erlenmatt-Areal Basel 05.08.2020 – Herr Kopf, Leiter der Stadtgärtnerei Basel

11 Vgl. Bebauungsplan mit Grünordnung Nr. 1979 der Landeshauptstadt München, Tegernseer Landstraße/Chiemgaustraße

12 Vgl. § 23 Abs. 10 Bebauungsplan mit Grünordnung Nr. 1979 der Landeshauptstadt München, Tegernseer Landstraße/Chiemgaustraße

13 Vgl. Beschluss des Ausschusses für Stadtplanung und Bauordnung vom 19.07.2017, Sitzungsvorlagen Nr. 14–20 / V 09119. Die Orientierungswerte sind als Summe der nutzbaren öffentlichen und privaten Grün- und Freiflächen zu verstehen, deren konkrete Anteile in Abhängigkeit vom jeweiligen Planungskonzept und der jeweiligen Planungssituation zu bestimmen sind. Hierbei sind die folgenden Veränderungen (teilweise Reduktion) der Orientierungswerte zu beachten: Innerhalb des Mittleren Rings: 15 m² pro Einwohnerin / Einwohner • Außerhalb des Mittleren Rings: 20 m² pro Einwohnerin / Einwohner Jeweils zu prüfen sind mögliche Maßnahmen zur Aufwertung oder Ergänzung vorhandener Grün- und Freiflächen in der Umgebung (Kompensationsmaßnahmen).

14 Vgl. Bebauungsplan 19/16 der Stadt Heilbronn, Neckarbogen Ost

15 Vgl. Fokusgruppengespräch Neckarbogen Heilbronn 30.09.2020 – Herr Töllner, Stadt Heilbronn

16 Vgl. Bau- und Zonenordnung (BZO) der Stadt Zürich (hier in der Fassung: Gemeinderatsbeschluss vom 23. Oktober 1991 mit Änderungen bis 21. Dezember 2005)

17 Vgl. London Borough of Southwark, Local Development Framework, Saved DPDs und Core Strategy April 2011

18 Vgl. Interview mit Ewan Oliver, Lendlease, 2021

19 Vgl. Ministry of Housing, Communities and Local Government, Community Infrastructure Levy Guidance, 2014

20 Vgl. Interview mit Frau Papazoglou, Triemli-Siedlung, 05.07.2021

21 Vgl. Verband der Region Stuttgart, Masterplan Neckar, 2006

# 3 CROSS-SECTIONAL TOPICS

# Summary

**The role and significance of stakeholders, planning instruments and processes**

Cooperative engagement between public and private actors to optimise the quality of open spaces and green structures is vital. Such cooperation manifests itself, for example, in coordinated and clear objectives for green spaces.

Cooperation between private and public actors generally functions well when each party has an understanding of the other's interests and the relationship is based on a high level of professionalism as well as trust. It is also helpful to have clear responsibilities and frameworks in place that have been accepted by all parties involved. This applies during the planning phase, as well as during implementation and long-term maintenance. Concerning the latter, the different responsibilities, the respective standards and the financial capacities of stakeholders are decisive for the long-term quality of green spaces. It is important to note that the national and local planning culture influences the understanding of roles and the cooperative partnerships between actors. Regardless of this, local government often plays a key role.

In the constellation of stakeholders, it is also important that freely organised bottom-up initiatives offer the advantage of greater inclusion, and are not, from the outset, limited by institutional structures. It was apparent in the case studies that bottom-up initiatives can often conflict with other interests of the public and private actors involved. Resolving such problems requires flexibility from all parties, and transparent discussions and decision-making processes, as well as sufficient resources.

The combination of informal and formal (statutory) planning instruments is the norm for the analysed projects. Transparency and commitment, as a basis for implementation, are of central importance for the quality of urban development and open space. In general, all alternative solutions to the planning challenges, and especially innovative ideas, are generated through competitive procedures or similar informal processes. These excellent ideas must then be implemented by formal planning instruments in a legally binding way, to ensure the corresponding implementation is successful. However, other approaches are possible, such as creating flexibility clauses and deviating options in formal planning documents, on the condition that informal planning instruments such as competitions are used for quality assurance in the case of deviation from the standard regulations. Local quantitative standards and reference values for public and private green spaces offer a helpful benchmark; however, they may also put the brakes on innovation if they are not ambitious enough. It should also be noted that realistic and differentiated approaches are required in practice, otherwise there is a risk that reference values will not be regularly achieved, and exceptions or exemptions are required in order to complete projects.

The analysis of case studies also reveals the almost insurmountable dichotomy between planning certainty and design freedom. The related broad spectrum of technical regulations demonstrates large differences. A high degree of planning certainty is achieved through very high green design specifications and detailed planning policies; however, this has the effect of restricting flexibility in implementation. In contrast to this, flexibility can be achieved through later detailing in the planning process, if the formal planning documents only formulate general green design planning principles, and if detailed regulations concerning the scope and quality of green areas is shifted into a (multi-stage) approval process. However, this may occur at the expense of transparency and limit the opportunity for public involvement in the process. Once a local government has acquired land, in addition to planning powers, property based instruments such as concept tendering can play an important role in ensuring the quality of green and open spaces.

There are large national differences in the use of contracts and developer contributions towards infrastructure costs, including green infrastructure. A uniform system exists in England, while in Germany, there is a more heterogeneous picture. Some individual cities are developing their own developer contribution models. In other cities, there is no systematic cost sharing by private parties, and this only occurs through individual project-related agreements – raising corresponding questions as to transparency and equality.

In the context of more ambitious climate protection targets and land-preserving objectives at the national and European level, it is expected that higher-level climate concepts will become even more important in the future. It is also likely that the broad technical scope of binding planning documents and/or agreements will continue to increase in this context.

All formal planning procedures considered provide for public participation, sometimes at several stages of the process. The opportunities for participation in and influence on the quality of green and open spaces are further enhanced by informal processes. However, it should be noted that in some cases the future residents are not yet known and therefore cannot be systematically included in the participatory processes.

Furthermore, in the context of informal processes, the question often arises as to how (interim) results are taken into consideration in the later stages of the formal planning process. Therefore, it is important to establish clear links to the statutory planning procedures with their binding results.

It should also be noted that green and open spaces often do not reveal their major success factors and/or problems until they are put to the test of everyday use. Thus, it would be ideal to design planning and implementation as a learning system, which includes space and flexibility in terms of these experiences.

To summarise, the different approaches to planning procedures and documents, organisational structures, cooperation and participation in the analysed projects offer promising opportunities for mutual learning. Innovative approaches from the case studies cannot and should not simply be copied and "transplanted" to other locations experiencing similar problems. Instead, the aim is to understand the respective approaches in context in order to derive possible solutions that can be adapted for other locations. There is no doubt that innovation involves deviating from the well-worn paths of one's own planning system and activities.

# 4 ANHANG

# 4 ANHANG

# 4.1 Literatur- und Quellenverzeichnis

Analyse & Konzepte: LBS West: Wohnwünsche 2017. 07.07.2017. https://www.lbs.de/media/presse/west_7/bildmaterial_9/LBS_Bericht_Wohnwuensche_2017.pdf (Zugriff am 22.06.2022)

ARGE Urbanizers, Berlin/plan zwei Hannover: Grün in der Stadt. Für eine lebenswerte Zukunft. Internationale Beispiele für grüne Städte zum Weißbuchprozess. Expertise. Berlin 2018. https://www.bbsr.bund.de/BBSR/DE/forschung/programme/exwost/Forschungsfelder/2015/weissbuch-gruen-in-der-stadt/downloads/gids-kurzexpertise-internationale-beispiele.pdf?__blob=publicationFile&v=3 (Zugriff am 07.04.2022)

Bau- und Verkehrsdepartement des Kantons Basel-Stadt: Erlenmatt. www.planungsamt.bs.ch/arealentwicklung/erlenmatt.html (Zugriff am 29.04.2021)

Bau- und Verkehrsdepartement des Kantons Basel-Stadt: Freiraumkonzept. https://www.planungsamt.bs.ch/planungsgrundlagen-konzepte/konzepte/freiraumkonzept.html (Zugriff am 11.04.2022)

Bau- und Verkehrsdepartement des Kantons Basel-Stadt: Neuer Erholungsraum für Kleinbasel. Erlenmattpark „Im Triangel". o. O. o. J.

Bau- und Verkehrsdepartement des Kantons Basel-Stadt: Neuer Erholungsraum fürs Kleinbasel. o. O. o. J.

Bau- und Verkehrsdepartement des Kantons Basel-Stadt: Im Triangel: Mehr Grün und Kunst auf dem Erlenmattareal. http://www.bvd.bs.ch/nm/2021-im-triangel-mehr-gruen-und-kunst-auf-dem-erlenmattareal-bd.html (Zugriff am 03.02.2022)

Bee Aerial. www.beeaerial.co.uk/project/urban-oasis-gardens-documentary-series-aerial-filming/ (Zugriff am 30.03.2022)

bgmr Landschaftsarchitekten GmbH: Konzeptgutachten Freiraum München 2030. Entschleunigung – Verdichtung – Umwandlung. Entwurf, Stand Dezember 2015. Berlin 2015. https://stadt.muenchen.de/dam/jcr:38cecb80-7c6a-46dc-a525-3669bb8b70e6/FRM2030_WEB.pdf (Zugriff am 30.03.2022)

Böhm, J.; Böhme, C.; Bunzel, A.; Kühnau, C.; Landua, D.; Reinke, M.: Urbanes Grün in der doppelten Innenentwicklung. Bonn 2016. https://www.bfn.de/sites/default/files/BfN/service/Dokumente/skripten/skript444.pdf (Zugriff am 22.06.2022)

Böhme, G.: Für eine ökologische Naturästhetik. Frankfurt am Main 1989

Böhme, G.: Atmosphäre. Essays zur neuen Ästhetik. Frankfurt am Main 1995

Born, M.; Kreuzer, K.: Nachhaltigkeit Lokal. Lokale Agenda 21 in Deutschland. Eine Zwischenbilanz 10 Jahre nach Rio. Bonn 2002

Boyette, M.: Dekarbonisierungsstrategie (SNBC) und mehrjährige Programmplanung für Energie (PPE). o. O. 2018. https://energie-fr-de.eu/de/systeme-maerkte/nachrichten/leser/energie-und-klimaplaene-in-frankreich.html?file=files/ofaenr/04-notes-de-synthese/02-acces-libre/04-systemes-et-marches/180517_Memo_Energie_und_Klimaplane_in_Frankreich_DFBEW.pdf (Zugriff am 30.03.2022)

Breuste, J.; Breuste, I.: Nutzung und Akzeptanz von Grünflächen und naturbelassenen Landschaftsräumen im Stadtgebiet. Untersuchungen in Halle/Saale. In: Verhandlungen der Gesellschaft für Ökologie 24/1995, S. 379–384

BUGA Heilbronn. Am Neckar startet die Gartenausstellung mit innovativen Gartenformen und transformiertem Stadtquartier. Berlin 2019

Bund für Umwelt und Naturschutz Deutschland e. V.: Gartenschauen für Mensch und Natur. Standpunkt zu Bundesgartenschauen. Berlin 2013. https://www.bund.net/fileadmin/user_upload_bund/publikationen/bund/standpunkt/gartenschauen_fuer_mensch_und_natur.pdf (Zugriff am 30.03.2022)

Bundesamt für Naturschutz: Doppelte Innenentwicklung – Perspektiven für das urbane Grün. Empfehlungen für Kommunen. 2017. https://www.bfn.de/sites/default/files/BfN/planung/siedlung/Dokumente/dopi_brosch.pdf (Zugriff am 30.03.2022)

Bundesgartenschau Heilbronn 2019 GmbH: Gartenausstellung Heilbronn. Heilbronn 2017

Bundesgartenschau Heilbronn 2019 GmbH: Stadtausstellung Heilbronn, das Projekt. Heilbronn 2017

Bundesgartenschau Heilbronn 2019 GmbH (Hrsg.): Bundesgartenschau Heilbronn 2019, die Garten- und Stadtausstellung. Offizielle Dokumentation. Heilbronn 2020

Bundesinstitut für Bau-, Stadt und Raumforschung (BBSR) im Bundesamt für Bauwesen und Raumordnung: Neue Leipzig-Charta. Die transformative Kraft der Städte für das Gemeinwohl. Bonn 2021. https://www.bbsr.bund.de/BBSR/DE/veroeffentlichungen/sonderveroeffentlichungen/2021/neue-leipzig-charta-pocket-dl.pdf?__blob=publicationFile&v=3 (Zugriff am 22.06.2022)

Bundesministerium des Innern, für Bau und Heimat: Berlin-Tempelhof „Stadtquartier Friesenstraße". https://www.nationale-stadtentwicklungs-politik.de/NSP/SharedDocs/Projekte/WSProjekte_DE/Berlin_Tempelhof_Stadtquartier_Friesenstrasse.html (Zugriff am 30.03.2022)

Bundesministerium für Umwelt, Naturschutz, Bau und Reaktorsicherheit: Grün in der Stadt – Für eine lebenswerte Zukunft. Grünbuch Stadtgrün. Berlin 2015. https://www.bmi.bund.de/SharedDocs/downloads/DE/publikationen/themen/bauen/wohnen/gruenbuch-stadtgruen.pdf?__blob=publicationFile&v=3 (Zugriff am 24.06.2022)

Bundesministerium für Umwelt, Naturschutz, Bau und Reaktorsicherheit: Umweltgerechtigkeit in der Sozialen Stadt. Gute Praxis an der Schnittstelle von Umwelt, Gesundheit und sozialer Lage. Berlin 2016. https://www.bmi.bund.de/SharedDocs/downloads/DE/publikationen/themen/bauen/wohnen/soziale-stadt-umweltgerechtigkeit.pdf;jsessionid=-B1E06198AA582D2BBFDB319DEBB43952.2_cid364?__blob=-publicationFile&v=4 (Zugriff am 30.03.2022)

Bundesministerium für Umwelt, Naturschutz, Bau und Reaktorsicherheit: Grün in der Stadt. Für eine lebenswerte Zukunft. Dokumentation des 2. Bundeskongresses am 8. und 9. Mai 2017 in Essen. Berlin 2017

Bürgerschaft der Freien und Hansestadt Hamburg: Einzelplan 6 Behörde für Stadtentwicklung und Umwelt. Gründachstrategie für Hamburg – Zielsetzung, Inhalt und Umsetzung. Hamburg 08.04.2014. https://www.hamburg.de/contentblob/4334618/2510ee3f7968bb-09e58bf2f49837b133/data/d-drucksache-gruendachstrategie.pdf (Zugriff am 30.03.2022)

Burkart, M.: Transformations urbaines : l'influence des politiques municipales d'aménagement. L'exemple de Boulogne-Billancourt et d'Issy-les-Moulineaux. In: Cybergeo1999

Castiello, G.: Der Max Kämpf-Platz in Basel. In: STADT und RAUM 6/2019, S. 330–353

Danish Nature Agency: Mapping climate change. Barriers and opportunities for action. Background report. o. O. 2012. https://naturstyrelsen.dk/media/nst/66842/130206%20Mapping%20climate%20change%20final%20(2).pdf (Zugriff am 07.04.2022)

Degen, H. J.: Der Travertinpark. In: Hallo Hallschlag 5/2021, S. 34–35

Densipedia: Zwischennutzung «nt/Areal» in Basel – aktiv. www.densipedia.ch/zwischennutzung-ntareal-basel-aktiv (Zugriff am 29.04.2021)

## 4.1 LITERATUR- UND QUELLENVERZEICHNIS

Department for Communities and Local Government: National Planning Policy Framework. London 2012

Department for Levelling Up, Housing and Communities; Ministry of Housing; Communities & Local Government: Community Infrastructure Levy. https://www.gov.uk/guidance/community-infrastructure-levy

Der Regierende Bürgermeister von Berlin – Senatskanzlei: Berlinstrategie 3.0. Solidarisch, nachhaltig, weltoffen. Berlin 2016. https://www.stadtentwicklung.berlin.de/planen/stadtentwicklungskonzept/ (Zugriff am 30.03.2022)

Deutsche Akademie für Städtebau und Landesplanung e. V.: Deutscher Städtebaupreis 2020. Begleitheft zur Preisverleihung am 23. April 2021 in Berlin. Berlin 2021. https://staedtebaupreis.de/wp-content/uploads/2021/04/210413-dl_DSP2020-komplett-420x240mm-LQ.pdf (Zugriff am 30.03.2022)

Deutsche Bundesgartenschau-Gesellschaft. www.bundesgartenschau.de/dbg-service/fuer-kommunen.html (Zugriff am 29.11.2021)

Deutscher Bundestag: Abschlußbericht der Enquete-Kommission „Schutz des Menschen und der Umwelt – Ziele und Rahmenbedingungen einer nachhaltig zukunftsverträglichen Entwicklung". Berlin 26.06.1998. https://dserver.bundestag.de/btd/13/112/1311200.pdf (Zugriff am 24.06.2022)

Deutscher Wetterdienst: Was wir heute über das Extremwetter in Deutschland wissen. 2021. https://www.dwd.de/DE/klimaumwelt/aktuelle_meldungen/210922/Faktenpapier-Extremwetterkongress_download.pdf?__blob=publicationFile&v=1 (Zugriff am 22.06.2022)

Die neue Landschaft im Neckarbogen Heilbronn: Von der Stadtbrache zum Modellquartier. In: STADT und RAUM 2/2020, S. 80–84

Drogosch, B.: Planungsinstrumente der französischen Klimaschutzpolitik bis 2028: die mehrjährige Programmplanung für Energie (PPE) und die nationale Dekarbonisierungsstrategie (SNBC). 15.02.2019

Erich Oltmanns: Einflussfaktoren des subjektiven Wohlbefindens. Empirische Ergebnisse für Deutschland. In: Wirtschaft und Statistik 3/2016, S. 84–95

Europäische Kommission: Biodiversitätsstrategie für 2030. https://environment.ec.europa.eu/strategy/biodiversity-strategy-2030_de (Zugriff am 22.06.2022)

Freie und Hansestadt Hamburg: Mehr Stadt in der Stadt. Chancen für mehr urbane Wohnqualitäten in Hamburg. Hamburg 2013. https://www.hamburg.de/contentblob/4133346/d771981544e91f7737c6be92d9c6f53e/data/d-fachbeitrag-wohnqualitaeten-72dpi.pdf (Zugriff am 19.03.2022)

Freie und Hansestadt Hamburg: Mehr Stadt in der Stadt. Gemeinsam zu mehr Freiraumqualität in Hamburg. Hamburg 2013. https://www.hamburg.de/contentblob/4146538/0c18b8b8f729dedf0101cbad97e3b07f/data/d-qualitaetsoffensive-freiraum.pdf (Zugriff am 30.03.2022)

Freie und Hansestadt Hamburg: Begründung zum Bebauungsplan Groß Borstel 25. Hamburg 2014. http://archiv.transparenz.hamburg.de/hmbtgarchive/HMDK/gross-borstel25_10262_snap_1.PDF (Zugriff am 30.03.2022)

Freie und Hansestadt Hamburg: Vertrag für Hamburg – Wohnungsneubau. Fortschreibung der Vereinbarung zwischen Senat und Bezirken zum Wohnungsneubau. Hamburg 2016. https://www.hamburg.de/contentblob/3460004/65e2289292ca1cd51fc92baddd91fcb8/data/vertrag-fuer-hamburg.pdf (Zugriff am 19.03.2022)

Freie und Hansestadt Hamburg: Hamburger Projekte der Stadtentwicklung 2015–2030. Hamburg 2019. https://www.hamburg.de/contentblob/12986522/7121544acede066aa3e404cf9628bbcf/data/d-hamburger-projekte-stadtenwicklung-2015-2030.pdf (Zugriff am 19.03.2022)

Freie und Hansestadt Hamburg: Hamburger Maß. Leitlinien zur lebenswerten kompakten Stadt. Hamburg 2020. https://epub.sub.uni-hamburg.de/epub/volltexte/2021/113577df/d_hamburger_mass_leitlinien_zur_lebenswerten_kompakten_stadt.pdf (Zugriff am 30.03.2022)

Freie und Hansestadt Hamburg: Städtebaulicher Vertrag zum Bebauungsplan Groß Borstel 31. Hamburg 2020. https://suche.transparenz.hamburg.de/dataset/staedtebaulicher-vertrag-zum-bebauungsplan-gross-borstel-31 (Zugriff am 30.03.2022)

Fromonot, F.: Globalisierte Stadtplanung à la française. In: Bauwelt 27–28/2011, S. 18–25

Gallenmüller, T.: „Heilbronn setzt auf Qualität und übernimmt damit Vorbildfunktion". Interview mit Wilfried Hajek, Baubürgermeister der Stadt Heilbronn. In: Garten + Landschaft 9/2020, S. 58–61

Garcia Diez, S.: Indikatoren zur Lebensqualität. Vorschläge der europäischen Expertengruppe und ausgewählte nationale Initiativen. In: Wirtschaft und Statistik 6/2015, S. 11–21

Gottfriedsen, H.: Berliner Parks und Plätze – Aspekte der Planung, des Baus und der Pflege für die öffentliche Hand. In: Informationen zur Raumentwicklung 11/12/2004, S. 687–693

Government of the United Kingdom. www.gov.uk/environment/climate-change-adaptation (Zugriff am 30.03.2022)

Grau, D.: Blau-grüne Zukunft. Holistisches Wassermanagement in der Stadt. In: Der Architekt 5/2020, S. 34–39

Grau, D.; Porst, H.: Gewappnet für Wolkenbrüche. In: Garten + Landschaft 11/2014, S. 17–21

Greater London Authority: The London Plan. Spatial Development Strategy for Greater London. Consolidated with Alterations since 2004. London 2008

Grundner, H.: Geliebtes Schmuckstück, Süddeutsche Zeitung, 25. Februar 2018

HafenCity Universität Hamburg: Blue Green Streets. https://www.hcu-hamburg.de/research/forschungsgruppen/reap/reap-projekte/bluegreenstreets/ (Zugriff am 11.04.2022)

Hall, P.: Good Cities, Better Lives. How Europe Discovered the Lost Art of Urbanism. Abingdon, Oxon 2014

hamburg.de GmbH & Co. KG. www.hamburg.de/gruenesnetz (Zugriff am 31.08.2020)

hamburg.de GmbH & Co. KG: Gründachstrategie Hamburg. Es wird grün auf Hamburgs Dächern. https://www.hamburg.de/gruendach-hamburg/4364586/ (Zugriff am 30.03.2022)

haustec.de: Wohnwünsche: Terrasse, Garten und Balkon sind Deutschen jetzt wichtig. https://www.haustec.de/management/panorama/wohnwuensche-terrasse-garten-und-balkon-sind-deutschen-jetzt-wichtig (Zugriff am 23.06.2022)

Helmholtz-Zentrum Potsdam: Klimawandel: Bäume in der Stadt. https://www.eskp.de/klimawandel/stadtbaeume-935846/ (Zugriff am 15.03.2022)

Hentschel, A.: Nutzeransichten. Wohnarchitektur aus Sicht ihrer Nutzer. Berlin 2009

Hochrhein-Zeitung: Die Stadtgärtnerei übergibt der Basler Bevölkerung den Erlenmattpark. www.hochrhein-zeitung.de/archiv/10766-die-stadtgaertnerei-uebergibt-der-basler-bevoelkerung-den-erlenmattpark (Zugriff am 09.02.2022)

HOFOR A/S. www.hofor.dk (Zugriff am 07.04.2022)

Hünersdorf, B. (Hrsg.): Spiel-Plätze in der Stadt. Sozialraumanalytische, kindheits- und sozialpädagogische Perspektiven. Bielefeld 2015

Hüsken, K.; Alt, C.: Freizeitaktivitäten zwischen sechs und 17 Jahren. Der Einfluss der Lebenslage auf die ausgeübten Freizeitaktivitäten. In: Hünersdorf, B. (Hrsg.): Spiel-Plätze in der Stadt. Sozialraumanalytische, kindheits- und sozialpädagogische Perspektiven, Bielefeld 2015, S. 48–66

Île Seguin – Rives de Seine. https://www.ileseguin-rivesdeseine.fr/fr (Zugriff am 30.03.2022)

Immobilienreport: Obergiesing: Das Parkviertel-Giesing. www.immobilien-report.de/wohnen/Parkviertel-Giesing.php (Zugriff am 30.03.2022)

## 4 ANHANG

Jakubowski, P. (Hrsg.): Effizientere Stadtentwicklung durch Kooperation? Abschlussbericht zum ExWoSt-Forschungsfeld „3stadt2 – Neue Kooperationsformen in der Stadtentwicklung". Bonn 2005

Jorzik, O.: Natur in die Stadt. Mit seinem Biodiversitätsplan geht Paris neue Wege. In: Kandarr, J.; Jorzik, O.; Spreen, D. (Hrsg.): Biodiversität im Meer und an Land. Vom Wert biologischer Vielfalt, Potsdam 2020, S. 199–204

Kandarr, J.; Jorzik, O.; Spreen, D. (Hrsg.): Biodiversität im Meer und an Land. Vom Wert biologischer Vielfalt. Potsdam 2020

Kanton Basel-Stadt: Bau- und Planungsgesetz (BPG). https://www.gesetzessammlung.bs.ch/app/de/texts_of_law/730.100 (Zugriff am 30.03.2022)

Kockelkorn, A.: Aktion Quartier du Pont de Sèvres. In: Bauwelt 27–28/2011, S. 36–43

Korbel, J.; Kurth, D.; Wiest, V. (Hrsg.): Klima – Stadt – Wandel. Strategien und Projekte für die Klimaanpassung in der Region Stuttgart. Stuttgart Dezember 2016

Lacroix, D.: Le programme de végétalisation du bâti – Programm „Grün in der Stadt" – Stadt Paris. In: Bundesministerium für Umwelt, Naturschutz, Bau und Reaktorsicherheit (Hrsg.): Grün in der Stadt. Für eine lebenswerte Zukunft. Dokumentation des 2. Bundeskongresses am 8. und 9. Mai 2017 in Essen, Berlin 2017, S. 38–40

Landeshauptstadt München: Begründung zur Flächennutzungsplan-Änderung I/30. München o. J. https://risi.muenchen.de/risi/dokument/v/1885887 (Zugriff am 30.03.2022)

Landeshauptstadt München: Informationen zum Stadtbezirk 17. www.muenchen.de/rathaus/Stadtpolitik/Bezirksausschuesse/Stadtbezirk17/Informationen.html (Zugriff am 02.11.2021)

Landeshauptstadt München: Erholungsrelevante Freiflächenversorgung für das Stadtgebiet. München 1995. https://stadt.muenchen.de/dam/jcr:48f938b4-3d7d-465e-be33-daee2ff5d76e/1995_Erholungsrelevante_Freiflaechen_red.pdf (Zugriff am 30.03.2022)

Landeshauptstadt München: Freiflächengestaltungssatzung. München 1996. https://stadt.muenchen.de/dam/jcr:b4f79ad9-8e04-4710-ae27-ce56b00c7bbe/Freiflaechengestaltungssatzung_210313.pdf (Zugriff am 07.03.2022)

Landeshauptstadt München: Handlungsprogramm Mittlerer Ring 2001–2005. 1. Sachstandsbericht. München 2002

Landeshauptstadt München: Münchens Zukunft gestalten. Perspektive München – Strategien, Leitlinien, Projekte. München 2005. https://stadt.muenchen.de/dam/jcr:e383573f-4b68-48dd-9420-eaa2123de360/pm_stadtentwicklungsbericht.pdf (Zugriff am 30.03.2022)

Landeshauptstadt München: Fortschreibung Perspektive München 2010. München 2010. https://www.perspektive.muenchen-mitdenken.de/sites/default/files/downloads/Fortschreibung%20Perspektive%20M%C3%BCnchen_klein.pdf (Zugriff am 30.03.2022)

Landeshauptstadt München: Langfristige Siedlungsentwicklung. Kongressinformation. München 2011. https://stadt.muenchen.de/dam/jcr:1505d79a-63ba-496f-91f7-78799809c06b/lasie_gutachten_wwwkl.pdf (Zugriff am 30.03.2022)

Landeshauptstadt München: Stadtsanierung in München. Weißenseepark und Katzenbuckel • grün • lebendig • nah! München 2012. https://stadt.muenchen.de/dam/jcr:7bff7def-e8f7-4470-b3c1-f0d04a89cc41/20120412_Weissenseepark_Broschuere.pdf (Zugriff am 07.03.2022)

Landeshauptstadt München: Konzeptgutachten Freiraum München 2030. Entschleunigung – Verdichtung – Umwandlung. München 2015

Landeshauptstadt München: Spielflächenversorgungsplan. Fortschreibung 2015. München 2016. https://www.muenchen-transparent.de/antraege/4049773 (Zugriff am 28.04.2016)

Landeshauptstadt München: Wohnungspolitisches Handlungsprogramm. „Wohnen in München VI" 2017 – 2021. München 2017

Landeshauptstadt München: Freiraumzeit. Die Öffentlichkeitsphase zur langfristigen Freiraumentwicklung Münchens. München 2018. https://www.google.de/url?sa=t&rct=j&q=&esrc=s&source=web&cd=&ved=2ahUKEwja2rKC3LT2AhX8SPEDHSkhCLsQFnoECAsQAQ&url=https%3A%2F%2Fwww.muenchen.de%2Frathaus%2Fdm%2Fjcr%3Ad22178fa-1b78-4e5d-b081-036642da0daa%2FFreiraumzeit_2017.pdf&usg=AOvVaw3dQLz6slcJe58QHCSPfCI2 (Zugriff am 30.03.2022)

Landeshauptstadt München (Hrsg.): Konfliktmanagement im öffentlichen Raum. München 2018

Landeshauptstadt Stuttgart. https://www.stadtklima-stuttgart.de/index.php?start (Zugriff am 30.03.2022)

Landeshauptstadt Stuttgart: Das Klima von Stuttgart. Stuttgart 2006. https://www.stadtklima-stuttgart.de/stadtklima_filestorage/download/Flyer-Das-Klima-von-Stuttgart.pdf (Zugriff am 30.03.2022)

Landeshauptstadt Stuttgart: Vorbereitende Untersuchungen, Bad Cannstatt 20, Hallschlag. Stuttgart 2006

Landeshauptstadt Stuttgart: Erlebnisraum Neckar. Ein Masterplan für Stuttgart als Stadt am Fluss. 2017. https://www.stuttgart-meine-stadt.de/file/5b9f9acfd10d432e3d447702 (Zugriff am 30.03.2022)

Landeshauptstadt Stuttgart; ORPLAN: Rahmenplan Hallschlag. Kurzbericht zu den Planungsergebnissen. Stuttgart 2021. https://www.zukunft-hallschlag.de/files/2021-09/bericht-rahmenplan_final_klein.pdf (Zugriff am 30.03.2022)

Landschaft Planen & Bauen; Becker Giseke Mohren Richard: Der Biotopflächenfaktor als ökologischer Kennwert. Grundlagen zur Ermittlung und Zielgrößenbestimmung. Auszug. Berlin 1990

Landschaftspark Neckar: Landschaftspark Neckar. Stuttgart o. J. https://www.region-stuttgart.org/index.php?eID=dumpFile&t=f&f=1535&token=845eaf0c1e5dca7bb4e1e26d087d35f3db5926e8 (Zugriff am 30.03.2022)

Langmeier, R.: Nachhaltige Entwicklung Zürich West. Statusbericht 2004 aus Sicht der Stadt Zürich. Zürich 2004

Lendlease. www.elephantpark.co.uk/sustainability/ (Zugriff am 27.01.2022)

Lendlease: Elephant Park. Regeneration Factsheet. London 2018. https://www.lendlease.com/uk/-/media/llcom/house-views/lendlease-responds/elephant_park_regeneration_factsheet_2018-final.pdf (Zugriff am 30.03.2022)

Lindskov Kjær, H.: Climate change adaptation in marginalized neighbourhoods. 2015. https://projekter.aau.dk/projekter/files/213985464/artikel.pdf (Zugriff am 07.04.2022)

London Climate Change Partnership. www.climatelondon.org (Zugriff am 30.03.2022)

Lotze-Campen, H.; Claussen, L.; Dosch, A.; Noleppa, S.; Rock, J.; Schuler, J.; Uckert, G.: Klimawandel und Kulturlandschaft Berlin. (Studie). Berlin o. J.

Malottki, C. von; Sabelfeld, R.: Grün als Wohnwunsch. In: Stadtforschung und Statistik 2/2021, S. 44–51

mavo GmbH. https://mavo.la/ (Zugriff am 24.06.2020)

Mertens, E.: Die resiliente Stadt. Landschaftsarchitektur für den Klimawandel. Basel 2021

Ministère de la Transition écologique: Un label en quatre étapes. http://www.ecoquartiers.logement.gouv.fr/le-label/etapes/ (Zugriff am 30.03.2022)

Ministerium für Verkehr und Infrastruktur Baden-Württemberg: Städtebauliche Klimafibel. Hinweise für die Bauleitplanung. Stuttgart 2012. https://www.stadtklima-stuttgart.de/stadtklima_filestorage/download/Klimafibel-2012.pdf (Zugriff am 30.03.2022)

Ministry of Environment of Denmark. www.klimatilpasning.dk (Zugriff am 07.04.2022)

Mobile Gardeners. www.mobilegardeners.org (Zugriff am 30.03.2022)

Mobile Gardeners: Grow Elephant. www.mobilegardeners.org/#growelephant (Zugriff am 30.03.2022)

## 4.1 LITERATUR- UND QUELLENVERZEICHNIS

Mobile Gardeners: Mobile Gardeners Park. https://www.mobilegardeners.org/#mobilegardenerspark (Zugriff am 30.03.2022)

Mobile Gardeners: Origins. https://www.mobilegardeners.org/#origins (Zugriff am 20.01.2022)

Münchner Gesellschaft für Stadterneuerung mbH: Giesinger. Magazin für die Soziale Stadt Giesing. 2012. https://stadtsanierung-giesing.de/fileadmin/user_upload/Giesing/Giesinger_12-03.pdf (Zugriff am 30.03.2022)

Münchner Gesellschaft für Stadterneuerung mbH: Integriertes Handlungskonzept. Sanierungsgebiet ‚Tegernseer Landstraße / Chiemgaustraße. 5. Fortschreibung 2017. München 2017. https://stadtsanierung-giesing.de/fileadmin/user_upload/Giesing/2017-05-04_IHK_Tela_2017_web.pdf (Zugriff am 30.03.2022)

Mutz, M.; Albrecht, P.; Müller, J.: Die Nutzung von öffentlichen Spielplätzen und ihr Beitrag zur täglichen Bewegungsaktivität von Kindern im Grundschulalter. In: Diskurs Kindheits- und Jugendforschung / Discourse Journal of Childhood and Adolescence Research 1/2020, S. 87–102

NABU: Stadtklima – Was ist das? Hintergrundinformationen zum Lokalklima in Städten. https://www.nabu.de/umwelt-und-ressourcen/ressourcenschonung/bauen/stadtklima/stadtklima.html (Zugriff am 04.04.2022)

Nachbarschaftsverband Karlsruhe: Beispiele für Wohndichten. Karlsruhe 2018. https://www.nachbarschaftsverband-karlsruhe.de/b4/wohndichten/HF_sections/content/ZZnD61xZj2Yq9j/ZZnD62aHku4gjH/180528%20Brosch%C3%BCre%20Wohnungsdichte.pdf (Zugriff am 22.06.2022)

Niemann, S.: Die Freiheit des Narren. In: Bauwelt 27–28/2011, S. 26–29

OECD: How's Life in Your Region? Measuring Regional and Local Well-being for Policy Making. Paris 2014. https://www.oecd.org/regional/how-s-life-in-your-region-9789264217416-en.htm (Zugriff am 24.06.2022)

Otto, C.; Ravens-Sieberer, U.: Gesundheitsbezogene Lebensqualität. (letzte Aktualisierung am 24.03.2020). 2020. https://leitbegriffe.bzga.de/alphabetisches-verzeichnis/gesundheitsbezogene-lebensqualitaet/ (Zugriff am 26.06.2022)

Otto Wulff Projekt Groß Borstel GmbH. https://www.tarpenbeker-ufer.de/ (Zugriff am 30.03.2022)

Otto Wulff Projekt Groß Borstel GmbH. https://www.grossborstel-tarpenbek.de/ (Zugriff am 30.03.2022)

Pfoser, N.: Vertikale Begrünung. Bauweisen und Planungsgrundlagen zur Begrünung von Wänden und Fassaden mit und ohne natürlichen Boden-/Bodenwasseranschluss. Stuttgart 2018

Philippe, D.: L'agence TER va réaliser le parc du Trapèze à Boulogne-Billancourt. www.lemoniteur.fr/article/l-agence-ter-va-realiser-le-parc-du-trapeze-a-boulogne-billancourt.1048074 (Zugriff am 30.03.2022)

Picht, G.: Der Begriff der Natur und seine Geschichte, 2. Aufl. Stuttgart 1990

Portal München Betriebs-GmbH & Co. KG. www.muenchen.de/rathaus/Stadtverwaltung/Referat-fuer-Stadtplanung-und-Bauordnung/Projekte/Ehemaliges-Agfa-Gelaende.html (Zugriff am 11.02.2020)

Priebs, A.: Dänemark: Regionalentwicklung statt Regionalplanung. https://www.ssoar.info/ssoar/bitstream/handle/document/33700/ssoar-2012-priebs-Danemark_Regionalentwicklung_statt_Regionalplanung.pdf?sequence=1&isAllowed=y&lnkname=ssoar-2012-priebs-Danemark_Regionalentwicklung_statt_Regionalplanung.pdf (Zugriff am 07.04.2022)

Ramboll Group A/S. https://ramboll.com/ (Zugriff am 07.04.2022)

Ramboll Group A/S: Kopenhagen – CO2-neutral bis 2025. https://de.ramboll.com/projects/rdk/copenhagencarbonneutral (Zugriff am 07.04.2022)

Redecke, S.: Das Trapez von Billancourt. In: Bauwelt 27–28/2011, S. 12–17

Regierungsrat des Kantons Basel-Stadt: Ratschlag. Erlenmatt Erschliessung Mitte und Parkanlagen. Basel 14. Februar 2007. https://www.grosserrat.bs.ch/dokumente/100236/000000236214.pdf (Zugriff am 30.03.2022)

Regierungsrat des Kantons Basel-Stadt: Teil 1: Übersicht und raumplanerische Gesamtschau. Basel 2012

Regierungsrat des Kantons Basel-Stadt: Ratschlag. Basisratschlag – Zonenplanrevision. Basel 16. Mai 2012. https://www.grosserrat.bs.ch/dokumente/100373/000000373716.pdf (Zugriff am 30.03.2022)

Regierungsrat des Kantons Basel-Stadt: Ratschlag Areal Erlenmatt betreffend Zonenänderung und Änderung des Bebauungsplanes Nr. 172 für das Gebiet Erlenmatt (ehemaliges DBGüterbahnhofareal), Geviert Schwarzwaldallee, Erlenstrasse, Riehenring, Wiese. Basel 16. April 2014. https://www.grosserrat.bs.ch/dokumente/100377/000000377840.pdf (Zugriff am 06.03.2022)

Regierungsrat des Kantons Basel-Stadt: Kantonaler Richtplan. Basel 2020. https://www.richtplan.bs.ch/download/richtplan/geltender-richtplan.html (Zugriff am 30.03.2022)

Regierungsrat des Kantons Basel-Stadt: Anzug Thomas Grossenbacher und Konsorten betreffend Entsiegelungspotenziale in Basel-Stadt. Basel 29. Januar 2020. https://www.grosserrat.bs.ch/dokumente/100391/000000391390.pdf?t=158374445820200309100058 (Zugriff am 06.03.2022)

Regierungsrat des Kantons Basel-Stadt: Anpassung an den Klimawandel im Kanton Basel-Stadt. Handlungsfelder und Massnahmenplanung. 2021. https://www.bs.ch/publikationen/aue/Bericht-Anpassung-Klimawandel-Kanton-Basel-Stadt.html (Zugriff am 30.03.2022)

Rolfes-Poneß, B.: Baugemeinschaften als Bauherren für selbstgenutztes Wohneigentum. Das Quartier Friesenstraße in Berlin. In: Forum Wohnen und Stadtentwicklung (FWS) 3/2013, S. 129–132

Rosa, H.: Resonanz. Eine Soziologie der Weltbeziehung, 5. Aufl. Berlin 2021

Safranski, R.: Romantik. Eine deutsche Affäre. München 2007

Schulz, G.: Aufwertung und Verdrängung in Berlin – Räumliche Analysen zur Messung von Gentrifizierung. Wiesbaden 2017. https://www.destatis.de/DE/Methoden/WISTA-Wirtschaft-und-Statistik/2017/04/aufwertung-verdraengung-berlin-042017.pdf;jsessionid=-D65A9845171510613173E6168C48CCBE.live711?__blob=publicationFile (Zugriff am 30.03.2022)

Seebauer, Wefers und Partner GbR: Hamburg-Nord. B-Plan Groß Borstel 25. Eingriffs-Ausgleichs-Bilanz zum Entwurf. Berlin 2013. https://suche.transparenz.hamburg.de/dataset/eingriffs-ausgleichs-bilanz-zum-bebauungsplan-gross-borstel-25?forceWeb=true (Zugriff am 30.03.2022)

Selle, K.: Was ist bloß mit der Planung los? Erkundungen auf dem Weg zum kooperativen Handeln, 2. Aufl. Dortmund 1996

Senatsverwaltung für Stadtentwicklung (Hrsg.): Stadtentwicklungskonzept Berlin 2020. Statusbericht und perspektivische Handlungsansätze. Berlin 2004

Senatsverwaltung für Stadtentwicklung und Umwelt: Berliner Strategie zur Biologischen Vielfalt. Begründung, Themenfelder und Ziele. Berlin 2012. https://www.berlin.de/sen/uvk/_assets/natur-gruen/biologische-vielfalt/publikationen/biologische_vielfalt_strategie.pdf (Zugriff am 30.03.2022)

Senatsverwaltung für Stadtentwicklung und Umwelt: Strategie Stadtlandschaft Berlin. Natürlich urban produktiv. Berlin 2014. http://www.berlin.de/senuvk/umwelt/landschaftsplanung/strategie_stadtlandschaft/download/Strategie-Stadtlandschaft-Berlin.pdf (Zugriff am 30.03.2022)

Senatsverwaltung für Stadtentwicklung und Umwelt: Berlinstrategie. Stadtentwicklungskonzept Stadtentwicklungskonzept Berlin 2030. Berlin 2015. https://stadtentwicklung.berlin.de/planen/stadtentwicklungskonzept/download/strategie/BerlinStrategie_de_PDF.pdf (Zugriff am 30.03.2022)

Senatsverwaltung für Stadtentwicklung und Umwelt: Stadtentwicklungsplan Klima. KONKRET. Klimaanpassung in der Wachsenden Stadt. Berlin 2016. https://www.stadtentwicklung.berlin.de/planen/stadtentwicklungsplanung/download/klima/step_klima_konkret.pdf (Zugriff am 30.03.2022)

Senatsverwaltung für Stadtentwicklung und Wohnen: Versorgung mit öffentlichen, wohnungsnahen Grünanlagen (Ausgabe 2017). 2017. https://www.berlin.de/umweltatlas/_assets/nutzung/oeffentliche-gruenanlagen/de-texte/kb605.pdf (Zugriff am 30.03.2022)

Senatsverwaltung für Stadtentwicklung, Bauen und Wohnen: Versorgung mit wohnungsnahen, öffentlichen Grünanlagen 2016. Zusammenfassung. www.berlin.de/umweltatlas/nutzung/oeffentliche-gruenanlagen/2016/zusammenfassung (Zugriff am 01.12.2021)

Senatsverwaltung für Umwelt, Verkehr und Klimaschutz: Charta für das Berliner Stadtgrün. Eine Selbstverpflichtung des Landes Berlin. Berlin 2020

Senatsverwaltung für Umwelt, Mobilität, Verbraucher- und Klimaschutz: 1.000 Grüne Dächer Programm. https://www.berlin.de/sen/uvk/natur-und-gruen/stadtgruen/stadtgruen-projekte/1-000-gruene-daecher/ (Zugriff am 22.06.2022)

Southwark Council: Core strategy. London 2011. https://www.southwark.gov.uk/assets/attach/12830/EIP68-Core-Strategy-2011-.pdf (Zugriff am 30.03.2022)

Southwark Council: Elephant and Castle. www.southwark.gov.uk/regeneration/elephant-and-castle?chapter=6 (Zugriff am 30.03.2022)

Southwark Council; Mayor of London: Elephant and Castle. Supplementary Planning Document (SPD) and Opportunity Area Planning Framework (OAPF). London 2012. https://www.southwark.gov.uk/assets/attach/1817/1.0.5-Elephant-Castle-SPD-OAPF.pdf (Zugriff am 30.03.2022)

Stadt Heilbronn: Stadtquartier Neckarbogen. www.heilbronn.de/bauen-wohnen/stadtquartier-neckarbogen.html (Zugriff am 30.03.2022)

Stadt Heilbronn: Städtebaulicher Ideenwettbewerb Masterplan Neckarvorstadt. Dokumentation der Wettbewerbsergebnisse. Heilbronn 2009. https://www.heilbronn.de/fileadmin/daten/stadtheilbronn/formulare/buga/Dokumentation_Ideenwettbewerb_Neckarvorstadt.pdf (Zugriff am 30.03.2022)

Stadt Heilbronn: Gestaltungshandbuch. Modellquartier Neckarbogen in Heilbronn. Heilbronn 2015. https://www.heilbronn.de/fileadmin/daten/stadtheilbronn/formulare/buga/Gestaltungshandbuch_Neckarbogen.pdf (Zugriff am 05.03.2022)

Stadt Heilbronn: Neckerbogen. Stadtquartier Heilbronn. Fluss. Leben. Puls. Heilbronn 2017

Stadt Heilbronn: Grüne Stadt am Fluss. Die Grün- und Parkanlagen in Heilbronn. 2019. https://www.heilbronn.de/fileadmin/daten/stadtheilbronn/formulare/umwelt_mobilitaet/gruenes_heilbronn/Gruen-_und_Parkanlagen.pdf (Zugriff am 05.03.2022)

Stadt Heilbronn: C. Planungskonzept. Landschaftsplan der Stadt Heilbronn Fortschreibung 2030. 2020. https://www.heilbronn.de/fileadmin/daten/stadtheilbronn/formulare/umwelt_mobilitaet/gruenes_heilbronn/Landschaftsplan/03_LP2030_HN_Ziele_Leitbild.pdf (Zugriff am 05.03.2022)

Stadt Heilbronn: Wassermanagement im Stadtquartier Neckarbogen. https://www.heilbronn.de/umwelt-mobilitaet/abwasserbeseitigung/wassermanagement-neckarbogen.html (Zugriff am 22.03.2022)

Stadt Wien: „Kühlen Meile" Zieglergasse. 2019 wurde die Zieglergasse zur „coolen Meile" – Wiens erste klimaangepasste Straße. https://www.wien.gv.at/bezirke/neubau/umwelt/kuehlemeile.html (Zugriff am 11.04.2022)

Stadt Zürich. www.stadt-zuerich.ch/gud/de/index/departement/strategie_politik/umweltpolitik/klimapolitik/klimaanpassung.html (Zugriff am 30.03.2022)

Stadt Zürich: BZO-Teilrevision 2014 gemäss GRB vom 30.11.2016. 2016. https://www.stadt-zuerich.ch/content/dam/stzh/hbd/Deutsch/Staedtebau_und_Planung/Weitere%20Dokumente/Planung/BZO_RR_Revision/BZO/GRB%202016130_W%202014_0335-BZO-Teilrevision%202014_Bauordnung.pdf (Zugriff am 30.03.2022)

Stadt Zürich: Das neue Grünbuch der Stadt Zürich. https://www.stadt-zuerich.ch/ted/de/index/departement/medien/medienmitteilungen/2019/juni/190613a.html (Zugriff am 11.04.2022)

Stadtteilladen Giesing. www.stadtteilladen-giesing.de (Zugriff am 11.02.2020)

State of Green. https://stateofgreen.com/en/ (Zugriff am 30.03.2022)

State of Green: Sustainable Urban Drainage Systems. Using rainwater as a resource to create resilient and liveable cities. 2015. https://backend.orbit.dtu.dk/ws/portalfiles/portal/118747536/SUDS_White_paper.pdf (Zugriff am 08.03.2022)

Statista GmbH: Anzahl der Regentage im Juni, Juli und August der Jahre von 1986 bis 2016 in ausgewählten Städten in Deutschland. https://de.statista.com/statistik/daten/studie/606703/umfrage/ (Zugriff am 22.06.2022)

Statista GmbH: Städte in Deutschland mit der größten Niederschlagsmenge. https://de.statista.com/statistik/daten/studie/208954/umfrage/staedte-in-deutschland-mit-der-groessten-niederschlagsmenge/ (Zugriff am 22.06.2022)

Statistisches Amt der Landeshauptstadt München: Statistisches Taschenbuch 2014. München und seine Stadtbezirke. München 2014. https://stadt.muenchen.de/dam/jcr:eb03c03a-cf13-4d6e-84d3-760c63ba75fe/Stat_tb_2014.pdf (Zugriff am 07.03.2022)

Stinner, S.; Bürgow, G.; Franck, V.; Hirschfeld, J.; Janson, P.; Kliem, L.; Lang, M.; Püffel, C.; Welling, M.: Den multidimensionalen Wert urbanen Grüns erfassen. In: Stadtforschung und Statistik 2/2021, S. 24–32

Stuttgarter Wohnungs- und Städtebaugesellschaft mbH: Standardbaubeschreibung Außenanlagen. Stuttgart 2018

Stuttgarter Zeitung: Römer-Staffel findet Gefallen. https://www.stuttgarter-zeitung.de/inhalt.treppe-zum-hallschlag-roemer-staffel-findet-gefallen.39aad637-b260-4ba5-81a7-c583260a61ee.html (Zugriff am 30.03.2022)

SWR: 131 Millionen investiert und 150 Millionen bekommen: Heilbronn präsentiert BUGA-Abschlussrechnung. www.swr.de/swraktuell/baden-wuerttemberg/heilbronn/buga-gesellschaft-in-heilbronn-abgewickelt-100.html (Zugriff am 30.03.2022)

Technische Universität München: Leitfaden für klimaorientierte Kommunen in Bayern. Handlungsempfehlungen aus dem Projekt Klimaschutz und grüne Infrastruktur in der Stadt am Zentrum Stadtnatur und Klimaanpassung. München 2018. https://www.zsk.tum.de/fileadmin/w00bqp/www/PDFs/Berichte/180207_Leitfaden_ONLINE.pdf (Zugriff am 22.06.2022)

The City of Copenhagen: Regnvandshåndtering. http://planer.kk.dk/dk/spildevandsplan-2018/maalsaetninger/regnvandshaandtering/ (Zugriff September 2021)

The City of Copenhagen: Tåsinge Plads. Kopenhagen o. J. https://urban-waters.org/sites/default/files/uploads/docs/tasinge_plads.pdf (Zugriff am 07.04.2022)

The City of Copenhagen: Copenhagen Climate Adaptation Plan. Kopenhagen 2011. https://en.klimatilpasning.dk/media/568851/copenhagen_adaption_plan.pdf (Zugriff am 07.04.2022)

The City of Copenhagen: Copenhagen Climate Plan. The short version. Kopenhagen 2011

The City of Copenhagen: Integrated Urban renewal in Skt. Kjeld's. A neighbourhood in motion. Kopenhagen 2011

The City of Copenhagen: Cloudburst Management Plan 2012. Kopenhagen 2012. https://en.klimatilpasning.dk/media/665626/cph_-_cloudburst_management_plan.pdf (Zugriff am 07.04.2022)

The City of Copenhagen: Kommuneplan 2015. Kopenhagen 2015

The Rethink Water Network; Danish Water Forum: Rethinking urban water for new value in cities. Sustainable solutions for integrated urban water management. Kopenhagen 2013. https://urban-waters.org/sites/default/files/uploads/docs/rethinking_urban_water_for_new_value_in_cities_0.pdf (Zugriff am 07.04.2022)

UmweltBank AG. 2014. https://www.umweltbank.de/_Resources/Persistent/7/e/8/d/7e8ded8038ffbb335021ae24a9339f96a5a403aa/BU71.pdf (Zugriff am 30.03.2022)

Umweltbundesamt: Vulnerabilität Deutschlands gegenüber dem Klimawandel. Dessau-Roßlau 2015. https://www.umweltbundesamt.de/publikationen/vulnerabilitaet-deutschlands-gegenueber-dem (Zugriff am 22.06.2022)

Verband Region Stuttgart: Landschaftspark Region Stuttgart. https://www.region-stuttgart.org/landschaftspark/ (Zugriff am 30.03.2022)

Verband Region Stuttgart: Masterplan Neckar. https://www.region-stuttgart.org/landschaftspark/planen/masterplan-neckar/?noMobile=1 (Zugriff am 29.06.2022)

Verband Region Stuttgart: Masterplan Neckar. https://www.region-stuttgart.org/landschaftspark/planen/masterplan-neckar (Zugriff am 30.03.2022)

Ville de Paris: Paris Plan Biodiversité 2018–2024. https://cdn.paris.fr/paris/2020/05/15/5299c6e327d70b33aa346976f8a9f1d2.pdf (Zugriff am 30.03.2022)

Ville de Paris: Le permis de végétaliser. www.paris.fr/pages/un-permis-pour-vegetaliser-paris-2689 (Zugriff am 30.03.2022)

Vogel, R.: Erlenmattpark Basel. Basel 2013

Vogel, R.: Gestaltung als Ausdruck des Beziehungsgefüges. In: Raymond Vogel Landschaften AG (Hrsg.): Erlenmattpark Basel, Basel 2013, S. 14–15

von Ballmoos Krucker Architekten AG. www.vbk-arch.ch (Zugriff am 30.03.2022)

WHO Regional Office for Europe: Urban green spaces and health. A review of evidence. Kopenhagen 2016. https://www.euro.who.int/__data/assets/pdf_file/0005/321971/Urban-green-spaces-and-health-review-evidence.pdf (Zugriff am 23.06.2022)

Wils, J.-P. (Hrsg.): Resonanz. Im interdisziplinären Gespräch mit Hartmut Rosa. Baden-Baden 2019

Wikipedia: Trennsystem. https://de.wikipedia.org/wiki/Trennsystem (Zugriff am 30.03.2022)

Zimraum GmbH; Nova Energie Basel AG: Umsetzung einer nachhaltigen Arealentwicklung auf Erlenmatt Ost und West und in der Schorenstadt. Synthesebericht. 24. April 2020. https://www.entwicklung.bs.ch/dam/jcr:58ebfd5b-b73f-47b5-90de-6e06c3ad786d/Synthesebericht-Nachhaltige-Arealentwicklung.pdf (Zugriff am 30.03.2022)

Zukunft Hallschlag: Stadtteilzeitung für den Hallschlag und Umgebung. 2012. https://www.zukunft-hallschlag.de/files/hallohallschlag_Ausdruck.pdf (Zugriff am 22.06.2022)

# 4.2 Abbildungsverzeichnis

19 Blick vom Parc de Billancourt auf den Tour Horizons von Jean Nouvel,
Foto: Weeber+Partner

21 Wasserfläche im südwestlichen Park,
Foto: Weeber+Partner

22 Wohngebäude mit Blick auf den Parc de Billancourt,
Foto: Weeber+Partner

23 Luftbild des Quartiers Le Trapèze,
Foto: Philippe Guignard

23 Eine Kindergartengruppe geht im Parc de Billancourt spazieren,
Foto: Weeber+Partner

24 Biodiversitätskorridor: Grünverbindung im Quartier,
Naturnaher Bereich im westlichen Park,
Fotos: Weeber+Partner

25 Eingezäunter Spielbereich mit Verschattungselementen,
Elemente im Park laden zu Sport und Bewegung ein,
Fotos: Weeber+Part

28 Die große Wiese mit Spuren von intensiver Nutzung und Trockenheit,
Foto: Weeber+Partner

29 Begrünter Innenhof eines *Macro-Lot*,
Foto: Weeber+Partner;

29 Üppiges Grün zwischen den dichten Häuserblocks,
Fotos: Weeber+Partner

30 Verbindende Brücke vom Bestandsquartier Pont de Sèvres zum Quartier Le Trapèze,
Foto: Weeber+Partner

31 Luftbild der Ecole de Biodiversité,
Foto: Philippe Guignard – Val de Seine Aménagement,

33 Trampelpfade Park,
Foto: Cornelia Bott, PLR

36 Private und gemeinschaftliche Bereiche in einem Innenhof Ost,
Foto: Weeber+Partner

37 Großzügige Freiflächen mit Habitatstrukturen im Erlenmattpark,
Foto: Weeber+Partner
Spaziergang im Erlenmattpark,
Foto: Cornelia Bott

40 Schaukeln, Klettern, Rutschen und vieles mehr im Erlenmattpark,
Wasserspiel im Erlenmattpark,
Fotos: Weeber+Partner

41 Sitzstufen am Triangel-Platz,
Foto: Weeber+Partner

41 Wasserbecken am Max Kämpf-Platz,
Foto: Cornelia Bott

42 Naturnaher und urbaner Innenhof Ost,
Gärtnern in einem Innenhof Ost,
Stadthühner in einem Innenhof Ost,
Gemeinschaftsterrasse auf dem Dach des Baublocks Erlenmatt Ost,
Fotos: Cornelia Bott

43 Naturnaher Gemeinschaftshof West – grün im Frühling,
Foto: Cornelia Bott
Naturnaher Gemeinschaftshof West – trocken im Hochsommer,
Foto: Weeber+Partner

## 4 ANHANG

43 Naturnahe Gemeinschaftsflächen zum Spielen,
Tangentenweg mit Staudenband im Baublock West,
Fotos: Cornelia Bott

44 Habitate mit Schotter im Erlenmattpark,
Eidechsenhabitate im Erlenmattpark,
Fotos: Weeber+Partner

51 Blick von der Brücke auf Tarpenbek, Rampe und Wohnbebauung,
Foto: Ulrich Hoppe

54 Fuß- und Radweg zwischen der Wohnbebauung und der Uferböschung,
Foto: Ulrich Hoppe

55 Tarpenbek mit Fuß- und Radwegen auf beiden Uferseiten,
Das renaturierte Tarpenbekufer mit Großbaumbestand,
Fotos: Weeber+Partner

56 Üppig blühende Pflanzpunkte mit Sitzgelegenheiten,
Barrierefreie Durchwegung des Quartiers auf der Hofseite,
Fotos: Ulrich Hoppe

58 Materialwahl mit Geschichtsbezug: Cortenstahl und altes Güterbahnhofspflaster,
Foto: Ulrich Hoppe
Unbefestigter Fußweg zwischen den Häusern,
Foto: Weeber+Partner

59 Fuß- und Radweg am Tarpenbekufer an einem Regentag,
Foto: Weeber+Partner
Intensiv bepflanzter Lärmschutzwall mit Mulden,
Foto: Ulrich Hoppe

62 Die Beleuchtung in den Innenhöfen ist insektenschonend ausgeführt,
Foto: Ulrich Hoppe

63 Der Quartierspark mit Spielplatz und Sitzgelegenheiten,
Der Quartierspark wurde zeitgleich mit den letzten Baufeldern fertiggestellt,
Fotos: OTTO WULFF BID Gesellschaft mbH

64 Die Wall-Wand-Kombination ist multifunktional – Lärmschutz, Klimaanpassung, Spielen, ...,
Foto: Ulrich Hoppe
Grünkorridor zwischen zwei Baufeldern mit Spielgeräten,
Foto: Weeber+Partner

67 Die große, freie Wiese für Spiel, Sport und vieles mehr in der Mitte des Areals,
Foto: Weeber+Partner

70 Blick auf das Agfa-Areal mit Wiese und Ella-Lingens-Platz,
Foto: Weeber+Partner

72 Baumreihen am Rand der großen Wiese
Die große Wiese im Abendschatten,
Foto: Weeber+Partner

73 Das Aktivitätenband ist ein attraktiver Quartiersspielplatz,
Foto: Weeber+Partner

74 Spielangebote für unterschiedliche Altersgruppen im Aktivitätenband,
Das Aktivitätenband zieht sich fast durch das gesamte Areal,
Fotos: Weeber+Partner

74 Das Agfa-Areal ist autofrei,
Eine offene Durchwegung zieht sich durch das Areal,
Fotos: Weeber+Partner

75 Ein Innenhof mit Obstbäumen,
Spielangebote in einem Innenhof,
Fotos: Weeber+Partner

78 Leichter Übergang vom Agfa-Areal zum Weißenseepark,
Der Weißenseepark zum Spazieren, Joggen, Entspannen,
Fotos: Weeber+Partner

79 Im Herbst im Weißenseepark,
Dirtbike-Anlage für ältere und jüngere Kinder am Katzenbuckel,
Fotos: Weeber+Partner

81 Der naturnahe Hain mit dichter Bepflanzung,
Foto: Weeber+Partner

87 Entlang des Neckars: Promenade und Neckaruferpark,
Foto: Cornelia Bott

90 Erlebnissteg am naturnahen Neckarufer,
Foto: Cornelia Bott

92 Die ehemalige Bundesstraße wurde zur Promenade,
Foto: Cornelia Bott

92 Der Karlssee als Attraktion für Bewohnerinnen und Bewohner sowie für Gäste,
Foto: Weeber+Partner

93 „Skywalk" auf dem Damm,
Wassertreppe,
Fotos: Weeber+Partner

94 Artifiziell gestalteter Hof,
Gemeinschaftliche Dachterrasse als Rückzugsort,
Steinböschung als Eidechsenhabitat im Park,

94 Rückzugsorte für Tiere,
Fotos: Cornelia Bott

95 Strandspielplatz am Karlssee,
Wasserspielplatz im Quartier,
Fotos: Cornelia Bott

96 Viel Platz zum Spielen,
Klettern, Rutschen und vieles mehr,
Fotos: Weeber+Partner

97 Blick vom Floßhafen Richtung Wohnbebauung,
Foto: Weeber+Partner

105 Elephant Park mit vielfältigen Grünbereichen,
Foto: Ewan Oliver

108 Sitzgruppe und Wasserpumpe im Elephant Park,
Foto: Ewan Oliver

111 Temporäre Wildblumenwiese,
Foto: Stephan Thaler

111 Elephant-Park-Musikveranstaltung,
Foto: Ewan Oliver

112 Elephant Springs, Wasserquellen,
Foto: Ewan Oliver

113 Elephant Park, Sandflächen mit Möblierung,
Elephant Springs, vielfältige Wasserbereiche,
Fotos: Ewan Oliver

116 Dachbegrünung und Dachgärten,
Gemeinschaftlicher Innenhof mit gestaffelten Pflanzungen und Insektenhotel,
Fotos: MacCreanor

117 Möblierter Spielplatz, Bodley Way,
Foto: Stephan Thaler
Grünstreifen mit altem Baumbestand,
Foto: MacCreanor

121 Foto: Weeber+Partner

124 In die Bebauung integrierte Lärmschutzwand,
Rücksprung der Bebauung und grüne Vorzone in der Schwiebusser Straße,
Fotos: Weeber+Partner

125 Private Hausgärten und gemeinschaftlicher Freibereich gehen fließend ineinander über,
Foto: Weeber+Partner

127 Alter Baumbestand Birke und Ahorn,
Der Park mit mobilen Sitzgelegenheiten,
Fotos: Weeber+Partner

## 4.2 ABBILDUNGSVERZEICHNIS

130 Blick in einen dicht bewachsenen Hausgarten im Juli 2020,
Die Balkone sind auch intensiv begrünt und genutzt,
Fotos: Weeber+Partner

131 Der Übergang von der privaten Terrasse in den Hausgarten ist fließend,
Die Hausgärten werden gemeinsam von der Bewohnerschaft ausgestattet und genutzt,
Es werden vielfältige Pflanzgefäße verwendet,
Spielen und Klettern im gemeinschaftlichen Innenbereich,
Fotos: Weeber+Partner

133 Die Bewohnerschaft hat den Weidenpavillon gemeinsam errichtet,
Foto: Weeber+Partner

137 Foto: Weeber+Partner

141 Adressbildung und Vermittlung zur Nachbarschaft durch Orientierung der Wohnungseingänge zur Erschließungsstraße und Grünstreifen mit Baumpflanzung,
Foto: Robin Ganser

142 Auf Bewohnerinitiative hin nachträglich realisierte Pflanzkästen,
Foto: Robin Ganser

143 Nutzen der herausfordernden Topografie durch verschiedene Ebenen mit Spielwiesen und Kletteranlage,
Foto: Robin Ganser

144 Pavillon als Treffpunkt,
Nischen in Gehölzen dienen Kindern als Versteck und Rückzugsort,
Fotos: Robin Ganser

145 Keine vollständige Barrierefreiheit – Treppenanlagen machen dabei mitunter Umwege erforderlich,
Sonnenschirme spenden zusätzlichen Schatten,
Fotos: Robin Ganser

149 Strapazierte Spielwiese durch intensive Nutzung,
Foto: Liza Papazoglou

155 Foto: Malmos

159 Reduzierte Verkehrsflächen zu Gunsten des Grüns,
Intensiv bepflanzte Straßenräume,
Fotos: Christiane Rostock

162 Platz mit Sitzgelegenheiten und Spielelementen,
Verknüpfung mit dem bestehenden Quartier,
Fotos: Christiane Rostock

163 Sogenannter Regenwald – Retentionsbecken am tiefsten Punkt des Platzes,
Dichte Vegetation im tiefergelegenen Teil des Platzes,
Fotos: Christiane Rostock

164 Randstreifen mit spezieller Filtererde,
Foto: Malmos

169 Der Travertinpark mit Blick ins Neckartal,
Foto: Weeber+Partner

172 Informationstafeln im Travertinpark,
Foto: Weeber+Partner

173 Innenhöfe der Wohnungsgesellschaften,
Innenhöfe der Wohnungsgesellschaften,
Fotos: Weeber+Partner

174 Bürgergärten im Travertinpark,
Freibereiche der Bestandszeilengebäude,
Fotos: Weeber+Partner

175 Industriedenkmäler im Travertinpark,
Foto: Weeber+Partner

176 Topografie im Travertinpark,
Steinbruch,
Fotos: Weeber+Partner

177 Blick vom Travertinpark Richtung Stadtgebiet,
Über die Römerstaffel erreicht man den Travertinpark von Süden aus,
Fotos: Weeber+Partner

186 Berlin: Ausblick ins Grüne,
München: Alter Baumbestand schafft schattige Bereiche und Atmosphäre,
Fotos: Weeber+Partner

187 Hamburg: Hochwertig gestaltete Innenhöfe,
München: Schön bepflanzte Innenhöfe,
Fotos: Weeber+Partner

188 Hallschlag: Nach der Sanierung hat jede Wohnung einen privaten Balkon,
Heilbronn: Gemeinschaftliche Dachterrasse im Neckarbogen,
Fotos: Weeber+Partner

190 Basel: Kinder bewundern die Natur,
Heilbronn: Ruhebänke mit Aussicht aufs Wasser,
Stuttgart: Die Bürgergärten Hallschlag,
Fotos: Weeber+Partner

191 Heilbronn: Fußgängersteg am Neckar,
München: Fahrradverbindung durchs Quartier,
Fotos: Weeber+Partner

192 Boulogne-Billancourt: Spielbereich im Park,
München: Bewegungsparcours im Weißenseepark,
Fotos: Weeber+Partner

193 London: Nature Trail im Elephant Park,
Foto: MacCreanor
München: Dirtbike-Anlage,
Foto: Weeber+Partner

194 Zürich: Café im Rondell,
Foto: Weeber+Partner

195 Boulogne-Billancourt: Cafeteria und Conciergerie am Park,
Foto: Weeber+Partner

198 Basel: Breite Naturschutzfläche in der Mitte des Quartiers,
Boulogne-Billancourt: Ausblick von den Balkonen in den Park und zur Seine,
Fotos: Weeber+Partner

200 Heilbronn: Durchbrüche in den Blocks ermöglichen Blick ins Grüne,
Foto: Weeber+Partner

201 Boulogne-Billancourt: Die Fassade der École de Biodiversité (links) ist teils begrünt und bietet Nischen für Vögel, Fledermäuse und Insekten,
Boulogne-Billancourt: Fassadenbegrünung,
Fotos: Weeber+Partner

202 Berlin: Das hohe Grünvolumen hat eine kühlende Wirkung auf den Block,
München: Kinder spielen im Schatten einer Baumallee,
Heilbronn: Grün- und Solardach im Neckarbogen,
Fotos: Weeber+Partner

203 Kopenhagen: Grüne Achse entlang des Tåsinge Plads,
Kopenhagen: Waldartiger Raum in der Mitte des Kreisverkehrs,
Fotos: Weeber+Partner

204 Boulogne-Billancourt: Grüne Achse mit Mulden für Starkregen,
Foto: Weeber+Partner

206 Hamburg: Naturnaher Bereich an der Tarpenbek,
Boulogne-Billancourt: Naturnahe Fläche mit Insektenhotel,
Fotos: Weeber+Partner

207 München: Naturnahe Fläche im Agfa-Areal,
Basel: Ruderalflur in Erlenmatt,
Fotos: Weeber+Partner

4 ANHANG

# 4.3 Dank

Unser Dank gebührt insbesondere den Beteiligten an den beiden Expertenworkshops, die uns wichtige Hinweise zum Forschungsdesign, zu Quartieren und zentralen Erkenntnissen dieser Studie gaben. Daneben danken wir den Vertreterinnen und Vertretern aus den Fallstudien, die die Grundlage dieser Forschung bilden. Sie haben sich Zeit genommen, unsere Fragen zu beantworten, mit uns durch die Quartiere zu gehen und uns Materialien zu den Projekten zur Verfügung gestellt. Sie alle nahmen unterschiedliche Blickwinkel auf die Freiräume ein und haben uns damit die vielschichtigen Dimensionen von Lebens- und Freiraumqualität in urbanen Quartieren sowie die tragende Rolle der Akteurinnen und Akteure verdeutlicht. Ganz herzlichen Dank hierfür.

Herzlichen Dank auch an die Grafikerin Angela Aumann und an Rotkel für Korrektorat und Übersetzung, deren Arbeit zum Gelingen dieses Buches beitrugen. Schließlich danken wir der Wüstenrot Stiftung, insbesondere Dr. Stefan Krämer und PD Dr. Anja Reichert-Schick für die Unterstützung unserer Forschungsidee, die immer gute Zusammenarbeit und die Geduld bei diesem durch die Coronapandemie beeinträchtigten Forschungsprojekt.

**Teilnehmende 1. Expertenworkshop
26.11.2019 in Stuttgart**

**Christine Baumgärtner**, Verband Region Stuttgart (D)
**Birgitte Bundesen Svarre**, Gehl (DK)
**Anja Chwastek**, Architektenkammer Baden-Württemberg (D)
**Hanna Hinrichs**, Stadt Soest, Digitale Modellregion NRW (D)
**Susanne Hutter von Knorring**, Landeshauptstadt München, Referat für Stadtplanung und Bauordnung (D)
**Martin Knujit**, OKRA Landschaftsarchitecten BV (NL)
**Armin Kopf**, Stadt Basel (CH)
**Hans-Peter Künkele**, IBA27 Internationale Bauausstellung 2027 Stuttgart (D)
**Christian Küpfer**, Hochschule für Wirtschaft und Umwelt Nürtingen-Geislingen (D)
**Michael Mayer-Marczona**, Nassauische Heimstätte Wohnungs- und Entwicklungsgesellschaft mbH (D)
**Carmen Mundorff**, Architektenkammer Baden-Württemberg (D)
**Marie-Theres Okresek**, bauchplan ).( landschaftsarchitekten und stadtplaner (D)
**Rocky Piro**, University of Colorado, Director Centre for Sustainable Urbanism (USA)
**Gabriele Pütz**, Gruppe F – Freiraum für alle GmbH (D)
**Sabine Rabe**, Rabe Landschaften, Netzwerk Studio Urbane Landschaften (D)
**Sandra Schluchter**, Freiberufliche Stadtplanerin (NL)
**Daniel Schönle**, OLA – Office for Living Architecture (D)
**Vera Völker-Jenssen**, Ministerium für Wirtschaft, Arbeit und Wohnungsbau Baden-Württemberg, Referat Städtebauliche Erneuerung (D)
**Martina Voser**, mavo GmbH (CH)
**Karl Wefers**, SWUP GmbH Berlin, Landschaftsarchitektur | Stadtplanung | Mediation (D)

**Teilnehmende 2. Expertenworkshop
10./11.06.2021 – digital**

**Christine Baumgärtner**, Verband Region Stuttgart (D)
**Ulrike Bachir**, Stadt Stuttgart (D)
**Hans-Peter Boltres**, Bezirksamt Hamburg-Nord (D)
**Hagen Eyink**, Bundesministerium für Wohnen, Stadtentwicklung und Bauwesen (BMWSB) (D)
**Matias Hede**, Stadt Kopenhagen (DK)
**Gerhard Hauber**, Ramboll Studio Dreiseitl (D)
**Armin Kopf**, Stadt Basel (CH)
**Rita Lex-Kerfers**, Lex-Kerfers Landschaftsarchitekten (D)
**Christina Lütgert**, Stadt Halle (D)
**Ewan Oliver**, Lendlease Investor (GB)
**Liza Papazoglou**, Expertin für Natur im Siedlungsraum (CH)
**Sabine Rabe**, Rabe Landschaften, Netzwerk Studio Urbane Landschaften (D)
**Helen Stokes**, Agence TER, Landschaftsarchitekten (F)
**Oliver Toellner**, Stadt Heilbronn (D)
**Karl Wefers**, SWUP GmbH Berlin, Landschaftsarchitektur | Stadtplanung | Mediation (D)

## Teilnehmende Fokusgruppengespräche

*Fallstudie Le Trapèze, Boulogne-Billancourt, 18.12.2020:*
Martina Moro, SPL Val de Seine Aménagement
Natalia Prikhodko, SPL Val de Seine Aménagement
Valentina Rubino, SPL Val de Seine Aménagement
Helen Stokes, Agence TER. Paris, Landschaftsarchitektin

*Fallstudie Erlenmatt-Areal, Basel, 05.08.2020:*
Urs Buomberger, Projektleitung Stiftung Habitat
Frieder Kaiser, Projektleitung Park Stadtgärtnerei Basel
Armin Kopf, Leiter Grünplanung Stadtgärtnerei Basel
Reto Meier, stellvertretender Direktor Losinger Marazzi AG
Robert Stern, Projektleiter im Bau- und Verkehrsdepartement des Kantons Basel-Stadt, Städtebau & Architektur

*Fallstudie Tarpenbeker Ufer, Hamburg, 09.07.2020:*
Hans Peter Boltres, Baudezernent Hamburg-Nord
Benjamin Hinsch, Projektleitung Otto Wulff
Eyleen Urban, Quartiersmanagement Otto Wulff

*Telefoninterviews:*
Torben Sell, Claussen-Seggelke Stadtplaner
Karl Wefers, SWUP GmbH
Ulrike Zeising, Kommunalverein Groß-Borstel

*Fallstudie Agfa-Areal und Weißenseepark, München, 30.07.2020:*
Rita Lex-Kerfers, Lex-Kerfers Landschaftsarchitekten GbR
Torsten Müller, MGS, Stadtteilmanagement Soziale Stadt Giesing
Ulrich Rauh, ehemaliger Abteilungsleiter Baureferat Gartenbau Stadt München

*Telefoninterviews:*
Ralf Büschl, Büschl Unternehmensgruppe
Regine Keller, Keller Damm Kollegen GmbH
Carmen Dullinger-Oßwald, Vorsitzende Bezirksausschuss Obergiesing-Fasangarten, Bündnis 90/Die Grünen

*Fallstudie Neckarbogen, Heilbronn, 30.09.2020:*
Michael Schmid, Grünflächenamt Heilbronn
Oliver Töllner, Prokurist BUGA Heilbronn
Nora Zeltwanger, Stiftung Lichtenstern

*Fallstudie Elephant Park und South Gardens, London, 27.07.2020:*
Gerard Maccreanor, Geschäftsführer Maccreanor Lavington
Danyal Ali, Maccreanor Lavington
Simon Bevan, Leiter Bezirksplanungsamt Southwark
Ewan Oliver, Lendlease Investor

*Fallstudie Stadtquartier Friesenstraße, Berlin, 16.07.2020:*
Margit Renatus, Gesellschafterin SQF Entwicklungsgesellschaft, Blaufisch Architekten
Barbara Rolfes-Poneß, Gesellschafterin SQF Entwicklungsgesellschaft
Birgit Teichmann, Teichmann LandschaftsArchitekten

*Fallstudie Triemli-Siedlung, Zürich, 27.07.2020:*
Valentin Hofer, mavo GmbH
Caroline Kaufmann, Geschäftsführerin Baugenossenschaft Sonnengarten
Liza Papazoglou, Bewohnerin und Mit-Initiatorin der Siedlungskommission
Georges Tobler, ehemaliger Geschäftsführer Baugenossenschaft Sonnengarten
Martina Voser, Inhaberin mavo GmbH

*Fallstudie Tåsinge Plads, Kopenhagen, 07.10.2020:*
Jens Hansen, Orbicon WSP
Matias Hede, Projektleiter Stadtverwaltung Kopenhagen
Fiona Hurse, Orbicon WSP
Per Malmos, Landschaftsgärtner Malmos A/S
Martin Vester, HOFOR

*Fallstudie Travertinpark, Stuttgart, 18.05.2020:*
Ulrike Bachir, Projektleitung Soziale Stadt Hallschlag Amt für Stadtplanung und Wohnen
Christine Baumgärtner, Verband Region Stuttgart
Oliver Bräuer, Garten-, Friedhofs- und Forstamt Stuttgart
Hermann Degen, Bewohner, früher Stadtverwaltung
Mathias Klotzbücher, ortskundiger Bewohner
Romana Mahle, Bewohnerin, früher mobile Jugendarbeit
Georg Schiel, früher Garten-, Friedhofs- und Forstamt Stuttgart (Bürgergärten Hallschlag)
Christine Tritschler, ORplan, Architektin und Stadtplanerin
Andreas Böhler, Stadtteilmanagement Weeber+Partner

## Impressum

Ein Forschungsprojekt im Auftrag der
Wüstenrot Stiftung

**Bearbeitet von (alph.)**
Dipl.-Ing. (FH) Simone Bosch-Lewandowski
Prof. Dipl.-Ing. Cornelia Bott
Prof. Dr.-Ing. Robin Ganser
Dr.-Ing. Lisa Küchel
Le Trang Nguyen
Johanna Rapp
Alexandra Ulrich, M. Sc.
Prof. Dr. Rotraut Weeber
Dr.-Ing. Hannes Weeber

**Herausgeberin**
Wüstenrot Stiftung
Hohenzollernstr. 45
71638 Ludwigsburg

info@wustenrot-stiftung.de
www.wuestenrot-stiftung.de

**Gestaltung**
Angela Aumann, Berlin
www.a-aumann.de

**Lektorat, Schlusskorrektur und Übersetzung**
Rotkel. Die Textwerkstatt, Berlin
www.rotkel.de

**Druck und Bindung**
Umweltdruck Berlin GmbH

Die Abbildungen erscheinen mit freundlicher Genehmigung
der Rechteinhaber:innen. Wo diese nicht ermittelt werden
konnten, werden berechtigte Ansprüche im Rahmen des Üblichen
abgegolten.

©2022 Wüstenrot Stiftung, Ludwigsburg

1. Auflage

Alle Rechte vorbehalten. All rights reserved.

Printed in Germany

**ISBN 978-3-96075-025-3**